VERLAG
FRITZ
MOLDEN

Charles Reich

DIE WELT WIRD JUNG

The Greening of America

Der gewaltlose Aufstand der neuen Generation

VERLAG FRITZ MOLDEN · WIEN-MÜNCHEN-ZÜRICH

1.—10. Tausend

Aus dem Amerikanischen übertragen von
AXEL KAUN und CHRISTIANE TAEMA

Titel der amerikanischen Originalausgabe
THE GREENING OF AMERICA

Schutzumschlag und Ausstattung: Hans Schaumberger, Wien
Schrift: Garmond Garamond-Antiqua
Satz und Druck: Waldheim-Eberle, Großdruckerei und Verlagshaus Dr. Ludwig Polsterer
Bindearbeit: Albert Günther, Wien
ISBN 3-217-00404-3

Inhalt

Den Studenten von Yale,
die dieses Buch möglich gemacht haben,
und ihrer Generation

I

Die kommende amerikanische Revolution

Die Vereinigten Staaten von Amerika bringen nicht nur den Menschen anderer Länder Tod und Verderben, sondern auch dem eigenen Volk. Dieser Ansicht sind heute die gedankenreichsten und leidenschaftlichsten Vertreter der amerikanischen Jugend von Kalifornien bis Connecticut. Und diese Einsicht ist nicht auf die neue Generation beschränkt; man spreche nur mit einem Dorfschullehrer in Mendocino, einem Richter in Washington, einer Hausfrau aus Belmont in Massachusetts oder einem Rancher in den Bergwäldern von Washington Cascades. Wir halten unser Amerika zwar für ein unglaublich reiches Land, fangen aber langsam an zu erkennen, daß es auch ein verzweifelt armes Land ist — arm an Dingen, die von der Menschheit zu allen Zeiten als wahre Werte geschätzt worden sind.

Es kommt eine Revolution, aber sie wird sich von den Revolutionen der Vergangenheit unterscheiden. Sie wird ihren Ursprung beim Individuum und in der Kultur nehmen und nur im Schlußakt die politische Struktur verändern. Sie wird keiner Gewalt bedürfen, um zu siegen, aber sie kann auch nicht durch Gewalt aufgehalten werden. Schon breitet sie sich mit erstaunlicher Geschwindigkeit aus und verändert bereits unsere Gesetze, unsere Institutionen und unsere soziale Struktur. Diese Revolution verspricht uns bessere Einsicht, eine menschlichere Gemeinschaft und ein neues, ein befreites Individuum. Ihre höchste Leistung wird eine neue und dauerhafte Ganzheit und Schönheit sein — das erneuerte Verhältnis des Menschen zu sich selbst, zu anderen Menschen, zur Gesellschaft, zur Natur und zum Staat.

Diese Revolution ist eine Revolution der neuen Generation.

Ihr Protest, ihre Rebellion, ihre Kultur, Kleidung, Musik, selbst ihre Drogen, aber vor allem ihre Art des Denkens und ihre befreite Haltung zum Leben sind weder vorübergehende Laune noch bloße Mißfallenskundgebung oder in irgendeinem Sinn irrational. Die ganze Verhaltensweise, so wie sie allenthalben in Erscheinung tritt, von den Idealen bis zu den Demonstrationen an den Universitäten, von den Stirnbändern und den Glockenhosen bis zum Woodstock-Festival, hat Sinn und gehört zu einer festen Lebensanschauung, die ebenso notwendig wie unvermeidlich ist und zur gegebenen Zeit nicht nur die Jugend, sondern alle Kreise des Volkes umfassen wird.

Innere Logik und Zwangsläufigkeit der neuen Generation — und eben jene Dinge, gegen die sie so wild aufbegehrt — müssen gegen den Hintergrund der amerikanischen Mißerfolge gesehen werden. Sie müssen im Licht des verratenen und verlorengegangenen amerikanischen Traums verstanden werden, im Angesicht des in den sechziger Jahren aufgestiegenen Staates der *privaten* Konzerne und Großunternehmen und der Art und Weise, in der dieser Staat Mensch und Natur ausbeutet und schließlich zugrunde richtet. Ihren Nationalismus muß man aus dem Wahnwitz der gegenwärtigen *Vernunft* erkennen — einer Vernunft, die Verarmung, Entmenschlichung und selbst Krieg für logisch und notwendig hält. Ihre Logik muß man aus der Tatsache begreifen, daß Amerika die Kontrolle über den Mechanismus seiner Gesellschaftsordnung verloren hat; nur durch neue Wertsetzungen und eine neue Kultur kann diese Kontrolle wiedergewonnen werden. Ihre Gefühle und den Geist, der sie beseelt, kann nur begreifen, wer das heutige Amerika mit den Augen der neuen Generation sieht.

Sinn und Zukunft der Revolution müssen einer neuen Sicht entspringen. Diese Revolution will das Denken des Menschen, seine Gesellschaftsordnung und sein Leben mit jener technisch-wissenschaftlichen Umwälzung in Einklang bringen, die bereits stattgefunden hat. Die Technik verlangt dem Menschen eine neue Geisteshaltung ab, eine höhere Vernunft; sie soll gelenkt und kontrolliert werden, statt zu einem gedankenlosen Monstrum auszuarten. Sie erfordert ein neues persönliches Wertbewußtsein, sonst wird sie zum Diktator fragwürdiger Werte. Und sie verheißt uns ein freieres und schöneres Leben, wenn wir genügend Mut und Vorstellungsgabe aufbringen, dieses Leben wirklich zu leben.

Der zukünftige Umformungsprozeß wird uns veranlassen, unsere Lebensumstände einer Überprüfung zu unterziehen, und uns vor eine persönliche und individuelle Wahl stellen: Sind wir mit dem Leben, das wir geführt haben, zufrieden? Was möchten wir ändern? Eine Wiederbelebung der eigenen Persönlichkeit wird uns geboten. Wir erkennen, daß wir uns dieser Wahl nicht entziehen können; denn da die Freiheit gegeben ist, muß auch die Verantwortung einsetzen.

Der wesentlichste Teil aber besteht in einem Vorgang, den wir Bewußtseinsveränderung nennen wollen. Das bedeutet eine neue Lebensart — einen neuen Menschen. Das war es, wonach die neue Generation suchte, das beginnt sie nun zu verwirklichen. Auch der Industrialismus brachte einen neuen Menschentyp hervor, der den Forderungen der Maschine angepaßt war. Im Gegensatz dazu strebt das sich heute entwickelnde Bewußtsein nach einer neuen Erkenntnis vom Menschsein, um die Maschine, da sie nun geschaffen ist, menschlichen Zwecken zuzuführen; der Mensch soll wieder zu einer schöpferischen Persönlichkeit werden, die ihr eigenes Leben neu gestaltet und damit auch der Gesellschaft neue Lebenskraft schenkt.

Um verständlich zu machen, wie wir dahin gekommen sind, wo wir heute stehen, und wohin wir uns bewegen, ist es wichtig, die Krise Amerikas und jenen Umwandlungsprozeß innerhalb des Individuums in einer philosophischen Perspektive zu sehen. Die täglichen Ereignisse stürmen derart auf uns ein, daß wir nur von einem Tag auf den nächsten blicken, kaum noch auf jede einzelne Krise reagieren, nur die unmittelbaren Übelstände wahrnehmen und nach unzureichenden Lösungen Ausschau halten, wie es etwa ein Beenden des Krieges oder der Wechsel innenpolitischer Wertmaßstäbe ist. Notwendig wäre eine umfassende, allgemeine Sicht.

Worin liegt das Wesen der gegenwärtigen Krise? Die meisten von uns sehen in dieser Krise eine Anhäufung von Problemen, die miteinander nicht unmittelbar in Verbindung stehen und die, sosehr sie uns auch bedrängen, dennoch durch Vernunft und Reformen gelöst werden könnten. Wenn wir aber diese Probleme nicht nach ihrer Thematik ordnen, sondern vielmehr als Elemente wesentlicher Anliegen, die die Struktur unserer Gesellschaft selbst betreffen, betrachten, können wir erkennen, daß die gegenwärtige Krise organisch ist, sich aus unseren fundamentalen Lebensbedingungen ergibt und daß ihr durch Reformen allein nicht beizukommen ist.

1. Störung der Ordnung, Korruption, Heuchelei, Krieg. Auf ihren Titelseiten berichten die Tageszeitungen vom Verfall und von der Zersetzung des gesellschaftlichen Gefüges und von der sich daraus ergebenden Atmosphäre der Angst und des Schreckens, in der wir alle leben. Ungesetzlichkeit wird meist mit Verbrechen und Aufruhr gleichgesetzt, doch in unserer Gesellschaft herrschen Zügellosigkeit und Korruption in allen wichtigen Instanzen; sie gehen Hand in Hand mit einer Gleichgültigkeit gegenüber der Verantwortung, den Konsequenzen und einer alles durchziehenden Heuchelei, die nicht bereit ist, deutlich erkennbare Tatsachen anzuerkennen. Ungesetzlichkeit und Nichterkennen der Realität fanden ihren Ausdruck im Vietnamkrieg mit seiner gewissenlosen Zerstörung aller menschlichen Werte und seiner ziellosen und indifferenten technischen Grausamkeit.

2. Armut, falsche Wertmaßstäbe und Planung durch private Mächte. Amerika bietet ein Bild drastischer Armut inmitten eines großen Überflusses, extremer Gegensätze, wie andere Industrieländer sie nicht kennen; es herrscht eine Übersättigung an bestimmten Gütern, Dienstleistungen und Tätigkeiten wie zum Beispiel in der Verteidigungsindustrie, während andere Einrichtungen wie etwa jene auf dem Gebiet des Erziehungs- und des Gesundheitswesens einen katastrophalen Stand erreicht haben. Diese eng miteinander in Beziehung stehenden Diskrepanzen stellen aber keine zufälligen Pannen einer freien Wirtschaft dar, sondern sie sind absichtlich von den Mächtigen und Einflußreichen in die Rechtsordnung unserer Gesellschaft eingebaut worden; ein gutes Beispiel dafür ist die Struktur des Steuerwesens, das privaten Reichtum und die Produktion von Luxusgütern und Waffen auf Kosten der ausgebeuteten Menschen und ihrer Arbeit unmittelbar subventioniert. Die Wirtschaft ist also geplant, und diese Planung liegt in den Händen privater Mächte, die auf das Allgemeinwohl keinerlei Rücksicht nehmen.

3. Unkontrollierte Technik und Verwüstung der Umwelt. Technik und Produktion können große Wohltäter des Menschen sein, aber ihnen fehlt der Geist; werden sie nicht gelenkt, nehmen sie eine eigene Dynamik an und beherrschen den Menschen. In unserem Land zermalmen sie alles, was ihnen in den Weg kommt: die Landschaft, die Umwelt, Geschichte und Tradition, den gesamten Lebensraum und alles Schöne. Organisation und Bürokratie, die eigentlich die auf gesellschaftliche Institutionen angewandte Technik sind, diktieren in zunehmendem Umfang unser Leben, wobei das Gesetz der Organisation vor allen übrigen Werten rangiert.

4. Verfall von Demokratie und Freiheit: Machtlosigkeit. Verfassung und *Bill of Rights* (garantierte Grundrechte des Menschen) wurden unmerklich, aber beständig ausgehöhlt. Aus der amerikanischen Nation ist allmählich eine starre Managerhierarchie geworden, an deren Spitze eine kleine Elite steht; unter ihr aber eine breite Masse von Entrechteten. Die Demokratie hat schnell an Boden verloren, da die Macht in zunehmendem Maß vom Managertum der riesigen Organisationen und Konzerne erobert wurde und die Entscheidungen, vollkommen unabhängig vom Denken und Fühlen der Bevölkerung, heute nur noch von Experten, Spezialisten und Fachleuten getroffen werden. Ein großer Teil der Regierungsgewalt ist vom Kongreß auf die Verwaltungsbehörden übergegangen, und die Konzerne sind in der Lage, Aktionäre wie Verbraucher zu ignorieren. In demselben Maß, in dem der Verwaltungsapparat anwuchs, verschwand die Freiheit und trat bürokratischer Eigendünkel an die Stelle der gesetzlichen Ordnung. Heute unterdrückt man ebenso unliebsame Meinungen wie Reformbestrebungen. Die dominierende Stellung, die Polizei und Militär einnehmen, läßt deutlich erkennen, wie sehr sich der Begriff der Freiheit in Amerika gewandelt hat.

5. Die Künstlichkeit der Arbeit und der Kultur. Die Arbeit und unser Leben werden immer mehr ihres Sinnes beraubt. Zwar fehlt es nicht an sinnvollen Aufgaben, die förmlich nach Verwirklichung schreien, doch unsere Arbeitstage erschöpfen sich in sinnlosen Tätigkeiten, in der Produktion unnützer beziehungsweise schädlicher Güter oder im Bedienen der Verwaltungsmaschinerie. Arbeit ist für die meisten Menschen eine stupide, langweilige und ermüdende Angelegenheit geworden, die man hinzunehmen hat, während das *Leben* in der *Freizeit* stattfindet. Gleichzeitig ist unsere *Kultur* in primitiver Weise auf den rein kommerziellen Bereich reduziert worden; alle kulturellen Werte werden zum Kauf angeboten, solche, an denen nichts zu verdienen ist, läßt man untergehen. All unsere Lebensaktivitäten sind wie Plastik, gefälscht und nachgemacht, entsprechen unseren wahren Bedürfnissen nicht; sie sind von anderen erfunden und uns aufgezwungen worden.

6. Das Fehlen eines Gemeinschaftssinnes. Amerika ist eine einzige riesige, erschreckende Antigemeinschaft. Die großen Institutionen — Ämter, Büros, Fabriken, Schulen —, denen die meisten Menschen ihre Arbeitskraft widmen, sowie die Wohnungen und die Vorortesiedlungen, in die sie abends zurückkehren, sind Stätten der Vereinsamung und der Entfremdung. Der moderne Lebensstil hat Wohnsitz, Ort und Umgebung verwischt und uns dafür die anonyme Isolierung unserer Existenz gebracht. Die wichtigste gesellschaftliche Zelle, die Familie, ist erbarmungslos bis auf ihre primitivsten Funktionen reduziert worden. Freundschaft ist von einer Hülle undurchdringlicher Künstlichkeit überdeckt worden, weil sich jeder angestrengt bemüht, ihm zugewiesene Rollen zu spielen. Soziale Rangordnung, Konkurrenzkampf, Feindseligkeit und Angst sind an die Stelle warmherziger natürlicher Zuneigung getreten, die dem Menschen inmitten einer feindseligen Umgebung ein Halt sein könnte.

7. Verlust des eigenen Ichs. Von sämtlichen Verarmungserscheinungen, die in Amerika sichtbar und fühlbar sind, bleibt der Verlust der eigenen Persönlichkeit, das lebend Totsein, sicherlich die verheerendste. Weit mehr als im Militärdienst und im Vietnamkrieg liegt hier die Quelle der Unzufriedenheit und des Zornes der neuen Generation. Spätestens bei Beginn der Schulzeit werden dem einzelnen systematisch Phantasie, schöpferische Fähigkeiten, geistiges Erbe, Träume und persönliche Eigenart geraubt, um ihn zu einem produktiven Baustein der technischen Massengesellschaft umzuformen. Durch überwältigend starke äußere Kräfte werden Instinkt, Gefühl und Spontaneität geknebelt. Sobald dann der einzelne in die Leistungsgesellschaft hineingezogen ist, wird sein Arbeitsleben von seinem Privatleben getrennt, und beide leiden unter dem Fehlen der Ganzheit. Am Ende werden die Menschen dann zur Verkörperung ihrer Berufe, Rollen und Tätigkeiten und werden sich selbst fremd. Die Neger spüren diesen Verlust ihrer Individualität und ihres Lebenspotentials schon seit langem. Bei den Weißen setzen *blues* und *soul* gerade erst ein. Nur ein Teil der Jugendlichen ist sich deutlich bewußt, daß auch sie unter dem aufgezwungenen Verlust ihrer Persönlichkeit leiden — daß auch sie ein Leben verlieren, das ihnen gehören könnte.

Weshalb kam es nun zu diesen schweren Kreislaufstörungen im amerikanischen Organismus? Der erste wesentliche Punkt ist ein allgemeines Gefühl von Machtlosigkeit. Wir alle haben den Eindruck, in einer Gesellschaft zu leben, die von niemandem geschaffen und von niemandem gewollt wurde. Dieses Gefühl der Machtlosigkeit macht auch nicht vor den führenden Managern halt. Und doch stehen uns, so paradox das klingen mag, alle Mittel zur Verfügung, die Probleme, die uns bedrängen, zu meistern. Die meisten Menschen leugnen es zwar, doch bei näherer Betrachtung zeigt sich, daß es wahr ist. Wir wissen sehr wohl, wo die

Ursachen für Verbrechen und Aufruhr zu suchen sind und was getan werden muß, um diese Ursachen aus dem Weg zu schaffen. Wir wissen, was wir tun könnten, um der wirtschaftlichen Gleichberechtigung näher zu kommen. Wir besitzen die technischen und organisatorischen Mittel, um unsere Großstädte wohnlicher zu gestalten. Unsere Probleme sind riesig, doch unser Arsenal an technischen Hilfsmitteln ist ebenfalls gewaltig; nur, es wird nicht genutzt.

Die zahlreichen Unruhen in den Städten während der späten sechziger Jahre liefern den Beweis dafür. Sie waren vorauszusehen, und sie wurden vorausgesagt. Die tieferen Ursachen der Mißstände und Mittel zur Abhilfe (einschließlich der Erziehungs-, Wohnungs- und Arbeitsprobleme) waren jenen, die sich mit Sozialproblemen von Amts und Berufs wegen beschäftigen, seit vielen Jahren bekannt und sind oft genug dargelegt worden. Nachdem dann die Unruhen ausgebrochen waren, wurden die Ereignisse noch einmal einer Prüfung unterzogen, diesmal von einer durch den Präsidenten eingesetzten Kommission; sie kam in ihren Veröffentlichungen zu demselben Schluß. Aber man hat die Vorschläge der Kommission nicht befolgt, ebensowenig wie man sich nach den vorherigen Erkenntnissen gerichtet hatte.

Demnach scheint die amerikanische Krise sichtlich mit Handlungsunfähigkeit verbunden zu sein. Worin aber liegt der Grund für diese Lähmung? Wie kommt es, daß wir angesichts aller Warnungen unfähig waren zu handeln? Weshalb setzen wir unsere Mittel nicht vernünftiger und richtiger ein? Wir meinen, daß das Versagen der Gesellschaft auf ein moralisches Versagen des einzelnen zurückzuführen sei; wir müßten nur den Willen zum Handeln haben und mehr Interesse und Mitgefühl für die anderen aufbringen. Diese These ist in Amerika tief verwurzelt, von Hawthorne bis E. B. White, von den Puritanern bis zu Richard Nixon und von *Time* bis zur *New York Times.* Aber diese Beurteilung ist nicht ausreichend, die Erfahrung der eigenen Machtlosigkeit, die heute so viele Menschen machen, widerspricht ihr. Im Jahre 1968 wollte die Mehrheit des Volkes bestimmt Frieden in Vietnam, aber sie vermochte nicht, ihren individuellen Wunsch in eine allgemeine Aktion der Gesellschaft umzusetzen. Es liegt nicht am fehlenden Willen, sondern an der Unfähigkeit zu handeln, der Unfähigkeit, von unserem Wissen den rechten Gebrauch zu machen. Liegt also im Mechanismus unserer Gesellschaftsordnung ein grundlegender Fehler? Allem Anschein nach funktioniert der Mechanismus nicht mehr oder verstehen wir nicht mehr, ihn in Gang zu halten.

Welcher gesellschaftliche Mechanismus steht uns zur Verfügung, um unseren Willen in die Wirklichkeit umzusetzen? Innerhalb der privaten Sphäre das Marktsystem, innerhalb der öffentlichen Sphäre die staatliche Form des Marktsystems, die Wählerdemokratie beziehungsweise der demokratische Pluralismus. In beiden Fällen also ein Verwaltungs- und Rechtssystem, dessen Grundlage die Verfassung bildet. Könnte es also der Fall sein, daß die Krise in Amerika die Folge einer überholten Struktur ist? Alle Maschinen veralten schließlich einmal. Eine gesellschaftliche Einrichtung, die letzten Endes auch nur eine Art Maschine ist, braucht also gegenüber dem Gesetz der Überalterung nicht unbedingt immun zu sein. Die Ideale und Prinzipien einer Gesellschaftsordnung mögen ihre Gültigkeit behalten, aber die Mittel und Wege ihrer Anwendung verlieren unter Umständen an Wirksamkeit.

Wenn wir die Krise nun mit einer veralteten Struktur erklären wollen, läßt sich das am Ideal und an der Praxis der allgemeinen Redefreiheit gut illustrieren. Prinzipiell soll jede Meinung frei ausgedrückt werden können. Aber der Durchführungsmechanismus dieses Ideals entsprach ursprünglich einer ganz anders gearteten Gesellschaft als unserer heutigen, nämlich einer Gesellschaft, die aus kleinen Landgemeinden bestand, in denen es auf den Bürgerversammlungen zu einem Meinungsaustausch von Angesicht zu Angesicht kam. Zusatzartikel 1 unserer Verfassung liefert keinerlei Handhabe für eine angemessene Berichterstattung über vielschichtige Probleme. Die Nachrichten hageln als eine Art Gebrauchsgut durch die Massenmedien auf uns nieder, und jemand, der nur fernsieht und Zeitungen liest, kann unmöglich ein gut informierter Wähler sein. Noch spärlicher ist die Berichterstattung über die wichtigen Entscheidungen auf dem privaten Sektor. Außerdem versagen die Massenmedien jeder andersartigen oder auch nur abweichenden Ansicht die Chance, überhaupt zu Wort zu kommen — so etwas wird einfach nicht gesendet oder gedruckt. Die Meinung, die vom Fernsehen ausgestrahlt wird, ist nicht unabhängig, sie wird von „Spendern“, das heißt kommerziellen Interessen, finanziert und durch die Steuerpolitik der Regierung stark subventioniert; die unerwünschte Meinung dagegen wird durch das gleiche Steuergesetz oft schwer bestraft. Der Durchführungsmechanismus der Redefreiheit ist also im Hinblick auf die heutigen gesellschaftlichen Verhältnisse hoffnungslos untauglich. So erklärt sich die Misere unseres gesamten demokratischen Mechanismus, der der veränderten Realität eben nicht mehr zweckentsprechend angepaßt ist.

Die amerikanische Krise jedoch nur damit erklären zu wollen wäre unzureichend. Das hieße zunächst einmal die gesamte marxistische Analyse des Kapitalismus außer acht zu lassen. Jene, die die Gesellschaft in Klassen aufteilen, weisen darauf hin, daß es mächtige privilegierte Gruppen gibt, die vom Status quo gewaltig profitieren. Diese Machtelite und die von ihr vertretenen monopolistischen Konzerne beuten Volk und Umwelt seit langem aus. Sie ziehen ihren Nutzen aus Armut, Ungerechtigkeit und Krieg; sie hegen eine wohlbegründete Furcht vor der Demokratie, vor der Freiheit und der allgemeinen Solidarität. Unsere Regierungsmaschinerie, so würden die Marxisten argumentieren, ist nicht nur primitiv und völlig veraltet, sie ist vor allem von Klasseninteressen erobert worden. Das gleiche Beispiel, das wir eingangs in bezug auf die Redefreiheit anführten, könnte auch einer marxistischen Analyse dienen: Massenmedien verbreiten nur die Auffassungen, die den Interessen des Monopolkapitalismus entsprechen. Die marxistische Analyse der amerikanischen Krise scheint überzeugend. Ist sie aber als Deutung befriedigend? Die Schwierigkeit besteht darin, daß diese Interpretation ihr Schwergewicht auf wirtschaftliche Interessen legt und damit die wesentlichen Faktoren der Bürokratie, der Organisation und der Technik, die heute in Amerika so vorherrschend sind, nicht berücksichtigt. Diese Faktoren entwickeln eine eigene Triebkraft, die den Klasseninteressen nicht unbedingt zu widersprechen brauchen, ihnen aber ebensogut gleichgültig gegenüberstehen können. Demnach befinden wir uns vielleicht nicht so sehr in der Umklammerung kapitalistischer Ausbeuter als vielmehr in jener verständnislos und unpersönlich waltender Kräfte, die einer eigenen, nichtmenschlichen Gesetzlichkeit folgen. Viele Anzeichen sprechen dafür.

Läßt sich die amerikanische Krise nun als Folge der veralteten Struktur, des Monopolkapitalismus, einer rücksichtslosen Technik definieren oder vielmehr als einer Verbindung dieser drei? Die Frage, von der wir ausgingen, ist immer noch unbeantwortet: Warum sind wir nicht imstande, unsere Probleme zu lösen? Der Regierungsmechanismus kann überholt werden; der Monopolkapitalismus kann einer sozialen Regelung unterworfen werden, wie man es nicht nur in den kommunistischen, sondern auch in den gemäßigt sozialistischen Ländern getan hat; und die Technik ist doch schließlich nur ein Werkzeug. Aber hinter dieser Strukturkrise und der Untüchtigkeit steht noch etwas weit Schwerwiegenderes.

Jedesmal, wenn ein Versuch unternommen wird, Amerikas Problemen zu begegnen, stößt man auf einen tiefgreifenden Mangel an Verständnis. Diese Verständnislosigkeit besteht aber nicht nur in der breiten Masse, sie erstreckt sich bis in die Kreise der Mächtigen, der Gebildeten, der Elite. Dieser Umstand ist auch nicht einfach auf mangelndes Wissen zurückzuführen, denn er umfaßt auch zahlreiche Menschen, die mehr als genug informiert sind. Dieses weitreichende Phänomen beruht auf einer beharrlichen Irrealität. Die Vorstellungen, die wir von unserem Wirtschaftssystem, von unserer Regierung, von der Entstehung unserer Kultur und von den inneren und den äußeren Bedrohungen haben, entsprechen auf phantastische Art der heutigen Realität nicht. Der Wahrheit letzter Schluß über das heutige Amerika liegt in der Diskrepanz zwischen der Realität unserer Gesellschaftsordnung und den Wunschvorstellungen, die wir für Realitäten halten.

Irrealität ist die eigentliche Wurzel der Machtlosigkeit. Was wir nicht begreifen, können wir nicht lenken. Und wenn wir die wirkenden Kräfte, die Strukturen und die Wertmaßstäbe nicht verstehen, die unserer Existenz zugrunde liegen, müssen diese unvermeidlich gegen uns wirken und uns beherrschen. Eine genaue Definition der amerikanischen Krise müßte demnach lauten: Wir begreifen das System nicht mehr, in dem wir leben, da die Struktur veraltet ist und da wir machtlos sind. Dafür hat das System allmählich eine derartige Macht errungen, daß es unser gesamtes Leben beherrscht. Nun rollt es dahin, führungslos und menschlichen Zwecken und Zielen gegenüber gänzlich gleichgültig.

Was bedeutet nun dieses *Verständnis*, das in unserer gegenwärtigen Situation eine derartige Schlüsselstellung einnimmt? Eigentlich reicht das Wort *Verständnis* nicht aus, denn wir sprechen hier über etwas, das umfassender und vielschichtiger ist als *Verständnis* im allgemeinen Sinn. Um zu bezeichnen, worüber wir sprechen, schlage ich deshalb vor, fortan den Begriff *Bewußtsein* zu verwenden. Dieser Terminus trägt bereits verschiedene Bedeutungen bei Marx, in der Medizin, in der Psychoanalyse, in der Literatur und der Kunst sowie eine weitere, die halluzinogene Drogen betrifft. Der Gebrauch, den wir hier von dem Begriff *Bewußtsein* machen, deckt sich mit keiner dieser Bedeutungen ganz genau, zieht jedoch seinen Sinn aus ihnen allen und steht mit ihnen in Einklang.

Bewußtsein in unserem bestimmten Sinn ist keine Aneinanderreihung von Ansichten, Wissen oder Werten, sondern die totale Gestaltwerdung in jedem einzelnen, die seine gesamte Erkenntnis der Realität, sein gesamtes Weltbild ausmacht. Es ist bekannt, daß sich, sobald man die persönliche Einstellung eines Menschen zu einem bestimmten Gegenstand herausgefunden hat, wahrscheinlich auch eine ganze Reihe anderer Ansichten und Reaktionen voraussagen läßt. Man frage nur einen Fremden im Autobus oder im Flugzeug nach seinen Ansichten über Psychiatrie, Polizei, Steuern, Moral, Krieg, und man wird mit ziemlicher Sicherheit seine Ansichten auch über andere Begriffe erraten können, selbst wenn diese anscheinend gar nicht miteinander in Verbindung stehen. Wer der Ansicht ist, daß noch unberührte Landstriche *entwickelt,* also industrialisiert, werden sollen, wird sich wahrscheinlich auch für harte Strafen bei Universitätsunruhen aussprechen. Begeistert er sich für die Großwildjagd, glaubt er wahrscheinlich auch, daß das amerikanische Wirtschaftssystem auf der Aktivität des einzelnen basiere, und kann Leute mit langen Haaren nicht ausstehen.

Es ist offensichtlich, daß die angeführten Einzelansichten miteinander in Verbindung stehen und daß die Meinungen, Sympathien, Wertsetzungen und Urteile des einzelnen nur Bestandteile eines unsichtbaren Ganzen sind. Es ist ebenso offensichtlich, daß das Bewußtsein wesentlich (wenn auch nicht gänzlich) von der Gesellschaft bestimmt wird. Ein Beweis dafür ist die Tatsache, daß das Bewußtsein vieler Menschen, namentlich von Angehörigen derselben Generation und desselben sozialen Hintergrundes, annähernd gleich geartet ist. Umgekehrt kann man oftmals von den persönlichen Ansichten und Meinungen des einzelnen auf seinen sozialen Hintergrund, seine Erfahrungen und seine Rollen innerhalb der Gesellschaft schließen. Die Einheitlichkeit des Bewußtseins des einzelnen zeigt sich auch in der Art und Weise, wie er sich bis ins kleinste Detail einer Veränderung widersetzt und dabei einen bemerkenswerten Zusammenhang wahrt. Offenbar ist es nicht möglich, daß ein Teil des Bewußtseins in Frage gestellt wird, ohne daß das Individuum dabei spürt, daß die gesamte Konfiguration bedroht ist. So mag jemand, der an eine *freie* Wirtschaft glaubt, sich trotz aller überwältigenden Gegenbeweise der Einsicht verschließen, daß das sogenannte freie Unternehmertum heute nicht mehr die gleichen positiven Ergebnisse zeitigt, mit denen es früher einmal dem Nutzen der Gesellschaft diente. Eine derartige Schlußfolgerung könnte sämtliche Voraussetzungen unterminieren, unter denen dieser Mensch so lange gelebt hatte. Ebenso zeigt die heftige Reaktion mancher Menschen gegenüber langhaarigen jungen Leuten, daß die Erwachsenen die gesamte Realität, auf die sie ihr Leben aufgebaut haben, bedroht fühlen. Und ein Streit zwischen Menschen mit unterschiedlichem Bewußtsein führt meistens zu gar keinem Ergebnis, weil es keinen gemeinsamen Bereich gibt, in dem sie sich treffen könnten.

Die Bewußtseinskonzeption schließt zwar Umwelt, Erziehung, politische Einstellung und Lebenserfahrung des einzelnen sowie seine Wertmaßstäbe ein, umfaßt aber trotzdem mehr als diese und auch mehr als ihre Summe. Sie umfaßt den Menschen als Ganzes, sein Wesen, seine Lebensform. Sie ist es, aus der er sein eigenes Leben formt, das wiederum die Gesellschaft gestaltet, in der er lebt.

Als Massenphänomen wird das Bewußtsein durch die wirtschaftlichen und sozialen Bedingungen geformt. Das Bewußtsein des Mittelalters war mit der kleinbäuerlichen Existenz verflochten, und das Bewußtsein des vorindustriellen Amerika entwickelte sich aus dem Geist der Kleinstädte. Kultur und Staatsform üben auf das Bewußtsein eine bestimmte Wechselwirkung aus; sie sind zwar die Produkte dieses Bewußtseins, tragen jedoch auch zu seiner Gestaltung bei. Obzwar das Bewußtsein der Schöpfer jeder sozialen Ordnung ist, kann es hinter einem bereits etablierten System zurückbleiben und dann durch dieses System manipuliert werden. Zurückbleiben und Manipulation erzeugen dann ein unrealistisches Bewußtsein. Wenn wir an das System der freien Wirtschaft glauben, die Nation jedoch längst zu einem in sich verschachtelten System von Konzernen und Aktiengesellschaften geworden ist, leben wir in einer Irrealität als die Opfer der Rückständigkeit und sind demnach dem waltenden System machtlos ausgeliefert.

Um aufzuzeigen, wie sich dies in Amerika ausgewirkt hat, und um auf die wahre Bedeutung der neuen Generation hinzuweisen, haben wir nun drei Typen des Bewußtseins festgesetzt. Diese drei Typen herrschen im heutigen Amerika vor. Die erste hat sich im neunzehnten Jahrhundert herangebildet, die zweite in der ersten Hälfte des zwanzigsten Jahrhunderts und die dritte entsteht gerade.

Bewußtsein I entspricht der herkömmlichen Einstellung des amerikanischen Farmers, des kleinen Geschäftsmannes und des Arbeiters, der vorankommen möchte. Bewußtsein II umreißt die Wertmaßstäbe einer organisatorisch durchgegliederten Gesellschaft.

Bewußtsein III bedeutet die neue Generation. Selbstverständlich sind diese Kategorien in hohem Maße impressionistisch und willkürlich gesetzt und erheben deshalb auch keinen Anspruch auf Wissenschaftlichkeit. Und da jedes dieser Bewußtseinsmodelle theoretisch konstruiert ist, können wir auch nicht erwarten, daß irgendein lebender Mensch sämtliche Charakteristika eines bestimmten Bewußtseinstypus an den Tag legt.

Diese Konzeption liefert uns jedoch die Grundlagen, von denen aus wir eine Erörterung über die vergangenen und die gegenwärtigen Ereignisse in Amerika anstellen können. Denn das Chaos, das wir eben schilderten, ist eigentlich kein Chaos, sondern fester Bestandteil einer einheitlichen geschichtlichen Gesetzmäßigkeit, ihrer Wertmaßstäbe, ihres Denkens und ihres Gedankengutes. In den folgenden Abschnitten legen wir die Folgerichtigkeit dar, die sich aus den Hintergründen der Krise unseres gegenwärtigen Lebens ergibt.

Das große Problem dieser Zeit lautet: Wie kann man in und mit einer technisierten Gesellschaft leben; welche Geisteshaltung und welche Lebensform können die Humanität des Menschen und seine wahre Existenz gegen die Beherrschung durch jene Kräfte bewahren, die er selbst geschaffen hat. In dieser Frage liegt die eigentliche Wurzel der amerikanischen Krise, die von den unmittelbaren Streitfragen über Gesetzlosigkeit, Armut und Krieg nur verdeckt ist. Und es ist die Frage, auf die Amerikas neue Generation gerade jetzt eine Antwort zu finden beginnt, eine Antwort, die von der Erneuerung des Lebens ausgeht und die Hoffnung in sich trägt, daß wir wieder zu unserem Ursprung und zu uns selbst zurückfinden.

Die westliche Gesellschaft erlebte zu Beginn des industriellen Zeitalters eine einschneidende Verschiebung der Werte, wobei Wissenschaft und Technik, Materialismus und Marktsystem andere, humanistischere Werte überwucherten. Obwohl die Widersprüchlichkeit damals nicht sofort erkannt wurde, standen diese industriellen Wertmaßstäbe doch von Anfang an in einem Kontrast zu den ursprünglichen demokratischen und geistigen Idealen der neuen amerikanischen Nation und begannen bald, eben diese Ideale zu untergraben.

Jede einzelne Phase der Zivilisation wird von einem bestimmten Bewußtsein begleitet und beeinflußt. Verändert sich die Zivilisation langsam, besteht die Wahrscheinlichkeit, daß sich das Bewußtsein im wesentlichen mit der grundlegenden Realität in Einklang befindet. Der Industrialismus jedoch mit seinen rasanten Veränderungen hatte eine plötzliche Entwurzelung zur Folge: Damals begann das Bewußtsein in zunehmendem Maße hinter der Wirklichkeit zurückzubleiben oder den Kontakt mit bestimmten Bereichen der Realität ganz und gar zu verlieren. Auch heute noch hat ein großer Teil der Amerikaner immer noch ein Bewußtsein, das der Gesellschaft des neunzehnten Jahrhunderts, mit ihren kleinen Städten, den engen persönlichen Beziehungen und dem freien Unternehmertum des einzelnen entspricht. Ein anderer beträchtlicher Teil der Bevölkerung hat ein Bewußtsein, das sich in einer durchorganisierten Gesellschaft, in der Technik und Konzerne bestimmend sind, heranbildete und von der Realität menschlicher Bedürfnisse bereits weit entfernt ist.

In der zweiten Hälfte des zwanzigsten Jahrhunderts hat sich diese Kombination von einem anachronistisch-mythischen und einem hartherzig-unmenschlichen Bewußtsein, das vom Maschinenrationalismus des *Corporations-Staates** beherrscht ist, als hochgradig unfähig erwiesen, jenen immensen technisierten und organisierten Apparat, den Amerika geschaffen hat, zu handhaben, zu lenken oder zu kontrollieren. So wuchs dieser Machtapparat zu einem sinnlosen Moloch heran, der die Umwelt zerstört, die menschlichen Werte erniedrigt sowie Leben und Denken der ihm Unterworfenen beherrscht. Der sozialen Ungerechtigkeit und der Ausbeutung des neunzehnten Jahrhunderts hat der heutige *Corporations-Staat* Entpersönlichung, Bedeutungslosigkeit und Unterdrückung hinzugefügt, bis er schließlich jeglichen Sinn und jegliches Leben zu zerstören drohte.

Angesichts dieser akuten Bedrohung ihrer Existenz haben die Bewohner Amerikas, gewissermaßen unter dem Druck der biologischen Notwendigkeit, ein neues Bewußtsein zu entwickeln begonnen, das der heutigen Realität angemessen und deshalb geeignet ist, den Machtapparat zu unterwerfen und unter die Kontrolle des Menschen zu bringen. Dieses neue Bewußtsein gründet sich auf den gegenwärtigen Stand der Technik, ohne die es nicht hätte entstehen können. Und es stellt eine höhere, außerordentliche Form der Vernunft dar. Mit einem weniger bedeutsamen Be-

---

* *Corporations-Staat:* der total verwaltete Staat; die englische Bezeichnung *corporate state* geht auf *corporation* (großes Wirtschaftsunternehmen, Konzern) zurück und weist auf die tragende Rolle und die Machtposition dieser Unternehmungen in einem derartigen Staatswesen hin.

wußtsein könnten wir beim augenblicklichen Stand der Technik nicht überleben.

Diese außerordentliche Vernunft trat zuerst bei der amerikanischen Jugend zutage. Sie ist das Produkt der Widersprüche, Versäumnisse und Bedürfnisse des *Corporations-Staates* selbst, nicht irgendwelcher außerstaatlicher Kräfte. Sie greift rasch auf immer weitere Kreise der Jugend und sogar stufenweise auf die Älteren über, die damit die Wiederentdeckung ihrer Persönlichkeit erleben; das bedeutet Umstellung auf ein neues Bewußtsein. Dieses neue Bewußtsein geht auch daran, die Struktur unserer Gesellschaft zu revolutionieren; jedoch nicht direkt auf politischem Weg, sondern durch eine Veränderung der Kultur und der Form des individuellen Lebens, das seinerseits einen Umschwung in der Politik und damit die Veränderung der gesamten Struktur bewirkt.

Wenn das neue Bewußtsein seine revolutionierende Wirkung erzielt und uns vor dem Verderben bewahrt hat, muß es versuchen, uns auf eine neue Art leben zu lernen. Diese neue Art des Lebens setzt all das voraus, was uns die modernen Wissenschaften zu bieten haben, und zeigt uns, auf welche Weise Technik und Wissenschaft zu handhaben sind, damit sie nicht gegen, sondern für den Menschen arbeiten. Diese neue Art des Lebens bietet uns ein Arbeitskonzept, das es ermöglicht, daß Qualität, persönliche Hingabe und Leistung gewahrt bleiben, die Arbeit selbst jedoch den Menschen nicht entfremdet wird, sondern jedermanns freier Wahl unterworfen, also Teil eines erfüllten, befriedigenden Lebens ist, und die Individualität des einzelnen ausdrückt und betätigt. Diese neue Art des Lebens macht eine Kultur möglich und notwendig, die nicht mehr künstlich und entfremdend wirkt, eine Form der Gemeinschaft, in der Liebe, Respekt und gemeinsames Streben nach Einsicht den bisherigen Konkurrenzkampf und die Isolierung ersetzen, und eine Befreiung jedes Individuums, die es dazu befähigt, den höchsten Möglichkeiten des menschlichen Geistes entgegenzuwachsen. Die Aufgabe zu lernen, wie er auf diese Weise leben kann, stellt das bedeutendste philosophische Unternehmen des Menschen dar, sobald er sich aus der gegenwärtigen Gefahr gerettet hat. Sie verlangt von ihm, eine Realität zu schaffen — eine Fiktion dessen, was ihm die größte Hoffnung auf ein Leben schenken kann, das befriedigend und schön zugleich ist. Der Verlauf dieser Schöpfung, die in einem Zeitpunkt äußerster Sterilität, dunkelster Nacht und größter Gefahr von unserer Jugend begonnen wird, ist Gegenstand dieses Buches.

II

Bewußtsein I: Verlust der Wirklichkeit

Dem amerikanischen Volk wurde 1789 eine neue Form des Lebens versprochen: Jedermann sollte frei sein und das Recht haben, auf seine Art glücklich zu werden; innerhalb dieser republikanischen Staatsform sollte das Volk souverän sein, und es sollte keinerlei willkürliche Gewaltanwendung geben. Nicht ganz zweihundert Jahre sind seitdem vergangen, und der Traum ist beinah gänzlich ausgeträumt. Im folgenden Kapitel werden wir uns zunächst mit jenen Kräften befassen, die den amerikanischen Traum zerstörten, und danach mit dem Bewußtsein, das dies zuließ.

Jede Bewußtseinsform ist zugleich Reaktion auf eine vorherige Lebensart und Anpassung an eine neue Realität. Im Falle von Bewußtsein I handelte es sich um eine Befreiung aus den Zwängen der alten Klassenordnung und der Abgeschlossenheit der dörflichen Lebensgemeinschaft, die es in der Alten Welt noch gab. Die Bedeutung von Bewußtsein I lag in seiner eigentümlichen Begeisterungsfähigkeit. Angesichts des neuen, gewaltigen Landes, der erworbenen Freiheit und der anscheinend unerschöpflichen Reichtümer baute dieses Bewußtsein auf die Ehrlichkeit und die Anständigkeit persönlicher Bemühungen. Amerika würde gedeihen, solange seine Bewohner sich als energische und tüchtige Arbeiter erwiesen. Wichtig war vor allem, daß sich die so lange durch starre soziale Schranken und hierarchische Ordnungsprinzipien gehemmte individuelle Tatkraft frei entfalten konnte. Jeder einzelne konnte seine eigene Vollendung und Erfüllung anstreben. Man schaffte für sich und nicht für die Gesellschaft. Doch harte Einzelarbeit ließ auch die Räder der Allgemeinheit rollen. Im Zentrum von Bewußtsein I stand das Individuum, allerdings in einem strengen und engen Sinn; denn dieses Individuum nahm viel Selbsteinschränkung als wichtigen Begleitumstand der Leistung auf sich und kapselte sich von der Gemeinschaft im weiteren Sinn und von der Natur ab, die man als den Feind des Menschen betrachtete. Das also war das amerikanische Bewußtsein, das der Realität einer neugeborenen Natur auf derart einmalige Weise Ausdruck verlieh. Für die Menschen, die einwanderten, bedeutete Amerika einen neuen Anfang. Sie wurden von der Vergangenheit freigesprochen und erhielten eine zweite Chance. Sie waren davon überzeugt, daß die Erde den Lebenden gehörte und daß sie an keinerlei Traditionen, Sitten oder Autoritäten anderer Länder gebunden seien. Amerika war für sie die neue Heimat. In seinem Buch *The American Adam* (1955) beschreibt R. W. B. Lewis sie uns in dieser Weise und betont vor allem eine ihrer oft bewunderten Eigenschaften, nämlich die Unschuld. Die Rolle des einzelnen innerhalb der neuen Gemeinschaft wurde unter einem idealistischen Vorzeichen gesehen. Der amerikanische Traum deckte sich also zumindest an seinem Ausgangspunkt nicht mit engstirnig materialistischen Klischees wie jenem des *Schuhputzers, der Millionär* wird.

Wie sah der Mensch aus, der zum Helden des neuen Landes wurde? R. W. B. Lewis berichtet uns, daß dieser Held nicht weltklug, gerissen, schlau, übermäßig gebildet oder intellektuell war, sondern daß sein Erfolg auf schlichten Tugenden, wie Einfachheit, Charakter, Ehrlichkeit, und harter Arbeit beruhte. Der Pionier wie der Siedler, der Westerner, der Bursche, der sein Glück machte, sie alle waren naiv. Der Held war ein moralisch einwandfreier Mensch, und seine Gutmütigkeit, nicht seine Schläue, siegte am Ende. In seinen Aufsätzen über Selbstvertrauen und Politik setzte Emerson seine Betonung nicht auf die Regierungsformen, sondern auf die religiöse und moralische Qualität des einzelnen als dem Fundament der Nation. Der Glaube, daß es der Charakter des Menschen ist, auf den es letztlich ankommt, hat sich bis zum heutigen Tag erhalten. Doch Amerika sollte schließlich entdecken, daß Unschuld und Naivität auch ihre Schattenseiten hatten. Begegnen sie nämlich der Härte, sind sie ihr nicht gewachsen. Der Untergang der Unschuld wie in Melvilles *Billy Budd* und in James' *Bildnis einer Dame* wurde zu einem Hauptthema der amerikanischen Literatur. Und auf symbolische Weise nimmt dieses Thema genau das vorweg, was sich dann im neunzehnten Jahrhundert in Amerika ereignen sollte. Der amerikanische Charakter hatte jedoch eine zweite, eine rauhe Seite, die aus Eigennutz, Konkurrenzgeist und Argwohn bestand. Jeder wollte seinen Weg allein gehen, traute keinem Nachbarn, sah im Gewinn des andern einen Verlust für sich selbst und im Leben einen erbarmungslosen Kampf, bei dem der Verlierer leer ausging. Dieser Haltung stand die Überzeugung zugrunde, daß *der Mensch von Natur aus* schlecht sei und der Kampf gegen die Mitmenschen daher in der Natur der Sache läge. *Aggression und Machtkampf wird es ebenso wie eine strenge soziale Rangordnung immer geben,* erklärt Bewußtsein I. Es kennt die Vereinsamung und das Mißtrauen und vertraut mehr dem Gewinn als der Liebe. Dieses Bekenntnis zum Eigennutz führte in Amerika zu einer Korrumpierung des Lebens und der Regierung durch Bestechlichkeit, zu Unredlichkeit und zur Käuflichkeit von Ämtern und Wählerstimmen; die Devise lautete, daß jedermann berechtigt sei, seine Chancen wahrzunehmen, wo immer er sie fand, und daß es bei diesem *Wettlauf* eben darauf ankam, reich und mächtig zu werden, wobei jede höhere Gemeinsamkeit, die über die Selbstsucht des einzelnen hinausging, geleugnet wurde. Aber nicht allein die Korruption untergrub Amerika und sein Bewußtsein I. Bewußtsein I war nämlich unfähig, sich zugleich mit den wechselnden Gegebenheiten des Landes zu wandeln; noch immer sieht es in Amerika eine Welt der kleinen Städte und der schlichten Tugenden. Erfindungen, Maschinen und gesteigerte Produktion sind das Äquivalent des Fortschritts; materieller Erfolg führt ins Glück; Natur ist ganz schön, aber man muß sie erobern und nutzbar machen. Rivalität ist das Gesetz der Natur und des Menschen; Leben bedeutet das brutale Streben nach persönlichen Vorteilen. Noch immer hält Bewußtsein I die Verwirklichung des amerikanischen Traums für möglich und glaubt, daß der Erfolg durch Charakterfestigkeit, Sittlichkeit, harte Arbeit und Selbstverleugnung gewährleistet wird. Das gleiche Bewußtsein I aber will nicht wahrhaben, daß in Amerika Organisationen den einzelnen beherrschen, daß soziale Probleme andere Hintergründe haben können als den schlechten Charakter der Individuen, oder daß die individuelle Erfolgschance, die allein auf Befähigung und Unternehmungsgeist beruht, meist nicht mehr gegeben ist. Noch immer ist Bewußtsein I davon überzeugt, daß es am besten ist, die Regierung auf ein Minimum zu beschränken. Bei einer Wahl stimmt es für einen Kandidaten, der besondere persönliche Tugenden mitzubringen scheint und der eine Rückkehr zu den früheren Lebensbedingungen, also zu Ruhe und Ordnung, Redlichkeit und niedrigeren Steuern, verspricht. Es ist der Ansicht, die augenblickliche

Krise erfordere lediglich eine Einschränkung der Ausgaben und Programme der Regierung, verstärktes Vertrauen in die Privatwirtschaft und strenge Maßnahmen, um subversiven Umtrieben im Inland und Bedrohungen vom Ausland erfolgreich zu begegnen; vor allem aber glaubt es an eine allgemeine moralische Wiedergeburt des Volkes. Heute umfaßt Bewußtsein I äußerst verschiedenartige Amerikaner: Farmer, Inhaber kleiner Betriebe, Einwanderer, die ihr Nationalgefühl beibehielten, einen bestimmten Typ von Konservativen, zahlreiche Kongreßmitglieder, Gangster, Republikaner und *einfache, anständige Leute.* Die Glaubenssätze von Bewußtsein I stehen heute, in der zweiten Hälfte des zwanzigsten Jahrhunderts, in einem drastischen Widerspruch zur Realität. Doch sie werden auf eine hartnäckige, leidenschaftlich verbohrte Weise beibehalten. Die Problematik von Bewußtsein I bleibt die Frage, warum es, obwohl es verständlicherweise zu Korruption, Ungerechtigkeit und Eigennutz führte, den Kontakt zur Realität verlor. Weshalb büßte es die Fähigkeit ein, die Zusammenhänge zu begreifen und sich durchzusetzen?

Der amerikanische Geschichtsunterricht verschleiert gewöhnlich das Versagen und die Krise. Wie ist es möglich, daß Amerika nach zweihundert Jahren unvergleichlichen Fortschritts nun von ungeheuren Problemen bedrängt und von einer entsetzlichen Verarmung heimgesucht wird? Wie kommt es, daß sich in Amerika, das die ständige Verbesserung aller Einrichtungen, den Ausbau und die Erhaltung der Verfassung sowie die Verwirklichung der unbegrenzten Möglichkeiten des Individuums erlebt hat, das Leben des einzelnen und der Gesamtcharakter des Landes mit einemmal bis zur Unkenntlichkeit verändert haben? Wie konnten es ausgerechnet die Amerikaner, dieses unabhängige Volk, das soviel Selbstvertrauen besaß und auf seine Freiheiten so sehr bedacht war, zulassen, daß man sie heute auf die Stufe des machtlosen *kleinen Mannes* reduziert, der von öffentlichen und privaten Mächten beherrscht wird?

Wenn Geschichte in dieser Weise interpretiert wird, ist es kein Wunder, daß so viele Leute dazu neigen, *die Kommunisten,* die Minoritäten, die Jugendlichen, ausländische Einflüsse oder radikale Elemente für alle Mißerfolge verantwortlich zu machen. Die bisherige Geschichte scheint jede andere Erklärung von vornherein auszuschließen; nur böswillige auswärtige Elemente können Wachstum und Entwicklung der Nation vergiftet haben; Verärgerung und Verbitterung sind ganz verständlich. Doch wenn man sich mit diesen Erklärungen nicht zufriedengibt, wenn sie unrichtig sind, dann muß in der Entwicklung der Amerikaner etwas falsch sein, dann muß irgend etwas übersehen, ignoriert oder gar gefälscht worden sein.

Was konnte oder wollte Bewußtsein I nicht wahrnehmen? Wann begann der amerikanische Traum zu zerbröckeln? Wann gerieten die Werte der Demokratie ins Wanken? Wann und an wen hat der kleine Mann seine Unabhängigkeit verloren? Worin liegt der Grund für die Wandlung Amerikas? Wie sieht diese neue Realität aus, die Bewußtsein I so lange nicht zur Kenntnis nahm, bis es selbst zu einem bloßen Museum und zum Künder einer Legende wurde?

Bald nachdem sich die Amerikaner in das Experiment der neuen Gesellschaft eingelassen hatten, wurden die Voraussetzungen, auf denen die Nation gegründet war, durch das Heraufziehen zweier mächtiger Kräfte bedroht, die beide weltweite Auswirkungen besaßen, nämlich der wettbewerbsorientierten Marktwirtschaft und der wissenschaftlichen Methodik. Die Auswirkungen versprachen positiv zu sein (sie waren es in vieler Beziehung auch), da sie die Menschen aller Länder von der physischen Plackerei befreien konnten. Das Marktsystem verwandelt aber alle Menschen um der Steigerung der Produktivität willen in Konkurrenten. Dabei werden die Arbeitskraft des Menschen, seine Umwelt und seine Kultur als Rohstoffe und Verbrauchsgüter definiert, die in Geld bewertet und für Geld ausgetauscht werden können; es wird dem *erfolgreichen* Konkurrenten gestattet, *Profit* und *Überschuß* als Gegenleistung für die Nutzung von Arbeitskraft und Mitteln anzusammeln. Die wissenschaftliche Methodik ist eine Art des Denkens, die sich mit den Grundwerten des Lebens befaßt; sie steht auf dem Standpunkt, daß alle Tätigkeiten nach der wissenschaftlich oder technisch *besten* und *wirksamsten* Methode durchgeführt werden sollten. Die Methode diktiert uns also die Spezialisierung der Arbeit, den Gebrauch von Maschinen, die Organisationssysteme und die Massenproduktion. Diese Kräfte haben wesentliche Aspekte des amerikanischen Traums ins Wanken gebracht, nämlich die physisch-menschliche Umwelt, die das *Streben nach Glück* erst möglich machte, und die Regierungsform, die willkürliche Machtanwendung ablehnte.

Vor dem Heraufkommen der industriellen Revolution lebten, arbeiteten und starben die meisten Menschen in dem Ort, in dem sie geboren worden waren, umgeben von den Menschen, die sie kannten und die sie täglich sahen. Es gab keine Spaltung zwischen Arbeit und Leben. Die Bindung an das Gemeinwesen war stark und wurde nur selten gelöst. Jeder lebte, unabhängig von seiner eigenen Tätigkeit, innerhalb eines Kreises, der schon vor ihm da war und der auch nach ihm weiterbestand. Nahrung und Obdach waren gemeinsame Angelegenheiten; niemand schlemmte oder darbte allein. Die allgemeine Größenordnung war beschränkter, sowohl was Werkzeug, Häuser, Land oder Dörfer betraf. Es gab keine riesigen unpersönlichen Einrichtungen wie Apartmenthäuser, Fabriken oder Krankenhäuser. Größenordnung und Tätigkeit waren noch von der Natur beeinflußt (die Zeit etwa wurde nach dem Sonnenstand und den Jahreszeiten gemessen). Die Rechtsprechung wurde von Personen geleitet und verwaltet, die ortsansässig waren und die man kannte. Das Wichtigste aber war, daß die wirtschaftliche Tätigkeit des Menschen noch im eigenen gesellschaftlichen System wurzelte und ihm untergeordnet war. Das heißt, es gab keine rein wirtschaftlich oder rein wissenschaftlich bestimmten *Gesetze*. Gebräuche und Religion — also die gemeinsamen Traditionen — waren die ordnenden Kräfte des Lebens. Spiel, Kunst, Feste, Zeremonien und Religionen waren nicht losgelöst vom Rest des Lebens, sie waren ein integraler Bestandteil des Ganzen. Die verschiedenartigsten Tätigkeiten wurzelten in Volkstum und Religion und entwickelten sich *irrational* und ohne bewußte Planung als Reaktion auf die Bedürfnisse der Menschen. Diese Welt ist sowohl in Europa als auch in Amerika bei der Entstehung der modernen Welt untergegangen.

Die Auswirkungen von Technik, Marktsystem und Kapitalismus prägten unsere Landschaft, unsere Kultur und unsere Gesichter. Am deutlichsten zeigt sich das vielleicht in der Landschaft. In allen früheren Gesellschaftssystemen bestand ganz unabhängig davon, wie verschiedenartig sie gewesen sein mögen, zwischen Mensch und Land eine deutliche Harmonie, da die Natur nicht willkürlich verändert oder vergewaltigt wurde. Die moderne Gesellschaft steht mit der Natur auf Kriegsfuß. Der freie Markt macht aus der Natur einen Handelsartikel, der ausgebeutet — und in Profit umgesetzt wird. Die Technik sieht in der Natur einen Gegenstand, der erobert, integriert und kontrolliert werden muß. In England kam es auf diese Weise zu einer Verödung der Landgebiete und zum Anwachsen furchtbarer, ungesunder Slums und Fabrikstädte. Nachdem diese Kräfte auch über die einstmals schönen Staaten des amerikanischen Ostens hereingebrochen waren, hinterließen sie ihre Spuren in gerodeten Wäldern, verunreinigten Flüssen, Häfen und Küsten, sterilen Städten und in einem von Straßen, Hochspannungsleitungen und Reihensiedlungen zerstükkelten Land. Kaum etwas blieb verschont, nicht einmal die wunderbare, anscheinend grenzenlose Schönheit Kaliforniens, wo die Verwüstung heute am grausamsten zu sein scheint.

Was mit dem Land geschah, geschah auch mit dem sozialen Grundgefüge. Die Dorfgemeinschaft zerfiel, als die Männer gezwungen wurden, Arbeitsplätze in Fabriken und Großstädten zu suchen. Die Familienbande lösten sich aus dem gleichen Grunde. Die Einzelwohnung ersetzte Dorf und Heim. Zuneigung und persönliche Anteilnahme unter den Menschen schwanden mit der brutalen Forderung nach Wettbewerb. In demselben Maß, in dem rein finanzielle Beziehungen die Bande von Tradition, Sitte, Religion und persönlichem Respekt ersetzten, gehorchten die Menschen der Obrigkeit nur noch, wenn sie durch wirtschaftliche Notwendigkeiten oder durch Strafgesetze dazu gezwungen wurden. Demzufolge ist die heutige Kriminalität eine negative Konsequenz der modernen Gesellschaft geworden. Der Mensch, der aus seiner physischen und sozialen Umgebung gerissen wurde, muß nun, wie ein Eisbär im Zoo, ein entfremdetes Dasein führen.

Die einschneidendsten Auswirkungen der Technik und des Systems, das auf den Verbrauch ausgerichtet war, betrafen die individuelle Existenz des Menschen. Die sichtbare Verheerung der Landgebiete und des sozialen Gefüges wurde von einer unsichtbaren inneren Aushöhlung des Menschen begleitet. Der Mensch wurde nicht bloß der Umwelt und der Gesellschaft, sondern auch seinen eigenen Funktionen und Bedürfnissen entfremdet. Seine wichtigste Tätigkeit — die Arbeit — hörte auf, Ausdruck seiner eigenen Persönlichkeit zu sein. Von der natürlichen Befriedigung durch die Arbeit spürte er wenig; er war nur ein Rädchen im Produktionsprozeß; seine Aufgaben entsprachen nicht mehr seinen Fähigkeiten. Die wesentliche Tätigkeit des Menschen wurde von einem unpersönlichsten Herrn und Meister — dem Geld — beherrscht. Der Mensch wurde sich selbst entfremdet, als das Geld anstatt seiner inneren Bedürfnisse maßgebend wurde. Damit fing der Mensch an, seine echten Bedürfnisse zurückzustellen beziehungsweise gänzlich preiszugeben, und seine Wünsche wurden zum Objekt fremder Manipulation. Er blieb nicht länger ein einmaliges Individuum, sondern wurde zu einer Zweigstelle des großen Erzeuger-Verbraucher-Systems.

In der vorindustriellen Gesellschaft findet der Wandel allmählich statt und bleibt stets einer humanistisch orientierten kulturellen und sozialen Grundordnung unterworfen. Sobald jedoch rasche und einschneidende Veränderungen vorgenommen werden, um bestimmte wissenschaftlich-rationale Ziele zu verwirklichen, werden die unbewußten, unsichtbaren und nicht materiell gebundenen humanen Werte vernachlässigt. Ein allmählicher Wandel gestattet der überlieferten Kultur, ein ausgeglicheneres Wertsystem beizubehalten. Der Industrialismus kam nicht nur mit besorgniserregender Geschwindigkeit, sondern war auch einseitig und mißachtete meist alle übrigen Werte; selbstzufrieden wurde vorausgesetzt, daß *der Markt* sich ihrer schon annehmen werde. Die durch Technik und Marktwirtschaft eingeführten Veränderungen mußten schwere Störungen für Natur und Menschen mit sich bringen, weil keinerlei Maßnahmen ergriffen wurden, um eine kontinuierliche und organische Wertordnung zu erhalten. Nach einem Ausspruch Karl Polanyis hat der Industrialismus den Menschen Gesetzen untergeordnet, die unmenschlich waren.

Die zweite Auswirkung des Industrialismus betraf das politische und wirtschaftliche System Amerikas. Hierfür ist es von Vorteil, einen Blick auf die amerikanische Verfassung zu werfen, deren zentrale Idee die individuelle Souveränität ist. Die Schöpfer der Verfassung waren Männer, die der Macht zutiefst mißtrauten, die davon überzeugt waren, daß Macht korrumpierte, und die jede Art von Machtausübung auf das Leben des Individuums ablehnten. Daher machten sie jede Form willkürlicher Machtanwendung, die ihnen bekannt war, unmöglich. Sie wollten die Macht teilen, beschränken und sie bestimmten Sicherungsmechanismen unterwerfen. Die Schöpfer der amerikanischen Verfassung waren also überzeugt davon, daß Macht in jeder Form das Hauptübel für die Menschen sei. Auch die Demokratie als Staatsform gehörte zu dieser Vorstellung und damit die Auffassung, daß letztlich das Volk als einziger Souverän zu betrachten sei. Dieser Regierungsentwurf ging mit einem wirtschaftlichen System Hand in Hand, in dem sich der amerikanische Traum verwirklichen sollte. Jeder amerikanische Bürger sollte in der Lage sein, wirtschaftlich unabhängig zu werden, Haus und Hof zu erwerben und seine Tätigkeit nach eigener Wahl zu bestimmen. Natürlich war es innerhalb dieses Planes durchaus möglich, daß einige Menschen reich wurden oder blieben und andere wiederum arm blieben oder wurden. Aber man hielt dies als einen wesentlichen Bestandteil persönlicher Unabhängigkeit für unerläßlich. Das Neuland lag offen da; überall gab es die verschiedensten Möglichkeiten; die Bewegungsfreiheit war durch keinerlei Gesetze eingeschränkt; es gab sie wirklich, die unbegrenzte Freiheit, in der das *Streben nach Glück* verwirklicht werden konnte.

Doch Handel und Technik berücksichtigten das individuelle Glücksstreben nicht. Man denke nur daran, daß es im Fabrikwesen die Technik war, die Organisation und Spezialisierung der Arbeitskraft diktierte, und daß das Marktsystem Mehrarbeit, niedrige Löhne und eine gefährdete Sicherheit zur Folge hatte. Das Elend in den frühen Fabriken ist oftmals geschildert worden; man muß hier den gigantischen Kontrast zwischen dem Fabriksystem und dem Ideal der Unabhängigkeit betonen, denn der Fabrikarbeiter war einer Macht ausgeliefert, die in überwältigendem Maß sein eigenes Leben beherrschte. Er wurde in eine eiserne Zucht genommen. Seine Arbeitszeit, sein Benehmen, seine Mahlzeiten, seine Bekleidung, letzten Endes auch seine menschlichen Beziehungen und seine Gedanken wurden kontrolliert. Natürlich hatte es zunächst niemand wirklich *nötig,* in einer Fabrik zu arbeiten oder in einer großen Stadt zu leben, doch im Laufe der Jahrzehnte wurden die Alternativen allmählich geringer. Nicht jeder konnte Pionier, Siedler oder selbständiger Handwerker sein.

Für die Arbeitnehmer, ob in einer Fabrik, einem Geschäft oder auf einer Großfarm, gab es die Unabhängigkeit des einzelnen praktisch nicht mehr. Die Macht, der sie ausgeliefert waren, wurde durch die Verfassung weder eingeschränkt noch geteilt oder kontrolliert; weder verfassungsmäßig garantierte Grundrechte noch Gerichte schützten sie. Für den Arbeitnehmer gab es keine Demokratie; er wurde nicht gefragt, wenn Entscheidungen über sein Leben — und mochten sie noch so einschneidend sein — getroffen wurden. Die breite Masse hatte keinerlei Hoffnung auf Erfolg; ihre Erwartungen beschränkten sich auf die Möglichkeit, in dem mächtigen Gefüge auch einmal einen Platz für sich zu erobern; aber nur wenigen gelang es hochzukommen, und nur für sie erfüllte sich der Traum. Was eine Chance für alle hätte sein sollen, war für die meisten unmöglich geworden. Vielleicht noch drastischer vollzog sich die Aufgabe des Strebens nach Selbsterfüllung. Denn der Arbeitnehmer konnte das Ziel seines eigenen Suchens und Strebens nicht mehr erkennen. Die Arbeit, die er verrichtete, und die Art, wie er sie verrichtete, seine Gefühle, seine Vergnügungen und seine Freuden waren einer äußeren Macht unterworfen.

Die Zucht, der der Arbeiter unterworfen wurde, war äußerst hart. Er mußte Überstunden leisten, die nahezu seine gesamte Zeit und Kraft verschlangen. Weitab von frischer Luft, Natur und Schönheit sperrte man ihn in einen Maschinenraum. Seine Wohnung unterschied sich kaum von der Fabrik, sie war eine Massenunterkunft ohne jegliche Annehmlichkeit. Seine physischen Bewegungen waren ganz von der Arbeit bestimmt, und was davon *frei* war, wurde neben den üblichen Körperbewegungen für Essen, Schlafen, Verdauung und Fortpflanzung zu einer Routinebewegung von und zur Arbeitsstelle. Der Arbeiter wurde seiner Rolle als Vater beraubt, die man den Frauen und den Schulen überantwortete. Unabhängigkeit wurde von grollender Servilität abgelöst; der Arbeiter mußte sich eben der Autorität der Bosse unterwerfen; er wurde jeglicher Macht und jeglichen Einflusses beraubt. Sein Verstand, sein Urteilsvermögen, seine Phantasie waren unerwünscht. Sein Gefühl für Form, Rhythmus, Musik und Kunsthandwerk wurde ignoriert. Kühnheit, Mut, Führungsfähigkeiten, Spaß, Spiel, Freundlichkeit und Gefühl waren in einer Fabrik oder einem Büro unangebracht. Die Autorität der Industriebosse unterschied sich zwar von der Herrschaft der Sklavenhalter in den Südstaaten, aber sie verlangte in mancher Hinsicht die gleiche Unterwerfung, die gleiche Aufgabe menschlicher Fähigkeiten. Wir haben vom Industriearbeiter als von einem Lohnsklaven gesprochen, doch das umreißt nur seine eingeengte wirtschaftliche Situation. Aber auch sein Verstand, seine Seele, seine Persönlichkeit und sein Menschsein wurden in Ketten gelegt, und letzten Endes war er wie das traurige, sehnsüchtige, unbeholfene und stumme Filmmonstrum *Frankenstein* unwiderruflich aus dem Verband der Menschen verstoßen.

Die Ausübung der Macht an Individuen wurde von einer Machtentfaltung auf viel breiterer Basis begleitet. Nach den Sezessionskriegen kam es zu einer Phase wirtschaftlicher Fusionen, geschäftlicher Interessenverschmelzungen und Monopolbildungen. Dies brachte die stufenweise Zerschlagung des freien Handelsmarktes und die Heranbildung einer Macht der Konzerne mit sich, die die Wirtschaftsplanung übernahm, die Geldmittel beschaffte, die Handelsbereiche aufteilte, die Preise festlegte, die Entstehung neuer Unternehmen bestimmte und (auch wenn dies damals noch in weiter Ferne lag) den Käufer lenkte. Kleine Gruppen, die die Stahl- und Eisenbahnindustrie, andere, die die Ölindustrie oder das Bankwesen kontrollierten, wurden zu den Beherrschern ganzer Staaten und manipulierten die wirtschaftlichen Kräfte in mancher Hinsicht genauso, wie das in sozialistischen Ländern angestrebt wird.

Eine solche Macht, die von der Bevormundung des einzelnen Fabrikarbeiters bis zur Lenkung des gesamten Marktes reichte, hatte es nie zuvor, weder in Amerika noch anderswo in der Welt, gegeben. Obwohl sie niemandem weggenommen worden war, bedeutete sie die Unterjochung eines einstmals freien Volkes und einer einstmals freien Wirtschaft. Auch die amerikanische Sprache spiegelte die Tatsache dieses Verlustes der Demokratie wider; mit einem Male gab es *Kupferkönige* und *Eisenbahnbarone,* eine amerikanische Aristokratie. Dem amerikanischen Volk, das zum großen Teil aus den Monarchien Europas geflohen war, verblieben nur einige wenige Jahrzehnte der Freiheit, ehe es von einer Schar von Autokraten erobert wurde, die noch mächtiger waren als die früheren Herrscher.

Aber diese Entwicklung bedeutete nicht nur den Sieg erfolgreicher Individuen über ihre Mitmenschen. Denn wir können erkennen, daß diese Machtübernahme auch ein Triumph persönlicher Mächte gewesen ist, der Organisation, der Kapazität, der technischen Planung, der Kräfte der modernen Rationalisierung und der wissenschaftlichen Betriebsführung. Ein Mann wie John D. Rockefeller war so unpersönlich wie eine mathematische Formel — er war der Apostel des Kollektivismus, der dem Individualismus in der Ölindustrie ein Ende bereitete und an dessen Stelle ein zentralisiertes, durchgeplantes anonymes Unternehmen setzte. Gewiß waren er und manche andere auch habgierig, ehrgeizig und unbarmherzig; doch wurden diese Eigenschaften — und mehr noch die persönliche Freibeuterei einzelner — durch eine noch viel weitergehende Hemmungslosigkeit der Zeit in den Schatten gestellt. In dem kalten und unbewegten Rockefeller, einem wahren Wissenschaftler des Geschäfts, kommen die damaligen Umwälzungen viel besser zum Ausdruck als in einem zum Millionär gewordenen Pionier, der sich seine Vitalität und seinen weitgehenden Irrationalismus bewahrt hatte. Der Sittenkodex, der Amerika veränderte, war in Wahrheit nicht der Grundsatz der Freibeuterei und der Habgier, sondern jener der Macht, der mit Unterdrückung und öffentlicher Ordnung verbunden war. Organisation und Durchschlagskraft unterdrückten Widersetzlichkeit und Undiszipliniertheit. Sie setzten eine technisch einwandfreie, unmenschliche Lenkung aller Dinge an die Stelle des individuellen und spontanen Lebens, das so typisch für das alte Amerika gewesen war. Es ist angebracht, einmal festzuhalten, wer die wirklich *sozialistischen*, kollektivistischen, subversiven Elemente in Amerika gewesen sind, die Feinde amerikanischer Lebensart, die Verderber, die Zerstörer der Tradition und des amerikanischen Traums. Sie trugen keine Bärte, legten keine Bomben, sprachen keine ausländische Sprache und hatten keine Manifeste. Sie, diese Feinde der alten amerikanischen Ideale, trugen bedeutende Namen: Vanderbilt, Carnegie, Harriman, Ford. Ihre Marktausbeutung und ihre Technik beschnitten die Demokratie, die individuelle Unabhängigkeit und das Glücksstreben und förderten ein System der Manager, eine Hierarchie der Macht und der Privilegien, welche die gemeinschaftlichen Werte durch den *Erfolg* und wissenschaftlich gesteuerte Unmenschlichkeit ersetzten.

Rückblickend kann man erkennen, daß den zu Beginn des neuen Zeitalters entstandenen Kräften potentiell die Möglichkeit innewohnte, all die verschiedenen Mißstände und Probleme zu schaffen, von denen wir heute heimgesucht werden: Zügellosigkeit und Aufruhr, weil die Fundamente der Gesellschaftsordnung zerstört waren; Zertrümmerung der Umwelt und der Kultur durch Ausbeutung; Bedrohung von Demokratie und Freiheit, weil der Mensch zum Objekt der unpersönlichen Herrschaft eines wirtschaftlich-technischen Netzwerkes geworden war; Verlust der Werte, da alle Werte der Manipulation ausgesetzt waren. Wenn die Amerikaner sich ihren Traum von der republikanischen Regierungsform mit persönlicher und wirtschaftlicher Unabhängigkeit und eine heile Umwelt hätten erhalten wollen, dann hätten sie die Kräfte, von denen sie bedroht waren, besser verstehen und etwas unternehmen müssen, um zu gewährleisten, daß diese Kräfte für und nicht gegen sie arbeiteten.

Bewußtsein I war nicht bereit oder nicht imstande, die Umgestaltung Amerikas zu begreifen. Naivität und Optimismus besitzen grundsätzlich eine Schwäche: Sie haben keine echte Tiefe. Diese Oberflächlichkeit war es auch, die Henry James ins Exil trieb und die er später in den Aufzeichnungen über eine Besuchsreise unter dem Titel *The American Scene* näher erläuterte. Für James fehlte es den Amerikanern an Kultur, an Vergangenheit und an einer Sozialordnung. James erkannte, daß die Amerikaner von dem Bedürfnis besessen waren, fortwährend in Bewegung zu sein. So rissen sie etwa Gebäude nieder, bevor diese Sinn und Tradition erlangen konnten; sie ließen es zu, daß kommerzielle Interessen vor den Prinzipien der Architektur und der Städteplanung rangierten; sie waren völlig entwurzelt. Demzufolge ließen sie weder die Formung privater und innerer Werte noch die Entstehung einer Tradition zu, und bei all dem schnellen Wechsel konnte sich die Individualität immer weniger behaupten. Die Schnelllebigkeit fegte so rasch über die Menschen hinweg und ließ ihnen so wenig Zeit, sich ihrer selbst bewußt zu werden, daß sie von ihrer eigenen Entwicklung abgetrennt waren. Ohne Verständnis für sich und ihr Werden konnten die Amerikaner auch nicht wissen, was sie wollten; und selbst wenn sie es wußten, wußten sie wiederum nicht, wie sie es verwirklichen sollten. Henry James sah den *Hotelstil* über Amerika kommen. Er meinte damit, daß alles Leben sich wie in einem großen Hotel abspielen würde, luxuriös in materieller Hinsicht, doch ohne jegliche Individualität, weil alle Entscheidungen der Hoteldirektion überlassen werden. Sinngemäß meinte James damit, daß die Amerikaner ihre Identität eingebüßt hätten. Ihre Traditionen sind im großen Schmelztiegel untergegangen, ihre Gegenwart ist in dauerndem Fluß, und sie kennen weder die Stille noch die Nachdenklichkeit, die zur Bildung einer eigenen Persönlichkeit notwendig sind.

Naivität, Eigennutz und Oberflächlichkeit verschmolzen in Bewußtsein I und erzeugten eine Massenflucht vor der Verantwortung und der Selbsterkenntnis. Im Leben der Amerikaner gab es eine Tendenz der absichtlichen Nichtzurkenntnisnahme verschiedener Ungerechtigkeiten wie etwa jene den Negern gegenüber, Nichtzurkenntnisnahme der eigentlichen Ursachen des Sozialproblems, Nichtzurkenntnisnahme der gesamten übrigen Welt. Die Amerikaner wollten einen oberflächlichen *Normalzustand* wie in den zwanziger und fünfziger Jahren; sie nahmen hin, was ihnen als Nachrichten über ihre Regierung in Tablettenform gereicht wurde; sie akzeptierten Dummheit und Unfähigkeit in hohen Ämtern; und ging etwas schief, waren es kindischerweise immer *die anderen.* Früh schon wurde die Politik zur Domäne der Unwahrheit und ist es seither geblieben. Jener Politiker wurde gewählt, der Amerika in den trügerischsten Farben malte, der am weitesten weg vom Wesentlichen führte. Als der amerikanische Garten Eden dann durch die unmenschlichen Kräfte der Industrialisierung, die durchaus vernichtend sein konnten, bedroht wurde, zogen es viele Amerikaner vor, vor der Wahrheit die Augen zu verschließen, anstatt zurückzuschlagen. Und heute ist es nicht anders.

Obwohl diese Aspekte des amerikanischen Charakters von vielen zeitgenössischen Schriftstellern erkannt wurden, sahen nur wenige, was wir heute sehen können, nämlich wie verheerend sich die Unzulänglichkeit von Bewußtsein I auswirkte. Nicht allein, daß die Amerikaner kein Verständnis für die Gefahren des Industrialismus aufbringen, besitzen sie auch keine Wertordnung, die sie dem Industrialismus entgegenstellen könnten; weder kulturelle Tradition noch eine Sozialordnung oder innere Selbsterkenntnis, mit deren Hilfe sie die industriellen Werte lenken und bestimmen könnten. Darüber hinaus waren die Amerikaner nicht in der Lage, sich angesichts der Gefahren des Industrialismus zu gemeinsamer Verantwortlichkeit zu erheben. Aufgespalten in einzelne, selbstsüchtige Gruppen, ist es ihnen fremd, an das Gemeinwohl zu denken oder einfach vorauszudenken, und die antiintellektuelle und manchmal kindische Einstellung der Amerikaner, überhaupt nicht zu denken, macht es ihnen leicht, in dieser Haltung zu verharren.

Bewußtsein I war ungeeignet und wird weiterhin im höchsten Maß ungeeignet bleiben, mit der durch den Industrialismus geschaffenen Realität privater Machtausübung auf einen Nenner zu kommen. Obwohl Widerstand gegen die Macht ein Hauptfaktor des amerikanischen Ideals ist, haben die Amerikaner untätig zugesehen, wie Konzerne die Vormachtstellung eroberten, die Wirtschaft planten, Entscheidungen über die Produktion trafen, Preise festlegten, wichtige Aufgaben wie das Nachrichten- und Informationswesen (das für das Funktionieren einer Demokratie lebenswichtig ist) lenkten und schließlich das Leben der Arbeiter regelten. Antitrust, Kollektivvertragsgesetze und Fürsorgeeinrichtungen wurden schließlich durchgesetzt, doch wie wir im nächsten Kapitel sehen werden, waren sie unwirksam. Bewußtsein I konnte oder wollte die Realität nicht erfassen, nicht wahrhaben, daß der einzelne nicht länger mit dem Erfolg anderer einzelner zu konkurrieren, sondern gegen ein ganzes System anzukämpfen hatte. Es konnte nicht verstehen, daß *privater Besitz* in der Hand eines Konzerns gewissermaßen zu einem Synonym für Regierungsmacht wurde und somit etwas durchaus anderes darstellte als den Besitz einer Einzelperson. Es wollte den entscheidenden Punkt nicht begreifen, nämlich daß eine gemeinsame Aktion gegen die Macht der Konzerne keinen Schritt zum Kollektivismus bedeutete, sondern nur eine konstruktive Anstrengung zur Erhaltung der Demokratie innerhalb einer Gesellschaft, die durch ihre Vermassung ohnehin bereits kollektivistisch geworden war.

Auch vermochte Bewußtsein I nicht zu erkennen, daß die Privatwirtschaft nicht für alle Kosten aufkam. So konnte zum Beispiel ein Fabrikant seine Abfälle in einen Fluß schütten, brauchte aber für die entstandene Verunreinigung nichts zu zahlen; auf diese Weise beteiligte er die Öffentlichkeit an seinen Unkosten, nicht aber an seinem Profit. Der Fabrikant weigerte sich aber, für Verletzungen durch Unfälle aufzukommen, obwohl diese statistisch vorauszusagen waren, und überließ somit alle anfallenden Kosten dem unglücklichen einzelnen und seiner Familie. Arbeitslosigkeit, Unsicherheit in der Altersversorgung und unzureichende Ausbildung, um mit der sich immer weiter entwickelnden Technik Schritt zu halten, waren der Preis für die Fabriken und hätten durch Besteuerung ausgeglichen werden müssen. Aber die Wechselwirkung zwischen Konzern und Gesellschaft wurde nicht erkannt.

Am bezeichnendsten ist die Tatsache, daß Bewußtsein I die Übelstände des Industrialismus nicht als das sehen wollte, was sie waren, sondern als moralische Probleme. Auch die Kriminalität in den Städten betrachtet man als ein Problem der Moral und des polizeilichen Durchgreifens, obwohl die Kriminalität in erster Linie ein Produkt erkennbarer Umweltfaktoren ist. Ähnlich verhält es sich mit moralistischen Einstellungen zur öffentlichen Fürsorge. Immer wieder hat Bewußtsein I lieber nach Prügelknaben Umschau gehalten, als den Kräften des Industrialismus direkt ins Auge gesehen.

Wenn die Menschen die Kräfte, die ihr Land ändern, nicht beherrschen können, dann werden diese Kräfte eben die Menschen beherrschen: Bewußtsein I, das seine Verwurzelung verlor, aber an seinem Mythos unbeirrt festhielt, wurde eine leichte Beute der Manipulation durch die organisierten Kräfte der Gesellschaft. Diesen Amerikanern konnte man einen Kolonialkrieg im Namen der nationalen Ehre verkaufen. Man konnte ihnen im Namen der amerikanischen Unabhängigkeit Rüstung im Wert von Hunderten von Milliarden verkaufen. Man konnte ihnen im Namen der guten, alten amerikanischen Tugend der Sparsamkeit eine unverantwortliche Regierung verkaufen. Man konnte ihnen eine dumme und unfähige Führerpersönlichkeit verkaufen, weil sie so aussah wie die Verkörperung sämtlicher amerikanischer Ideale. Und vielleicht noch schlimmer als dies, man konnte ihnen künstliche Vergnügungen und künstliche Träume verkaufen als ein Surrogat für das stolze, hochgemute menschliche und geistige Abenteuer, das Amerika einstmals gewesen ist.

III

Das Versagen der Reformen

Wir haben bisher von den wichtigsten Kräften gesprochen, die Amerika umgestaltet haben, und von dem Bewußtsein, das die Unfähigkeit der Nation, darauf zu reagieren, herbeigeführt hatte. Nun kommen wir zu einem dritten Element in der Entwicklung des gegenwärtigen amerikanischen Staates, nämlich zu den Bemühungen um Reformen, zu deren Fehlschlag und der daraus entstehenden Ballung von Macht. Den Mittelpunkt unserer Betrachtung soll, neben einigen Reformen aus der Ära der sogenannten Populisten, der New Deal bilden.

Nachdem wir mit der Aufzählung der bedeutendsten Kräfte des Industrialismus im neunzehnten Jahrhundert geendet hatten, sollten wir nunmehr festhalten, in welcher Form sie in der Zeit der Reformversuche weiterhin wirksam waren. Die bereits erörterten vorherrschenden Entwicklungsrichtungen — Auflösung und Verfall der biologischen und gesellschaftlichen Umwelt sowie das Anwachsen *privater* Macht in der Wirtschaft und im Leben des einzelnen — setzten sich mit wachsender Geschwindigkeit fort und gewannen immer mehr an Wirkung. Der freie Wettbewerb wurde allerdings nach und nach durch eine gefestigtere und besser geregelte Institution ersetzt, und sowohl der Arbeitsmarkt wie der Produktionsmarkt wurden Kontrollsystemen unterworfen, die meist *privat* waren.

Karl Polanyi weist in *The Great Transformation* darauf hin, daß eine Gesellschaft, die unter dem Druck der Industrialisierung steht, zwangsläufig versucht, ihre bedrohten Werte zu verteidigen; er nennt diese Bemühungen *Selbstschutz der Gesellschaft.* Unter diesen allgemeinen Begriff fällt beinahe jede Reformgesetzgebung in Europa und in den Vereinigten Staaten. Anders ausgedrückt heißt das, daß die Gesetzgebung durch Maßnahmen wie die Festsetzung von Mindestarbeitslöhnen, das Verbot von Kinderarbeit und Unfallvergütungsvorschriften die Gesellschaft vor den härtesten Auswüchsen der Industrialisierung zu bewahren sucht.

Zu Beginn des zwanzigsten Jahrhunderts kam es in Amerika zu einer tiefen Spaltung zwischen jenen, die sich an Bewußtsein I klammerten, und jenen, die politische und soziale Reformen und darüber hinaus eine neue Lebensform, die der Realität des zwanzigsten Jahrhunderts besser angepaßt war, anstrebten. Obwohl die Reformer wohl nie in der Überzahl waren, erlangten sie dennoch genügend Einfluß, um die Institutionen in ihrem Gefüge zu verändern und die Ansatzpunkte zu einem neuen Bewußtsein zu schaffen. Diese Umwandlungen wurden mit großer Hoffnung und viel Idealismus begonnen, führten aber letztlich nicht zu dem von ihren Schöpfern erhofften Ergebnis. An Stelle einer reformierten Demokratie hatten sie eine noch betontere Vorherrschaft des Industrialismus zur Folge.

Bei der Erörterung der Reformbestrebungen und der sozialen Bemühungen muß man mit den verschiedenen Beurteilungen beginnen, die über die gesellschaftlichen Mißstände angestellt worden sind, denn von ihnen lassen sich zumindest einige Voraussetzungen ablesen, unter denen die Reformen begonnen wurden. Eine solche Beurteilung finden wir in der Literatur, in Werken wie *Looking Backward* von Edward Bellamy, in Upton Sinclairs *The Jungle,* in Stephen Cranes *Maggie* oder Herbert Golds *Jews without Money* und vor allem in dem Roman von John Steinbeck *Früchte des Zorns.* Danach lassen sich die vermeintlichen Ursachen der amerikanischen Probleme einfach mit dem Unheil des unbeschränkten Wettbewerbs und seinem Mißbrauch durch die wirtschaftlich Mächtigen erklären. Bellamy beschreibt erstere Ursache anschaulich, indem er die amerikanische Gesellschaft mit einer großen Kutsche vergleicht, in der einige wenige Privilegierte bequem reisen, während sich die anderen, von der Geißel des Hungers getrieben, draußen verzweifelt aneinander drängen und festklammern. Er prangerte die erbitterte Feindschaft zwischen den Menschen an, die vom Kampf um den Arbeitsplatz, von der krassen Ungleichheit und der sozialen Ungerechtigkeit verursacht wurde. Die Ergänzung dazu lieferte Upton Sinclair in einer Schilderung der fleischverarbeitenden Industrie. Er beschrieb, wie Riesenunternehmen gesundheitsschädigende und verfälschte Fleischwaren auf den Markt brachten und rücksichtslos ihre Arbeiter knechteten, die ohnehin in beständiger Angst, Unsicherheit und Armut lebten. Mißbrauch des Systems, Habgier, Verantwortungslosigkeit und extreme Selbstsucht waren die Hauptangriffsziele der Reformer. Selbst in einer weitaus strukturorientierteren Untersuchung, als es Ida Tarbells *A History of the Standard Oil Company* ist, wird Rockefeller als der Zerstörer eines Markts, der ihrer Ansicht nach durchaus gesunde Konkurrenzeigenschaften besaß, betrachtet. Kampf gegen den Mißbrauch der Macht sollte das Hauptanliegen der Reformbewegung sein.

Diese amerikanische Analyse war sehr viel weniger intellektuell und durchdacht als die Analysen des Industrialismus, die zu derselben Zeit und bereits viel früher in Europa angestellt worden waren. Die Romane von Charles Dickens *Harte Zeiten*, *Bleakhaus* und *Klein Dorrit* gehen um vieles tiefer: Durch Depersonalisation, weitreichende Isolierung und Vereinsamung von Menschen und Gruppen, den leeren Materialismus, die Ungeheuerlichkeit und Grausamkeit riesiger Organisationen und Institutionen wird die Welt immer mehr zum Gefängnis für die menschliche Natur. Kafka, Dostojewski und zahllose Schriftsteller der Viktorianischen Zeit sahen die Zustände ähnlich: Dickens, Ruskin und andere wiesen auch auf die Verwüstung von Landschaft und Umwelt hin. Wenngleich sich die physischen Arbeitsbedingungen verbessern sollten, bestätigte sich die Prognose Karl Marx' in zunehmendem Maße: Die Arbeit wurde für den Arbeiter inhaltslos und fremd. Den Malern und Filmschöpfern des deutschen Expressionismus zu Beginn dieses Jahrhunderts blieb es vorbehalten, eine Deutung dessen zu versuchen, was der menschlichen Seele angetan wurde; in erschreckenden Visionen führten sie etwas vor Augen, das weitaus grauenvoller war als der bloße Mißbrauch eines an sich lebensfähigen Systems. Die furchterregenden Filmgestalten eines Dr. Caligari oder eines Dr. Mabuse inmitten surrealistischer Städtelandschaften schufen die Vision eines düsteren Zeitalters der Wissenschaft und der Technik.

Hinweise auf diese weitreichenden Übelstände fehlten auch in der amerikanischen Literatur nicht. Man kann sie bei Melville finden, vor allem in seinem *Bartleby*, bei Howell in *Die große Versuchung*, bei Warren in *Der Gouverneur*, in Arthur Millers Tragödie *Der Tod des Handlungsreisenden* und in allen Erzählungen von Lardner und Francis Scott Fitzgerald. Rückblickend ist besonders interessant, daß es die Unterhaltungskunst der dreißiger Jahre, die Gangsterfilme und Kriminalromane waren, die den realistischsten Einblick in die amerikanische Gesellschaft gewährten. Sie waren grausame und hoffnungslose Porträts der Entmenschlichung, der Gewalttätigkeit und der Freudlosigkeit der amerikanischen Städte. Romane von Raymond Chandler, James M. Cain und Dashiell Hammett kommen der Wahrheit weitaus näher als die meisten sozialwissenschaftlichen Abhandlungen. Außerdem gab sich die Gangsterära auf der Kinoleinwand und in den Zeitungen ein Selbstporträt, in dem das gesamte wirtschaftliche und soziale Gefüge jedem, der es sehen wollte und konnte, unerbittlich vor Augen geführt wurde.

Aber diese tiefsinnigen künstlerischen Erkenntnisse wurden niemals zu politischen. Begonnen hat die Reform mit ganz bestimmten Anliegen, wie Gesetzen gegen die gesundheitsschädigenden Praktiken in der fleischverarbeitenden Industrie, dem Verbot von Monopolbildungen und freibeuterischen Wettbewerbsmethoden, Gesetzen gegen Protektionismus im Eisenbahnwesen, der Festsetzung einer Höchstarbeitszeit für bestimmte Beschäftigungszweige, Bestimmungen gegen unredliche Werbung. Das Grundthema war klar: Wirtschaftliche Macht mußte dort, wo sie zu allzu großem Mißbrauch geführt hatte, in den Dienst des *öffentlichen Interesses* gestellt werden. Das hieß mit anderen Worten, daß die Regierung ein wachsames Auge auf die *Konsequenzen* des Wirtschaftssystems haben würde; sollten diese zu sehr ausarten, würde man eingreifen (obschon man einer selbständigen Regelung stets den Vorzug gab). Präsident Franklin D. Roosevelt brachte diese moralistische Einstellung mit der Phrase vom *öffentlichen Interesse*, die sich später weitgehend durchsetzen sollte, in seinen Antrittsreden von 1933 und 1937 zum Ausdruck. 1933, nachdem er die chaotische Ära der Depression beschrieben hatte, sagte er:

... Dies rührt in erster Linie daher, daß die Lenker des Güteraustausches infolge ihres Starrsinns und ihrer Unzulänglichkeit versagten ...

... Sie kennen nur die Spielregeln eines eigennützigen Geschlechts ... ebenso müssen wir Schluß machen mit einem finanziellen und geschäftlichen Gebaren, das in den Augen eines reinen Vertrauens nur zu oft als Gewissenlosigkeit, Selbstsucht und Unrecht erschien ... so erkennen wir jetzt, wie wir es bisher noch nie erkannt haben, daß wir alle aufeinander angewiesen sind; daß wir nicht nur nehmen dürfen, sondern auch geben müssen; daß wir, wenn wir vorwärtskommen wollen, uns als geschulte,

treue Armee erweisen müssen, willens, der allgemeinen Disziplin zuliebe Opfer zu bringen, weil ohne solche Disziplin kein Fortschritt erzielt und keine Führerschaft wirksam werden kann. Wir alle sind, ich weiß es, bereit, uns mit unserm Gut und Blut solch einer Disziplin zu unterwerfen, weil dadurch eine Führung ermöglicht wird, die ein größeres Gut erstrebt ...

In seiner zweiten Antrittsrede faßte Roosevelt die wichtigsten Punkte seines Programms zusammen:

... wir müssen praktische Möglichkeiten finden, um eine Kontrolle über die blinden wirtschaftlichen Kräfte und die blinden selbstsüchtigen Menschen zu erhalten ... Wir lehnten es ab, die Probleme unseres gemeinsamen Wohles den Stürmern des Zufalls und den Orkanen des Verderbens zu überlassen ...

... wir haben damit begonnen, die autokratischen privaten Mächte der Kontrolle des Volkes zu unterstellen ... Wir haben immer gewußt, daß grenzenlose Selbstsucht unmoralisch ist; heute wissen wir, daß sie auch eine schlechte Wirtschaftspolitik ist ... letzten Endes trägt die Beachtung moralischer Grundsätze im Wirtschaftsleben ihre Früchte.

Diese neue Auffassung untergräbt die althergebrachte Bewunderung für den weltlichen, äußeren Erfolg als solchen. Wir sind dabei, unsere Toleranz gegenüber dem Mißbrauch der Macht durch jene Kräfte aufzugeben, die aus Profitgier die elementarsten Anstandsregeln des Lebens über Bord werfen.

Roosevelts Worte porträtierten die selbstsüchtigen Männer, die vom System ausgeschlossenen Menschen und den mißbrauchten amerikanischen Traum.

Der New Deal vereinte die Vertreter der Hauptrichtungen der Reformbewegung einschließlich jener, die noch dem progressiven Wilson-Programm verpflichtet waren, und jener, die weitaus fortschrittlichere Ziele verfolgten. Vereinfacht dargestellt, gab es also eine Gruppe, die die Mißstände des Kapitalismus in den Griff bekommen wollte, eine andere, die die Macht innerhalb der Gesellschaft, namentlich durch Anerkennung der Arbeiterbewegung, neu verteilen wollte, und eine dritte (die radikalste), die auf ein erhebliches Ausmaß an staatlicher Planung und auf eine Neuverteilung des Vermögens drängte. Das hieraus entstandene, ideologisch uneinheitliche und äußerst pragmatische Programm des New Deal enthielt vier Hauptpunkte.

1. Staatliche Aufsicht. Der New Deal versuchte, das System gegen Mißbräuche zu schützen, indem er verschiedene Einrichtungen, wie die NRA*, die SEC** und den Robinson-Patman-Act (Preispolitik), schuf.

2. Machtgleichgewicht. Die organisierte Arbeiterbewegung erhielt die Gelegenheit, sich zu einem Gegengewicht zum Unternehmertum zu formieren; andere Gruppen wurden in ihren Versuchen bestärkt, an Stelle der krassen, einseitigen Machtballung großer Unternehmen einen gewissen Pluralismus in der Wirtschaft zu schaffen.

3. Soziale Maßnahmen. Der wettbewerbsorientierte Arbeitsmarkt wurde gefestigt, indem zum erstenmal Arbeitslosenunterstützung, Sozialfürsorge und Sozialversicherung eingeführt wurden, um die gröbsten Bedürfnisse jener zu decken, die die Verlierer im harten Konkurrenzkampf waren.

4. Radikale Programme. Mit der TVA***-Fiskalpolitik, dem öffentlichen Wohnungsbau, mit Staatsaufträgen und Bundessubventionen wurde ein Anfang gemacht.

Neben diesen Sonderprogrammen unternahm der New Deal auch den Versuch, bestimmte Wertvorstellungen zu fördern. Man glaubte, daß durch Organisation, Zusammenarbeit, Planung und Überwachung die zur Verfügung stehenden nationalen Mittel besser eingesetzt werden könnten; schließlich glaubte man an die Vernunft. Man glaubte an eine maximale Nutzbarmachung von Technik und Wissenschaft. Man glaubte an eine *Leistungsgesellschaft,* eine Herrschaft der Tüchtigen bei allgemeiner Chancengleichheit und dem Einsatz der vorhandenen Fähigkeiten, die nicht von irrationalen Vorurteilen belastet sein sollte. Man glaubte, daß die Privatindustrie soweit wie möglich privat bleiben sollte, letztlich aber nach ihrem Beitrag zum öffentlichen Wohl gewertet werden sollte. Man glaubte schließlich, daß der beste Weg zur Reform über eine starke und entschlossen handelnde Regierung führte, die von den besten, den intelligentesten und den erfahrensten Männern zu bilden wäre, die ihr Programm im Interesse des Volkes durchführen sollten.

Was der New Deal wirklich erreichte, war die Schaffung eines neuen Öffentlichkeitsstaates, der dem *privaten Corporations-Staat*

---

* National Recoveries Act.

** Security and Exchange Committee.

*** Tennessee Valley Authority.

an Größe und Macht gleichkam. Jede gesetzgeberische Maßnahme wurde von der Einsetzung einer großen, spezialisierten staatlichen Behörde begleitet, und gleichzeitig wurden die bisherigen Verwaltungsabteilungen der Regierung stark ausgebaut. Ihrem äußeren Wachstum folgte ein Anwachsen ihrer Machtbefugnisse. Der Bundesgerichtshof verlieh der Regierung eine umfassende neue konstitutionelle Befugnis — freie Hand im wahrsten Sinne des Wortes, an Stelle der ursprünglich beschränkten Vollmachten. Das Konzept ging dahin, daß jede private Betätigung, ob sie nun von Individuen oder Unternehmungen ausging, *im öffentlichen Interesse* Beschränkungen, Genehmigungen oder direkten Eingriffen unterworfen sein sollte. Der Staat war seiner Natur nach auf die Verwaltung hin orientiert; seine Ziele hießen Vernunft, Ordnung und Organisation. In der Technik oder der Macht an sich sah man keine Übel, solange sie dem *öffentlichen Interesse* dienten.

Was waren nun die Erfolge und die Fehlschläge des New Deal und der Reformen, die ihm vorangingen? Diese Frage ist weit über die Beurteilung des New Deal hinaus von Bedeutung: Sie beinhaltet die Fähigkeit eines industrialisierten Volkes, ein System rationaler Lenkung an die Stelle der unkontrollierten Entwicklung des Industrialismus zu setzen; und sie ist ein Prüfstein dafür, ob Selbstschutz der Gesellschaft, ein reiner Verwaltungsstaat und die dem New Deal zugrunde liegende liberale Theorie eines ausgewogenen Verhältnisses zwischen Staat und privater Sphäre möglich sind. Ein diesbezüglicher Beweis ist natürlich in vieler Beziehung nicht zu erbringen, gehört es doch zu den Problemen eines Verwaltungsstaates, daß Experimente in diesem Bereich nicht durchführbar sind.

Die erste Beobachtung, die ins Auge springt, ist das Phänomen der Verzögerung. Die Reformen des New Deal waren zum größten Teil Reaktionen auf Mißstände, die schon Jahrzehnte zuvor festgestellt worden waren. Das Sozialversicherungsgesetz (Social Security Act), eine der wichtigsten Reformen des New Deal, bezog sich auf Gegebenheiten, die Edward Bellamy in seiner Vision von der Kutsche zum Ausdruck gebracht hatte. Das gesamte Sozialfürsorgeprogramm des New Deal verwirklichte jedoch nur einen kleinen Teil von Bellamys Forderung, die besagte, daß jeder Mensch einfach deshalb, *weil er Mensch ist,* von der Gesellschaft Hilfe und Unterstützung zu erhalten habe. Erst heute, achtzig Jahre später, wird damit begonnen, einen solchen Vorschlag auf der politischen Bühne (trotz heftiger Widerstände) überhaupt zu diskutieren. So kamen die meisten Maßnahmen des New Deal zu spät — sogar viel zu spät. Im Jahre 1933 hatte sich die Problematik so sehr gewandelt, daß Programmvorschläge aus der Zeit Bellamys, hätte man sie in die Tat umgesetzt, entweder überhaupt gescheitert wären oder mehr Schaden als Nutzen angerichtet hätten.

Verzögerung ist eben ein Problem, das sich jedem Versuch einer Neugestaltung gesellschaftlicher Verhältnisse von vornherein entgegenstellt. Eine ächzende politische Maschinerie muß in Gang gesetzt, hartnäckig und nachdrücklich vertretene Einzelinteressen müssen überwunden werden.

Mittlerweile gehen aber die gesellschaftlichen Veränderungen weiter. Kann eine Regierung je schnell genug handeln, um den sozialen Problemen zu derselben Zeit gerecht zu werden, in der sie auftreten? Kann eine Verwaltung je mit wissenschaftlicher Genauigkeit vorgehen, solange sie gezwungen ist, innerhalb eines politischen Systems zu handeln? Der New Deal, der sich in höchst unzureichender Weise mit den 50 Jahre zuvor aktuellen Problemen befaßte, läßt daran zweifeln. Der New Deal konnte bei der Behebung unmittelbarer, durch die Depression entstandener Notstände, die das gesamte System an seiner Basis bedrohten, zwar einige Erfolge erringen, die Probleme dieses Systems blieben jedoch mit ihm selbst zusammen erhalten.

Weit größere Zweifel an den Reformen erweckt jedoch nicht die zeitliche Verzögerung, sondern die Oberflächlichkeit der vom New Deal durchgesetzten Errungenschaften und sein Mangel an Durchhaltevermögen. Radikale Bemühungen, wie die Neuverteilung des Einkommens, die Vergrößerung des öffentlichen Eigentums und eine Erweiterung der öffentlichen Planung sowie die Programme, die darauf abzielten, die allgemeinen Lebensbedingungen zu verbessern, wurden bald wieder aufgegeben. Alle Übelstände, die sich ins politische System eingeschlichen hatten, blieben unverändert und wurden nur noch schlimmer: die Entrechtung der Städter, die Entrechtung der Schwarzen, die willkürliche Einteilung von Wahlbezirken, das Parteibonzentum, die undemokratisch abgehaltenen Parteikongresse, die Herrschaft einer kleinen Gruppe über das Parlament und die Beherrschung der öffentlichen Meinungsbildung durch die Tagespresse. Die Neger blieben weiterhin außerhalb der Gesellschaft. Die Tendenz der amerikanischen Kultur zum krassen und betonten Materialismus wurde in keiner Weise gehemmt. Es stimmt schon, daß die Zeit der

Reformen nur kurz war und nur zu bald durch internationale Ereignisse beendet wurde. Aber es ist auch sicher, daß der New Deal nie bis an die tiefsten Probleme des täglichen Lebens in Amerika rührte, die während der gesamten dreißiger Jahre unaufhörlich anwuchsen.

Ein wichtiges Kriterium zur Beurteilung des New Deal ist seine Reaktion auf die fundamentalen Schwierigkeiten des Industrialismus. Was die Frage der Macht betrifft, ist offensichtlich, daß die Reformen keine Beschneidung privater Machtanhäufung bewirkten. Statt dessen versuchte man durchzusetzen, daß die private Macht Maßstäben gemäß ausgeübt wurde, die sowohl von der Gesetzgebung wie von den mächtigen Unternehmern bestimmt wurden. Der Maßstab der Gesetzgebung war die *Angemessenheit*, also angemessene Preise, angemessene Handelsbeschränkungen. Aber Technik und Konzernmacht brauchen auf lange Sicht hin durchaus nicht unangemessen zu sein, um ihren Einfluß durchzusetzen. Maßlosigkeit war das Kennzeichen der frühen Freibeuter. Die Technik konnte also langfristig nur angemessen und vernünftig sein und unterstützte damit das Anwachsen der Macht in den technisch immer besser ausgerüsteten Großunternehmen. Weder der New Deal noch die Reformen der sogenannten Progressiven konnten also dem einzelnen eine Beteiligung an der Macht sichern, sowenig wie sie die Machtmittel beschränken konnten, die gegen den einzelnen eingesetzt wurden. Ursprünglich hatte das Individuum gegenüber den privaten Konzernen an Macht verloren. Die Reformen bewirkten, daß ein Teil dieser verlorengegangenen Macht *öffentlichen* Organisationen übertragen wurde, nämlich der Regierung, Gewerkschaften, Farmerverbänden. Das Volk ging leer aus. Letzten Endes erwarben die öffentlichen Organisationen dann größere Macht über den einzelnen, als die privaten Organisationen zuvor gehabt hatten. Die privaten Mächte aber bestanden, zwar nun unter einer gewissen Kontrolle, zusätzlich weiter.

Der New Deal begünstigte das Entstehen einer hierarchischen Elitegesellschaft, deren Prinzipien zu denen von Demokratie und Gleichheit im Gegensatz standen. Die öffentliche wie die private Verwaltung wurden als die Domäne der *besten, tüchtigsten, fähigsten und erfahrensten* Männer betrachtet, also der Spezialisten und vor allem der Juristen. Letztere dachte man sich als die *Baumeister der Gesellschaft*, als die *Wissenschaftler der Politik*, die die Zentren der Verwaltung bevölkerten. Sowohl in der öffentlichen Verwaltung wie in der Wirtschaft wurden Planung und *rationeller Einsatz der Mittel* zu den tragenden Ideen. Einmischung der Gesetzgebung oder des Gerichtes wurde nicht gern gesehen, der Einfluß der gewählten Abgeordneten und Funktionäre beschnitten. Das bedeutete die Übergabe der Macht vom Mann auf der Straße an den Harvardjuristen — eine Übergabe, die schon seit geraumer Zeit stufenweise im Gang gewesen war, nun aber beschleunigt wurde. Sie bewirkte, daß der kleine Mann, der Durchschnittsamerikaner, immer mehr den Plänen anderer unterworfen wurde, anstatt der Baumeister seines eigenen Schicksals zu sein.

Bei der weitergehenden Problematik von Technik und *guter* wie *böser* Machtauswirkung war der New Deal durch seine eigene Beurteilung eingeschränkt. Auf keines der großen modernen Probleme, wie Verlust des Lebenszieles, der Werte der Gemeinschaft und der eigenen Persönlichkeit, Entmenschlichung der Umgebung, wurde in irgendeiner Form eingegangen; die Situation verschlimmerte sich nur. Da man annahm, daß die Probleme Amerikas nur von einer mißbräuchlichen Handhabung des Systems herrührten, wurde das System selbst nicht in Frage gestellt. Auch mit den Schattenseiten der dreißiger Jahre setzte man sich nicht auseinander. Der Glaube, daß wirtschaftlicher und quantitativer Fortschritt nur von Vorteil sein konnten, blieb unerschüttert bestehen; die ganze Beredsamkeit der damaligen Zeit drehte sich um gesteigerte Quantität. Ein geplantes und rationalisiertes Amerika sollte unter der Leitung der Technik in ein besseres Leben führen. Dennoch waren die Zeiten der Reform in Amerika Perioden der Untätigkeit.

Eine einzige Errungenschaft des New Deal stellte alle anderen in den Schatten: die Schaffung des Öffentlichkeitsstaates. Doch diese Errungenschaft darf man nicht nur danach beurteilen, wie gut sie mit den gegebenen Problemen zurechtkam, sondern auch danach, welche neuen Probleme sie schuf, denn jegliche neue Struktur derart riesigen Ausmaßes fügt notgedrungen ihre eigenen Probleme den bereits vorhandenen hinzu. Es ist nicht verwunderlich, daß der New Deal über die Gefahren der Einrichtungen, die er so begeistert schuf, nicht viel nachdachte, aber wir wollen zumindest einige von den Fragen aufwerfen, die man damals aufzuwerfen versäumte. Welchen langfristigen Einfluß würde der neue Öffentlichkeitsstaat auf das Funktionieren der Demokratie haben? Wie kann eine Demokratie in einem Regime der Experten überleben? Welchen Einfluß würden Vorschriften und behördliche Genehmigungen auf die persönliche Freiheit ausüben? Inwiefern würden die Ermessensfreiheit der Verwaltung und die Autorität der Bürokratie die gesetzlichen Bestimmungen beeinträchtigen? Welche Stellung würde das Individuum in neuen Organisationen, wie Gewerkschaften, Sozialversicherungs- und Fürsorgesystemen, einnehmen? Und wie anfällig war die neue Struktur für die Durchsetzung von Eigeninteressen? Würden diejenigen, die man der Kontrolle unterwürfe, sich selbst der Kontrolle bemächtigen und die Verwaltungsmaschinerie dazu benützen, neue Beschränkungen im Wirtschaftsverkehr zu schaffen? Könnte die neue Regierung ein Glückshafen für jene werden, die wirtschaftliche Begünstigungen und Sonderprivilegien anstrebten?

Im Rückblick scheinen wir hier den New Deal übermäßig hart zu beurteilen, seine zahlreichen Leistungen unbeachtet zu lassen und ihn für Probleme verantwortlich zu machen, die zu lösen er nie versucht hatte. Aber unsere Absicht ist es nicht, den New Deal gerecht zu beurteilen, sondern vielmehr die Rolle zu erläutern, die diese Reformbewegung bei der Heranbildung des heutigen *Corporations-Staates* gespielt hat. Ferner wollen wir herausfinden, was an der grundlegenden Reformidee falsch gewesen ist. Zumindest bei dieser Frage können wir nun dem New Deal etwas Wohlwollen entgegenbringen, denn heute ist es klar, wie ungeheuer schwierig es war und ist, die chaotischen Kräfte des Kapitalismus einer vernünftigen Zügelung zu unterwerfen und ihnen gegenüber einen gesellschaftlichen Selbstschutz aufzubauen. Zunächst liegt das Problem in der Beurteilung der Lage, dann in der Schwierigkeit, dieser Beurteilung entsprechend zu handeln, und schließlich in der Schwierigkeit der Ausführung und Durchsetzung der Aktion; ferner ist zu beachten, daß es unmöglich ist, sich auf Experimente einzulassen, weil die Gefahr besteht, daß die Lösungen ihrerseits Anlaß zu Problemen werden, die möglicherweise noch größer sind als diejenigen, die mit ihrer Hilfe beseitigt werden sollen. Der New Deal war unser erster großer Versuch eines gesellschaftlichen Kontrollsystems; auch wenn er in seiner Gesamtheit gescheitert ist, können wir ihn immerhin als ein lobenswertes Experiment werten, als einen Wandel in der wirklichkeitsfremden amerikanischen Haltung. Haben wir jedoch eine überzeugende Erklärung für die Fehlschläge des New Deal und für seine gefährlichen Errungenschaften? Wir haben die Frage des Bewußtseins außer acht gelassen. Welche Rolle spielte es?

Jeder einzelne Schritt des New Deal begegnete der massiven, erbitterten Gegnerschaft der Bewußtsein-I-Menschen. Sie sahen, wie sich ihre Welt bis zur Unkenntlichkeit veränderte, und anstatt die wirklichen Ursachen für diesen Wandel verantwortlich zu machen, schrieben sie ihn den Lösungsversuchen der Probleme zu. Ihnen fehlte die notwendige Einsicht zu erkennen, daß eine Maßnahme auch dazu führen könnte, einem bestehenden Übel abzuhelfen, anstatt ein neues zu schaffen. Die Geschäftsleute, deren Gegnerschaft sich am lautesten bemerkbar machte, hegten gegen den New Deal pathologische Haßgefühle, die so brennend und unversöhnlich waren, daß ihnen eine klare Beurteilung der Lage unmöglich wurde. Weshalb dieser Haß, wo man doch rückblickend sagen kann, daß der New Deal das kapitalistische System gerettet hat? Vielleicht deshalb, weil der New Deal unwiderruflich in ihre von Wunschvorstellungen geprägte problemfreie Welt eindrang, wo ja die Erzielung von Gewinn und die Verfolgung von Eigentumsinteressen als eine Wohltat für die gesamte übrige Menschheit betrachtet und daher auch keine sonstige Verantwortung gefordert wurde. Jedenfalls gab es viele bedeutende und politisch einflußreiche Amerikaner, die den New Deal niemals akzeptierten, auch dort nicht, wo er ihnen Vorteile brachte.

Wie verhält es sich nun mit den Verfechtern des New Deal, also in erster Linie den organisierten Arbeiterbewegungen, den Stadtbewohnern und der Bevölkerung des Südens? Diese Gruppen wurden durch die Katastrophe der großen Wirtschaftskrise gewonnen. Aber wie sehr fühlten sie sich dem New Deal verpflichtet? Im Rückblick können wir feststellen, daß jede Gruppe lediglich ihren eigenen Interessen zu dienen suchte, zu deren Verwirklichung sie damals die Hilfe der Regierung brauchte. Die Arbeiter brauchten den *Labour Board;* die Städte brauchten finanzielle Hilfe, Wohnungen und die Sozialfürsorge; der Süden brauchte die längst fällige Versorgung seiner ländlichen Gebiete mit Elektrizität und Subventionen für die Landwirtschaft. Aber keine dieser Gruppen hatte sich mit Ausnahme des einen Punktes, der sie selbst betraf, von dem überkommenen Bild Amerikas gelöst. So gibt es auch heute noch Viehzüchter, die zwar die Unterstützung des Bundes für die Rinderzucht annehmen, aber sämtliche Sozialprogramme, die sie nicht unmittelbar betreffen, und die Haltung, die dahinter steht, strikt ablehnen. Und die politischen Verbündeten des New Deal, die Arbeiter, die Armen der Städte und die Rassengruppen, sie alle standen Schlange und warteten auf ihre Chance im amerikanischen Traum und nicht darauf, einen bestimmten Platz im neuen, arbeitsorientierten Staat einzunehmen. Als sie dann bekommen hatten, was sie wollten, und die Wirtschaftskrise Vergangenheit geworden war, ließ ihre Begeisterung für die Reformen merklich nach.

Damals gab es in Amerika auch kein wirklich radikales Bewußtsein. Die kommunistische Partei war so winzig, so machtlos, so sehr mit irrelevanter Ideologie beschwert, daß ihr keinerlei Bedeutung beizumessen war; auch Minoritätengruppen oder studentische Organisationen bildeten keinerlei Basis für radikale Forderungen. Der New Deal war in Wahrheit eine Koalition einzelner Interessengruppen, die von einer kleinen Schicht liberaler Intellektueller gelenkt wurde, die die eigentlichen geistigen Väter des New Deal bildeten und die einzigen in der gesamten Bewegung waren, die irgendwelche weiterreichenden Vorstellungen von Amerika besaßen.

Obschon die Liberalen die Hauptstütze des New Deal waren, blieben sie nicht nur zahlenmäßig schwach, sondern waren sie auch schwach, was Entschlußkraft und Bewußtsein betrifft. Es ist interessant, dreißig Jahre später festzustellen, was aus den *New Dealers* geworden ist. Fast alle erlangten Positionen, in denen sie gerade jenen Interessen dienten, gegen die sie angetreten waren. Viele wurden hochbezahlte Industrieanwälte, die nun auf Grund ihres Fachwissens ihren Mandanten dabei behilflich waren, der öffentlichen Kontrolle zu entgehen. Andere wiederum wurden Vorstandsmitglieder weitgespannter Konzerne. Ihr Lebensstil entsprach ihrem Reichtum, ihrer Macht und ihrem Erfolg. Dem Radikalismus gegenüber bezogen sie eine feindliche Position. Wenn ihre anfängliche Verbundenheit mit dem New Deal eine Mischung aus Idealismus, Geltungstrieb und Ehrgeiz gewesen war, hat nur der Ehrgeiz überlebt.

Aber auch unabhängig von allen persönlichen Motiven hatte sich das Bewußtsein der Liberalen den gestellten Aufgaben als nicht gewachsen erwiesen. Nicht nur, daß der New Deal von Bewußtsein I so hart bedrängt wurde, war es der Geist des New Deal, der an sich scheiterte. Die Liberalen konnten sich nie recht vorstellen, wie groß die Hindernisse sein konnten, denen sie gegenüberstanden: die unendlich starre Opposition auf seiten derer, die weiterhin nur lenken wollten, das fehlende Verständnis und die mangelnde Teilnahme der Arbeiter und die Gefahren und Schwächen in der Konzeption der Reform. Die Liberalen waren sich auch über das Ausmaß der amerikanischen Probleme nicht im klaren. Sie wußten, daß vieles nicht in Ordnung war, aber ihnen fehlte das Gefühl für die Dinge, das die heutige Jugend mitbringt, beziehungsweise sie sahen das Chaos noch nicht mit der Deutlichkeit, mit der man es heute sähe. Sie sahen die Kümmernisse und die Not der Neger, die Tragödie der Großstädte, die Sinnlosigkeit der sogenannten Luxusgüter inmitten einer fast tödlichen Insuffizienz der öffentlichen Einrichtungen und die durch Unterdrückung und Krieg entstehenden Gefahren nicht in ihrem gesamten Ausmaß. Sie meinten es zwar gut, aber sie versuchten Amerika mit halben Maßnahmen und ohne persönliche Risiken zu heilen. Nach dem Ende des New Deal überlebten die Liberalen zwar bis in die fünfziger und sechziger Jahre hinein, aber ihre Zeit war vorüber.

Die abschließende Lehre, die wir aus dem New Deal ziehen können, ist die, daß gesellschaftliche Veränderungen nicht ohne die Unterstützung eines entsprechenden Bewußtseins im Volk erreicht werden können. Bloße Veränderungen in der Politik, in der Gesetzgebung, in der gesellschaftlichen Struktur oder in der Machtverteilung der Verwaltung bewirken keine grundlegende Reform. Der New Deal wurde akzeptiert, wie man sich mit einem Arzt in der Stunde der Angst und der dringenden Not abfindet. Doch grundsätzlich hielt Amerika an seiner fast kindischen Ablehnung jeder ernsten Verantwortung wie an seinem Mangel an Solidarität und vor allem an seinem Mythos fest.

Welches bleibende Ergebnis zeitigten schließlich all diese desillusionierenden Jahre der Reformen? Das Problem, das hinter der allgemeinen Unsicherheit und dem Idealismus stand, war das Problem der Beherrschung; diese Jahre hatten einen großen Teil der Amerikaner davon überzeugt, daß das Volk von etwas Größerem als der Selbstdisziplin des einzelnen gelenkt werden müßte; daß der Einzelmensch zum Wohl aller selbst ein Bestandteil dieses Systems werden müßte. Diesen Gedanken kann man von Bellamy bis zu Franklin D. Roosevelt, von Mabuse bis Portnoy verfolgen.

So blieb aus der Zeit des New Deal nicht sein Humanismus oder sein Idealismus, sondern vielmehr ein neues Bewußtsein, das vor allem an die Beherrschung und an die Notwendigkeit glaubte, beherrscht zu werden. Dieses Bewußtsein, das aus der Reformbewegung hervorging, haben wir Bewußtsein II genannt, es *Liberalismus* oder *Reformismus* zu nennen wäre nicht gerechtfertigt. Weder dem Liberalismus noch dem Reformismus ist in Amerika jemals eine echte Chance gegeben worden. In Wirklichkeit hätte der humanistische Liberalismus, wenn er auf einem geeigneten Programm aufgebaut hätte und wenn er konsequent in die Tat umgesetzt worden wäre, eine Jahre über den New Deal hinausreichende lebensfähige Gesellschaft formen können. Bewußtsein II ist oft genug mit dem *Liberalismus* in Verbindung gebracht worden, doch diese Verwendung des Wortes ändert lediglich Sinn und Bedeutung des Begriffes. Denn die neuen Bewußtseins-*Liberalen* hatten mehr für Ordnung als für Freiheit übrig.

Der New Deal brachte jedoch neben Bewußtsein II auch ein bleibendes Resultat, nämlich den Öffentlichkeitsstaat. Bei seiner Begründung hoffte man, daß öffentliche und private Macht, wie die Armeen zweier Großmächte, sich gegenseitig in Schach halten würden, so daß es am Ende zu einer Einschränkung beider und zur Sicherung des Individuums kommen würde. Dabei hatte man jedoch die Gefahr übersehen, daß sich beide Machtkomplexe zusammentun konnten. Und genau das ist schließlich eingetreten. Die endgültige Tragödie der Reformbewegung besteht darin, daß sich die Macht, die sie schuf, mit der bereits bestehenden privaten Macht vereinte und außerdem mit der heute überwältigenden und furchterregenden Macht der Technik verschmolz, um jenes unmenschliche Gebilde zu formen, in dem wir heute leben: den amerikanischen *Corporations-Staat*.

IV

Bewußtsein II

Wenden wir uns nun jenem Bewußtsein zu, das den *Corporations-Staat* zur Folge hatte — Bewußtsein II. Es hielt am Pessimismus der industriellen Ära fest und übertrug den reformerischen Optimismus auf einen neuen *Realismus,* der Amerika gänzlich anders sah als jene, die hartnäckig an Bewußtsein I und seiner Version des amerikanischen Traums festhielten. Für Bewußtsein II wurde Amerika nämlich von der Organisation beherrscht, und der einzelne mußte sich seinen Weg durch eine Welt bahnen, die von anderen gelenkt wurde.

Bewußtsein II setzte dort ein, wo die Fragwürdigkeit von Bewußtsein I begann. Insofern hatte es bereits unter den Reformern des neunzehnten Jahrhunderts einige gegeben, die gemäß Bewußtsein II gedacht hatten, und sie wurden mit jeder neuen Dekade des zwanzigsten Jahrhunderts zahlreicher. Die führenden Männer des New Deal hatten bereits, ebenso wie die neue Führergeneration der Industrie- und Arbeiterkreise in den Jahren zwischen 1930 und 1945, viele Ideen von Bewußtsein II ihr eigen genannt. Trotzdem haben wir uns hier dazu entschlossen, Bewußtsein II als ein Phänomen der Jahre nach dem Zweiten Weltkrieg darzustellen; als ein heutiges Phänomen, da aus ihm nicht bloß die abstrakten Prinzipien und Wertvorstellungen einer kleinen Elite, sondern eine ganze Lebensauffassung geworden ist.

Bewußtsein II setzte sich als konsequente Folgeerscheinung von Bewußtsein I durch. Im zwanzigsten Jahrhundert hatte Bewußtsein I zu monströsen Ergebnissen geführt, zu industriellem Raubrittertum, zu Geschäftspiratentum, zu einem tödlichen Konkurrenzkampf, zu schlechten Waren, betrügerischer Reklame, geradezu grotesker sozialer Ungleichheit und dem Chaos, das aus Selbstsucht und mangelnder Koordinierung und Planung entstanden war und schließlich zum Gangstertum wurde.

Für viele Menschen bedeutete dieses Chaos tiefste Unsicherheit und Hilflosigkeit. In einer durch keinerlei Gesetze außer dem Eigennutz regierten Industrie- und Massengesellschaft wurde der einzelne zum Spielball von Umständen und Kräften, die jenseits seiner eigenen Kontrolle lagen. Die Frucht einer lebenslangen, harten Arbeit konnte über Nacht durch einen Bankrott zunichte gemacht werden. Die große Wirtschaftskrise brachte die gesamte Nation an den Rand des Verderbens. In Deutschland und Italien führten ähnliche Umstände zum rechtsradikalen Faschismus. In Amerika führte sie zu einem Bruch im vorhandenen Bewußtsein. Ein großer Teil der Bevölkerung verharrte zwar in Bewußtsein I, doch andere Gruppen begannen ein neues Bewußtsein zu entwickeln.

Die Gegebenheiten verlangten dem neuen Bewußtsein die Organisation und Koordinierung der Arbeit ab, die Einordnung der Dinge in eine vernünftige Rangordnung von Autorität und Verantwortung, die Verpflichtung jedes einzelnen zu Ausbildung, Arbeit und Zielen, die über ihn selbst hinausgingen. Dies schien eine geradezu physische Notwendigkeit zu sein; diese Haltung zum Leben war absolut notwendig, sollte die Gesellschaft weiterhin funktionieren; jetzt schien es unerläßlich, sich dem Allgemeinwohl zu widmen. Disziplin und Rangordnung wurden für notwendig erachtet, da die Gesellschaft noch nicht vorbereitet war, jedem Menschen die Art von Arbeit zu bieten, die er sich wünschte, oder ihm die Möglichkeit zu geben, seine Arbeit mit einem gewissen Maß an Unabhängigkeit auszuführen.

Wie mögen die Menschen während dieser unsicheren Zeiten die Welt wohl erlebt und erfahren haben? Einen der besten Einblicke bietet uns das deutsche Filmwesen. In Deutschland kam die Industrialisierung relativ spät, und der Wandel war derart einschneidend, daß die deutschen Künstler die Veränderungen, die dieser Prozeß im Gefolge hatte, deutlicher sahen, als sie in Ländern wahrgenommen wurden, die sich stufenweise an Industrialisierung, Technik und Organisation gewöhnen konnten. In einer ganzen Reihe von Filmen, die damals in Deutschland gemacht oder die durch deutsche Filme angeregt wurden, sah man den Menschen als den Sklaven der Maschine. Wie Fritz Lang in den Filmen *Metropolis* und *M* zeigte, wurde der Mensch in seiner Existenz von der Großstadt und ihrer erschreckenden Mechanisierung beherrscht. Der Mensch starb und wurde als Roboter oder Monstrum wiedergeboren, das uns aus den Frankenstein- und Vampirfilmen vertraut ist, die mit Dreyers *Vampyr* einsetzten und ihren vielleicht besten Ausdruck in der zur weiblichen Heldengestalt gemachten Roboterfigur des Films *Metropolis* fanden. In seiner neuen Gestalt war der Mensch ein hypnotisierter Schlafwandler aus dem *Kabinett des Dr. Caligari* oder ein Diener der Vampire in *Vampyr,* die von einem Zauberer oder Meisterverbrecher wie Dr. Mabuse gelenkt wurden, den Fritz Lang zum Gegenstand dreier Filme machte. Der Mensch wurde zu einem Massenwesen, das freudlos und mechanisch dahintrottete und dessen Arbeitszeit selbst Teil der Maschine wurde. Alle Kulturelemente, die antitechnisch waren, wie Magie, Zauberei, Gefühl, Christentum, waren bei den deutschen Filmkünstlern wie bei den expressionistischen Malern gesucht und begehrt, aber diese Aspekte ihres Schaffens waren der Vergangenheit zugewandt, während ihre künstlerische Vision von der Maschinenstadt jene Welt voraussah, die im Kommen war.

Die amerikanischen Künstler waren sich der Maschine nicht derart bewußt, doch einige von ihnen erkannten sehr wohl die kahle, kalte Welt, die da im Entstehen war. Unter ihnen befanden sich James M. Cain und Raymond Chandler, die während der dreißiger und vierziger Jahre Romane über Verbrechen und Gewaltakte schrieben, die in Südkalifornien spielten. Personen und Schauplätze in Chandlers Welt waren verzerrt, böse und häßlich. Eine Welt ohne Schönheit, so beengend, so dunkel wie die Welt in Dickens' *Bleakhaus,* ohne die Wärme eines einzigen brüderlichen Mitmenschen. Blieb eine andere Wahl, als so zu sein wie Chandlers Helden, hart, bindungslos und zynisch? Die Großstadt war ein Ort der Fremde geworden, wo man weder Trost noch Befriedigung, Kameradschaft oder Linderung finden konnte.

Unter diesen Umständen blieb dem einzelnen keine andere Wahl, als jenen Mann zu idealisieren, für den Sinn und Bedeutung des Lebens der Aufgabe entsprangen, die er für die Gesellschaft erfüllte, und der befriedigt war, wenn er seine Arbeit gut machte. Es ist bemerkenswert, daß auch die filmischen Heldensagen, wie *Zwölf Uhr Mittag, Mein großer Freund Shane, Der Scharfschütze* und *El Dorado,* die Amerikas Vergangenheit preisen, letzten Endes der Ausdruck eines ungebundenen Lebens sind. Der Held ist kein Farmer oder Rancher, kein Mann, der eigene Ziele verfolgt, sondern ein Mensch, der, des Lebens überdrüssig und müde, nur darauf bedacht ist, allein gelassen zu werden. Er tritt nur in Erscheinung, wenn er gebraucht wird; er verwirklicht sich in der Gefahr; ist die Herausforderung vorüber, kann er sich denen, die er unterstützt hat, nicht beigesellen; er taucht wieder unter, er ist ein Mann, der nur dafür gelebt hat, daß die große Aufgabe von ihm erfüllt wird.

Hinter der Hingabe an die Organisation stand eine tiefe Furcht. Denn der Mensch, der das Spiel nicht mitspielte, wurde zerstört. Die Furcht des modernen Menschen vor dem System, in dem er lebt, wurde in Philip Roths Roman *Portnoys Beschwerden* mit außerordentlicher Klarheit gesehen; er ist die vielleicht scharfsinnigste Darstellung des Anpassungskampfes an die organisierte Gesellschaft in Amerika. Portnoy *beschwert sich*, daß seine eigenen inneren Impulse, die er mit ungewöhnlicher Ehrlichkeit wahrnimmt, unvereinbar sind mit der Rolle, die zu spielen die Gesellschaft von ihm erwartet. Seine Mutter will, daß er besteht, ein anständiger Mensch bleibt und sich innerhalb der Gesellschaft auszeichnet, indem er eine glänzende Karriere einschlägt, die ihn zu einem Referenten im Stabe des New Yorker Oberbürgermeisters Lindsay werden läßt. Angetrieben jedoch wird die Karriere durch eine zentrale Fiktion seines Lebens; er erwartet Liebe und Zuneigung nur für das, was er im Sinne der Gesellschaft (wie seine Mutter sie sieht) leistet. Gutes Benehmen, gute Zensuren auf dem College, der Redakteurposten, das Durchfechten seiner Fälle als Anwalt, das alles bringt Anerkennung und Bewunderung. Die geringste Abweichung vom vorgezeichneten Pfad aber kann Bloßstellung und Ruin bedeuten, schon die geringste Verletzung des Rechts kann ihn vollständig vernichten. Beständig lebt er in der Furcht vor einer tödlichen Krankheit, die durch ein Nichtbefolgen der mütterlichen Ratschläge über ihn kommen könnte. Portnoy weiß nur zu gut, daß es für Verlierer keinen Platz gibt, daß es nur eine Realität gibt, die Realität der Gesellschaft, und daß die Welt voll der Gefahren ist, vor denen seine Eltern ihn gewarnt haben. Leben ist ein verzweifeltes Wettrennen, fällt man auch nur einen Schritt zurück, kann man alle Hoffnung aufgeben, jemals wieder aufzuholen. Jede Entscheidung ist von einer Krise begleitet, denn jeder Fehler kann verhängnisvoll werden. Man muß sich korrekt kleiden, alle Vorschriften beachten und sich mit den Behörden auf guten Fuß stellen. Jede Entgleisung ist unwiderruflich. Unter der dünnen Oberfläche des Erfolges liegt ein Abgrund, in den man stürzen und von dem man verschlungen werden kann.

Mut ist nicht gefragt; man kann das System nicht bekämpfen, denn das System ist ja die Wurzel der eigenen Existenz; die Tage der eigenen Unabhängigkeit sind vorüber, es bleiben nur die durch Schamgefühle unterdrückten Sehnsüchte. *Portnoys Beschwerden* ist nur insofern ein jüdischer Roman, als die Gettojuden mit den Schrecken einer unbekannten Welt schon lange vertraut sind. Und er ist nur insofern ein psychologischer Roman, als er Einblick in die inneren Widersprüche und Konflikte gibt, die von einer äußeren Wirklichkeit verursacht werden.

In der Welt, die ein Mann oder eine Frau in den dreißiger Jahren und danach erlebten, gab es für die eigene Persönlichkeit keinen Lebensraum, keine Möglichkeit für eine Suche nach der Individualität, keine Existenz außerhalb des Systems. Portnoys Eltern hatten ihm die Welt geschildert, wie sie wirklich war.

Bewußtsein II umfaßt Geschäftsleute (vom neuen Typ), liberale Intellektuelle, gebildete Akademiker und Techniker, die Mittelschicht aus den neuen Vororten und Stadtrandsiedlungen, Gewerkschaftsführer, Parteigänger von Gene McCarthy, Arbeiter mit neu erworbenen Eigenheimen, Angehörige der alten Linken und Mitglieder der Kommunistischen Partei. Ein klassisches Beispiel für Bewußtsein II sind die Kennedys. Dieses Bewußtsein ist das Bewußtsein des *Liberalismus,* jenes, an das die Demokratische Partei weitgehend appelliert, das Bewußtsein der *Reform.* Heute noch werden in Amerika Kämpfe zwischen Bewußtsein I und Bewußtsein II ausgetragen. Bewußtsein II meint, die augenblickliche amerikanische Krise ließe sich mit einer stärkeren Bindung des einzelnen an die staatlichen Interessen lösen, mit einer größeren Verantwortlichkeit von seiten des privaten Unternehmertums und vor allem mit nachdrücklicheren Aktionen der Regierung — mit Verordnungen, besserer Planung, der Verwirklichung des Wohlfahrtsstaates, einer rationelleren Verwaltung und Betriebsführung. Hinter einer optimistischen Fassade hat Bewußtsein II eine zutiefst pessimistische Auffassung vom Menschen. Der Mensch wird im Sinne von Hobbes gesehen; die Menschen sind von Natur aus aggressiv, neidisch, machtgierig; solange sie nicht zivilisiert werden, bleiben sie wilde Tiere. Eine ähnliche Position nahm Freud in seiner Schrift *Das Unbehagen in der Kultur* ein. Deshalb ist das Bedürfnis nach einer Rechtsordnung fundamental: Ohne Gesetze würden alle gegen alle kämpfen, *das Gesetz allein macht frei.* Die Motive der Menschen und ihre Absichten betreffend, nimmt Bewußtsein II eine recht zynische Haltung ein, es bezweifelt, daß man den Menschen sehr viel besser machen kann. Aus dieser skeptischen Einstellung läßt sich auch der starke Einfluß auf die Gesellschaft und ihre Einrichtungen erklären: Diese sind dazu bestimmt, das zweifelhafte und unzulängliche Rohmaterial der *menschlichen Natur* so weit wie möglich zu lenken und zu leiten. In dem Glauben, die beste und vielversprechendste Gabe des Menschen sei seine Vernunft, sucht Bewußtsein II eine Welt zu entwerfen, in der die Vernunft regieren soll.

Im Zentrum von Bewußtsein II steht das Beharren darauf, daß alles, was der Mensch mit seiner Vernunft und seinem Verstand hervorbringt, nämlich Staat, Rechtsordnung, Technik, Fabriksgüter, die eigentliche Wirklichkeit darstelle. Geradeso wie Bewußtsein I die Fiktion des Wettbewerbes und den Sieg des rechtschaffenen und starken Individuums in den Mittelpunkt seiner Überlegungen stellt, beruht Bewußtsein II auf einer Fiktion der Logik und der Maschine; als unreal gelten hingegen die Natur und das Individuelle im Menschen.

Ein zentraler Aspekt von Bewußtsein II ist, daß es die Priorität von Institutionen, Organisationen und der Gesellschaft akzeptiert und meint, der einzelne müsse sein persönliches Schicksal an etwas binden, das weitreichender ist als er selbst, und ihm seinen Willen unterordnen. *Frage dich, was du für dein Land tun kannst,* spricht Bewußtsein II. Es verkörpert den *Institutionsmenschen.* Er sieht sein Leben und seine Karriere aus der Perspektive seines Fortkommens in Gesellschaft und Institution. Eine feststehende Rangordnung und Verhaltensweise wird als notwendig und wertvoll erachtet. Eine durch Charakterstärke und harte Arbeit erzielte Leistung wird auf eine Gesellschaftsordnung übertragen, die den Menschen nach seiner Vorbildung, seinem technischen Können und seiner Stellung bewertet. Spricht er von der Aktivität und den Anforderungen seines Lebens, so meint er damit wahrscheinlich *seinen Anteil* an den Aufgaben der durchorganisierten Gesellschaft; ein junger Rechtsanwalt verbringt vielleicht den größten Teil seiner Zeit mit langweiliger juristischer Nachschlagearbeit in Bibliotheken, aber er weiß, seine Firma vertritt bedeutende Klienten und ist in hochinteressante Streitfälle verwickelt; nicht seine Arbeit im eigentlichen Sinn, sondern der tiefere Sinn seiner Arbeit ist ihm wichtig. Er verläßt sich auf Institutionen, sie sollen Sinn und Wert seines Daseins bestätigen, indem sie seine Leistung belohnen und ihm Titel, Amt und Ehre verleihen. Er sieht in den Institutionen auch einen Hort der Sicherheit im Sinn einer festen Stellung, eines guten Gehaltes und des Pensionsanspruches. An Stelle der früher durch die Bande der Religion und der Familie gegebenen Kontinuität des Lebens sieht er nun seine Arbeit im institutionellen Sinne nach ihm weiterleben; *die Organisation ist sein Denkmal.*

Der Glaube an die Realität der Gesellschaft wird auf die politische Philosophie übertragen. Die Lenkung privater Tätigkeiten und Geschäftsunternehmen durch die Regierung wird als notwendig und wünschenswert betrachtet; die Regierung soll auch dem einzelnen helfen und ihn vor den Gefahren der Industriegesellschaft schützen. Bewußtsein II betont die Unterordnung der *Einzelinteressen* unter die *öffentlichen Interessen. Private* Interessen, wie der Wunsch der Krankenhausbediensteten nach Lohnerhöhung, der Ölgesellschaften nach Preiserhaltung, der protestierenden Studenten, ihrem Unwillen Luft zu machen, sollen vor den öffentlichen Interessen zurückgestellt werden. Bewußtsein II glaubt nicht an eine *absolute* Freiheit des einzelnen; es sieht in jeder Art von individueller Freiheit ein Negieren der staatlichen Ansprüche.

Bewußtsein II ist jedoch der Reform zutiefst verpflichtet. Seinen reformerischen Bestrebungen verdanken wir Neuerungen im Strafrecht, neue Handelsbestimmungen, staatliche Wirtschaftsplanung, internationale Zusammenarbeit, eine Einschränkung der Korruption in der Verwaltung, das Verhandlungsrecht der Gewerkschaften, eine Verbesserung der Arbeitsbedingungen und noch eine ganze lange, bewundernswerte Liste von Verbesserungen. Diese Reformen helfen auch, Bewußtsein II genauer zu definieren, denn an ihnen läßt sich der Widerstreit mit der Vergangenheit ablesen. Bewußtsein II verwendet viel Energie auf die Bekämpfung jener Übelstände, die von Bewußtsein I herrührten, wie Voreingenommenheit, Diskriminierung, Unvernunft, Selbstsucht, Isolationismus, Provinzialismus, überlebte Traditionen und Aberglauben; Bewußtsein II glaubt optimistisch an die Möglichkeit gesellschaftlichen Fortschrittes (zum Unterschied vom individuellen Fortschritt, den es bezweifelt). Man halte Bewußtsein-II-Menschen eine beliebige Anzahl von Übelständen vor Augen, und sie werden stets hoffnungsvoll und zuversichtlich darauf reagieren: Sie wissen sofort, welche Maßnahmen zu ergreifen sind, sie erkennen bereits Anzeichen der Besserung und halten die gegenwärtige Lage für recht günstig, verglichen mit den überwundenen Übelständen. Selbst heute noch glauben sie, Amerikas Probleme seien zu lösen, indem man den materiellen Fortschritt weiter vorantreibt, die Öffentlichkeit stärker an der sozialen Wohlfahrt interessiert, neue Städte baut und die Prioritäten einer Prüfung unterzieht.

Bewußtsein II setzt sein ganzes Vertrauen in die Ideologie der Technik, die Beherrschung von Mensch und Umwelt durch die Methodik. Dementsprechend gelten Wissenschaft, Organisation und Planung als die höchsten Werte. Verschiedene Vertreter von Bewußtsein II mögen nicht der gleichen Meinung sein — der Direktor einer Fluggesellschaft wird vielleicht glauben, die Nation sollte von Maschinen und Computern beherrscht werden, während ein Englischprofessor wiederum bei diesem Gedanken in Entsetzen ausbricht und der Ansicht ist, daß die Welt von der kritischen Vernunft beherrscht werden soll. Die Idee der Vorherrschaft aber ist die gleiche, auch wenn sie die Ähnlichkeit vermutlich nicht zugeben würden. Als Leitmotiv zieht sich durch Bewußtsein II der Gedanke, daß die menschliche Gesellschaft dann am besten funktioniere, wenn sie geplant, organisiert, rationalisiert und verwaltet wird. Daher kommt die Anschauung Nixons, das Regieren sei ein Problem des Managements; ein Professor der Jurisprudenz wird also in den Gesetzen einen *gesellschaftlichen Ordnungsprozeß* sehen, und ein Soziologe wird wiederum Probleme wie Verkehrsstockungen, Luftverschmutzung oder unzureichende Wohnverhältnisse als ein Versagen richtig gehandhabter Planung betrachten. Bewußtsein II glaubt an die Kontrollierbarkeit aller Dinge. Beständig sorgt es sich, wie es um den einzelnen und um die Masse bestellt wäre, würde man sie nicht unter den beherrschenden Einfluß der Vernunft stellen.

All das bedeutet die Zurückweisung der unbeschränkten Vielfältigkeit und der ungelösten Konflikte. An sich befürwortet der Liberalismus Konflikte als Mittel zur Erlangung eines größtmöglichen Rationalismus und die Vielseitigkeit als ein Mittel für den gesellschaftlichen Ausgleich, das Schwergewicht aber liegt bei der Lösung der Probleme und bei der Beseitigung der Konflikte. J. Huizinga beschreibt in seinem Buch *Herbst des Mittelalters* die mittelalterliche Welt als eine Welt, in der äußerste Gegensätze, Unvereinbarkeiten und heftige Meinungsverschiedenheiten nicht *geregelt* waren, sondern nebeneinander existierten und damit dem Dasein eine Farbigkeit verliehen, wie sie in einer *geordneten* Welt nicht möglich ist. Bewußtsein II aber will die Konfliktlösung; sein Ideal wäre es, ein Tribunal oder eine zentrale Amtsstelle zu besitzen, von denen Probleme *gelöst* werden könnten.

Bewußtsein II, wenngleich dem Namen nach *liberal,* bedeutet potentielle Unterdrückung. Ihm ist zwar jede Anschauung willkommen, und es duldet jede Idee, aber es will, daß alles die richtigen Kanäle und Verfahren durchläuft; es will keine Störung, keinen Zusammenprall mit der Rationalität; es will keine gewaltsame Unterbrechung des geordneten Ablaufes: *Freiheit* darf nicht die zugrunde liegende Ordnung zerstören, die es erst jeder Art von Freiheit ermöglicht, in geordneter Weise zu gedeihen.

Bewußtsein II glaubt an eine nach Befähigung und Können ausgerichtete *Leistungsgesellschaft,* deren Ziel in der Förderung der besonderen Leistung liegt. Indem es die starren Einrichtungen von einst, das Kastenwesen und den erblichen Adel, verwirft, sucht es die Gesellschaft für Höchstleistungen offenzuhalten. Hierin gleicht es in vieler Beziehung dem Bewußtsein I, unterscheidet sich jedoch auch von ihm: Bewußtsein II konnte sich von Vorurteilen und vom Irrationalismus stärker befreien als Bewußtsein I, und Bewußtsein II will die *Leistungsgesellschaft* in den Rahmen von Institutionen zwängen. In der Vorstellung von Bewußtsein II soll die Gesellschaft so strukturiert sein, daß in ihr vornehmlich jene Leistungen gefördert und belohnt werden, die für die Gesellschaft wertvoll sind, also die Leistungen hervorragender Mediziner, hervorragender Rechtsanwälte, hervorragender Wissenschaftler. Bewußtsein II setzt seinen Glauben in den außergewöhnlichen Menschen, in den Mann mit den besonderen Fähigkeiten, in den geistig wendigen, aufgeklärten, interessanten und einflußreichen Mann. Es ist davon überzeugt, daß diese Art von *Leistung* von der Gesellschaft objektiv und rational beurteilt werden kann und soll. Bewußtsein II ist auch davon überzeugt, daß dieser Leistung sowohl eine angeborene Fähigkeit wie eine moralische Qualität innewohnt. Und weil es sich um eine moralische Qualität und um eine Tugend handelt, ist damit auch die geeignete Grundlage für eine *demokratische Aristokratie* gegeben, die nach rationalen Wertmaßstäben gemessen wird und in der *die Besten* durch Geld, Stellung und Achtung belohnt werden. Daher ist die *Leistungsgesellschaft* so aufgebaut, daß am Ausgangspunkt gleiche Chancen für alle bestehen, danach aber die Idee von der Gleichheit verworfen wird, da eine solche Gleichheit mit der außergewöhnlichen Leistung auf Kriegsfuß stehen muß. Die Bewußtsein-II-Menschen sind in einem Statusdenken befangen, was ihre Fähigkeiten oder deren Fehlen betrifft. Es gibt wohl eine abstrakte Gleichberechtigung, aber keine Gleichheit im menschlich-individuellen Sinn.

Infolgedessen ist Bewußtsein II im Grund nicht volkstümlich und im weiteren Sinn auch undemokratisch. Es ist wohl kein Zufall, daß sich die tüchtigsten Bewußtsein-II-Menschen nicht mit geschmacklosem materiellem Prunk umgeben, sondern erlesenen Stil und Geschmack besitzen; es ist kein Zufall, daß sie gerade den Leuten, denen sie *helfen wollen,* mit einer ungeduldigen, intoleranten, verächtlichen Haltung begegnen, also den weniger Intelligenten, den weniger Gebildeten und vor allem den einfachen *Proleten.* Es war ja die *Vernunft,* die Bewußtsein II zum Glauben an eine Elitegesellschaft gebracht hat, und so gibt es keinen Zweifel, daß die Wertmaßstäbe, durch die eine Elite bestimmt wird, die einzig richtigen sind. Der absolute Wert jedes Individuums ist nach Bewußtsein II nicht mehr als ein religiöser Glaubenssatz, für den in der Wirklichkeit kein Platz ist.

Eines der Dogmen von Bewußtsein II betrifft die Arbeit. Man ist der Auffassung, der einzelne habe sich nach besten Kräften in eine Beschäftigung zu fügen, die der Gesellschaft nützt, und sich den Anforderungen dieser Beschäftigung oder Institution unterzuordnen. Das hält der einzelne auch für seine Pflicht und ist bereit, dafür *Opfer* zu bringen. Er darf ruhig den beinah puritanischen Willen aufbringen, seine eigenen Gefühle völlig zu verleugnen. Aus zweierlei Gründen ist Selbstaufopferung eine Tugend. Erstens, weil sie einem höheren Zweck dient, nämlich dem Staat, der Organisation oder dem Beruf, zweitens, weil die Gesellschaft den einzelnen und seine Familie dafür belohnt.

Der Bewußtsein-II-Mensch macht auf diese Weise die Wertmaßstäbe, die ihm durch seinen Beruf oder seine Organisation gesetzt werden, zu seinen *eigenen.* Wir sprechen dabei nicht von den Zielen, die sich die Organisation setzt, sondern von jenen, die die Organisation als Maßstäbe des persönlichen Erfolges bezeichnet. Der einzelne richtet seine gesamte Tätigkeit auf die Ziele Beförderung, Gehaltserhöhung, einen besseren Posten, einen Titel, Respekt und Lob seiner Arbeitskollegen, berufliche Anerkennung. Schon in der Schule mißt er sich und sein Können an Prüfungen, Zensuren und ähnlichen Hürden. Er wird zu einem Projektil, das äußere Kräfte in Bewegung setzen. Seine Handlungen sind beständig auf die Zukunft gerichtet, denn es ist ja nicht die innere Befriedigung, die ihn treibt, sondern eine ihm fremde Kraft.

In einem gewissen Sinn opfert er sich selbst auf, in einem anderen verschreibt er sein Leben dem persönlichen Erfolg; denn sobald er die ihm gesetzten Ziele akzeptiert hat, ist der Bewußtsein-II-Mensch festgelegt, seine diesbezüglichen Ambitionen auch zu befriedigen. Ja oftmals scheint er dabei die Grenze der Vernunft zu überschreiten, die äußeren Ziele verzehren die inneren, und für die eigentlich wichtigen persönlichen Ziele bleibt ihm kaum Zeit. Er wird zu einem harten Menschen, der sich seiner Arbeit nicht mehr erfreuen kann und der den Abstand zu den auftauchenden Schwierigkeiten verloren hat.

Was die übrigen Werte der Organisation und ihre Daseinsberechtigung angeht, kann Bewußtsein II sich diese entweder aneignen oder zynisch darüber hinweggehen. Ein Anwalt mag die von ihm vertretene Aktiengesellschaft als eine für die Welt nützliche und gute Einrichtung halten oder sich über die Frage von Gut und Böse überhaupt hinwegsetzen, indem er sich als einen indifferenten Fachmann betrachtet, der dient, aber nicht richtet, der eine Art bestellter Messerwerfer ist. In jedem Fall aber sagt er sich von jeglicher Beurteilung der Wirkung seiner Arbeit auf die Gesellschaft los, ob er nun den Anspruch der Organisation akzeptiert oder sich lediglich auf seine Rolle als tüchtige Fachkraft zurückzieht. Seine Hingabe an den persönlichen Erfolg kann ihn zu einem Eiferer für die Interessen der Organisation machen; zumindest in der Öffentlichkeit gibt er sich als ein voll und ganz der Aktiengesellschaft verbundener Vertreter, als eine Stütze des Rechts, als ein Advokat der öffentlichen Hand, wobei sein Eifer durch keinerlei innere Werte behindert wird.

Ein wesentliches Charakteristikum des Bewußtsein-II-Menschen ist seine Zurückweisung jeder persönlichen Verantwortlichkeit gegenüber dem, was seine Organisation und was die Gesellschaft im allgemeinen tun. Er selbst sieht sich als eine Person ohne absolute oder transzendente Werte; er kann sich kein eigenes Urteil leisten, er muß ja die Logik und die Voraussetzungen der Gesellschaft akzeptieren. Er erwähnt die Beschränktheit seiner Arbeit, seine mangelnde Machtbefugnis. Er erklärt, daß er die Entscheidungen den Beurteilungen von Experten überlassen muß, da er selbst nicht kompetent ist; wenn seine Firma ein gefährliches Produkt herstellt, ist das eine Sache der Zuständigkeit der Produktionsplanung, wenn sein Land einen Krieg führt, ist das Sache der politischen und militärischen Experten; er kann *keinen Standpunkt beziehen,* dazu fehlt ihm der Einblick. Hierin liegt nicht nur eine Ablehnung eigener Verantwortung, sondern auch eine Ablehnung selbständigen und unabhängigen Denkens.

Wie bereits Bewußtsein I betrachtet auch Bewußtsein II das

Leben als einen erbitterten Konkurrenzkampf um den Erfolg. Der einzige Unterschied liegt in der Art des Sichdurchsetzens und in den Bedingungen des Erfolges, weil diese für Bewußtsein II durch organisatorische und institutionelle Werte vorgezeichnet sind. Dieser Unterschied verleiht dem heutigen Konkurrenzkampf einen Anstrich von Vornehmheit und geistigem Anspruch. Bewußtsein II kann für sich in Anspruch nehmen und unter Umständen auch daran glauben, daß es ihm um mehr als um pure Selbstsucht ginge. Die Bemühungen dienen den Industrieunternehmen, Institutionen, der Öffentlichkeit, den Mitmenschen, denn je mehr man seine Institution unterstützt, je mehr man *sich aufopfert,* desto mehr dient man seinem eigenen Fortkommen. Gewiß, diese Theorie vertrat auch Bewußtsein I, nur daß sie in der Praxis in Mißkredit geriet, während sich die Theorie von den Wohltaten für die Allgemeinheit heute im Kampf um die Selbstbehauptung überall durchgesetzt hat. Es fällt aber auch ein Gegensatz im Stil auf. Bewußtsein II feiert seinen Erfolg nicht ostentativ, sondern in gelassener Blasiertheit. Trotzdem scheint der Kampf von Zeit zu Zeit durch; übermäßiger Eifer, mangelnde Einschränkung, eine kalte, unpersönliche Verhaltensweise, verbunden mit einer treibenden Energie, enthüllen den wahren Sachverhalt. Unter der Oberfläche liegt genauso wie beim Menschen der früheren Zeiten die Wildheit, die Leere, die Existenzangst. Doch die Leere in der *Leistungsgesellschaft* ist viel stärker ausgeprägt, sie liegt nämlich tiefer, sie bleibt nicht nur auf die untersten Schichten beschränkt. Denn dem Bewußtsein-II-Menschen ist jegliches Gefühl für die eigene Realität abhanden gekommen. Seine *Freunde* gewinnt er durch seinen *Job,* und sie würden sich nach seinem Sturz wahrscheinlich in Luft auflösen. In einer Welt, in der die Menschen einzig und allein auf Grund ihrer Empfehlungsschreiben und Ausweispapiere anerkannt werden, hört man auf, ein menschliches Wesen zu sein, wenn man diese Papiere verliert. So kommt es, daß manche erfolgreiche Männer unserer Tage auch zu den ungesichertsten zählen; immer wieder müssen sie sich beweisen, als gäbe es in ihren Parkettfußböden Risse, unter denen beständig der Abgrund gähnt.

Im allgemeinen ist die Unsicherheit des neuen Menschen größer als die des alten. Der neue Mensch ist an unzählige unbestimmte Kräfte und Zustände gebunden, die jenseits seiner Kontrolle liegen, und er kann jederzeit das Opfer eines unpersönlichen *Systems* werden; dazu kommt, daß der neue Mensch nicht mehr jene eigene persönliche Kraft — seine Wurzeln vielleicht — besitzt, auf die er sich verlassen kann, wenn er zum *Verlierer* wird. Ihm fehlt das Selbstgefühl, das ihn trotz einer Ablehnung durch das System stützen und halten könnte. Und ihm fehlt der Kreis von Freunden, auf deren menschliche Zuneigung er trotz der Verurteilung durch die Gesellschaft rechnen könnte.

Bewußtsein II ist oftmals unfähig, hinter der Klassifikation das eigentliche Individuum zu sehen, da es die Menschen nach verallgemeinernden Maßstäben kategorisiert und beurteilt. Wenn der Bewußtsein-II-Mensch einem anderen begegnet, ist sein erster Gedanke, ihn einzuordnen, der zweite, ihn zu beurteilen, und der dritte gilt der Überlegung, wie man am besten mit ihm fertig wird.

Die Abhängigkeit vom Kampf um Selbstbehauptung macht den Bewußtsein-II-Menschen trotz seiner toleranten und reformerischen Überzeugung in seiner Grundhaltung äußerst vorsichtig und zutiefst konservativ. Er setzt sich für Neuerungen nur ein, solange die organisierte Gesellschaft in diesem Kampf die gleiche Richtung einschlägt; in den fünfziger Jahren kämpfte er noch gegen die Rassendiskriminierung, nach 1967 stellte er sich noch gegen den Krieg in Vietnam, aber nach 1969 war er nur noch für eine *Revision der Prioritäten* und folgte damit stets der Linie seiner Organisation und der Gesellschaft. Indem er großes Gewicht auf korrektes Vorgehen legt, vergewissert er sich, daß nichts von dem, was er sagt und tut, von seiner Organisation als eine Bedrohung ihrer Vormachtstellung ausgelegt werden kann. Der Bewußtsein-II-Mensch wäre für vielerlei Neuerungen, aber er möchte seine eigene Stellung im Kampf für diese Neuerungen weder gefährden noch sein Leben dafür riskieren.

Zwischen den Werten seines Berufslebens und jenen seines Privatlebens zieht der Bewußtsein-II-Mensch eine strenge Trennungslinie. Sein häusliches Leben beinhaltet vielerlei Werte, die das Gegenteil von jenen sind, die sein jeweiliger *Job* erfordert; hier kann er wohlmeinend, human und heiter sein; hier kann er bedauern und beklagen, was der organisierte Teil der Menschheit verschuldet; die Verpestung von Luft und Wasser ist ihm furchtbar, er klagt die Entmenschlichung in den Organisationen an, verachtet alle jene, deren Tun und Denken einzig durch institutionelle Ziele motiviert werden; aber all diese Eigenschaften treten bei ihm nur im sorgfältig eingehegten Privatbereich in Erscheinung. Er steckt sein gesamtes Einkommen in seinen eigenen Kaninchenbau; er möchte gern ein eigenes Haus in einem Wintersportort und ein anderes am Meer haben; Bewußtsein II *kauft* sich also vom System los. Indem der Bewußtsein-II-Mensch jede persönliche Verantwortung für die Übelstände der Gesellschaft ablehnt, schirmt er sich in einer privaten Enklave von ihr ab und gestattet sich in diesem sorgfältig gehüteten Refugium ein paar Worte über die *wahren* Werte des Lebens. Er riskiert mit diesem Verhalten nichts, weder für sich noch für seine Familie. Seine Kinder genießen alle Vorteile und Begünstigungen, die er ihnen für den Lebenskampf mitgeben kann. Er braucht ja nicht nach seinen Wertvorstellungen von der Arbeit zu leben.

Durch diese Spaltung zwischen Arbeit und Privatleben leidet Bewußtsein II an einer tiefen Schizophrenie. Diese Spaltung ist es denn auch, die mitunter die Kinder der Bewußtsein-II-Menschen, sobald sie heranwachsen, erbost und erschüttert, denn jetzt erkennen sie Schwindel und Heuchelei. Aber es ist nicht Heuchelei, es ist Schizophrenie. Das Individuum spielt zwei Rollen, lebt zwei Leben, trägt zwei Masken, hat zweierlei Wertmaßstäbe. Man kann nicht — wie bei Heuchlern — sagen, daß die eine Hälfte echt und die andere falsch sei. Hier existieren einfach beide Wertvorstellungen als feste Bestandteile *einer Wirklichkeit* nebeneinander. Die Realität von Bewußtsein II ergibt einen *offiziellen* und einen *privaten* Menschen. Weder der Mensch am Arbeitsplatz noch der Mensch in seinem Heim ist der ganze Mensch; es ist unmöglich, den Menschen in seiner Ganzheit zu kennen, mit ihm zu sprechen oder sich mit ihm zu konfrontieren, denn diese Ganzheit ist genau das, was es nicht gibt; das einzig Reale sind zwei voneinander getrennte Menschen.

Diese merkwürdige Spaltung zwischen dem Menschen, der privat und heimlich Gutes tut, und dem Wesen, das öffentlich genau erfüllt, was die Organisation von ihm verlangt, ist Gegenstand von Kurt Vonneguts Roman *Mother Night.* Ein Amerikaner wird vom Abwehrdienst angeworben, während des Krieges als ein Propagandasprecher der Nazis aufzutreten, der öffentlich Haßtiraden auf Amerika losläßt, während er im geheimen wichtige Informationen in die Staaten sendet. Doch nach Ende des Krieges entdeckt der Held plötzlich, daß sein offizielles Ich zu seinem eigentlichen Ich geworden ist. Vonnegut will damit sagen, daß das große Verbrechen unserer Zeit darin liegt, daß wir das Gute heimlich und viel Böses offen tun.

Weil der Bewußtsein-II-Mensch keine Ganzheit ist, weil er Rollen spielen und sich den von außen aufgezwungenen Maßstäben unterwerfen muß, wird er für Manipulationen von außen anfällig. Der einzelne besitzt keine innere Wirklichkeit, an der er feststellen könnte, ob das, was ihm die Außenwelt als wirklich, wahr und echt einredet, auch wirklich so ist. Und diese Schwäche wird vom *Corporations-Staat* erkannt. Wie wir bereits aufgezeigt haben, muß der *Corporations-Staat* das Berufs- und das Konsumentenleben seiner Untertanen soweit wie möglich lenken und kontrollieren. Das läßt sich wohl durch Bestimmungen und Vorschriften erreichen, doch einfacher ist es, wenn man das Bewußtsein lenkt und kontrolliert; dazu ist weder physischer Zwang noch Polizei nötig, und man stößt auf keinen Widerstand. Der beste Verwaltungsstaat ist der, der Bewußtseinslenkung betreibt, und der amerikanische *Corporations-Staat* ist, wie uns Herbert Marcuse in *Der eindimensionale Mensch* beweist, in dieser Richtung recht weit gegangen.

Der Apparat, der Bewußtsein schafft und manipuliert, ist weitverzweigt und gewaltig. Beginnen wir mit der Werbe- und Reklameindustrie, die bewußt darauf ausgeht, die Wertvorstellungen und die Wünsche der Menschen zu beeinflussen. Ein vielleicht noch bedeutenderer Faktor sind die Massenmedien. Sie vermitteln uns einen bestimmten Lebensstil, sie zeigen uns einen ganz bestimmten Ausschnitt der Realität, und während sie eine Schilderung der auswärtigen Ereignisse, die sogenannten *Nachrichten,* geben, üben sie einen weitaus größeren Einfluß aus. Die Regierung ihrerseits unternimmt andere unmittelbare Anstrengungen zur Beeinflussung des Bewußtseins, deren wichtigste das Pflichtschulsystem ist. Der vielleicht größte Einfluß liegt in der Kultur und in der Umwelt, die die Gesellschaft sich selbst schafft. In ihrer Gesamtheit sind die an der Bewußtseinsbildung arbeitenden Kräfte überwältigend. Und man sollte nicht glauben, daß diese Kräfte nicht gelenkt seien. Sie werden zumindest in zweierlei Weise gelenkt. Erstens durch die absichtliche Ausschließung verschiedener Aspekte. Beispielsweise können vielerlei Stellungnahmen, Standpunkte und Ansichten dessen, was real ist, im Fernsehen nicht gezeigt werden; das bezieht sich nicht nur auf politische Gedanken, sondern auch auf gänzlich unpolitische Themen, wie etwa darauf, einmal ein wirklichkeitsgetreues Bild vom Leben der Mittelklasse an Stelle der frischfröhlichen Lustspiele zu geben, die man gewöhnlich vorgesetzt bekommt. Der Staat möchte nicht, daß das Bewußtsein sich selbst überlassen bleibt, und deshalb wird in unserer Gesellschaft nichts so sehr unterstützt wie die kommerzielle Werbung. Bei einem Volke, das empfänglich und einer derart mächtigen Maschinerie ausgeliefert ist, kann es nicht ausbleiben, daß ein großer Teil von Bewußtsein II *gefälschtes Bewußtsein* ist, das dem Menschen vom Staat für seine eigenen Zwecke aufgezwungen wird.

Dieses gefälschte Bewußtsein läßt sich sehr deutlich am Beispiel einer Familie der unteren Mittelschicht darstellen, die gerade erst begonnen hat, sich der materiellen Vorteile der Gesellschaft zu erfreuen. Die Wünsche dieser Familie sind ganz besonders anfällig gegenüber der Manipulation durch das Fernsehen, gegenüber den kostspieligen modernen Haushaltsgeräten, dem neuen Auto, dem Motorboot, der Ersatzbefriedigung des Sports. Bei den Mitgliedern dieser Familie wird die Irreführung besonders deutlich; sie *sehen* die Landschaft nur vom schnellen Wagen aus, sie zerpflügen die Seen mit dem Motorboot und stehen stundenlang für *Vergnügungen* Schlange. Diese Familie ist auch politisch leicht zu manipulieren. Man hat ihr weisgemacht, daß der Kommunismus ganz Amerika zu zerstören versucht, daß der Kalte Krieg notwendig ist, daß die viele Milliarden verschlingenden Ausgaben der Nation für Rüstung, Raumfahrt und Straßenbau vernünftig und richtig, die Fürsorgeempfänger aber lauter arbeitsscheue Elemente sind.

Stellen wir uns nun ein junges, gebildetes Ehepaar vor, das mehrere Kinder und ein Eigenheim besitzt; der Mann übt einen intellektuellen Beruf aus oder hat eine leitende Position in einer Organisation. Das Haus ist geschmackvoll mit alten Stilmöbeln und schlichten, modernen Gegenständen eingerichtet; unter den Kunstgegenständen gibt es einige Originale und viele Bücher. Sie geben kleine Abendgesellschaften mit erlesenem Essen, ausgewählten Weinen und angeregter Konversation. Sie lieben das Leben in der frischen Luft, fahren Ski im Winter, spielen Tennis im Sommer, genießen die Ausfahrten in ihrem kleinen Segelboot und richten es so ein, daß sie ihren Urlaub immer in wenig bekannten Orten verbringen. Sie lesen viel, sind politisch interessiert, in ihren Ansichten betont zeitgemäß, haben Freude an guten Filmen, an Musik und Theater, verbringen ihre Freizeit mit ihren Kindern, haben viele Freunde. Was ist daran nicht in Ordnung?

Was daran nicht in *Ordnung* ist, liegt durchaus nicht an den Interessen und an den Beschäftigungen; alle diese Dinge könnten zu einer echten Kultur und zu einem echten Bewußtsein gehören. Woher also nehmen wir das Recht, anzudeuten, daß im Leben unseres jungen Ehepaares etwas falsch ist? Marx und Marcuse unterscheiden zwischen den Bedürfnissen, die als Frucht und Ergebnis der wahren Persönlichkeit eines Menschen anzusprechen sind, und solchen, die von außen durch die Gesellschaft aufgedrängt werden. Warum läuft man Ski? Ist Skifahren auf Selbsterkenntnis oder auf einen Mangel an Selbsterkenntnis gegründet, auf Reklame, Reiseprospekte und sonstige Druckmittel der Gesellschaft? Trifft das letztere zu, wird diese Beschäftigung die eigene Persönlichkeit nicht wirklich befriedigen beziehungsweise entwikkeln. Der Beschäftigung wird eine essentielle Leere anhaften, auch wenn der Betreffende sich einredet, er habe daran seine Freude. Im heutigen Amerika finden wir zahlreiche Beweise für diese Art von gefälschtem Bewußtsein: die unsportliche Sekretärin, die beim Skifahren ihre Knochen und ihr Leben in Gefahr bringt, der Mann mit dem Rollkragenpullover und den Koteletten, der weitverbreitete Typus des modernen Mädchens, das sich von ihrer Lieblingszeitschrift vorschreiben läßt, was sie kochen, anziehen und denken soll. Viele Handlungsweisen unseres jungen Ehepaares mögen also einfach eine Folgeerscheinung derartiger aufgezwungener Maßstäbe und Normen sein; vielleicht gehören diese beiden Menschen zu jenen, die sich angestrengt darum bemühen, ein Leben zu führen, wie es ihnen am Schirm des Fernsehapparats vorgelebt wird. Obwohl es um viele Bereiche unserer Kultur ähnlich bestellt ist, reicht die Irreführung in diesem Fall sogar noch weiter. Unser junges Paar spielt seine Rollen; diese beiden Menschen haben eine bestimmte Vorstellung davon, was zu ihren Rollen paßt, und bei der Wahl der Tätigkeiten und Interessengebiete, die ihr Leben ausmachen, wählen sie aus einem Reservoir, das außerhalb ihrer Persönlichkeit liegt; sie wählen aus einem bestimmten Sortiment von Beschäftigungsarten, die mit den von ihnen angenommenen Rollen in Einklang stehen oder diese erweitern. Dabei braucht ihre Wahl nicht einmal einer Zeitschrift zu entstammen; sie mag auch auf die Einstellung zurückgehen, daß ein junger Anwalt eben a) politische Interessen, b) Liebe zum Sport hat und c) Dinge mag, die ungewöhnlich sind und einen gewissen Geschmack verraten. Die Auswahl der speziellen Interessengebiete an sich besagt nicht viel. Sie sind auswechselbar. Alles, was die beiden jungen Menschen tun, ist von ihrer eigenen Persönlichkeit losgelöst, soll in eine Schablone passen, die immer schon fertig da war und nur darauf wartet, ausgefüllt zu werden.

Aber damit sind wir immer noch nicht beim Kern der Sache. Jedes Erlebnis, ganz gleich, wie man zu ihm steht oder gelangt, ob durch oder ohne Selbsterkenntnis, trägt in sich die potentielle Möglichkeit zur Entwicklung der eigenen Persönlichkeit; jemand kann sich aus noch so falschen Voraussetzungen an Mozart oder am Skilauf versuchen und dennoch etwas davon haben. Nein — in all den verschiedenartigen Interessengebieten und Tätigkeiten, die im Bewußtsein II zusammengepfercht werden, liegt noch eine tiefergreifende Irreführung. Unser junges Paar hat nämlich von gar keinem Erlebnis etwas für sich.

Wenn es für all die verschiedenartigen Gruppen von Bewußtsein-II-Menschen — die Angehörigen von Fluggesellschaften, die Verfechter der alten Linken, die jungen Ärzte, die Kennedy-Anhänger, die modernen Hausfrauen — ein gemeinsames Charakteristikum gibt, dann ist es diese beharrliche Überzeugung, kompetent zu sein und über alles Bescheid zu wissen.

Bewußtsein-II-Menschen sind davon überzeugt worden, daß es den menschlichen Bedürfnissen am ehesten entspricht, den Erfahrungen überlegen als ihnen unterworfen zu sein. Die *wahre* Erfahrung, das *echte* Erlebnis besteht darin, daß man ihm überlegen ist, und nicht, daß man ihm offen und schutzlos gegenübertritt. Hier kommt die Philosophie der Lenkung, der Technik, des rationalen Intellekts zu Wort. Wird aber Erfahrung derart klassifiziert und analysiert, dann wird sie reduziert. Ein Erlebnis, dem man überlegen ist, bleibt ohne Wirkung. Man lernt nichts dazu, fühlt nichts Neues, weil die Quellen des Lebens ausgetrocknet sind. Bewußtsein II haftet etwas Trostloses und Steriles an, wie einem Menschen, dessen Leben programmiert ist; nichts ist unerwartet, der Tag muß den geplanten Verlauf nehmen. In diesem Sinn sind Bewußtsein-II-Menschen rührige, geschäftige Leute. Will der Mensch jedoch wirklich erleben, muß er bereit sein, auch einmal aus seiner Gedankenrichtung gerissen zu werden.

Alle Feststellungen, die wir bisher über Bewußtsein II getroffen haben, lassen sich vielleicht am besten in seinem Verhältnis zur Realität zusammenfassen. Bewußtsein II hat sich als eine Reaktion auf die Gegebenheiten von Organisation und Technik entwickelt. Aber es hat diese Werte zu sehr betont. Die Folge davon war, daß das Individuum nur in seiner Beziehung zur Arbeit und zur Gesellschaft existierte; ohne seine Karriere, ohne seinen Beruf war es ein Nichts; daher die entsetzliche Furcht vor dem Versagen im Konkurrenzkampf; unmittelbar unterhalb dieser verdienstorientierten Gesellschaft lauert ein Abgrund, in dem der Mensch als solcher ganz und gar zu existieren aufhört. Daher kommt der Verlust der Wahrnehmungsfähigkeit für die eigene Persönlichkeit — wenn man von der Beurteilung absieht, die diese Persönlichkeit durch die Gesellschaft erfährt. Und aus diesem Grund ging auch die reale Erkenntnis für Organisation und Gesellschaft verloren. Ganz gleich, welche Systeme, Strukturen und Wertbegriffe entstehen, man nimmt alles, selbst Kriege, unangezweifelt als *Realität* hin. Der einzelne besitzt ja keinen subjektiven Maßstab für die Wirklichkeit, mit dem er die angebliche Realität wie den technischen Fortschritt oder das millionenfache Sterben aus politischen Motiven selbst bewerten oder bekämpfen könnte.

Bewußtsein II ist das Opfer einer grausamen Täuschung. Es ist davon überzeugt worden, daß Reichtum, Befriedigung und Freude am Leben nur in der Macht, im Erfolg, in der gesellschaftlichen Stellung, in der besonderen Leistung und im Wettbewerb zu finden seien. Mit elementaren menschlichen Regungen wie dem Grauen, der Furcht, der Scheu oder der ergriffenen Verwunderung, mit dem Unbekannten, dem magisch Geheimnisvollen, der Hilflosigkeit, dem Mißerfolg und unvorhersehbaren Ereignissen will es nichts zu tun haben. Ihm wird ja die Suche nach der eigenen Persönlichkeit, die die Grundlage echten Erlebens ist, kategorisch verwehrt. Und es hat eine Gesellschaft hervorgebracht, die zum Ebenbild ihrer eigenen Entfremdung und Verarmung geworden ist.

V

Anatomie des Corporations-Staates

Wie ist es um die soziale Ordnung bestellt, in der wir leben? Warum sind wir so machtlos? Weshalb scheint sich unser Staat jeder demokratischen und öffentlichen Kontrolle zu entziehen? Warum scheint er Prinzipien zuliebe, deren Sinn unklar bleibt, in purem Wahnsinn sich selbst und seine Umwelt zu zerstören? Unsere gegenwärtige gesellschaftliche Ordnung widerspricht so sehr alldem, was wir von Regierung und Gesellschaft zu erwarten gewohnt sind, daß ihr System beinahe jenseits unseres Begreifens liegt. Die meisten von uns, einschließlich unserer politischen Führer und derjenigen, die über Politik und Wirtschaft schreiben, klammern sich an eine Vorstellung, die vollkommen falsch ist. Die jungen Leute hingegen lassen sich nicht so gründlich täuschen, sie verstehen manche Erscheinungen der Gesellschaft recht gut, und Künstler, Schriftsteller und besonders Filmschaffende kommen zuweilen ziemlich nahe an die Wahrheit heran. Der *Corporations-Staat* ist eine ungemein machtvolle, gesetzestreue und rationelle Maschinerie, die jedoch völlig außerhalb jeglicher menschlicher Kontrolle steht und gegenüber allen menschlichen Werten vollkommen gleichgültig ist.

Es läßt sich schwer sagen, von welchem Zeitpunkt an unsere Gesellschaft begonnen hat, sich in ihre heutige Mißgestalt zu verwandeln; der Wandel kam langsam, unmerklich für jene, die täglich in ihr lebten. Die Hauptsymptome begannen sich zu Ende des Zweiten Weltkrieges und danach vor allem in den fünfziger Jahren zu zeigen. Diese Symptome, wie der Kalte Krieg, die Investition einer Billion Dollar in Verteidigungsausgaben, die Zerstörung der Umwelt, die Produktion unnötiger Konsumgüter, konnten nicht einfach als die Folge der üblichen Fehlgriffe und Korruptionsfälle erklärt werden. Sie gehörten einer anderen Größenordnung an, waren von einer Atmosphäre wachsender Irrealität umgeben, während sie doch feste Bestandteile eines scheinbar rationalen und legalen Systems blieben. Die Torheiten und Unredlichkeiten der Ära Grant waren nicht aus Wahnsinn entstanden, sie waren lediglich menschliches Abgleiten von einer vernünftigen menschlichen Norm. In den fünfziger Jahren jedoch geriet die Norm selbst, das System an sich, aus den Fugen.

Unser gegenwärtiges System kann man bei weitem nicht mehr als Schöpfung des Kapitalismus, des Imperialismus oder einer Machtelite bezeichnen. Diese Formen würden wenigstens noch menschliche Züge tragen. Natürlich gibt es eine Machtelite, die sich am System bereichert, doch die Elite kontrolliert nicht mehr die Situation, sie profitiert nur mehr von Mächten, die ein Eigenleben gewonnen haben. Unser Gesellschaftssystem ist kein rein technisches System, auch wenn die Technik mehr als je zuvor die Voraussetzung für unsere Entscheidungen bildet und andere Werte verdrängt hat. Technik, Organisation und Verwaltung haben sich jeder Kontrolle entzogen und wirken für sich selbst, sind jedoch gleichzeitig Gegenstand von Manipulation und Ausbeutung durch die Machtinteressen unserer Gesellschaft, die sich ihrer zur Erlangung nichtmenschlicher Zwecke bedient. Und diesem System haben wir die Kontrolle und die Führung in allen Bereichen — unserer Umwelt, unseres Verstandes, unseres Lebens — überantwortet. Andere Nationen haben auch schlechte Systeme gehabt; aber sie überlebten, weil sich ein Teil des Lebens außerhalb dieser Systeme vollzog. Wir hingegen haben dem System alles überantwortet und einen seelenlosen Apparat zu unserem Herrn gemacht.

Man kann sich den heutigen amerikanischen *Corporations-Staat* als ein einziges riesiges Gemeinwesen vorstellen, dem jedes Individuum als unfreiwilliges Mitglied und als Angestellter angehört. Er besteht größtenteils aus umfangreichen industriellen Organisationen neben gemeinnützigen Unternehmen wie Stiftungen oder dem Erziehungswesen, die allesamt dem Ganzen wie Abteilungen eines Geschäftskonzerns untergeordnet sind. Die Regierung ist nur ein Teil des Staates, sorgt jedoch für die Koordination und für eine Reihe von notwendigen Dienstleistungen. Der *Corporations-Staat* ist eine vollständige Umkehrung des ursprünglichen amerikanischen Staatsgedankens und Staatsideals. Der Staat, und nicht etwa der Markt oder das Volk oder irgendwelche wirtschaftlichen Gesetze, bestimmt, was produziert, was konsumiert und wie die Konsumgüterproduktion verteilt werden soll. Er entscheidet beispielsweise, daß Eisenbahnen eingestellt werden sollen, während das Autobahnnetz ausgebaut wird, daß Grubenarbeiter arm bleiben sollen und Reklamefachleute reich. Arbeitsstellen und Beschäftigungszweige werden in der Gesellschaft streng definiert, kontrolliert und einer Hierarchie aus Belohnung, gesellschaftlicher Stellung und Autorität untergeordnet. Ein Individuum kann zwar seinen Arbeitsplatz wechseln, doch gewinnt es dabei nur wenig Freiheit, denn in jeder Stellung ist es besonderen Bedingungen unterworfen; die Individuen besitzen keinerlei Bereich der Freiheit, keine Privatsphäre, keine persönliche Unabhängigkeit, die außerhalb der Reichweite des Staates läge. Der Staat ist weder demokratischen Kontrollmechanismen noch verfassungsbedingten Einschränkungen oder gesetzlichen Vorschriften unterworfen. Anderseits werden die Einrichtungen des *Corporations-Staates* in erster Linie von den Forderungen der Technik und von ihrer eigenen inneren Struktur bestimmt. Die Technik stellt Forderungen wie die folgenden: Da Computer nun einmal gebaut worden sind, müssen sie auch verwendet werden; da schnellere Flugzeuge nun einmal hergestellt werden können, muß man sie auch benutzen; sollte es eine bessere Verwendungsmöglichkeit für die Belegschaft eines Büros geben, muß sie genutzt werden; wenn sich psychologische Tests als Informationsquellen für Personalchefs bewähren, sollen sie bei der Auswahl neuer Mitarbeiter herangezogen werden. Ein General, der das Kommando der Ordnungstruppen während der Studentenunruhen in Berkeley führte, bezeichnete den Einsatz von Hubschraubern, die die Studenten mit Chemikalien bombardierten, als „logisch". Die Organisationen hingegen orientieren sich nach dem Stichwort „Wachstum". Das Medium, durch das jene Kräfte agieren, ist das Gesetz. Das Rechtssystem befaßt sich nicht vorwiegend mit Gerechtigkeit, Gleichheit und der Wahrung der Rechte der einzelnen; es funktioniert vielmehr als ein Instrument der staatlichen Vorherrschaft, und bei seiner Anwendung wird die Einwirkung menschlicher Werte oder individueller Entscheidungen unterdrückt. Obschon die Kräfte, die den Staat in Gang halten, eher unpersönlich als böse sind, verhalten sie sich doch menschlichen Bedürfnissen gegenüber völlig gleichgültig und haben fast die gleiche Wirkung wie ein System, das absichtlich darauf abzielt, die Menschen und ihre Gesellschaft zu zerstören.

Das Wesentliche am Verwaltungsstaat ist die Sturheit, mit der er in eine Richtung wirkt; er kennt nur einen Wertmaßstab, den des Fortschritts, der auf den Prinzipien der Technik, der Organisation, der Leistung, des Wachstums beruht. Der Staat ist rational und logisch. Er stützt sich auf Prinzipien. Das Leben jedoch läßt sich nicht auf einem Prinzip aufbauen. Keine andere Wertvorstellung darf diesen staatlichen Grundsätzen zuwiderlaufen, weder Anmut noch Schönheit oder Gemeinsamkeit, ja nicht einmal der höchste Wert, das Leben selbst. Daher ist der Staat völlig seelenlos; er kennt nur eine einzige Idee und bewegt sich dahin, ohne jemals anzuhalten, nachzudenken, abzuwägen oder zu entscheiden. Nur eine solche scheuklappenartige Seelenlosigkeit konnte es geschehen lassen, daß die letzten Rotholzwälder fielen, daß die schönsten Badestrände verschmutzt wurden und daß Maschinen erfunden wurden, die Pflanzen und Menschenleben gefährden und vernichten. Man bezeichnet das Vorhandensein nur einer einzigen Wertvorstellung bei einem Menschen als Wahnsinn. In unserem Fall also handelt es sich um den Wahnsinn der Maschine. Im restlichen Teil dieses Kapitels wollen wir versuchen, die Grundsätze des *Corporations-Staates* zu skizzieren. Wir wollen unser Bild aus verschiedenen Teilstücken zusammensetzen, doch wird die Beschreibung nur eine Aufzählung sein können, während sich einzig im *Zusammenwirken* der einzelnen Elemente das Außergewöhnliche dieser Staatsform erweist. Im Fall des *Corporations-Staates* ist das Ganze mehr als nur die Summe aller Einzelelemente, die Wahrheit liegt im Gesamtphänomen, nicht in Teilstücken.

1. *Verschmelzung und Integration*

In der Regel betrachten wir die einzelnen Elemente des *Corporations-Staates,* wie etwa die Bundesregierung, einen Automobilkonzern, eine private Stiftung, so, als ob sie voneinander völlig unabhängig wären. Das ist jedoch falsch. Erstens einmal ist es offenkundig, daß diese *Einzelelemente* zu einer parallellaufenden Politik tendieren, so daß etwa ein gesamter Industriezweig, was Preispolitik, Beschaffenheit der Produkte und Verteilerschlüssel derselben betrifft, dieselben Entschlüsse faßt; ein Beispiel dafür bilden Automobilindustrie und Fluggesellschaften. Sehr verschiedenartige Firmen werden durch eine Zusammenballung von Industrien unter eine Zentralverwaltung vereint, wodurch riesige Wirtschaftsimperien einer einzigen Kontrolle und Gleichschaltung unterworfen werden. Noch bedeutsamer ist das Verschwinden der Grenzmarke zwischen den Bereichen *öffentlich* und *privat.* Im *Corporations-Staat* werden die meisten *öffentlichen* Aufgaben der Regierung durch die *Privatwirtschaft* erledigt. Und die meisten *Regierungsfunktionen* sind in Wahrheit Dienste, die für den privaten Sektor geleistet werden.

Wir wollen uns zunächst der Frage zuwenden, wie Regierungsmaßnahmen *privat* durchgeführt werden. Die Regierung beauftragt *private* Firmen, das nationale Verteidigungssystem aufzubauen, das Raumfahrtprogramm voranzutreiben, das Autobahnnetz zu entwickeln. Ein riesiger Teil des Budgets wird dazu verwendet, Regierungsfunktionen zu vergeben. All dies ist ziemlich offenkundig, obschon sich nicht viele Leute darum zu kümmern scheinen. Weniger deutlich dagegen ist das *Delegationssystem,* das es einem noch bedeutenderen Teil der *Privatwirtschaft* ermöglicht, im Auftrag der Regierung zu arbeiten.

Ein Beispiel soll die Bedeutung des *Delegationssystems* erhellen. Ein Hochschullehrer erhält einen Fragebogen der *Civil Service Commission,* auf dem er über eine Person Auskunft geben soll, die sich um eine Regierungsstelle bewirbt. Wenn der Professor den Fragebogen ausfüllt, handelt er damit als Delegierter der Regierung und könnte sich sogar eine Entlohnung erwarten. Denken wir nun an eine Stiftung, die besondere Steuerprivilegien genießt. Die Stiftung darf diese Vorteile beanspruchen, weil sie sich auf eine Tätigkeit berufen kann, die *im Interesse der Öffentlichkeit* liegt. Die Regierung entscheidet also, daß gewisse Arten von Tätigkeiten einen Dienst an der Öffentlichkeit darstellen, obwohl sie unter privatem Vorzeichen stehen. Was private Stiftungen heute leisten, nämlich Bildung, Forschung und andere Tätigkeiten fördern und unterstützen, die nicht an das Prinzip des Profits gebunden sind, könnte die Regierung durchaus selbst tun. Die Regierung ist jedoch der Ansicht, daß diese Funktionen von Stiftungen besser erfüllt werden können. Dieselbe Überlegung bewegt die Regierung dazu, die Firma Boeing zu beauftragen, Bomber herzustellen, oder eine private Straßenbaufirma zu verpflichten, ein Autobahnnetz zu entwickeln. Öffentliche Einrichtungen wie Fluglinien, Eisenbahnen, Transportwesen, Taxis, Erdölleitungen, Telephondienst — werden alle auf diese Weise *delegiert.* Private Mächte profitieren von diesen *öffentlichen* Aufgaben, die in anderen Staaten von der Regierung selbst gelöst werden können.

Wir wollen uns nun der Kehrseite der Medaille zuwenden, nämlich der Rolle der Regierung als einer Dienerin des *privaten* Bereiches. Auch hier tritt das Verhältnis klar zutage. Die Regierung gibt riesige Summen für Forschung und Entwicklung aus, aber oft sind es Privatfirmen, die den Gewinn daraus ziehen. So baut man etwa mit öffentlichen Geldern Flughäfen, die dann von privaten Fluglinien benutzt werden. Autobahnen entstehen, die den privaten Transportunternehmen zugute kommen. Direkt und indirekt begünstigt die Regierung alle Industriezweige durch finanzielle Zuwendungen. Sie gewährt Hausbesitzern Kredite und Finanzhilfe. Sie läßt in öffentlichen Waldungen Bäume anpflanzen und verkauft sie dann zu stark ermäßigten Preisen an private Holzfirmen. Sie baut Straßen, um Wintersportunternehmen zu unterstützen.

Es stimmt schon, daß die Aufgabe der Regierung seit jeher darin bestanden hat, der Gesellschaft zu dienen; daß die Polizei und die Feuerwehr gleichfalls der Geschäftswelt helfen, daß der Straßenbau den Geschäftsgang hebt, ebenso wie Kriege neue Märkte eröffnen — und gerade mit diesen Dingen hat sich die Regierung ihrer Tradition entsprechend schon immer befaßt und tut es auch heute noch. Gegenwärtig jedoch hat sich die Tätigkeit der Regierung stark in den privaten Sektor vorgeschoben; sie ist überallhin eingedrungen und hinterläßt ihre Spuren deutlicher als je zuvor. Der Unterschied zwischen den beschränkten öffentlichen Leistungen im Jahre 1776 und den Millionen, mit denen heute allein die Schiffbauindustrie von der öffentlichen Hand unterstützt wird, mag zwar nur quantitativ sein, aber der Unterschied ist dennoch bedeutsam, denn er ist keineswegs *nur* quantitativ. Der Unterschied zwischen einer äußerst unabhängigen Wirtschaft und einem abhängigen Wirtschaftssystem ist nämlich nicht nur quantitativ, sondern prinzipiell. Die Unterstützung durch die Regierung ist heute *notwendig* und nicht etwa ein Luxus.

Verordnungen an sich sind Dienst an der Industrie. Die Filmindustrie und der Berufssport besitzen ein ausgeklügeltes System von privaten Bestimmungen, die Gesetze und Vorschriften, Bußen und Strafen umfassen, die alle dazu da sind, der Industrie die beste Grundlage zu verschaffen, auf der sie ihre Produkte verkaufen kann. Ähnliche Bestimmungen, die von der Regierung geschaffen wurden, erfüllen die gleichen Funktionen, nur erfolgen sie auf Kosten des Steuerzahlers. Es kommt zu einem ständigen Personalaustausch zwischen den Regierungsstellen und der Industrie; so verlassen etwa Regierungsbeamte ihre Posten, um hochbezahlte Positionen in der Privatindustrie zu übernehmen; anderseits werden Regierungsbeamte häufig aus Industriekreisen rekrutiert. Diese öffentlich-private und privat-öffentliche Integration ergibt, wenn wir die oben beschriebene unvermeidliche Macht der Legislative hinzufügen, das Bild des Staates im Sinne eines einzigen großen Konzerns. Wenn die Trennungslinie zwischen *öffentlich* und *privat* erst einmal verwischt ist oder ganz wegfällt, erscheinen die verschiedenen Zellen des *Corporations-Staates* nicht länger als Teile eines vielfältigen und pluralistischen Systems, in dem eine Machtform die andere in Schach hält; die verschiedenen Machtzentren schränken einander nicht ein, sie alle drücken dieselbe Schale der Waage hinunter, während auf der anderen Schale lediglich das Gewicht des Individuums ruht. Nun, da öffentlicher und privater Bereich miteinander verschmolzen sind, können wir den wahren Monolith der Macht wahrnehmen und gleichzeitig feststellen, daß es innerhalb des gesamten staatlichen Kontrollsystems nichts gibt, das als Gegengewicht dienen oder auch nur eine warnende Stimme erheben könnte. Wir alle sind unfreiwillig daran beteiligt, und es gibt keinerlei private Sphäre, in die man sich zurückziehen könnte.

Eine Möglichkeit, die wahre Natur des öffentlich-privaten Staates deutlich zu machen, besteht darin, einige Beispiele jener Macht anzuführen, die er in den Vereinigten Staaten ausübt:

Die Macht, zu bestimmen, zu welchem Zeitpunkt sich Angestellte am Arbeitsplatz einzufinden haben, wann sie ihr Mittagsbrot essen, wann sie nach Hause gehen sollen.

Die Macht, die Zinssätze der Banken anzuheben.

Die Macht, Krankenhauspatienten um sechs Uhr morgens zu wecken.

Die Macht, Mietern das Halten von Haustieren zu untersagen.

Die Macht, alle jungen Leute, die die Hochschule besuchen wollen, zu zwingen, sich einer Prüfung zu unterziehen, die von der Hochschulkommission ausgeheckt wird.

Die Macht, zu verlangen, daß sich alle Lehrer an öffentlichen Schulen die Fingerabdrücke nehmen lassen.

Die Macht, das Bewußtsein der Öffentlichkeit durch die Massenmedien zu beherrschen.

Die Macht, Lungenkrebs bei Tausenden von Personen durch die Förderung des Zigarettenverkaufs herbeizuführen.

Die Macht, jemandes Telefonanschluß anzuzapfen.

Die Macht, Eisenbahnreisenden schmutzige Toiletten anzubieten.

Die Macht, verschiedene Arten von Gelehrsamkeit, Erziehungstätigkeit, Philanthropie und Forschung entweder zu fördern oder zu unterbinden.

Die Macht, Bürogebäude zu errichten, deren Fenster sich nicht öffnen lassen oder die gar keine Fenster haben.

Die Macht, zu bestimmen, welcher Lebensstil für Angestellte unzulässig ist.

Die Macht, die Kultur eines fremden Landes zu verändern.

Würde man uns diese Liste zeigen und würden wir erfahren, daß all diese Macht in den Händen eines tyrannischen Herrschers läge, wären wir entsetzt. Wir neigen nun dazu, zu denken, daß diese Macht vielfach aufgeteilt ist, daß sie durch viele verschiedene Instanzen verwaltet und außerdem durch vielerlei Vorkehrungen und Sicherheitseinrichtungen kontrolliert werde; außerdem sind wir überzeugt, daß die Macht nur auf denjenigen Einfluß habe, der sich ihr freiwillig unterwirft, indem er beispielsweise eine Stellung an einer Behörde annimmt. Doch der Macht des *Corporations-Staates* kann man so leicht nicht entkommen. Wenn man einer Behörde entgeht, wird man sich alsbald einer Reihe von anderen gegenübersehen, die alle darauf aus sind, einen ähnlichen Kontrollen zu unterwerfen. Ein Fernseher, den die Darbietungen einer Station anöden, findet vielleicht die Programme der anderen ebenso langweilig. Können Personen, die mit der Eisenbahn oder dem Auto fahren, irgend etwas gegen Zustände tun, die sie ablehnen? Stehen ihnen dafür andere Transportmittel zur Verfügung?

In Leitartikeln, in denen die Studenten kritisiert werden, finden wir häufig die Bemerkung, es stehe einem Studenten, der mit der Administration seiner Universität unzufrieden sei, frei, diese zu verlassen. Die Gesellschaft schreibt es einem jungen Menschen jedoch geradezu vor, sein Studium zu beenden; und die meisten Universitäten sind einander, was Vorschriften und Praktiken betrifft, außerordentlich ähnlich. Unter diesen Umständen kann man kaum sagen, ein Student unterwerfe sich *freiwillig* den Regeln der Universität. Der Student ist in derselben Lage wie der Eisenbahnpassagier, der Mann, der einen Bankkredit bekommen möchte, der Verwaltungsbeamte und der Mieter, der ein Haustier halten möchte. Der *Corporations-Staat* macht das zum Zwang, was früher freiwillig war. Wie die Vögel in Alfred Hitchcocks apokalyptischem Film werden Mächte, die früher einmal schwach und zahm waren, monströs und furchterregend. Je besser organisiert, je straffer verwaltet, je rationaler und umfassender der *Corporations-Staat* wird, desto eher wandelt sich jede einzelne Organisation in einen Regierungsapparat und gleichen alle Erscheinungsformen der Macht Regierungsanordnungen.

2. *Das Prinzip der Verwaltung und der Hierarchie*

Politik, Handlungen und Entscheidungen der Gesellschaft können theoretisch auf verschiedene Arten durchgeführt werden — durch freiwillige Zusammenarbeit von Einzelpersonen, durch die physische Gewalt einer Militärdiktatur oder durch psychologische Methoden. Der *Corporations-Staat* machte sich die Methoden der Verwaltung und der Hierarchie zu eigen. Die Administration ist derart dominierend, daß der *Corporations-Staat* in vieler Hinsicht ein Verwaltungsstaat ist. Die Theorie der Verwaltung besagt, daß die bestmögliche Ausführung jeder Handlung darin besteht, sie einer rationalen Kontrolle zu unterwerfen. Ein Organisationssystem wird erstellt, Autorität, Verantwortung und Überwachung werden so eindeutig wie möglich etabliert; jedermann wird in eine Hierarchie eingegliedert. Für jeden erdenklichen Zufall werden Verhaltensregeln ausgedacht, so daß die individuelle Entscheidungsfreiheit auf ein Minimum beschränkt wird. Es werden Vorkehrungen getroffen, die eine Überwachung des Individuums möglich machen. Das Zufällige, das Irrationale und Alternativen werden ausgeschaltet.

Es lohnt sich, darüber nachzudenken, wie sich dieser Staat aus dem klassischen Liberalismus, aus dem New Deal und dem Wohlfahrtsstaat entwickeln konnte. Ein Grundsatz des Liberalismus bestand darin, daß keine Notwendigkeit bestünde, die Gesellschaft an sich zu lenken; eine *unsichtbare Hand* war völlig ausreichend. Der New Deal änderte dieses Prinzip dahingehend um, daß er vorschrieb, Handlungen aller Art hätten *im Interesse der Öffentlichkeit* zu geschehen. Schritt für Schritt führte dies zu einer immer strafferen Ordnung, die sich dem Gefälle der Interessen einer wirtschaftlich und technisch orientierten Massengesellschaft anpaßte. Das bedeutete, daß der *politische* Staat langsam durch den *administrativen* ersetzt wurde. Unter einem politischen Staat verstehen wir heute ein Gebilde, in dem Meinungsverschiedenheiten, Konflikte und kulturelle Unterschiede als Aspekte des Pluralismus ihren Platz im politischen Geschehen haben, wobei ihnen ein

Eigenleben im Rahmen der politischen Gegebenheiten eingeräumt wird. Das würde bedeuten, daß politisch Radikale, Marihuanaraucher oder kulturelle Splittergruppen koexistieren könnten, ihre Stimme in der Politik vernehmbar machen und zur Vielfalt und zum Gleichgewicht in der Nation beitragen könnten. Dieses *politische* Modell ist auch als *Konfliktmodell* bezeichnet worden, nicht deshalb, weil darin wirklich Konflikte zum Ausdruck kommen, sondern weil entgegengesetzten *Anschauungen und Lebensformen* die Möglichkeit geboten wird, nebeneinander zu bestehen. Das Prinzip der Verwaltung weist die Idee des Konflikts als wünschenswertes Element der Gesellschaft zurück. Die Administration zieht die *Angleichung* extremer Positionen vor; sie möchte Meinungsverschiedenheiten *behoben* sehen; sie möchte die *beste* Methode finden und nur sie anwenden. Alles, was sich diesem Ausgleich widersetzt, wird von der Verwaltung als *abtrünnig*, als Abweichung von der Norm angesehen und muß bearbeitet und berichtigt werden. Dieses Modell der Gesellschaft ist therapeutisch, die Vielfalt soll eingeschränkt und angeglichen werden, um alles *im Interesse der Öffentlichkeit* einheitlich zu gestalten. Die Gesellschaft *weiß, was das Beste* für jedermann ist; ihre massiven Energien, ihre Macht und ihr gesamter Mechanismus sind darauf ausgerichtet, zu garantieren, daß jedermann *das Beste* akzeptiert.

Die Struktur des *Corporations-Staates* entspricht einer Hierarchie, in der jede Person ihren Platz innerhalb eines Organisationsschemas einnimmt, das vertikal gegliedert ist, wobei jeder jemandem unterstellt und jemandem übergeordnet ist. Jede Bürokratie hat diese Struktur; sie ist die *Rationalisierung* organisatorischer Ideale. Wenn eine ganze Gesellschaft diesem Prinzip unterworfen wird, bringt sie eine kleine Herrenelite hervor und eine große Gruppe von Arbeitenden, denen bei der Entschlußfassung nur eine unbedeutende Rolle zukommt. Wenn sie bei politischen Wahlen ihre Stimmen abgeben, wird ihnen nur eine geringe Auswahl von Kandidaten geboten; alle wichtigeren Entschlüsse darüber, was produziert und konsumiert, wie Gelder beschafft werden und die Arbeitsbedingungen sein sollten usw., werden administrativ geregelt.

Die Verwaltung ist ferner bestrebt, die Entscheidung aus dem Bereich der Politik in den Bereich der *Wissenschaft* zu verschieben. Sie zieht die Entschlüsse von Fachleuten und Experten und die rationale Abwägung aller Faktoren demokratischen und öffentlichen Entscheidungen vor. Es gibt Verfahren, die alle Entscheidungen überprüfen, und es wird genau bestimmt, welche Stelle welche Entscheidung zu treffen hat. Für jede Art von Entschluß gibt es jemanden, der dazu *am besten* qualifiziert ist; die Verwaltung verwehrt den weniger Qualifizierten die Teilnahme an den Entscheidungen. Das ärgste Vergehen ist die Weigerung, an diesem Prozeß teilzunehmen — sie erscheint fast als eine grundsätzliche Ablehnung des Prinzips der Verwaltung an sich. Dieser Prozeß bringt in der Regel eine Entscheidung mit sich, die einen Kompromiß oder einen Vergleich darstellt, wodurch jeder eindeutige Entschluß in seiner reinen, kompromißlosen Form abgelehnt wird. Der Wahl sind ganz enge Grenzen gesetzt. Ein Abwägen aller Faktoren bringt immer eine Entscheidung hervor, die sich niemals an das eine oder das andere *Extrem* hält, sondern sich irgendwo dazwischen bewegt.

Die Verwaltung kennt außer den eben beschriebenen institutionellen keine eigenen Wertmaßstäbe. Sie hat keine eigenen Ideen; sie stellt nichts als eine fachmännische Geschäftsleitung dar. Theoretisch könnte sie jedes Wertsystem akzeptieren. In der Praxis jedoch ist sie stark konservativ. Der Betrieb verläuft am klaglosesten, wenn der Status quo beibehalten wird, wenn Veränderungen langsam, vorsichtig und in geordneter Abfolge vor sich gehen. Je komplizierter der Verwaltungsapparat, um so weniger ist er neuen, besorgniserregenden Werten zugänglich. Und die *Rationalität* vermag manche Werte eher zu verstehen, einzuschätzen und zu formulieren als andere. Sie versteht sich auf Quantität besser als auf Qualität. Die Verwaltung ist neutral, jedoch auf seiten der bestehenden Ordnung.

Die Sozialfürsorge illustriert das administrative Schema der Gesellschaft. Der Sinn der Fürsorge besteht darin, Personen vor den Gefahren der Industriegesellschaft, die sie nicht kontrollieren können, sowie vor den Gefahren des Lebens, gegen die weder die Familie noch die Gemeinschaft ankann, zu schützen und jedem Menschen ein Minimum an Sicherheit, Wohlstand und Würde zu garantieren. Mit der Einführung der Verwaltung und der Hierarchie als den Prinzipien für die Durchführung der Sozialfürsorge verschiebt sich der Akzent auf die Frage, wer berechtigt ist, wieviel Unterstützung zu empfangen, und nach welchen Regeln die Unterstützungsgelder verteilt werden sollen. Es wurde ein umfangreicher Apparat entwickelt, der kontrolliert, Buch führt, Regeln aufstellt und sie durchsetzt und Verletzungen derselben bestraft. Einige dieser Maßnahmen sparen zwar Geld ein, doch ist diese Einsparung im Verhältnis zu den Kosten der Verwaltung verschwindend klein. In einigen Fällen kann es auch dazu kommen, daß Arme bestraft werden, weil sie nicht arbeiten, obwohl manche dazu nicht in der Lage sind. Doch die *Leistungen* der Administration sind beinahe zweitrangig; denn nach einer Weile beginnt ihre Tätigkeit jede Verbindung zur Außenwelt zu verlieren; sie gewinnt ein völlig unabhängiges Eigenleben.

Die Tendenz der Verwaltung, die von außen betrachtet gütig und friedlich erscheint und sich aus allen Unruhen und Händeln herauszuhalten weiß, ist in Wahrheit gewalttätig. Sie ist gewalttätig, weil sie die Ordnung aufzwingt. Sie fordert Zustimmung um jeden Preis, wenn möglich durch Überzeugung und Manipulation, wenn nötig jedoch auch mit Gewalt. Sie ist der Meinung, *den besten Weg* zu kennen, und glaubt, daß alle anderen unrecht haben; sie kann diejenigen nicht verstehen, die sich von der Richtigkeit ihrer Ideen nicht überzeugen lassen. So entwickeln sich eine wachsende Spannung und ein zunehmender Zorn gegen jene, die das Prinzip des *Besten*, das man so sorgfältig entwickelt hat, in Frage stellen, das doch sowohl für sie als auch für alle anderen zu gelten hat. Die Verwaltung will das Beste für alle, und alles, was sie verlangt, ist, daß sich die Einzelpersonen in den Rahmen fügen, der vom Staat errichtet worden ist.

3. Der Corporations-Staat ist autonom

Welche Kräfte kontrollieren die geballte Macht des *Corporations-Staates?* Wir stellen in der Regel drei beruhigende Mutmaßungen an: Erstens liegt die Macht in den Händen des Volkes und wird von der Regierung im Sinne der demokratischen Spielregeln und des Pluralismus, im *privaten* Sektor durch das Marktprinzip geregelt. Zweitens wird die Macht von Menschen kontrolliert, denen man Autorität verliehen hat, damit sie sie ausüben. Drittens ist die Macht der Kontrolle der Verfassung und des Gesetzes unterstellt. Diese Barrieren stellen sich theoretisch der absoluten Staatsgewalt in den Weg, wie wir sie weiter oben beschrieben haben. Wir wollen uns nun mit den ersten beiden Punkten auseinandersetzen und den dritten in einem späteren Abschnitt über die Gesetze erörtern.

Das amerikanische System funktioniert unglaublich schlecht, sobald die Maschinerie den Willen des Volkes zu politischen Tatsachen machen soll. Wir können nicht behaupten, daß unser politischer Apparat es dem Wähler ermöglicht, seinen Willen in Angelegenheiten wie der Umweltverschmutzung, der Überschallverkehrsflugzeuge, der Aufrüstung oder des Vietnamkriegs durchzusetzen. Es ist im Gegenteil geradezu unmöglich, allgemeine Meinungen politisch zum Ausdruck zu bringen; dies konnte man bei den Kampagnen für die Präsidentschaftswahlen von 1968 beobachten, bei denen sich beide Kandidaten für den Krieg in Vietnam aussprachen. Selbst wenn die politische Maschinerie es der Wählerschaft erlaubt, ihre Meinung auszudrücken, so ist es für den einzelnen schwierig, in den Besitz von Informationen zu gelangen, die für die Meinungsbildung benötigt werden.

Was wir über das Versagen des politischen Apparats gesagt haben, trifft auch für den *privaten* Wirtschaftsapparat zu, der angeblich durch den Markt reguliert wird. In der Betriebsverwaltung gilt die *Demokratie der Aktionäre* nichts: Schon seit langem können die Aktionäre in den Angelegenheiten der Betriebsverwaltung keine wirkliche Macht mehr ausüben. Noch wichtiger erscheint jedoch die Tatsache, daß die Produzenten zugleich mit ihren Produkten auch die Nachfrage nach denselben schaffen. Dies ist die zentrale These Galbraith' in seinem Werk *Die moderne Industriegesellschaft*, und sie läßt sich kaum widerlegen. Betriebe beschließen darüber, was sie produzieren wollen, und indem sie dem Publikum einreden, daß es das entsprechende Produkt braucht, schaffen sie gleichzeitig auch noch ihren eigenen Absatzmarkt.

Auch wenn das rein demokratische Prinzip sowohl im öffentlichen als auch im privaten Bereich versagt, müssen wir uns überlegen, ob nicht ein abgewandeltes demokratisches System große einander bekämpfende Interessen zu einem Ausgleich zwingen könnte, der doch annähernd das wäre, was sich das Publikum wünscht; darin besteht die Theorie des Pluralismus. Robert Paul Wolff hat sich mit dieser Art von Pluralismus in seinem Buch *The Poverty of Liberalism* in einem eindrucksvollen Aufsatz auseinandergesetzt. Die Interessen, aus denen sich das Spektrum des politischen *Pluralismus* zusammensetzt, sind sehr willkürlich ausgewählt, viele wichtige fehlen gänzlich. Das bedeutet, meint Wolff, daß wir zwar die drei Hauptreligionen anerkannt haben, nicht aber die Agnostiker; die Armen, die Neger oder andere Außenseiter sind ebensowenig wie die Jugend oder die Radikalen vertreten. Der *Pluralismus* vertritt also nicht Interessen, sondern *organisierte* Interessen. So versteht man beispielsweise unter *Arbeiterschaft* große gewerkschaftliche Organisationen, welche nicht unbedingt die Interessen der individuellen Lohnempfänger vertreten. Die *Arbeiterschaft* mag offiziell hohe Verteidigungsausgaben, Unterdrückungsmaßnahmen der Polizei und ein verstärktes Wirtschaftswachstum befürworten, was aber keineswegs bedeutet, daß sich darin die wahren Interessen des Industriearbeiters widerspiegeln. Ebensowenig verstehen es die drei Hauptkonfessionen offenbar, mit den Gewissenskonflikten von Individuen fertig zu werden, deren Gesinnung im Widerstreit etwa gegen den Einberufungsbefehl steht. Tatsächlich zeigt sich auf der Ebene der Organisation zwischen den *konkurrierenden Interessen* weit mehr Einverständnis als Divergenz, so daß sie schließlich die gleiche Art von Zusammenspiel entwickeln, wie wir sie auf dem privaten Sektor bei wirtschaftlichen Zusammenschlüssen beobachten.

Auch wenn das Volk die Macht besäße, Befehle zu erteilen, so hätten diese Befehle wenig oder gar keine Wirkung. Der wichtigste Sektor der Regierungsgewalt liegt mehr und mehr in den Händen der Exekutive, wo Karrieremacher, Spezialisten, Fachleute und Beamte, die sich durch hervorragende Kenntnisse in bestimmten technischen Bereichen qualifiziert haben, beschäftigt werden. Diese Leute werden nicht etwa gewählt. Sie werden auch kaum jemals aus politischen Gründen ausgewechselt. Sie sind deshalb jedem demokratischen Eingriff entzogen. Andererseits besitzen weder der Kongreß noch die gesetzgebenden Versammlungen der Bundesstaaten die Zeit und das Detailwissen, um die Tätigkeit dieser Regierungsstellen zu überwachen. Statt dessen haben die Gesetzgeber immer größere Teilbereiche ihrer Autorität abgeschoben. Sogar dann, wenn sich eine bestimmte Gesetzesvorlage bemüht, klare Verhältnisse zu schaffen, überläßt man einfach der entsprechenden Regierungsstelle die Vollmacht, die Maßnahmen zu bedenken und zu erwägen. In der Folge ist zu beobachten, daß die Regierung an sich immer mehr in die Hände von Fachleuten, Experten und Managern gerät, deren Entscheidungen durch die Gesetze bürokratischen Verhaltens und durch Berufsvorschriften bestimmt werden. Diese Gesetze bewirken unter anderem, daß die Entscheidungen dahin tendieren, sich im engsten Rahmen zu bewegen, den Status quo beizubehalten, eine einmal etablierte politische Richtung weiter zu verfolgen und die Interessen der Organisation zu vertreten. Die Organisationen andererseits sind nicht bereit, auf irgendwelche Anordnungen, die von außen her erfolgen, zu reagieren, auch dann nicht, wenn das Volk die Möglichkeit hat, diese Anordnungen zu geben. Dasselbe trifft für die privaten Verwaltungsbürokratien zu.

Wenn schon das Volk den *Corporations-Staat* nicht kontrollieren kann, wird er dann wenigstens von denen überwacht, die die Befehle erteilen — von der Exekutive und der Machtelite? Eine derartige Kontrolle wäre zwar ein Ärgernis für jene, die an die Demokratie und an die Herrschaft des Rechts glauben, doch besäße man damit immerhin eine Kontrolle, die sich um die allgemeinen Tendenzen der öffentlichen Meinung kümmern müßte — und das wäre noch ein großer Unterschied zur völligen Abwesenheit jeder Kontrolle.

Stellen wir uns einmal eine imaginäre Organisation vor — gehöre sie nun zur Regierung oder zur Privatwirtschaft — und ihr Oberhaupt, die Personifizierung der *Machtelite*. Wir treten in ein getäfeltes Chefbüro oder, wenn es sich um eine anspruchsvollere Firma handelt, in Räumlichkeiten, die modernst ausgestattet sind. Dort erwarten wir, ein Individuum oder ein *Team* anzutreffen, in dessen Händen sich die wirkliche Macht befindet. Doch die Ausstattung allein spiegelt die wahren Machtverhältnisse nicht wider. Jede Organisation ist den Erfordernissen der Technik, ihres eigenen Aufbaus und ihres eigenen Managements unterworfen. Die Firma *muß* sich dem technischen Fortschritt anpassen. Sie *muß* in einer Weise operieren, die es ihr erlaubt, ihre eigene Struktur zu erhalten und zu fördern. Sie untersteht der Entscheidungsgewalt derjenigen Vertreter des Managements, deren Interessen im Aufbau der Organisation und der Technik liegen.

Falls es sich bei der Organisation um eine Privatfirma handelt, muß die Machtelite noch viele andere Faktoren in Erwägung ziehen; etwa die Tatsache, daß es finanzielle Interessen zu berücksichtigen gilt, die Interessen von Geldgebern und Aktionären, von Banken und Bankiers, von beteiligten Instituten (wie beispielsweise Pensions- oder Sparkassen), von möglichen Rivalen, die die Kontrolle über die Finanzen erringen wollen, und von Interessensverbänden, die die Kontrolle durch ein System von Zusammenschlüssen anstreben. Dies indessen bedeutet nicht etwa, daß Teilhaber oder Aktionäre auch nur einen geringen Anteil an der Geschäftsführung nehmen können, daß so etwas wie ein demokratisches System für Geldgeber existiert oder daß eine komplexe Geschäftsstruktur auf eine solide Geschäftsführung hinweisen würde. Aber die Existenz solcher Interessen zwingt die Firma, bestimmte unpersönliche Forderungen zu berücksichtigen, wie die

Forderungen nach Profit, nach Wachstum, nach einem stabilen Einkommen. Der Manager muß immer mit Rücksicht auf diese konstante Forderung nach Profit handeln. Ein Fernsehdirektor, der vor der Entscheidung steht, ob er ein bestimmtes Nachrichtenprogramm senden und dabei ein gewinnträchtiges Reklameangebot *opfern* soll, wird von der Forderung nach Profit eingeschränkt — eine Forderung, die sich, gerade weil sie so unpersönlich ist, buchstäblich um nichts anderes als eben um den Profit *kümmert*. Der Manager muß auch auf die Erfüllung von allerlei einzel- und bundesstaatlichen Bestimmungen achten, und außerdem besteht die Wahrscheinlichkeit, daß die Firma noch durch Interessenbindungen an die Regierung beeinflußt wird. Sie kann nämlich günstige Verträge mit der Regierung besitzen, im Genuß von Unterstützungen durch die Regierung, von Spezialrechten und Lizenzen sein, die jederzeit umgeändert oder gar zurückgezogen werden können. Vielleicht besitzt sie Steuerprivilegien, die man ihr nehmen könnte. Deshalb muß sie stets so handeln, daß ihr ihre besonderen Privilegien und Vorteile erhalten bleiben.

Innerhalb eines Betriebes ist das Entschlußfassungssystem von großer Bedeutung. Die meisten Geschäftsleitungen bestehen aus einem Komitee und nicht aus einem einzigen Oberhaupt; wer Gruppenverhalten studiert hat, weiß, daß ein Komitee in seinen Entschlüssen viel stärker eingeschränkt ist als ein einzelner Direktor. Dazu kommt, daß dem Management durch die Gutachten von allerlei Experten und Fachleuten, deren Rat man einholen muß, Grenzen gesetzt sind: Da gibt es Fachleute für Marktforschung, für Management, kurzum die Klasse jener Techniker, die das, was Galbraith die *Technostruktur* nennt, überhaben. Die Struktur jeder großen Organisation ist bürokratisch, und alle Bürokratien haben gewisse Eigengesetze und Eigenregeln. Die Bürokratie tut alles, um sich selbst und ihr System zu bewahren, jede persönliche Verantwortung zu vermeiden und jede Geschäftstaktik, wenn man sie einmal übernommen hat, beizubehalten. Entscheidungen werden so zu *institutionellen Entscheidungen*, die man nicht mit dem Namen einer bestimmten Person in Verbindung bringen kann und die die Eigenschaften von Gruppenmeinungen aufweisen. Die Bürokratie ist so mächtig, daß niemand, nicht einmal der Präsident der Vereinigten Staaten, genügend Einfluß hat, sie von ihrem Kurs abzubringen. Männer in Spitzenpositionen sind durch die beschränkte Information, die ihnen zukommt, grundsätzlich eingeschränkt; sie wissen nur, was man ihnen sagt. Sie werden von anderen *informiert,* und diese Informationen sind sowohl beschränkt als auch sorgfältig ausgewählt. Der *Boß* ist viel zu beschäftigt, um selbst Nachforschungen anzustellen; er *muß* die Informationen akzeptieren, die er bekommt, wodurch seinem Horizont absolute Grenzen gesetzt werden. Die Informationen mögen nur geringfügig von den Tatsachen abweichen, aber es wird Interpretation auf Interpretation aufgebaut, und wenn sie die Spitze erreicht, hat sich die Information schon beträchtlich von der Wahrheit entfernt.

Die Legende vom Direktionsbüro, von dem aus machthungrige Männer unsere Gesellschaft zu beherrschen scheinen, ist trügerisch. Die Lage ist in Wirklichkeit noch viel prekärer. Der Mann, nämlich der in diesem Büro sitzt, ist nur das Abbild eines Menschen, und er tut das, was die Organisation von ihm verlangt. Er beherrscht den Apparat nicht, er bedient ihn nur.

4. Das neue Eigentum

Auch wenn der *Corporations-Staat nur* autonom wäre, hätte er einen zutiefst verhängnisvollen Einfluß auf den Menschen; er ist jedoch *mehr* als nur autonom: Sein Apparat wird durch private Manipulation beeinflußt, die auf Macht und Gewinn aus ist; andererseits jedoch haben diejenigen, die ihn auf diese Weise steuern, nicht die Macht, ihn auch in einer positiveren Richtung zu beeinflussen, und schließlich sind sie nicht nur seine Nutznießer, sondern auch seine Gefangenen. Dieses paradoxe Resultat leitet sich aus der Entwicklung dessen ab, was wir als das neue Eigentum bezeichnen wollen.

Auf den Aufstieg der Organisation als dem bestimmenden Prinzip des amerikanischen Lebens folgt notwendigerweise auch eine Veränderung der privaten Besitzverhältnisse und des privaten Wohlstandes. Organisationen werden von niemandem *besessen.* Der frühere Besitzstand wurde aufgeteilt in das Recht der einzelnen Aktionäre, am Gewinn teilzuhaben, in die Macht des Managements, die Firmenpolitik zu bestimmen, in das Recht der Angestellten auf Stellung und Sicherheit und in das Recht der Regierung, regulierend einzugreifen. Demzufolge wurden die älteren Formen des Reichtums durch neue ersetzt. Ebenso wie einst die primitiven Formen des Reichtums, etwa wie der Besitz von Glasperlen und Decken, durch das ersetzt wurden, was wir heute gemeinhin unter Eigentum verstehen, so wandelte sich der Begriff des *Eigentums* wiederum in die Bedeutung von Privilegien, die aus der Organisation erwuchsen.

Parallel zur zunehmenden Wichtigkeit der Stellung eines Individuums in privaten Organisationen ging dieselbe Entwicklung im Bereich der Regierung vor sich. Je mehr die Regierung zur *bestätigenden* Instanz wurde, je mehr sie sich mit Bestimmungen, mit der Beschaffung von Geldern, der Verteilung von Prämien und öffentlichen Besitzverhältnissen befaßte, desto mehr wurde sie auch zu einer Organisation, die Status zu vergeben hatte, ja sie wurde zur größten derartigen Organisation. Zu den typischen Erscheinungsformen des Wohlstandes, wie er von der Regierung gewährt wird, gehören etwa Arbeits- und Berufslizenzen, Fernsehprivilegien, Fluglinien, Weiderechte auf öffentlichem Grund, Subventionen für Unternehmen und Landwirte, aber auch Unterstützungen für bedürftige Familien, Steuerprivilegien, Stellungen und Ämter, die aus öffentlichen Geldern besoldet werden, und Aufträge für Straßenbau und Rüstungsindustrie.

Diese Art von Status, sowohl öffentlicher als auch privater Art, besitzt für die meisten Individuen eine große Bedeutung und wird für sie zum eigentlichen Lebensziel. Anstatt echtes Lebensglück zu erlangen, gibt sich der Bewußtsein-II-Mensch mit einer Definition des Glücks als einer Stellung in der komplexen Statushierarchie zufrieden. Eine neue Stelle, so sagt er sich, kann nur positiv sein, solange sie einen *Aufstieg* bedeutet. Ein Individuum ist befriedigt, wenn andere ihm *unterstellt* sind, ein Titel vermag über manche Entbehrungen hinwegzutrösten. Das Individuum fühlt, daß es glücklich sein muß, weil es, sei es als Student oder als Professor an einer angesehenen Hochschule, Status besitzt; falls jemand *in Yale* studiert, erglüht er geradezu von künstlichen Begeisterungsgefühlen. Status bedeutet Geld, Sicherheit, allerlei Annehmlichkeiten und unter anderem auch Macht; aber diese Dinge sind Ersatz für die Persönlichkeit. Die Organisationen des *Corporations-Staates* haben die Macht, die Persönlichkeit zu verleihen und wieder zurückzunehmen, und diese Tatsache erklärt vielleicht mehr als alles andere die Fähigkeit des Staates, das gesamte Denken und alles Tun, das sich in ihm abspielt, zu dirigieren.

Theoretisch werden alle diese Vorteile und Stellungen, ob sie nun von staatlichen oder *privaten* Organisationen gewährt werden, im *öffentlichen Interesse* oder im Interesse der entsprechenden Organisationen, niemals aber zur Förderung privater Interessen vergeben. Fluglinie oder Fernsehfrequenz werden jenem Bewerber zugewiesen, der *dem öffentlichen Interesse am besten dient.* Die großen Vorteile, die dem erfolgreichen Bewerber erwachsen, werden mit seinem Dienst am Publikum gerechtfertigt. In gleicher Weise wird ein Regierungsauftrag an jenen Bewerber vergeben, der dem Interesse der Regierung am besten dient beziehungsweise der das günstigste Angebot macht; manche dieser Pfründen sind so wertvoll, weil sie Teilmonopole darstellen, und sie werden jeweils an die *besten* Bewerber abgetreten, ebenso wie in den privaten Organisationen diejenigen befördert werden, die sich der Rangerhöhung am *würdigsten* erweisen und die der Organisation den meisten Nutzen bringen. Auf höherer Ebene erteilt der Kongreß Subventionen oder Steuerprivilegien an große Verbände, wie die Landwirte, die Schiffsbauindustrie oder die Erdölindustrie, mit der Begründung, daß diese Organisationen dem nationalen Interesse dienen.

Das gesamte Konzept einer Gesellschaft, in deren Verantwortungsbereich die Verteilung von Geldern, Prämien und Privilegien liegt, wird jedoch fragwürdig, wenn es Privatinteressen gelingt, das System zu ihren Gunsten zu manipulieren. Wenn eine Fluggesellschaft eine neue Route nicht ihrer *Leistung* wegen, sondern ihres politischen Einflusses in Washington wegen bekommen kann, so wird dieses System nicht zu einem Instrument der öffentlichen Politik, sondern zu einem riesigen korrupten Werkzeug für die Gerissenen und die Mächtigen. In der Folge ändern diese Manöver auch die Politik. Die Staatsmaschinerie wird zunehmend von Privatinteressen beeinflußt. Noch ist sie zwar autonom, aber ihre Autonomie drängt in eine unsozialere Richtung.

Diese Vermählung des *Corporations-Staates* mit dem privaten Profitdenken läßt sich am Beispiel der Fernsehindustrie demonstrieren. Die Technik ermöglicht uns das Fernsehen, und das Gebot der Technik, das durch keinerlei andere Werte beeinflußt wird, bedingt, daß die Fernsehprogramme entwickelt werden, ohne daß man vorher überlegt, wofür sie verwendet und wofür sie nicht verwendet werden sollen, wie schädlich sie sein oder welcher Kontrolle sie unterliegen könnten. Wenn sich nun noch private Manipulation ins Geschäft mischt, kommen Programme zustande, deren einziger Zweck darin besteht, große Zuschauermengen anzulocken, damit mit Hilfe der alle drei bis fünf Minuten eingestreuten Werbesendungen Massenprodukte verkauft werden können, auch wenn der ganze Vorgang zu einem Niedergang des allgemeinen

Geschmacksniveaus und Bewußtseins führt. Das ist die schlimmste aller möglichen Welten, nämlich eine Welt, in der sich unkontrollierte Technik und unkontrolliertes Profitdenken zu einer Kraft vereinen, die ungeheuer mächtig und zugleich verantwortungslos ist.

Diese Kombination von Kräften ist für viele Leiden verantwortlich, an denen unsere Gesellschaft krankt, von den Zuständen an den Universitäten, wo es den Professoren mehr um die Verbesserung ihrer Stellung als um die Wissenschaft geht, über die Erdölindustrie, die Land, Meer und Atmosphäre verpestet, bis zum Vietnamkrieg, in dem sich letzte technische Errungenschaften mit den habgierigsten privaten Motiven vereinigen. Dabei darf man jedoch nicht glauben, daß die Privatinteressen, nur weil sie den *Corporations-Staat* erfolgreich für sich nutzen, dessen Kurs in irgendeiner positiven Weise beeinflussen können. Es läßt sich im Gegenteil feststellen, daß Individuen und Organisationen, die vom *neuen Eigentum* abhängig sind, dabei ihre eigene Handlungs- und Denkfreiheit verlieren; einige werden zwar reich und mächtig, bleiben dabei aber unwiderruflich an die Quelle ihrer Privilegien gekettet. Jene, die nur in den Besitz einiger weniger Vorteile gelangen, sind deswegen nicht weniger an das System gebunden, da dieses alles zu durchdringen beginnt. Am deutlichsten kann man diese Entwicklung am Beispiel jener Individuen erkennen, die Nutznießer des *neuen Eigentums* sind.

Wenn die Stellung und die Beziehung zu Organisationen das Privateigentum ersetzen, ergibt sich eine Änderung im Ausmaß der unabhängigen Souveränität, die ein Individuum genießt. Das Privateigentum verschaffte jedem Individuum eine Domäne, in der es sich unabhängig bewegen konnte, und es ermöglichte ihm, der übrigen Welt den Rücken zu kehren. Ein Mensch jedoch, dessen *Eigentum* in seiner Stellung innerhalb einer Organisation besteht, ist mit dem Schicksal dieser Organisation aufs engste verbunden; scheitert sie, so scheitert er mit ihr. Noch wichtiger jedoch ist, daß er der Macht der Organisation ausgeliefert ist, da sein neues Verhältnis zu ihr in jedem Fall an Bedingungen geknüpft ist. Man muß Bedingungen erfüllen, will man eine Stellung erwerben, sie beibehalten, sie verbessern oder aber ihren Verlust vermeiden, und diese Bedingungen schränken die Unabhängigkeit des Individuums entscheidend ein. Sie werden von der Organisation aufgestellt, nicht vom Individuum, und sie können auch einseitig von seiten der Organisation geändert werden. Außer dort, wo das Gesetz es ausdrücklich fordert, sind diese Bedingungen, die mit dem Status verbunden sind, unbegrenzt — sie können alles verlangen, was der Organisation nützt. Ein Mittelschüler muß entweder seine Haare schneiden lassen, oder er wird aus der Schule geworfen; ein Beamter muß sich jeder politischer Tätigkeit enthalten, ein Hochschullehrer muß in Fachzeitschriften publizieren.

Diese gesetzgeberische Macht kann eine einschneidende Wirkung auf das Privatleben des Individuums haben. Jede Weiterentwicklung in der Technisierung des Arbeitsplatzes und in der Organisation bedeutet eine weitere Verfeinerung der Arbeitsbedingungen, und der Arbeitnehmer von heute hält es für völlig gerechtfertigt, daß im Zusammenhang mit einem Posten offiziell Auskünfte über sein Privatleben, den Zustand seiner Psyche, seine Freunde und Kollegen, seine politischen und kulturellen Tätigkeiten und seine Vergangenheit eingeholt werden. Es gibt keinen Bereich im Leben eines Angestellten, der so privat wäre, daß er nicht das Interesse des Arbeitgebers erwecken könnte. Man erwartet, daß ehemalige Lehrer, Arbeitgeber und Freunde eine kritische Begutachtung des Kandidaten auf Grund *all dessen, was man von ihm weiß*, geben.

Gleichviel, ob sich die gesetzgeberische Macht nun in den Händen von *öffentlichen* oder *privaten* Organisationen befindet, kann sie in vielen Fällen ohne Rücksicht auf Verfassung und Menschenrechte ausgeübt werden. Ein privater Arbeitgeber kann einen Mann entlassen oder eine private Universität einen Studenten relegieren, weil sie etwas getan haben, das sie laut Verfassung auszuüben berechtigt sind; aber diese *Privatorganisationen* sind nicht an die Verfassung gebunden. Auch die Regierung, die sich an die Verfassung halten muß, kann deren Bestimmungen bei der Vergabe von Stellungen umgehen. Kandidaten für Beamtenposten, Bewerber für Radio- oder Fernsehfrequenzen müssen es sich gefallen lassen, daß man ihre Meinungen, ihre Reden, ihre Freunde und ihren Umgang einer sorgfältigen Untersuchung unterzieht. Hier kommt die Theorie zum Tragen, daß eine Stellung *kein Recht, sondern ein Privileg* sei; das Individuum kann, wenn ihm die Stellung verweigert wird, weiterhin seine in der Verfassung verbrieften Rechte ausüben, und die Regierung kann demnach behaupten, sie habe ihm nichts von dem weggenommen, was die Verfassung schützt.

Die Macht über das neue Eigentum führt zu zahlreichen neuen Verfahren, die allesamt in der Verfassung nicht vorgesehen sind.

Manche Organisationen bedienen sich Untersuchungsverfahren, die nicht mit dem im vierten Zusatzartikel der Verfassung garantierten Schutz vor unbilligen Nachforschungen vereinbar sind, sie führen Prozesse, in denen die Regeln des Beweisverfahrens nicht gelten, und sie verhängen Strafen, die dem Prinzip der doppelten Strafverfolgung zuwiderlaufen — und all dies, um festzustellen, ob ein Student die Universitätsregeln gebrochen hat, ob ein Postangestellter unzuverlässig oder ein Fürsorgeempfänger nicht berechtigt ist, bestimmte Gelder zu beziehen. Die Unterhaltungsindustrie führte private Boykottmaßnahmen und Loyalitätsproben für diejenigen ein, die man einer linksorientierten politischen Haltung verdächtigte.

All diese Einbrüche in die verfassungsmäßig garantierten Rechte mehren sich langsam, aber beständig. Die Spezialisierung der Berufe nimmt parallel zur Entwicklung der Technik zu. Die Konkurrenz um bestimmte Stellen wird schärfer, und dadurch werden die Arbeitsbedingungen immer härter. Die Ausbildungszeit für eine bestimmte Position wird länger. Und die Macht der Gesetzgebung erstarrt mit der Zeit in Zusatzbestimmungen; Parlamentarier verbinden Pensionsberechtigung beziehungsweise Studentenstipendien mit einem Treuegelöbnis beziehungsweise dem Verbot, an Demonstrationen teilzunehmen; da sie nun einmal die Macht besitzen, zögern sie nicht, diese auch zu gebrauchen. Private Arbeitgeber führen Untersuchungen mit dem Lügendetektor und benutzen Tests, mit deren Hilfe die Persönlichkeit eines Kandidaten ermittelt wird. Der Kampf um die Freiheit wird also nicht an einer starren Front ausgetragen; die Schlacht findet auf einer schwankenden Tribüne statt, auf der schon allein die verfließende Zeit eine Niederlage der Freiheit bewirkt; jedesmal, wenn der Kampf von neuem beginnt, hat sich die Front weiter verschoben. Außerdem scheint die Möglichkeit eines Sieges eher eine Illusion als real zu sein. Nehmen wir an, es gelänge einem Angestellten, sich in einem Punkt durchzusetzen. Zur gegebenen Zeit wird man ihm dennoch den Aufstieg oder einen neuen Vertrag unmöglich machen. Die Organisation kann neue Bedingungen aufstellen, denen er nicht gewachsen ist. Es ist schwierig, einen privaten Arbeitgeber oder gar die Regierung der Vereinigten Staaten daran zu hindern, neue Bedingungen zu schaffen und diese auf vergangene Situationen anzuwenden.

Aber wird es überhaupt jemandem einfallen, die Bestimmungsgewalt der Organisationen anzugreifen? In der Erklärung der

Menschenrechte wird vorausgesetzt, daß der Interessenbereich des Individuums sich von jenem der Regierung unterscheide beziehungsweise diesem unter Umständen sogar entgegengesetzt sei. Die Menschenrechte führen sich jedoch nicht von selbst durch. Man muß den *Willen* aufbringen, eine Rede zu halten, die den Behörden mißfällt, damit das Recht der freien Meinungsäußerung wirksam werden kann; und der Status bewirkt, daß dieses Recht als Individualrecht unterminiert wird. Er bewirkt, daß ein Individuum zu dem Schluß kommt, für sich selbst das als das Beste anzusehen, was das Beste für die Organisation ist; somit hat es das gleiche Interesse wie die Behörde, die die Bestimmung schafft. Es *will* überwacht werden, es *will,* daß man seine Privatsphäre verletzt, es *will* gewisse Loyalitätspflichten erfüllen, da das Wohlergehen der Organisation mit seinem eigenen Wohlergehen identisch ist, und es hofft, diejenige Person zu sein, die alle Bedingungen erfüllt, die zum Erklimmen der nächsten Sprosse der Leiter berechtigen. Unter diesen Umständen kann es leicht geschehen, daß Rechte so lange nicht beansprucht werden, bis sie zu existieren aufhören.

Wir können also erkennen, wie sich der Druck im *Corporations-Staat* gegen das Individuum auswirkt. Im vorigen Abschnitt haben wir behauptet, daß die Organisationen an äußerer Macht gewinnen, während gleichzeitig die Anzahl der Alternativen reduziert wird; das Individuum ist gezwungen, mit den bestehenden Größen zu rechnen und sich ihnen unterzuordnen. Status bedeutet verschiedene, aber miteinander verwandte Arten von Zwang; sie unterhöhlen die Grundlagen der individuellen Unabhängigkeit sowie die Fähigkeit und das Bedürfnis der Einzelperson, *eigene Wege zu gehen.* Sie bieten dem Individuum für die Zusammenarbeit eine Belohnung; sie kaufen ihm das Recht auf Unabhängigkeit ab. Vom Fürsorgeempfänger bis zum diplomierten Arzt, vom Studenten mit einem Regierungsstipendium bis zum Mann im Direktorensessel zeigen alle Individuen ein Interesse an der Zusammenarbeit mit dem *Corporations-Staat.* Die Macht ist die Peitsche, und die Vorteile der Stellung sind das Zuckerbrot; wenn sie zusammen angewendet werden, bringen nur wenige Menschen die Kraft und den Willen auf, dem Widerstand zu leisten, was ja schließlich *in ihrem eigenen Interesse* etabliert worden ist.

Das Statussystem reicht in seinen Auswirkungen aber noch weiter. Es vernichtet die Voraussetzungen für eine Solidarität, die notwendig wäre, um die Kontrolle über den *Corporations-Staat* zu erlangen. Eine Folge des Statussystems ist die starre Hierarchie. Da nun jedermanns Eigentum in ein System von Beziehungen umgesetzt wird, werden all diese Beziehungen in einer vertikalen Rangordnung festgelegt. Jeder ist jemandem übergeordnet, und diese Ordnung widerspricht natürlich dem Prinzip der Gemeinschaft, da Menschen, die verschiedenen Stufen innerhalb der Hierarchie angehören, sich nicht zusammentun können. Diese Hierarchie hat auch eine automatische, klar definierte Ungleichheit zur Folge, da jeder den Unterschied zwischen sich und den Angehörigen einer anderen Rangstufe deutlich spürt. Jede dieser Rangstufen ist daran interessiert, daß die Freiheiten jener, die einem anderen Status angehören, unterdrückt werden. Die spezielle Stellung, die Vorteile und Privilegien des einzelnen Mannes sind vom reibungslosen Funktionieren des ganzen Apparats abhängig; er ist interessiert daran, daß alle auf den ihnen zugewiesenen Plätzen bleiben. Jeder, der aufmuckt, könnte die Spezialrechte gefährden, die einem anderen zustehen. Daher ist niemand an der Freiheit des anderen interessiert.

Ein dramatisches Beispiel dafür, wie das Statussystem Solidarität und Voraussetzungen für eine gemeinsame Aktion untergräbt, bietet das Auslosungssystem bei der Einberufung zum Militär, das 1969 eingeführt wurde. Studenten, die früher ein ausgeprägtes Zusammengehörigkeitsgefühl besessen hatten, sahen sich hilflos und gegen ihren Willen in verschiedene Lager gedrängt; eine hohe und eine niedere Nummer trennte sie unweigerlich. Natürlich bemühten sich viele Studenten, das alte Zusammengehörigkeitsgefühl wiederherzustellen, doch sie alle mußten die Macht des Gesetzes erkennen, das sie trennte.

Das größte Problem dieses Systems ist das Individuum, das es hervorbringt. Jeder wird in zunehmendem Maße an seine Stellung, an seine Rolle gekettet. Man wird gezwungen, immer mehr das zu werden, was diese Rolle verlangt, während vom Privatleben immer weniger übrigbleibt. Alle Gedanken und Gefühle kreisen um die Rolle. Und eine solche Rollenperson ist unfähig, *allgemeine* Werte zu erkennen oder eine gesellschaftliche Verantwortung zu übernehmen. Sie kann das nur innerhalb des immer kleiner werdenden Bereiches außerhalb ihrer Rolle tun. Man stelle sich einmal den Direktor einer Autofirma vor. Nun mag dieser den sozialen Wohnbau als Lösung der städtischen Misere vorschlagen. Auf keinen Fall aber kann er vorschlagen, daß man weniger Autos produzieren oder die gleichen Modelle beibehalten soll, um damit das Geld für den sozialen Wohnbau einzusparen. Demnach hindert ihn seine Rolle daran, in jenem Sektor für die Gemeinschaft zu wirken, in dem er den meisten Einfluß ausüben könnte, und sie hindert ihn sogar daran, sich auch nur einzugestehen, daß seine Autos eigentlich zu jenen Gütern gehören, die die für die Städte benötigten Gelder verschlingen. Solange er in seiner Rolle lebt, kann er innerhalb der Gemeinschaft weder verantwortungsvoll handeln noch denken. Außerhalb seiner Rolle, wenn es überhaupt ein solches Außerhalb gibt, ist er buchstäblich machtlos, denn seine Macht liegt einzig in seiner Rolle. So wächst denn eine Nation von Menschen heran, die keinen Widerstand leisten können gegen die Macht, die auf ihnen lastet, denn jeder einzelne von ihnen ist in der isolierten Zelle seiner Stellung gänzlich von seinem Mitmenschen abgetrennt.

Was wir bisher über die vom neuen Eigentum abhängigen Personen gesagt haben, bezieht sich auch auf die Organisationen. Die Großunternehmen mögen sich zwar an der Regierung bereichern, können und wollen aber auf keinen Fall der Regierung die Stirne bieten; sie fürchten die Regierung, sogar die einzelnen Abgeordneten, obwohl sie die Regierung gleichzeitig für ihre eigenen Ziele ausnützen. Sie haben weder das Interesse noch das Bedürfnis, für unabhängige Werte einzutreten. Ihr ausschließliches Interesse gilt den Vorteilen, die ihnen durch die Regierung erwachsen. Auf diese Weise tragen sie erheblich zur Autonomie und zur Zügellosigkeit des *Corporations-Staates* bei.

5. Das Recht, ein unmenschliches Medium

Das Recht sollte eine Kodifizierung jener menschlichen Werte darstellen, auf die sich ein Volk geeinigt hat. Es umfaßt Forderungen wie *du sollst nicht töten*. Der *Corporations-Staat* beruht auf einer betont gesetzesbewußten Gesellschaftsordnung. Er gebraucht das Recht für jede Einzelheit seiner Tätigkeit — nie hat es wahrscheinlich eine Gesellschaft gegeben, in der so viele Gesetze existieren oder in der Gesetze eine derartige Wichtigkeit erlangten. Man könnte demnach erwarten, daß das Recht über die Macht des *Corporations-Staates* eine beachtliche Kontrolle ausüben und den Ausgangspunkt für die Richtlinien desselben darstellen würde. Aber das Recht bedeutet im *Corporations-Staat* etwas anderes als die Kodifizierung von Werten. Der Staat hat es verwandelt.

Während des New Deal wandelte sich das Recht von einem auf traditionellen Wertbegriffen basierenden in ein wertfreies Medium, das dazu verwendet werden konnte, der *Staatspolitik* zu dienen, die dann ihrerseits zum *Staatsinteresse* wurde. Auf diese Weise kamen Gesetze zustande, die sich den Anforderungen der Organisationen und der Technik anpaßten und die Wünsche der Verwaltung erfüllten, anstatt das Individuum zu schützen. Sobald das Recht diese Rolle übernommen hatte, begannen alle Arten von Gesetzen, Statuten, Verordnungen und Beschlüssen zu wuchern, denn das Recht wurde allmählich in den Dienst des *Corporations-Staates* gestellt, indem es zum Gehorsam gegenüber den ständig wachsenden Forderungen desselben verpflichtete.

Am Beispiel der Verfassungsrechte läßt sich das Gesagte besonders deutlich illustrieren. Zunächst muß darauf hingewiesen werden, daß die Gerichte es, ungeachtet des gewaltigen Wachstums der Macht der Konzerne, nicht vermocht haben, die Konzerne — außer im Falle der Rassendiskriminierung — an die *Bill of Rights*, die menschlichen Grundrechte, zu binden. Die bloße Feststellung dieser Tatsache scheint nicht viel zu bedeuten, zumal es ja den Großunternehmen gar nicht zukommt, die Regierungsgewalt auszuüben, mit der sich die Grundrechte befassen. Doch eben dies hat sich mit der Entwicklung des *öffentlich-privaten Staates* grundsätzlich geändert. Heutzutage üben Privatorganisationen tatsächlich Regierungsgewalt aus, sogar in größerem Ausmaß als die *Regierung* selbst. Sie entscheiden darüber, was produziert werden soll; in ihren Händen liegt die Planung der Wirtschaft; sie besitzen die oberste Entscheidungsgewalt über die Einteilung der Finanzen. In bezug auf ihre eigenen Angestellten und Mitglieder handeln sie auf unverkennbare Weise wie eine Regierung: Sie bestrafen unerwünschtes Betragen, sie nehmen Menschen ihre Stellung innerhalb der Organisation und entscheiden über ihre Beförderung. In umfassender Weise beeinflussen sie Meinungen, Ausdrucksformen, Gedankenverbindungen und Benehmen von uns allen. Deshalb ist die Tatsache, daß die menschlichen Grundrechte hier nicht zur Anwendung kommen, von derart überragender Wichtigkeit; das bedeutet nämlich, daß sich diese verfassungsmäßigen Absicherungsvorrichtungen nur auf einen Teil des *Corporations-Staates* anwenden lassen. Es gibt daher in Amerika zwei Regierungen, eine verfassungsmäßige und eine viel größere, die nicht verfassungsmäßig ist. Betrachten wir ein Grundrecht, wie etwa das Recht der freien Meinungsäußerung. Die *Regierung* hat kein Recht, eine freie Meinungsäußerung zu verhindern, aber Konzerne können ihre Angestellten auf Grund einer freien Meinungsäußerung entlassen; Privatorganisationen können gegen jene vorgehen, die ihre Meinung frei äußern; Zeitungen, Fernsehstationen, Illustrierte können die Annahme *radikaler* Meinungsäußerungen verweigern. Kurz, die *Unanwendbarkeit* der menschlichen Grundrechte ist eines der brennenden Probleme des heutigen amerikanischen Lebens.

Gewähren nun aber die Grundrechte wenigstens dort Schutz, wo sie direkt zur Anwendung kommen? Die Entscheidungen des Obersten Gerichtshofs in den vergangenen Jahrzehnten wirken wenig überzeugend. In seinen Schiedssprüchen betont der Gerichtshof immer wieder das *Interesse der Gesellschaft.* Er überläßt die Entscheidungen der gesetzgebenden und gleichzeitig ausführenden Verwaltung. Den Befehlen des Staates wird nur dann in die Zügel gefallen, wenn sie keine *rationale* Voraussetzung besitzen oder wenn sie einer ausdrücklichen Bestimmung der Verfassung zuwiderlaufen, und diese Bestimmung ist nicht schwerwiegender als das *Interesse der Gesellschaft.* Die Folge davon ist, daß seit vielen Jahren buchstäblich jede Politik auf dem Gebiet der Wirtschaft, der Produktion, der Planung oder der Geldbeschaffung verfassungsmäßig erklärt worden ist; daß alle Arten von Entscheidungen, durch die manche Menschen verschiedene ungerechte steuerliche und andere Vergünstigungen erhielten, nie angezweifelt wurden; daß das ungerechte Einberufungssystem zu Friedenszeiten bestehenbleibt; daß die freie Meinungsäußerung stark beschnitten wurde.

Ein zweites Beispiel dafür, wie das Gesetz in den Dienst des Staates gezwungen wird, bietet die bundesstaatliche Regelung der Wirtschaft. Besonders hier erwartet man eine Kontrolle über die Macht der Konzerne. In Wirklichkeit jedoch finden wir die gleiche Situation vor wie beim Verfassungsrecht. Entweder ist die Aufsicht höchst oberflächlich, oder aber sie läßt stillschweigend zu, was die beaufsichtigte Industrie zu tun beabsichtigt. Vorschriften sind nur für Rechtsbrecher da, sollen illegalen Wettbewerb unterbinden, die Zahl der Konkurrenten in einem bestimmten Geschäftszweig in Grenzen halten, und auf diese Weise tragen sie nun tatsächlich dazu bei, die Industrie zu rationalisieren und zu stabilisieren. Gabriel Kolko vertritt in seinem Buch *The Triumph of Conservatism* die Ansicht, daß die Vorschriften schon seit der sogenannten progressiven Ära diese Funktion ausüben; es steht jedenfalls fest, daß sie es zur Zeit des New Deal taten. Lebensmittel, die zwischen den Einzelstaaten gehandelt werden, müssen richtig angeschrieben und inspiziert und dürfen nicht verfälscht werden. Es dürfen keine Täuschungsmanöver mit Aktien angestellt werden. Diese Vorschriften sind der Industrie sicher angenehm. Außerdem werden die Vorschriften zu einem großen Teil von Leuten geschaffen, die das Denken und die Interessen jener vertreten, für die diese Bestimmungen gemeint sind.

Die Unzulänglichkeit der Vorschriften zeigt sich am deutlichsten dort, wo es darum geht, Privilegien zuzuteilen. Man denke nur an die Fernsehfrequenzen, die der Öffentlichkeit gehören und kostenlos verschiedenen Bewerbern zur Verfügung gestellt werden, die ein Vermögen daran verdienen, daß sie diese für Millionen an die Werbung weiterverkaufen. Man hätte diese Frequenzen vielerlei Bewerbern zuteilen können; es könnte Stationen geben, die von Negern, andere, die von den Armen, von den Studenten, den Universitäten, den Radikalen, von Gruppen mit den verschiedenartigsten kulturellen Interessen geleitet werden. Die Möglichkeit dazu war da. Aber was hat man getan? Die begehrtesten Stationen wurden an die drei riesigen Fernsehkonzerne abgegeben, wodurch diese Konzerne entscheidend unterstützt wurden, da sie damit die gesamte Fernsehindustrie beherrschen konnten. Der Großteil der restlichen Stationen ging an die Gewaltigen anderer Gebiete der Massenkommunikation über, wie etwa an Zeitungen (mit dem Resultat, daß in vielen Städten die wichtigste Fernsehstation der wichtigsten Zeitung gehörte, so daß sich die Informationsquellen in der entsprechenden Stadt zusammenballten), oder sie wurden an riesige Großunternehmen abgegeben. Verordnungen, die sich strikt an das Recht hielten, verhalfen also den Mächtigen des *Corporations-Staates* zu einem Fernsehmonopol, wobei alle Konkurrenten *durch das Recht ausgeschlossen* wurden.

Die Rolle des Gesetzes in bezug auf den *Corporations-Staat*, im besonderen hinsichtlich der Technik, läßt sich auch durch die Umstände, die die Einführung des Gases Mace als Polizeiwaffe begleiteten, illustrieren. Diese Chemikalie wurde von einer privaten Firma entwickelt, in deren Absicht es offenbar lag, Profit zu erzielen und ihren Marktanteil und ihre Organisation zu vergrößern. Mace-Gas wurde von der Polizei in großen Mengen gekauft und dann den Menschen ins Gesicht gesprüht, es richtete vorübergehende beziehungsweise bleibende Schäden an; der weit größere Schaden für die ganze Nation bestand aber darin, daß die Technik in einer Art und Weise angewendet wurde, daß sie sowohl Polizisten wie Opfer in Untermenschen verwandelte. Das Recht erlaubte der Firma, ihr Produkt auf den Markt zu bringen, der Polizei, es zu kaufen und es an Menschen auszuprobieren; das alles geschah, ohne daß es je zuvor von einer wissenschaftlichen Instanz erprobt und einer Überprüfung unterzogen worden wäre, wie sie für andere Chemikalien, die bei Menschen Verwendung finden, vorgeschrieben ist; ohne die Genehmigung einer gesetzgebenden Behörde; ohne Zustimmung durch das Volk; ohne Informationen über die langfristigen Wirkungen von Tränengas oder seine Wirkung auf Menschen, die besonders anfällig oder allergisch sind; ohne eine allgemeine Verordnung über die Anwendung bestimmter Waffen unter bestimmten Voraussetzungen; ohne jede Spezialausbildung für den Einsatz von Mace-Gas. Doch zur gleichen Zeit genoß die Herstellung von Tränengas den vollen Schutz und die Billigung des Gesetzes. Das Recht untersagt jede Entschädigung der Opfer, jede Klage auf Grund von Verletzungen, jedes Verfahren gegen die Polizei — außer unter besonders ungewöhnlichen Umständen. Demgemäß wird der Einsatz von Mace-Gas durch das Recht voll unterstützt, und jene, die seine Anwendung bekämpfen, haben keinerlei Chance.

Obwohl das Recht einerseits die Macht des *Corporations-Staates* unterstützt, stellt es sich andererseits auch in den Dienst der wachsenden Privatinteressen. Da sich nun die Nation in eine gesetzesbewußte Gesellschaft verwandelt hat, wandelt sich das Gesetz in zunehmendem Maße in ein Werkzeug im privaten Kampf um Macht, Stellung und finanziellen Gewinn. Es ist zu einem riesigen Spielbrett geworden, auf dem erfahrene Spieler ihre komplizierten Züge vollführen. Dieses Spiel wird mit allen Gesetzesmächten der Regierung gespielt, um Begünstigungen, Unterstützungen, Prämien, Subventionen und die Gewährung von Ausnahmebestimmungen und Vorteilen zu erlangen. Es wird mit dem Einsatz des gesamten Statussystems gespielt, in dem das Vorrücken von einem Status zum andern immer neue Vergünstigungen nach sich zieht. Es wird mit den Pflichten der Bürger, mit den Steuergesetzen und dem Einberufungsbefehl gespielt. Und die Juristen sind die Berufsspieler in diesem Spiel, in dem riesige Mengen von Energie und Aktivität verwendet werden. Das Spiel mit dem Recht wird zu einem Gebilde, das *im Recht* selbst fast alle Ungerechtigkeiten und Unsinnigkeiten verkörpert, die inzwischen von unserer Gesellschaft akzeptiert worden sind. Zu den wichtigsten Beispielen gehören die Bundessteuergesetze und die Einberufung zum Militär. Die Steuergesetze gehören zweifellos zu den verworrensten und gleichzeitig ungerechtesten Bestimmungen, die je von Menschen ersonnen worden sind. Da gibt es hunderterlei Arten von Ungerechtigkeit; Spezialprivilegien jeder erdenklichen Art. Man kann mit gutem Recht sagen, daß das wesentliche Prinzip der Steuergesetze Ungerechtigkeit und Bevorzugung ist. Die Bestimmungen über die Einberufung zum Militär sind womöglich noch krasser; junge Männer müssen ihr Leben aufs Spiel setzen und Jahre versäumen, die sie nach eigenem Willen hätten gestalten können, während andere von jeder militärischen Dienstleistung befreit sind. Wir brauchen uns hier nicht bei Tatsachen aufzuhalten, die wir alle gut kennen; das Wesentliche besteht darin, daß die Steuerstruktur und die Einberufung nicht Ausnahmen darstellen; sie sind vielmehr durchaus repräsentativ für den Zustand des gesamten Rechtssystems.

Es zeigt sich, daß für jeden Status und jede Stellung in der Gesellschaft eine andere Art von Gesetzen zur Anwendung kommt. So gibt es besondere Gesetze für den Fürsorgeempfänger und andere für den Geschäftsmann. Besondere Gesetze gelten für den Regierungsbeamten, wiederum andere für den Parlamentarier, für den Landwirt oder für den Schriftsteller. Diese Unterschiede sind nicht an ein bestimmtes Gebiet oder an eine bestimmte Sache gebunden; so wird beispielsweise das verfassungsmäßige Recht auf ein Privatleben für den Geschäftsmann in anderer Weise als für den Landwirt oder den Fürsorgeempfänger angewendet. Jemand, der Krankenfürsorge erhalten will, muß einen Loyalitätseid ablegen, andere müssen das nicht. Wenn *Recht* bedeutet, eine Gemeinschaft von Menschen zu regieren, dann besitzen wir im buchstäblichen und wahren Sinn des Wortes *kein* Recht, sind wir eine rechtlose Gesellschaft.

So wie es angewendet wird, verwandelt sich das Recht in einem noch weiteren Sinne in Rechtlosigkeit. Ein Autofahrer wird beispielsweise von einem Polizisten angehalten, der nach einem gestohlenen Wagen Ausschau hält, dessen Beschreibung auf das angehaltene Auto zutrifft. Der Fahrer kann bald beweisen, daß er seinen eigenen Wagen fährt, aber im Lauf der Verhandlung nennt der Polizist den Fahrer bei seinem Vornamen (den er dem Führerschein entnehmen kann) in einer Weise, die auf den Fahrer beleidigend wirkt. „Bitte nennen Sie mich Herr ...“, sagt der Fahrer. Der Polizeibeamte fragt: „Soll ich Sie etwa verhaften?“ —

„Wofür?“ erwidert der Fahrer. Der Polizist sagt: „Ich kann Sie verhaften, weil Sie ein schmutziges Nummernschild haben oder weil Ihr Scheibenwischer nicht richtig funktioniert oder weil Sie kein Zeichen gaben, als Sie anhielten, oder weil Sie einen Beamten respektlos behandeln oder weil Sie sich unachtsam verhielten.“ Der Fahrer sieht ein, daß er dadurch zumindest einige Stunden verlieren würde, vielleicht sogar Strafe zahlen müßte, falls der Richter gerade schlecht gelaunt wäre, und so entschuldigt er sich bei dem Polizisten.

Als sich der Weltmeister im Schwergewicht, Cassius Clay, weigerte, dem Einberufungsbefehl Folge zu leisten, entkleidete ihn die Boxkommission des Staates New York, eine öffentliche Behörde, die von Rechts wegen handelte, seines Titels. Die Kommission stellte kein Verhör an, bei dem Clay seinen Fall hätte darlegen können. Sie wartete nicht ab, ob die Gerichte entscheiden würden, daß er auf Grund seiner religiösen Überzeugung das Recht hätte, die Einberufung zurückzuweisen, oder daß die Einberufungskommission illegal war. In Seattle leiteten die Behörden ein Verfahren gegen ein Soldatenlokal ein, weil dort angeblich Antikriegspropaganda gemacht wurde; der zuständige Beamte sagte, daß er derartige Vorkommnisse im Gebiet von Seattle nicht dulden wolle. Seine willkürliche Privatmeinung wurde durch das Gesetz zu einer Sache der Regierung.

Hinter dieser rechtlosen Anwendung des Rechts verbirgt sich auch die Tatsache, daß bei einer wachsenden Zahl von gesetzlichen Bestimmungen die Macht der Willkür zunimmt. Wenn ein Apotheker fünfzig verschiedenen Vorschriften unterliegt, kann er leicht ein Opfer der restlichen neunundvierzig werden, falls er sich darum bemüht, die erste wirklich zu erfüllen. Eine Schule der Rechtsphilosophie ist schon vor langer Zeit für eine Gesellschaftsordnung eingetreten, in der genau formulierte Gesetze jedermann die Gelegenheit gäben, seine Rechte zu kennen. Die Erfahrung zeigt jedoch, daß bei einer größer werdenden Zahl der Gesetze auch Willkür und Ungesetzlichkeit der ausführenden Beamten wahrscheinlicher wird.

Für Neger, für Menschen, die lange Haare oder ungewöhnliche Kleidung tragen und erst recht für die Jugend sind Gesetz und Polizei zu Institutionen geworden, vor denen man sich automatisch in acht zu nehmen hat. Dem langhaarigen Jüngling, der einen Wagen fährt, kann es geschehen, daß er immer wieder von der Polizei angehalten, durchsucht und belästigt wird, einzig seines

Aussehens wegen. Den Negern ist eine ähnlich willkürliche Diskriminierung seit Jahren vertraut. Spezielle Ausgehverbote und andere Gesetze sind gegen die Jugend erlassen worden, *um sie im Zaum zu halten.* All diese Gruppen empfinden das Recht als zweifachen Feind, erstens in der Art und Weise, wie es angewendet wird, und zweitens, weil es in einem weiteren Sinne gegen sie gerichtet ist; denn sie kommen doch nicht in den Genuß von Steuerprivilegien, für sie sind nur spezielle Strafen vorgesehen.

Wir erkennen jedoch nicht, daß dieser Art von gesetzlosem Gesetz ein System zugrunde liegt. Wenn ungesetzliche Handlungen der Polizei bekannt werden, dann zeigt sich jedermann betroffen, als handle es sich hier um *Verirrungen* innerhalb unserer Gesellschaft. Doch die Polizei handelte schon immer Machtlosen gegenüber brutal und ungesetzlich; wir wissen, wie Neger in den Südstaaten von der Polizei behandelt wurden und es noch immer werden und wie mit der Jugend, mit Armen, Negern und den Außenseitern der Gesellschaft im Norden umgesprungen wird. Der Aufschrei über die Gesetzlosigkeit der Polizei hat wenig mit dem wirklichen Problem zu tun. In jeder Großstadt sind auch die Institutionen der Bürokratie ungesetzlich; Gebäudeinspektoren lassen sich bestechen, die Behörde, die Alkohollizenzen vergibt, ist willkürlich und korrupt, das Katastersystem ist tyrannisch, aber verschiedenen Einflüssen unterworfen. Wenn beispielsweise ein Einwohner einer Kleinstadt den Bürgermeister kritisiert, kann es geschehen, daß das Katasteramt die Bestimmungen für sein Haus ändert, daß die Finanzbehörde seine Steuer heraufsetzt, die Polizei ihn wegen geringfügiger Vergehen verhaftet und das Gesundheitsamt seine Kanalisation für unzureichend erklärt. Unmöglich? Nein! All das ist unbeliebten und machtlosen Menschen schon angetan worden. Ein Sonderfall? Keineswegs. Nicht der Mißbrauch der Macht ist das wahre Übel, sondern das bloße *Vorhandensein* dieser Macht ist bereits von Übel. Totalitarismus bedeutet einfach Macht irgendwelcher Art, die angewendet wird, um jene, die in diesem System leben, vollständig zu lenken.

In einem Verwaltungsstaat kann es keine Regierung durch Gesetze geben. Das Ideal, nämlich die Herrschaft des Rechts, ist nur in einem Staat denkbar, um den es politische Auseinandersetzungen gibt, die der Macht der Behörde Grenzen setzen und der Verschiedenartigkeit eine Existenzberechtigung verschaffen. Sobald einmal alles durch Verordnungen geregelt ist, geht die Herrschaft des Rechts unrettbar verloren, denn sie kann sich als unabhängiges

Prinzip der Gesellschaft nicht halten; sie ist immer mit der Frage der Macht verbunden. Die wirkliche Kernfrage in jeder Gesellschaft ist die Größe der Macht. Ist sie geteilt oder konzentriert? Wird sie gelenkt? In einer Managergesellschaft, in der das Individuum der riesigen regulierenden Macht des Staates unterworfen ist, wird die Herrschaft des Rechts zu einem leeren Begriff.

Noch etwas muß über die Funktion des Gesetzes im *Corporations-Staat* gesagt werden. In jeder Gesellschaft gibt es ein Medium, das zwischen den individuellen Wertmaßstäben, individuellen Möglichkeiten und Bedürfnissen einerseits und der daraus erwachsenden Sozialstruktur andererseits vermittelt. In einer primitiven Gesellschaft besteht dieses Medium in der kulturell-sozialen Tradition; es bringt eine Gesellschaft hervor, der noch manche Gebräuche der Vergangenheit anhaften, was jedoch im weitesten Sinn den Glauben und die Wertvorstellungen des Volkes widerspiegelt. Mit der Entwicklung des Marktsystems und der industriellen Revolution entstand ein neues Medium: das Geld. Wie Marx es ausdrückte, wurde das Geld zum Zuhälter des Menschen in bezug auf seine Werte. Das Geld spiegelte die sozialen Bedürfnisse nicht in demselben Maße wider, wie es die alte Kultur getan hatte; man bekam nur das, wofür man bezahlte, und damit begann jene schreckliche Zerstörung der Werte, die wir im zweiten Kapitel besprochen haben. Andererseits zeigte sich das Geld den Werten gegenüber nicht völlig unempfindlich; man könnte vielleicht sagen, daß es etwa die Hälfte davon widerspiegelte; es bezog manche Werte ein, während es andere völlig vernachlässigte. Dabei bewahrheitete sich das Prinzip, daß man alles haben konnte, was man nur wollte, vorausgesetzt, man konnte dafür bezahlen.

Der amerikanische *Corporations-Staat* ist, so wie wir ihn beschrieben haben, ein Gesellschaftssystem, das sich von einer primitiven Kultur ebenso wie vom frühen Marktsystem unterscheidet. Er repräsentiert eine Gesellschaft, die menschlichen Bedürfnissen und Werten völlig gleichgültig gegenübersteht, die vollkommen irrational sein kann und die es zustande bringt, einen Vernichtungskrieg gegen das eigene Volk zu führen. Welchem Medium konnte es gelingen, die menschlichen Bedürfnisse so gänzlich zu verdrehen und zu mißachten und dem Volk dennoch weiszumachen, daß es *seine* Gesellschaftsform sei?

Das Recht ist ein solches Medium. Weit mehr noch als Geld vermag sich das Gesetz zwischen den Menschen und seine Menschlichkeit zu stellen. Warum? Weil es dem Gesetz gelingt, sich von der Persönlichkeit völlig zu emanzipieren. Eine primitive Kultur spiegelt die Persönlichkeit wider, die sich dem Wandel der Zeit und der Tradition angepaßt hat. Geld reflektiert die Persönlichkeit, sofern das Individuum genug davon hat. Das Recht aber läßt sich beliebig formen; es ist imstande, zum Diener von Interessen zu werden, die dem Menschen vollkommen gleichgültig sind. Es eignet sich also ideal für den *Corporations-Staat.* Das Recht besitzt auch noch einen zweiten großen Vorteil: Mit seiner Hilfe werden die Wertmaßstäbe jeder menschlichen Gesellschaft aufgestellt. Wenn das Recht in den Dienst des *Corporations-Staates* tritt, erkennen die Menschen nicht, was man ihnen angetan hat, denn das Recht setzt sich in der Vorstellung des Individuums fest und stellt seine äußeren Wertmaßstäbe, wie immer diese nun beschaffen sein mögen, an die Stelle der persönlichen Maßstäbe der Einzelperson. Man schärft uns ein, es sei unsere moralische und staatsbürgerliche Pflicht, die Maßstäbe des Gesetzes an die Stelle unserer eigenen zu setzen; dem Gesetz zu gehorchen gilt als eine Tugend, als eine Sünde wird es betrachtet, wenn man es zugunsten eigener persönlicher Wünsche mißachtet. Diese Anschauung leistet der Gemeinschaft gute Dienste, aber nur so lange, als sich das Recht dem Menschen anpaßt. Wie aber, wenn das Recht zum Verräter am Volk wird? Dann wird seine Anwendung diabolisch. Der richtige Instinkt des Volkes wird dann dazu mißbraucht, es einem Feind gegenüber wehrlos zu machen; man schärft ihm ein, es sei moralisch richtig, zu kapitulieren. Die Menschen werden dazu verführt, ihre eigenen inneren Werte einem Gesetz zuliebe zu verleugnen, das, ohne daß sie es bemerkten, korrupt, ungerecht und unmenschlich geworden ist und im Dienst eines Feindes des Menschen steht — des *Corporations-Staates.*

Teuflischerweise hat das Recht die Fähigkeit zu lehren, daß Unrecht gut und Wahrheit falsch sei. Das gelingt ihm, weil es in einer Gesellschaft, die so komplex, verwirrt und zersplittert ist und in der die Menschen so wenig voneinander wissen, den einzigen richtungweisenden Wertmaßstab abgibt. Und so sagt heute das Gesetz einem jungen Amerikaner: *Du sollst töten,* und so sind wir ein Volk, das davon überzeugt ist, es sei seine Verpflichtung, ein solches Gesetz zu befolgen. Hinter dem Recht steht die noch fundamentalere Forderung des *Corporations-Staates* nach *Vernunft.* Dieser Staat baut auf dem Prinzip der Vernunft. Aber genauso wie das sogenannte *Recht* verbogen wurde, um den Bedürfnissen des Staates zu genügen, so verbog man auch die Vernunft, so daß sie schließlich zum Ausdruck der Staatsräson herabsank. Die *Vernunft* des *Corporations-Staates* vernachlässigt so viele Werte, mißachtet so viele menschliche Bedürfnisse und verficht so ausschließlich seine eigenen Interessen, daß man zu dem Schluß kommen muß, daß der Staat für seinen eigenen Wahnsinn den Namen Vernunft gewählt hat.

In letzter Konsequenz bedeutet der *Corporations-Staat* die Trennung des Menschen von seinem wahren Ziel und von der Wahrheit. Der Kosmos kann für Menschen nicht die Quelle der Wahrheit darstellen. Ebensowenig vermag es ein Gebilde wie der Staat. Die Menschen müssen die Wahrheit in ihrer eigenen Menschlichkeit finden, im anderen, in ihrer Beziehung zur lebendigen Umwelt. Wenn der *Corporations-Staat* dem Menschen das *öffentliche* Interesse als Ersatz für die innere Wahrheit aufzwingt — für die Wahrheit, die der Mensch selbst erschafft —, so trennt er ihn von der Realität, in der allein er leben kann. Wir bezeichnen einen Menschen als wahnsinnig, wenn er glaubt, er sei Napoleon, oder wenn er jemanden umbringt, weil ihn eine innere Stimme dazu auffordert. Eine Gesellschaft ist dem Wahnsinn verfallen, wenn ihre Handlungen nicht mehr dadurch bestimmt werden, was die Menschen gesünder und glücklicher macht — wenn ihre Macht nicht mehr im Dienste des Lebens steht. Diese Tatsache erklärt den Zorn und die Revolte der Jugend, obwohl der Unwille auch noch andere Gründe hat. Doch seine tiefste Ursache liegt vielleicht in dem Gefühl, daß der Staat den Menschen seiner Werte und seiner Erkenntnis beraubt hat. Der Staat ist der Feind — nicht nur der Unterdrückung, der Ungerechtigkeit und des Krieges wegen, sondern weil er sich zum Feind des Lebens schlechthin gemacht hat.

VI

Das verlorengegangene Ich

Was für eine Art von Leben führt der Mensch unter der Herrschaft des *Corporations-Staates?* Er führt ein Leben, wie es in den Filmen *Metropolis* und *M* vorausgesagt wurde, ein Roboterleben, das den Menschen seiner Persönlichkeit beraubt und seine Existenz zur bloßen Rolle, Beschäftigung oder Funktion reduziert. Das Ich des Menschen wird getötet, er durchlebt den Rest seiner Tage sinnlos und leblos, Gefangener und Werkzeug einer Welt der Maschinen.

Der Prozeß, durch den der Mensch seines Selbst beraubt wird, setzt schon damit ein, daß man ihn in eine öffentliche Anstalt, in die Schule, steckt, damit er für eine Funktion in der Maschinerie des Staates herangebildet werde. Ziel dieser Ausbildung jedoch ist nicht bloß, ihn zu unterweisen, wie er eine spezifische Funktion *wird;* er lernt auch, sich und andere als Funktionen zu sehen und alle Regungen des Persönlichen, wie Denken, Fragen, Fühlen und Lieben, die für Produktion und Konsum im *Corporations-Staat* wertlos sind, zu unterdrücken. Dabei kommt der Ausbildung für die Rolle des Konsumenten die gleiche Bedeutung zu wie der Ausbildung für einen bestimmten Beruf; für den Verlust der Persönlichkeit ist sie zumindest ebenso wichtig. Die Berufsausbildung in der Schule besteht darin, daß man Zielstrebigkeit und die dazugehörige Disziplin erlernt und dazu die Unterdrückung von Instinkten und Interessen, die mit dem Beruf nichts zu tun haben. Zielstrebigkeit heißt hier einfach das Ersetzen persönlicher durch unpersönliche Ziele. Zu den in der Schule gesetzten Zielen gehören das Auswendiglernen und Hersagen bestimmter Instruktionen und Meinungen, die Durchführung schriftlicher Arbeiten und Tests sowie die Anpassung an bestimmte Verhaltensregeln. Je sinnloser die gestellten Ziele sind, desto besser; jenes Kind ist am besten für das Leben vorbereitet, das jedem Ziel mit gleichem Eifer nachgeht.

Die Ausbildung zum Konsumenten wird in der Schule durch Verhinderung der Bildung eines individuellen Bewußtseins, eines individuellen Geschmacks, eigener ästhetischer Maßstäbe, einer bestimmten Selbsterkenntnis und der Fähigkeit, ein erfülltes Leben aus sich selbst heraus zu führen, vorangetrieben. Alleinsein, Absonderung, Beschaulichkeit und Stille, die für die Bildung eines Bewußtseins notwendig sind, werden nicht gestattet. Gruppen setzen die Wertmaßstäbe und hemmen die Bildung von Selbsterkenntnis. Da Unternehmungsgeist und Eigeninitiative die Schlüssel zur Auffindung der eigenen Werte und der eigenen Erfüllung sind, wird dem Kind Passivität beigebracht, damit es von jener Art von Befriedigung abhängig wird, die die Gesellschaft bietet. So lernt das Kind, eine Basketballmannschaft anzufeuern, anstatt sich zwei Stunden lang mit sich selbst zu beschäftigen.

Das Kind lernt also, wie man ein guter Produzent und Konsument wird, und zugleich damit bringt man ihm bei, wie man sich am besten eine Ersatzpersönlichkeit zurechtzimmert, wodurch man beim Staat die größte Zustimmung und Anerkennung findet und womit sich weitaus besser leben läßt als mit der eigenen Persönlichkeit. Das Kind lernt seine Rolle zu spielen, lernt, sich in einer bestimmten Art und Weise zu verhalten, zu kleiden, in einer bestimmten Weise zu sprechen, Freude an Dingen zu haben und dabei gleichzeitig die anderen nach ihrem Erfolg in diesem Rollenspiel zu beurteilen. Das Kind lernt auch, seine Beziehungen zu den anderen auf die vom Staat festgelegten Kriterien zu gründen; die anderen Jungen und Mädchen sind innerhalb einer festgelegten sozialen Stufenleiter einzuordnen. Ferner lernt das Kind, daß das Leben, so wie der Staat es definiert, kein für alle Menschen gleiches Erlebnis ist, sondern daß es die Bedeutung einer individuellen Position auf einer Stufenleiter relativer Positionen hat, so daß der einzelne um seinen Platz im Leben kämpfen muß; das *Leben* besteht in der Erreichung einer Position und nicht darin, kontinuierlich dahinzuleben. Deshalb wird dem Schüler und zukünftigen Studenten beigebracht, wie er in einer Reihe von Organisationen, Vereinen, Mannschaften und Arbeitergruppen untertauchen kann; er wird gezwungen, das Urteil der Erwachsenen anzunehmen und daran zu glauben, daß *von der Gesellschaft akzeptiert zu werden* sein wichtigstes persönliches Ziel sei.

Die Schule ist in hohem Maß daran interessiert, daß der Schüler zu denken aufhört und zu gehorchen beginnt. Jeder Lehrgang, der mit einem Buch und einem Lehrer anfängt und mit einer Prüfung endet, bringt diese Gefahr mit sich, sofern man den Studenten nicht mit großer Mühe klarmacht, daß sie selbständig denken sollen; an den meisten Schulen wird selbständiges Denken geahndet; der Schüler hat nur das zu wiederholen, was ihm gesagt wird. Die Grundschule ist die *Gehorsamkeitsschule;* dem Schüler wird beigebracht, die Autorität fraglos zu akzeptieren, sie nur um ihrer Position willen zu respektieren und ihr nicht nur im Bereich der Schulverordnungen, sondern auch später in Taten und Gedanken zu gehorchen. Es wird ihm deutlich gemacht, daß er eine hierarchische Autorität akzeptieren muß — daß Lehrer, Schulleiter, eben *die Erwachsenen,* das Recht haben, Entscheidungen über ihn zu treffen, ohne ihn zu befragen oder ihm in irgendeiner Weise Rechenschaft zu geben. Alles wird von den anderen, nichts vom Schüler entschieden, angefangen vom Lehrplan (in dem manches sogar durch staatliche Gesetze vorgeschrieben ist) bis zu sämtlichen anderen Tätigkeiten in der Schule; die vermeintliche Freiheit der Schüler ist die Freiheit von Gefangenen. Die in der Theorie so gepriesene Demokratie wird durch die schulische Praxis ad absurdum geführt. Man bereitet den Schüler sorgfältig auf seinen Eintritt in eine Hierarchie vor. Jede Organisation, der er angehört, ist hierarchisch aufgebaut und ähnelt damit der Außenwelt, der er später begegnen wird. Bei der Schülerzeitung wie beim Fotoklub gibt es einen Präsidenten, einen Sekretär und die üblichen unteren Instanzen. Hier befleißigt man sich fast derselben Durchtriebenheit wie in der Direktionsabteilung eines großen Konzerns. Demokratie und Unabhängigkeit zählen in der Schule zu den größten Vergehen.

Äußerlich betrachtet mögen das Studieren von Büchern, das Schreiben von Aufsätzen und Hausaufgaben, die Teilnahme an Arbeitsgruppen und Diskussionen den Anschein erwecken, für Geist und Seele zuträglich zu sein. Bei näherer Betrachtung jedoch zeigt sich, wie wenig dabei wirklich das Denken geschult wird. Diese Kinderarbeit hält das Kind von der Straße fern und richtet es gleichzeitig für die Ausführung vorgeschriebener Arbeiten ab. Eine Geschichtsprüfung zum Beispiel macht das deutlich: Gefragt werden Namen, Daten und Interpretationen, die ohnedies im Lehrbuch oder in anderen Büchern stehen. Die eigentlichen Fragen, die sich dahinter verbergen, lauten: „Hast du deine Schularbeit getan wie aufgetragen?" — „Weißt du auch, was man dir gesagt hat?" — „Hast du deine Aufgabe sorgfältig und genau ausgeführt?" — „Hast du die Selbstdisziplin aufgebracht, diese Aufgabe trotz aller Ablenkungen von außen zu machen?" — „Bringst du es fertig, länger stillzusitzen und dich besser zu konzentrieren als deine Mitschüler?"

Und das Kind, das die Qualifikation *sehr gut* bekommt, ist geeignetes Material für den *Corporations-Staat.*

Eines der wichtigsten Ziele der Schule besteht darin, das Denken der Zöglinge zu prägen. Aufgabe des Unterrichts wäre es, dem Schüler denken zu helfen. Ziel des Einpaukens ist es, das Denken so zu prägen, daß Gedanken und Auslegungen von Fakten widerspruchslos hingenommen werden. Das Einpauken kann in vielerlei Form vor sich gehen, aufdringlich in einem Vortrag über *Demokratie gegen Kommunismus* oder weniger aufdringlich, dabei ebenso parteiisch und voreingenommen, in den Fächern Geschichte und Staatsbürgerkunde. Wie bereits gesagt wurde, braucht diese gewünschte einseitige und voreingenommene Einstellung des Menschen durchaus nicht nur politischer Natur zu sein, sie kann auch rassistische Zielsetzungen haben. Das Schulsystem ist bemüht, den einzelnen mit einer vorgefertigten Garnitur von Werten und Ansichten zu versorgen: über Werbung und Geschäft, über Konkurrenzkampf und Erfolg, über die gesamte Haltung zum Leben. Alles das vollzieht sich in einer Atmosphäre von Unehrlichkeit und Heuchelei. Niemand will zugeben, daß Amerika vielleicht doch nicht das beste aller Länder ist, daß Lehrbücher auch langweilig und dumm sein können, daß vieles von dem, was die Schule tut, den Schülern nicht zum Vorteil gereicht und daß es auch andere Wege zur Erreichung dessen gibt, was notwendig ist.

Die Produktivität des amerikanischen Staates stützt sich auf eine Leistungsgesellschaft *(Meritokratie)*, eine Hierarchie von Berufen und Rollen, in die hineinzupassen jeder einzelne geschult wird. Auf dieses Endziel hin werden seine Ausbildung, seine Fähigkeiten, sein Charakter, seine persönlichen Ansichten und seine Loyalitätsgefühle — kurz die Gesamtheit seines äußeren Auftretens — ausgerichtet. Die meisten Leute, die das Leben in Amerika beschreiben, betonen gern das *freiwillige Element* in diesem Prozeß; der einzelne *wählt* ja den Beruf und die Laufbahn, für die er sich besonders geeignet fühlt. Vom Gesamtprozeß aus betrachtet, gibt es jedoch gar nicht diese *freie Wahl*, der organisierten Gesellschaft in beliebiger Eigenschaft beizutreten, und alle erzieherischen, rechtlichen oder sonstigen Vorkehrungen, die wir in der Folge beschreiben werden, sind von vornherein darauf zugeschnitten, den einzelnen dazu zu bringen, sich in die Hierarchie einzufügen. Keine Maßnahme, einschließlich strafrechtlicher Verfolgung, wird unterlassen, um die unfreiwillig *Willigen* anzutreiben. Die Praktiken der Leistungsgesellschaft zeitigen zwei wichtige Resultate. Erstens liefern sie der Staatsmaschinerie die Arbeitskräfte. Zweitens erzeugen sie in allen Staatsbürgern, mit Ausnahme jener, die an der Spitze stehen, ein *Minderwertigkeitsgefühl.* Die Gesellschaft sieht mißbilligend auf den einzelnen, der einzelne mißbilligend auf sich selbst, weil er *nicht so gut* ist wie ein erfolgreicher anderer. Es ist die immanente Wertordnung der Leistungsgesellschaft, die aus dem Arbeiter, gleichgültig, ob er Weißer oder Schwarzer ist, einen *Nigger* macht, der sich selbst verachtet.

Den richtigen Einblick bekommt man aber erst, wenn man versteht, was in der Leistungsgesellschaft mit *Leistung* gemeint ist. Die Maßstäbe für die *Leistung* werden von jeder einzelnen Organisation und jedem Berufszweig nach deren jeweiligen Bedürfnissen bestimmt. Nur der bestqualifizierte Mann wird Flugzeugpilot, Arzt oder Automechaniker sein dürfen. Schließlich möchten wir nicht in einem Flugzeug fliegen, das von dem minderqualifizierten Mann gesteuert wird. Aber es gibt noch einige andere Aspekte dieses Problems. Der Begriff *Leistung* wird in einem rein funktionellen Sinn verstanden. Gemeint ist die ausschließlich funktionelle Brauchbarkeit, während ethisch-moralische oder menschliche Ansprüche weitgehend dem *Zufall* der Technik überlassen sind. Bei einem bestimmten Stand der Technik kann ein großer Mann von Wert sein, dann wiederum ein kleiner oder ein Mann mit einem schnellen Pulsschlag usw. Diese Dinge liegen jenseits der Kontrolle des einzelnen, der entweder Glück oder Pech hat, je nachdem, wie die Umstände es gerade diktieren.

Die gesamte Struktur des Erziehungswesens wird von der Meritokratie ganz nach deren Erfordernissen geformt. Es geht nicht nur darum, im Verlauf der schulischen Ausbildung jedes Kind für eine Funktion im Staat zu erziehen, sondern in diesem sich über viele Jahre hinziehenden Erziehungsprozeß jeden Menschen von vornherein in einer bestimmten Rangordnung festzulegen. Aus diesem Grunde ist unser Schulwesen mit allen möglichen Meß- und Vergleichsmechanismen ausgerüstet. Tests — wissenschaftliche, psychologische, physische und gesellschaftliche — beherrschen den Lehrplan. Nach Abschluß der Schule entscheidet der Staat, wer auf ein gutes und wer auf ein schlechtes College geht; wer Bürobediensteter wird und wer für Fabrik oder Tankstelle bestimmt ist. Ausgenommen für jene, die in großem Reichtum oder in hoffnungsloser Armut geboren wurden, ist in unserer Gesellschaft die Schulzeit für einen Menschen der bedeutsamste Lebensabschnitt; hier wird beinahe alles in seinem Leben festgelegt: sein Standort innerhalb der Gemeinschaft, die Ehre, die Belohnung, die Achtung, die er empfängt — sein gesamter Wert. Damit werden auch seine Beziehungen, seine Freundschaften, seine Interessengebiete festgelegt — mit Ausnahme eines immer unwichtiger werdenden Privatbereiches, der in den meisten Fällen zu einem Nichts dahinschwindet, sobald der Mensch einmal fünfzig Jahre alt geworden ist. *Leistung* legt auch die Art und Weise fest, in der ein Mensch sich sofort erkennt, wird so zum Schlüssel für seine Identität, seine Selbstachtung und seine Selbsterkenntnis. Der einzelne lernt von sich zu sagen: „Ich bin ein Rechtsanwalt, ein Automechaniker" usw.

Das Gegenteil von *Leistung* ist das Ausüben jener Berufe, die gesellschaftlich nicht anerkannt sind: Arbeiter oder kleiner Angestellter. Das wichtigste Erfordernis dafür besteht nicht in einer besonderen Ausbildung, obwohl diese natürlich auch notwendig ist, sondern vielmehr in einer negativen Form der Schulung — in der Aufgabe jener menschlichen Werte, die sich mit dem Beruf nicht vereinbaren lassen. Ein Mensch mit einem ausgeprägten Sinn für ästhetische Werte, mit Liebe zur Natur, Leidenschaft für Musik, einem starken Verlangen nach Kontemplation und einem ausgeprägten Unabhängigkeitssinn kann in einer Fabrik oder einem Büro unmöglich glücklich und zufrieden sein. Also müssen ihm diese Eigenschaften in der Schule ausgetrieben werden. Das Geschmacksniveau muß gesenkt, die Gedankenwelt auf ein Minimum beschränkt und der Schönheitssinn völlig zerstört werden. Alle diese Vorgänge setzen für jene, die für die niedrigeren Dienstleistungen innerhalb der nationalen Produktion bestimmt sind, in der Schule ein und werden dann im späteren Leben fortgesetzt.

Was die Schule erreichen will, führt sie in einer Atmosphäre beständiger und grenzenloser Gewalttätigkeit durch. Damit ist nicht physische Gewalttätigkeit gemeint, sondern Gewalttätigkeit im Sinne einer Bedrohung oder Verletzung der Persönlichkeit. Schon ein Test ist eine Form von Gewaltanwendung. Die Schwimmhalle mit dem Zehnmeterbrett ist eine Form der Gewaltanwendung für einen, der sich schämt oder fürchtet. Die Vorschrift, daß jeder Schüler einen Ausweis haben muß, wenn er sich auf den Korridoren und Treppen seiner Schule bewegt, ist ebenso eine Gewaltanwendung wie das erzwungene Erscheinen im Klassenraum oder im sogenannten Studierzimmer, wo ohnehin weniger gearbeitet als Unfug getrieben wird. Wir behaupten keineswegs, daß jede Form des Zwanges von Übel und abzuschaffen sei, wir behaupten nur, daß das Ausmaß von Zwang an unseren Schulen erschütternd ist. Es gibt auch subtile Spielarten davon: Demütigungen, Beleidigungen, Behinderungen und vor allem Beurteilungen. Eine unaufgeforderte Beurteilung ist ein Gewaltakt; wenn man auf einer Party einem Mann begegnet und dieser Mann sagt: „Ich erkläre Sie hiermit zu einem *Ungenügendmenschen!*“, wird einem klar, wie gewalttätig dieses System der Zensuren wirklich ist.

Die in der Schule ausgeübte autoritäre Macht ist im wahrsten Sinne des Wortes unrechtlich, weil die Schulbehörden unbegrenzte Verfügungsgewalt besitzen. Sie formulieren die Bestimmungen und verändern sie nach Belieben; sie können entscheiden, ob eine Bestimmung verletzt worden ist oder nicht, und sie verhängen die Strafen; dabei sind sie, wenn nötig, vom Gesetz gedeckt. Es gibt kein Gesetz, auf das sich der Schüler berufen könnte. Wie in jeder allmächtigen Institution kann die Macht in geballter Form gegen den einzelnen angewendet werden; man kann ihn durchfallen lassen oder aus der Sportmannschaft ausschließen, wenn das *tunlich* erscheint. Der Machteinfluß der Schule erstreckt sich sogar bis in die ferne Zukunft. Denn die Schule kann die Ausbildung für einen bestimmten Beruf oder den Besuch einer Hochschule ermöglichen oder verhindern. Ein Schüler, der in der Schule schlechte Zensuren erhalten hat, ist sein ganzes Leben hindurch behindert; er kann auf kein gutes College gehen, und er kann die angestrebte Berufslaufbahn nicht ergreifen. Die Jurisdiktion der Schule erstreckt sich nur über drei bis vier Jahre, ihre Urteilssprüche aber können lebenslänglich sein.

Obwohl die Schulautorität ohne jedes Recht besteht, wird der Schulbesuch mit Unterstützung der Gesetze einschließlich des Strafrechts zum Zwang gemacht. In der Schule gibt es keine vergitterten Fenster und verriegelten Türen wie in einer Anstalt für Geisteskranke, aber der Schüler ist genauso unfrei wie ein Gefangener, der seine Strafanstalt nicht verlassen darf. Die schulischen Erfahrungen beschränken sich somit nicht auf Zwang und autoritären Drill — sie sind ein Sturmangriff auf die gerade keimende Persönlichkeit des Jugendlichen. Die Persönlichkeit des einzelnen braucht für ihre Entwicklung vor allem Stille, Freiheit und ein gewisses Maß an Souveränität; sie will sich selbst an den Dingen erproben, will suchen, entdecken, prüfen und irren. Um seine Erfahrungen verarbeiten und auf ihnen seine Zukunft bauen zu können, braucht der Mensch Abgeschiedenheit. Er braucht keine erzwungenen Beziehungen zu willkürlich zusammengewürfelten Gruppen, Mannschaften und Vereinen, sondern die Möglichkeit, sich in den verschiedensten Arten menschlicher Beziehungen zu versuchen, sie zu erproben, sich zurückzuziehen und sie aufs neue zu suchen. Die Schule ist eine brutale Maschine, die der Vernichtung der Persönlichkeit dient, die den Menschen gängelt, quält und in vielerlei Pflichten und Gruppen zwingt, um ihm nur ja keinen Augenblick Zeit zum Verständnis der eigenen Persönlichkeit zu geben.

Sobald der Mensch von der Leistungsgesellschaft klassifiziert ist, wird er in das private Gefängnis gesteckt, das jedes Individuum in Form seiner Rolle mit sich herumschleppt. Rollen sind nichts Neues; Bauer, Bischof, Ritter, sie alle hatten auch im Mittelalter ihre Rollen; Medizinmänner und Krieger spielten ihre Rollen in primitiven Stämmen. Aber heute haben sich die Rollen verändert, werden sie immer spezialisierter, immer aufdringlicher und beschneiden sie das Individuum in jeder Richtung und in immer größer werdendem Ausmaß. Die eigentliche Entwicklung während der Jahre der Schulzeit besteht darin, daß der einzelne jene Art von Mensch wird, den die Gesellschaft haben will, und nicht jene Persönlichkeit, die man *ist* oder vielleicht werden könnte. Das äußert sich etwa darin, daß ein junger Mensch *Akademiker* zu werden versucht, obwohl seine wahren Interessen in anderen Bereichen liegen oder noch gar nicht entwickelt sind.

Die Ausbildung zur Selbstentfremdung erreicht ihren Höhepunkt, sobald der junge Mensch gezwungen wird, sich vorerst für ein Hauptfach am College und danach für eine Berufslaufbahn zu entscheiden. Diese Entscheidung beruht auf einer Vorstellung vom Menschen als einem Wesen, das in seinem Leben eine einzige *wahre* Berufung hat, für die es *am besten* geeignet ist und für die es entsprechend geschult werden kann. Diese Entscheidung ist notwendigerweise von großen Angstgefühlen und Zweifeln begleitet, namentlich wenn der Mensch spürt, daß seine Natur der von ihm erwarteten Norm nicht hinreichend entspricht. Er mag spüren, daß er ernstlich an Musik, Wassersport und Astronomie interessiert ist, daß aber keiner der gebotenen Berufe diesen Interessensgebieten gerecht wird; also muß er einen Teil seiner Natur aufgeben. Oft befindet sich ein Mensch an diesem Punkt in einer *Identitätskrise,* für die er selbst nichts kann, weil ihm ja durch die gesellschaftliche Forderung aufgezwungen wird, einen bestimmten Teil seines Wesens, den er bereits von sich aus herangebildet hat, aufzugeben. Für einen jungen Menschen ist dies ein trauriger Augenblick, denn man verlangt von ihm nicht nur, einen Teil seines Wesens für etwas Unbekanntes aufzugeben, das vielleicht weit weniger befriedigend ist, sondern auch alle noch unentdeckt in ihm schlummernden Möglichkeiten aufzugeben und damit ein Stück seiner selbst dem Tod zu überantworten, noch ehe es geboren wurde. Entscheidet sich ein Student für die Medizin, begräbt er im Geist die Hoffnung, jemals etwas über Literatur zu lernen und vielleicht dort seine Begabung zu entdecken; er hat keine Gelegenheit, dieser potentiellen Möglichkeit eine Chance zu geben, aber er wird ihr lange nachtrauern.

Als wir über Bewußtsein I sprachen, befaßten wir uns mit den Rollen der Menschen in Zusammenhang mit dem falschen Bewußtsein eines jungen Ehepaares, dessen Tätigkeiten und Geschmacksrichtungen außerhalb ihrer Persönlichkeit geformt wurden, so daß sie auf Grund von Wertvorstellungen Wintersport betreiben oder Antiquitäten sammeln, die sie aus ihren Rollen ableiten. Aber diese Rollen können auch als Einschränkungen des Individuums betrachtet werden, und damit werden wir uns im folgenden beschäftigen. Das Gefängnis der Rolle engt nämlich auf drastische Weise wesentliche Bezirke der menschlichen Natur ein, das Verhältnis zum Nächsten, die persönliche Ausdrucksweise, die Form des Denkens, die Ziele und die Wunschvorstellungen des Menschen werden eingeschränkt, und zwar so vollständig, daß wir uns des Gefängnisses, in dem wir stecken, für gewöhnlich gar nicht bewußt werden.

Die äußerste Form dieses Zwanges ist die Tatsache, daß das eigene Ich, sofern es noch existiert, hilflos mit ansehen muß, wie das Rollen-Ich lebt, agiert und mit anderen Menschen umgeht. Ein junger Rechtsanwalt, der mit Hunderten von Menschen in gesellschaftlichen Kontakt kommt, wird wegen seiner weltgewandten Klugheit und seiner Bildung, wegen der bedeutenden Rechtsfälle, an denen er mitarbeitet, und der bedeutenden Leute, mit denen er zusammenkommt, bewundert, er wird wegen seines raschen, analytischen Verstandes geschätzt. Sein Rollen-Ich nimmt das Lob in Empfang, doch sein eigentliches Ich verdorrt aus Mangel an

Anerkennung und Aufmerksamkeit, aus Mangel an Sympathie und Freundschaft, und während der junge Anwalt all das Lob entgegennimmt, fühlt er sich hohl und einsam.

Wenn schon der Akademiker von seiner Rolle versklavt wird, um wieviel mehr werden es dann Polizeibeamte, Krankenschwestern, Ladenverkäufer, Bürosekretärinnen und Fabrikarbeiter allein durch die Denkweise und die Ziele, die ihnen von ihren Berufen diktiert werden. Die Ereignisse des Berufslebens sind zumeist steril, langweilig, unpersönlich, kein echtes Erlebnis. Vom Mann, der die Flugkarten ausstellt, von der Stewardeß, dem Piloten, dem Gepäckträger, der Telefonistin, dem Mechaniker vom Dienst und dem Mann im Kontrollturm — von ihnen allen erwartet man, daß sie ihre eigenen Empfindungen sowenig wie irgend möglich ins Spiel bringen, daß sie ihren ganzen Arbeitstag den funktionellen Anforderungen ihres Berufs widmen.

Für beide, für den Akademiker und den Nichtakademiker, hören die Vorschriften nicht zugleich mit der Arbeitszeit auf. Die Forderungen ihres Berufs gehen in die Forderungen der Gesellschaft über. Diese etwas weniger strikten Einschränkungen werden auch weniger stark empfunden. Wir haben uns an sie gewöhnt. Oft genug sind uns Einzelheiten der direkten Überwachung, wie etwa die Vorschriften gegen den Gebrauch von Rauschgift, zwar bewußt, aber wir erkennen wie bei den meisten Folgeerscheinungen des *Corporations-Staates* die Zusammenhänge nicht. Wir meinen, der Staat mische sich nur ein, um Auswüchse, wie Mord, Diebstahl und Sucht, zu verhindern. Der Zwang besteht jedoch nicht nur in einer Reihe von Negationen und Verboten, die man zum Wohl der Allgemeinheit über das Privatleben der Individuen verhängt hat, sondern der Staat hat es auch übernommen, die Lebensweise seiner Bürger in bezug auf Sex, Kultur, Bewußtsein, politisches Denken und Handeln innerhalb genau bemessener Schranken festzulegen.

Die vorgeschriebene Lebensweise läßt sich sehr einfach zusammenfassen. Das sexuelle Leben soll in der monogamen Ehe bestehen; außerehelicher Sex, vorehelicher Sex, Sex zwischen zwei Paaren, Gruppensex und Homosexualität werden abgelehnt. Das kulturelle Leben soll alles, was die Maschinerie produziert und vorschreibt, einschließen, aber keinerlei Abweichungen. Lange Haare, Nacktbaden, Marihuanarauchen sind verboten. Das politische Leben soll von der Treue zum *Corporations-Staat* diktiert werden, der durch das offiziell abverlangte Treuegelöbnis *(Loyalty Oath),* die Maßnahmen des Staatssicherheitsdienstes und gewisse Beschränkungen in der freien Meinungsäußerung Nachdruck verliehen werden soll; beispielsweise macht man einem Mann, der öffentlich seine Meinung kundtut und erklärt, daß unsere Regierungsform falsch sei, das Leben sauer. Diese Unterdrückung wird mit dem obenerwähnten Motto, das *öffentliche Interesse* komme vor dem *Einzelinteresse*, begründet. Sie wird von einem ausgeklügelten Überwachungssystem unterstützt.

Die volle Wirkung dieser Einschränkungen kann nur verstanden werden, wenn man sie als ein feinmaschiges Netz betrachtet, dessen einzelne Schlingen, also jede einzelne Einschränkung, die übrigen stärkt. Der einzelne fühlt den Druck der Leistungsgesellschaft, der Bestimmungen, denen er unterworfen ist, der Firma, bei der er beschäftigt ist, der Einberufung zum Militär und der Verordnungen. Was immer er tut, kann von der Obrigkeit beobachtet werden. Bezeichnenderweise macht das Gesetz zwischen dem kriminellen und dem nichtkriminellen Bereich keinen Unterschied. Das Recht macht wenig Unterschied, ob jemand ein Gesetz verletzt hat oder nur einen Verweis verdient; Straf- und Zivilgesetze sind lediglich verschiedene Mittel zur Erreichung desselben Ziels. Dazu kommt, daß die einzelnen Dienststellen zur wirksameren Anwendung des Druckes zusammenarbeiten; so erleben wir von Zeit zu Zeit, daß ein politisch Andersdenkender, dem man durch Gesetze nicht beikommen kann, in der Presse öffentlich beschmutzt wird, indem man etwas über ihn *durchsickern* läßt. Die willkürlich ausgeübte Macht gibt dem einzelnen jenes bedrückende Gefühl, das die Menschen in totalitären Staaten haben und das in Kafkas *Prozeß* zum Ausdruck kommt; auch wenn man alle Gesetze befolgt und einhält, läßt einen die Obrigkeit nicht aus den Augen.

Besonders deutlich wird dieses Überwachungssystem in der Art und Weise, in der der *Charakter* eines Menschen gedeutet wird, der sich für die Universität, für einen Posten oder eine Beförderung bewirbt. *Charakter* bedeutet die Persönlichkeit eines Menschen, seine Gewohnheiten, Freunde, Tätigkeiten, politischen Ansichten und seine Polizeiakte. Diese Einzelheiten werden heute von den meisten Organisationen zusammengetragen und als geeignete Grundlage betrachtet, nach der man die *Leistung* eines Menschen bemessen kann; in vielen Fällen schenkt man ihnen die gleiche Bedeutung wie seiner *Fähigkeit*. In unserer Gesellschaft nimmt die Beobachtung des Charakters des einzelnen einen beherrschenden Platz ein, und Tausende von Menschen sind mit solchen Charakterdeutungen vollberuflich beschäftigt. Dort, wo es um Regierungsstellen geht, wird das Hauptaugenmerk auf die politische Zuverlässigkeit des Individuums gelenkt. Die meisten Behörden, die über die Befähigung für bestimmte Berufe entscheiden, wie die Berufsorganisationen der Rechtsanwälte, der Ärzte, der Taxilenker, der Berufsboxer, der Eigentümer von Fernsehstationen, der Häuser- und Grundstücksmakler, der Spirituosenhändler und der Fremdenführer, sehen im Charakter des Bewerbers einen ganz wesentlichen Faktor.

Was verstehen nun diese offiziellen Ermittlungsbeamten unter einem *guten* Charakter? Erstens, daß die betreffende Person niemals gegen die Bestimmungen des Gesetzes oder die Regeln einer privaten Organisation verstoßen hat oder dessen beschuldigt worden ist. Zweitens, daß sich die betreffende Person gegen den *Corporations-Staat*, gegen die besonderen Zielsetzungen von Organisationen, gegen eine ordnungsgemäß eingesetzte Autorität öffentlicher oder privater Natur oder gegen die allgemeinen Konventionen nie aufrührerisch verhalten hat. Drittens, daß der Betreffende ein *Team*-Mensch ist, der mit der Gruppe konform geht, der nicht in ungebührlicher Selbständigkeit denkt und in einer Weise handelt, die von den anderen gutgeheißen wird. Viertens, daß er emotionell zuverlässig und daß er angenehm ist. Fünftens, daß er in den verschiedenen Abschnitten seines Lebens und in den verschiedenen Instituten, die er durchlaufen hat, stets seinen Vorgesetzten gehorchte.

Um den *Charakter* eines Menschen zu ermitteln, ziehen die Organisationen die Polizei und alle erreichbaren offiziellen Akten heran, legen sie dem Bewerber Fragebogen vor, holen sie von Schulbehörden, von früheren Arbeitgebern, von Freund und Feind Beschreibungen ein. Die Herkunft der Information wird dem Bewerber verheimlicht, womit ihm jede Gelegenheit genommen wird, sie jemals zu widerlegen. Man gibt sich auch keine besondere Mühe, Wahrheit und Verläßlichkeit der schriftlichen Zeugnisse zu überprüfen. Manchmal füllt ein Lehrer an einer Schule jährlich Dutzende von Fragebögen aus, ohne daß jemand da wäre, der seine Angaben kontrollierte. Wer derartige persönliche Informationen geben soll, wird dabei jedoch nicht um objektive Tatsachen gefragt, sondern dazu aufgefordert, zu Fragen wie *Zusammenarbeit mit anderen, ethische Wertmaßstäbe, Kleidung, Ausdrucksweise und Betragen, Fähigkeit, auf Kritik positiv zu reagieren, emotionelle Festigkeit* usw. Stellung zu nehmen. Obwohl nur ganz wenige Lehrer, Schulbehörden oder ehemalige Arbeitgeber die einzelnen Schüler oder Angestellten besonders gut kennen, werden sie aufgefordert, die Fragen auf Grund jedweder Meinung oder Information, die sie erlangen können, zu beantworten.

Die Meinungen und Informationen über den Charakter eines Menschen werden zu seiner Akte gelegt und stehen jahrelang zur Verfügung, so daß der darin festgehaltene Charakter ein Eigenleben annimmt, das sich immer mehr von der realen Person zu unterscheiden beginnt — vorausgesetzt, daß er mit ihr überhaupt jemals eine Ähnlichkeit hatte. Bei den meisten Firmen und Großunternehmen ist es die Regel, sich im Zweifelsfall auf kein Risiko einzulassen. Somit bescheinigt denn eine Akte, in der auch nur die Andeutung einer Unzuverlässigkeit herauszulesen ist, die permanente Unfähigkeit des Betreffenden. Die Folgen dieser besonderen Betonung, die auf den Charakter gelegt wird, sind für den einzelnen tiefgreifend. Seit seiner Kindheit hört er, daß er vorsichtig und schlau sein muß, daß er der Autorität gefallen muß, daß er allen Experimenten und Schwierigkeiten am besten aus dem Wege gehen und sich bemühen muß, seine eigene Persönlichkeit in die starre Schablone des *guten Charakters* einzufügen, die der Staat vorschreibt. Noch nicht genug damit, daß der Staat über das Berufsleben des einzelnen verfügt, ist er auch weitgehend in das Privatleben und in die Persönlichkeit seiner Bürger eingedrungen.

Die Persönlichkeit, die aus dieser Prozedur hervorgeht, ist, so sagt die junge Generation, *uptight,* das heißt steif, verkrampft, ängstlich, engstirnig. Die Bedeutung, die dem Wort heute von der Jugend gegeben wird, enthält jedoch eine noch weiter reichende Kritik am Wesen der Amerikaner. Zum Teil kann man den Begriff als das Maß an *Gesellschaftlichem,* das ein Mensch mit sich herumträgt, definieren. Ein Mensch, der *uptight* ist, verfolgt festgefahrene Ziele, beschäftigt sich mit dem Konkurrenzkampf und mit dem Problem, die Vergangenheit und die Zukunft zu meistern. Er besitzt eine Schutzschicht, damit er die Unpersönlichkeit, die Verlogenheit, die Einsamkeit, das Gehetze und die negativen Schwingungen ertragen kann. Er ist ausschließlich mit den nichtsinnlichen Aspekten der menschlichen Existenz beschäftigt, so daß er die Fähigkeit, sinnliche Schwingungen aufzunehmen oder auszustrahlen, kaum mehr besitzt. Er kommt mit den Enttäuschungen, Schwierigkeiten, Traumata und Anforderungen des *Corporations-*

Staates zu Rande, und deshalb ist er so verkrampft, so steif und so ärgerlich, deshalb ist er in seinem Menschsein reduziert. Wer seinen Beruf auf einem Flugplatz oder in einem Riesenhotel zufriedenstellend ausübt, der ist *uptight*, weil er es sein *muß*.

Ein Ort, an dem man diese Spannung heute am unmittelbarsten zu spüren bekommt, ist die *nette, saubere* Vorortesiedlung, vornehmlich der höheren Mittelklasse, wie man sie in Amerika an der Peripherie jeder Stadt findet. Hier *riecht* man förmlich die Managerwelt auf Schritt und Tritt. Mit Argwohn wird man beobachtet, vorbeifahrende Polizeiwagen verlangsamen das Tempo, um einen aus der Nähe in Augenschein zu nehmen. Fünf Minuten später sind sie schon wieder da und prüfen einen noch genauer. Hausfrauen stehen an den Fenstern und blicken einem nach, als würden sie einen Schmutzfleck an einem blitzblank polierten Haus entdecken. Ladenbesitzer und andere *ehrbare Bürger* verfolgen einen mit ihren Blicken. Ist dies nun das Kleinstadtamerika und sein typischer mißtrauischer Provinzialismus? Nein, wir befinden uns in Städten, deren Einwohner Intellektuelle sind; die Männer arbeiten in der nahen Großstadt, die Frauen absolvierten ein College. Oder leidet der Spaziergänger an Verfolgungswahn? Diese Geisteskrankheit macht sich allerdings weder in einer echten Großstadt noch auf dem Lande, weder in einem echten Villenvorort noch in einer Arbeitervorstadt bemerkbar. Nein, hier begegnen wir der modernen und fortschrittlichen Geschäftswelt, die nichts dulden kann, was fremd, unbekannt und andersartig ist! Hier fühlt man auch die unausgesprochene Forderung am stärksten, die jedes Individuum im nationalen Interesse zu lenken und zu kontrollieren versucht.

Der bis zu dieser Stelle gegebenen Beschreibung muß noch hinzugefügt werden, wie sehr das Verhältnis des einzelnen zur staatlichen Gemeinschaft geschwächt wird. Zunächst einmal muß der einzelne feststellen, daß es keine sinnvolle Arbeit mehr für ihn gibt, daß sein Beruf immer frustrierender, beklemmender, zweckloser und künstlicher wird. Dann muß er feststellen, daß er nicht fähig ist, irgend etwas zu unternehmen, das sich auf die Gesellschaft, auf die sozialen Übelstände, die mit jedem Tage deutlicher werden, sinnvoll auswirken könnte. Der einzelne wird also nicht nur seiner *privaten* Erfahrungen, sondern auch seiner Rolle in der Gesellschaft beraubt.

In den Jahren nach dem Zweiten Weltkrieg wurden die Mißstände in Amerika deutlich sichtbar und spiegelten sich vor allem in der zeitgenössischen Kunst wider. Die amerikanische Malerei gab die Trostlosigkeit des großstädtischen Lebens wieder, und noch lebendiger stellten die Filme die Entfremdung, die Gewalttätigkeit und die Platzangst des Menschen dar. Filme wie *Ein Platz an der Sonne* und Sam Fullers *Polizei greift ein* machten deutlich, daß die Entmenschlichung des Lebens und der Umwelt von vielen Menschen erkannt und empfunden wurde. Es wurde als erniedrigend empfunden, daß niemand fähig war, zu handeln. In *Casablanca,* einem Spielfilm, der gerade gedreht wurde, als Amerika in den Zweiten Weltkrieg eintrat, spielte Humphrey Bogart einen Mann, dem es gelang, seinem Schicksal eine Wendung zu geben, indem er eine Tat setzte. Vielleicht war *Casablanca* das letzte Aufflackern des Glaubens der Amerikaner an die Tat.

Das Individuum konnte zwar wahrnehmen, daß vieles nicht in Ordnung war, stand aber persönlich abseits. Es war nicht imstande, sich leidenschaftlich für oder gegen etwas einzusetzen, moralisch zu sein. Persönlich mochte es seine eigenen Auffassungen und Gefühle haben, in der Öffentlichkeit aber und vor allem in seinem Beruf ging es mit dem System konform. Traurigerweise fühlten sich viele von denen, die damals nach außen hin keinen Standpunkt vertraten, zweifellos innerlich zutiefst beunruhigt, aber es gab eben keine Verbindung zwischen Gleichgesinnten, keine Solidarität, die eine wirksame gemeinsame Aktion möglich gemacht hätte. Wer öffentlich einen klaren Standpunkt bezog, wurde mundtot gemacht, ohne daß ihm die Genugtuung geblieben wäre, etwas Gutes getan zu haben. Das Übel erkennen, hieß ganz allein stehen.

Der Staat schuf für das Individuum der fünfziger und sechziger Jahre, das seines politischen Daseins beraubt war und dem eine Betätigung, auf die es hätte stolz sein können, verwehrt wurde, ein Ersatzimage heldischen Lebens: den Cowboy, den Gangster, den Detektiv, die männliche, romantisch verklärte Heldengestalt. Nur selten wurde allerdings zu zeigen versucht, daß der einzelne auf seinen Beitrag für die Gesellschaft stolz sein konnte. Als Zuschauer von seinem Galerieplatz aus mußte der Amerikaner den Niedergang seines Staates mit ansehen — als ein an den großen Geschehnissen seiner Zeit Unbeteiligter.

Das Produkt des geschilderten Systems ist der *neue Mensch* des technischen Zeitalters, der fähig ist, Maschinen zu bedienen und in großen Organisationen zu arbeiten. Dieser Mensch läßt es geschehen, daß er von Technik, Propaganda, Reklame und vom Staat beherrscht wird, damit er so perfekt wie möglich in seine

Rolle paßt. Er ist ein künstlich stromlinienförmiger Mensch, dem man alles Irrationale, Unvorhersehbare und Vielschichtige soweit wie möglich genommen hat. Er möchte sich vom Verstand allein leiten lassen; das Ergebnis ist kein Mensch, sondern ein niedergebügeltes Halbwesen.

In dem Roman *End of the Road* von John Barth begegnen wir einem jungen Ehepaar, zwei Menschen, die versuchen, einander mit Worten vollkommen zu *verstehen,* wobei sie alles Geheimnisvolle und Widersprüchliche ausschalten. Sie wollen einander ohne jede Behinderung durch willkürliche und irrationale Vorstellungen ganz durchschauen. Was dabei herauskommt, ist eine oberflächliche und verwässerte Sicht des anderen. Sie verbannen aus ihrem Leben alles Ungewöhnliche, sie enthüllen jede verborgene Einzelheit, dringen in jeden Winkel ihrer Persönlichkeit ein — und sind schließlich seichte Menschen. So wie eine betont funktionell angelegte Architektur leugnen sie das künstlerische Bedürfnis des Menschen, seine Umwelt mit Bildern zu umgeben, die aus dem Unbewußten aufsteigen. In ihrem Eifer, die Vergangenheit und die Zukunft genau zu erkennen, machen sie die Fülle des gegenwärtigen Erlebens zunichte. Anpassung an die Maschine schließt nicht nur die Vielfalt des Lebens aus, sondern verhindert auch das Wachstum der Persönlichkeit. Zwar darf das Individuum auf die zunehmende Spezialisierung hin wachsen, doch jedes andere Wachstum wird entschieden abgelehnt. Jemand, der weiterwächst, nachdem er seinen Beruf gefunden hat, könnte ja später im Leben die Stellung, die Frau wechseln wollen, er könnte ein anderes Verhalten seiner Mitmenschen ihm gegenüber fordern, er könnte seinen Platz in der Hierarchie und die Richtigkeit seiner gegenwärtigen Ziele anzweifeln. Auch wenn er Akademiker ist, darf er nicht weiterwachsen, sondern muß noch engstirniger werden. Sein angeborenes Ich wird von seiner verfremdeten Existenz überdeckt.

Stellen wir uns ein gesellschaftliches Ereignis im Kreise von Akademikern vor, eine Abendgesellschaft, eine Cocktailparty oder ein gemeinsames Mittagessen unter Freunden. Jede Einzelheit vollzieht sich innerhalb unglaublich eng gesteckter Grenzen. Alles kristallisiert sich um die Konversation. Niemand äußert sinnliches Interesse am Essen, am Genuß der Getränke, am Wetter oder an den nicht in Worte zu fassenden Facetten der Persönlichkeit; diese Menschen denken nicht daran, gemeinsam einem Musikstück zu lauschen, sich auf den Rasen zu legen, um den Himmel zu betrachten oder nur still zu sitzen und die Schwingungen der anderen zu verspüren. Sie sprechen auch nicht über Philosophie oder persönliche Erlebnisse. Sie bemühen sich nicht um echte Beziehungen, sondern ihre Konversation bewegt sich auf rein gesellschaftlicher Ebene, ist voll von Selbstzurschaustellung und unverbindlichen Scherzen. Damit legt sich niemand fest, wird niemand verletzt. Vor allem aber fehlt es an Brüderlichkeit und an Liebe. Warum? Es wurden doch keine Gesetze gegen diese Gefühle erlassen. Besonders Akademiker stecken jedoch so tief in ihren Rollen, daß sie sich eine andere Lebensform einfach nicht vorstellen können. Sie mögen kultiviert und frei wirken, aber sie sind stereotyp und eingeengt; es hieße Unmögliches verlangen, wollte man sie dahin bringen, sich auf den Fußboden zu legen und Musik zu hören; selbst wenn sie es wollten, könnten sie es nicht ungezwungen tun.

Diese Einengung beschränkt sich jedoch nicht auf die persönlichen Beziehungen und die eigene Ausdrucksform; verfolgt man ihre Unterhaltung, muß man erkennen, daß die Art des Denkens und die Zielsetzungen der Akademiker so begrenzt sind, als würden alle ihre Gedanken kontrolliert. Sie sind Opfer einer ganz bestimmten Schablone des *Vernunftdenkens,* sie begrenzen ihr Weltbild auf ihr eigenes Spezialgebiet und zeigen sich neuen Ideen gänzlich unzugänglich, denken in den einmal gewählten Geleisen bis an ihr Lebensende weiter und gestatten ihrem Geist nicht, neue intellektuelle Bereiche aufzuspüren. Ganz ähnlich verhält es sich mit ihren Zielsetzungen, die auf Beurteilungen, Ehren und Titel ausgerichtet sind, deren Gültigkeit nie in Frage gestellt wird. Die Schicht, die innerhalb der amerikanischen Gesellschaft noch immer als die freieste gilt, scheint heute in einen Käfig gesperrt zu sein und nicht einmal den Wunsch nach wirklicher Freiheit mehr zu verspüren.

Das Ergebnis dieser persönlichen und staatlichen Verarmung ist ein ausgehöhlter Mensch. Betrachten wir noch einmal die Akademiker, also die Mittelschicht, auf ihrer Party. Ihre beruflichen Zielsetzungen — Stellung, Beförderung, Anerkennung durch Institutionen und ein einwandfreies äußeres Image — sind im Sinne einer persönlichen Befriedigung hohl und sinnlos. Sie müssen in einer furchtbaren Anspannung arbeiten; das hindert sie daran, echten Sinn in ihrer Tätigkeit zu finden, und sie handeln sich damit außerdem Magengeschwüre, Herzanfälle und eine psychiatrische Behandlung ein. Sie sind im Sinne von Marx ihrer vorbestimmten Persönlichkeit, ihrer Arbeit und ihren menschlichen Bedürfnissen entfremdet. Einige von ihnen gehen sogar zum Gesichtschirurgen und lassen sich ein neues Gesicht aus Plastik anfertigen, doch die meisten von ihnen haben ein Kunststoffinneres. Viele besitzen mehrere voneinander getrennte Persönlichkeiten, spielen verschiedene Rollen, die nicht integriert sind und es daher unmöglich machen, der Persönlichkeit als Ganzheit zu begegnen. Sie haben Dinge angehäuft und sich selbst der Passivität preisgegeben, es ist, als hätte die Kraft zum schöpferischen Wachsen und Sichwandeln sie verlassen und ist stattdessen an die Dinge übergegangen; die Dinge ändern und bewegen sich, während das Individuum bewegungslos, verdummt und leer verharrt. Denn jemand, der weder seinen eigenen wahren Bedürfnissen nachgehen darf noch die Möglichkeit besitzt, seiner notleidenden Gesellschaft in irgendeiner Form Hilfe zu bringen, der lebt ohne echte Existenz. Die Existentialisten sind der Meinung, daß der Mensch existiert, wenn er handelt; Orest, der Held des Stückes *Die Fliegen* von Sartre, existiert nicht, solange er nicht die Verantwortung für sein Land und für sich selbst übernimmt. Genauso verhält es sich auch mit der Gruppe von Akademikern, die wir hier geschildert haben, die keine wirklichen Menschen sind, sondern ihrem Ich Entfremdete. „Darf ich Sie mit Dr. Smiths entfremdetem Ich bekanntmachen ...", sagt der Gastgeber zu dem entfremdeten Ich eines anderen Gastes. Niemand nimmt Anstoß daran, solange keine echten Individuen geladen sind.

Doch die eigentliche Tragödie der verlorengegangenen Persönlichkeit spielt sich in Amerika nicht bei den Akademikern der Mittelklasse ab, sondern bei den Arbeitern und den kleinen Angestellten, denen nie eine Chance geboten worden ist. Die moderne Leistungsgesellschaft hat ihnen nur einen unteren Platz auf der Stufenleiter zugewiesen und hat sie davon überzeugt, daß sie als Menschen ziemlich wertlos sind. Der Staat fordert ihre ganze Arbeitskraft, zehrt ihr Leben, ihre schöpferischen Kräfte, ihre Vitalität auf und macht ihnen eine Selbsterneuerung unmöglich. Der Konkurrenzkampf hat sie ihren Mitmenschen gegenüber ängstlich und argwöhnisch gemacht; sie sehen im anderen nicht den Bruder, sondern den drohenden Rivalen. Hinter ihren Masken leiden sie unsäglich an ihrer Einsamkeit. Ihr Leben ist eine Aneinanderreihung enttäuschter Hoffnungen, die sich in Bitterkeit und Neid verwandelt haben, die immer, auch in nebensächlichen Gesprächen, zum Ausdruck kommen. Wenn sie je auf einem bestimmten Gebiet Talent und Größe besessen haben, wurden diese der Gesellschaft übertragen; sie sind Menschen wie Joan Baez und Bob Dylan, aber sie haben so lange in einer Bank oder bei einer Tankstelle gearbeitet, bis ihr Geist und ihr Körper die Poesie verloren, die ihnen einst eigen gewesen war. Sie werden von einer äußeren Autorität gelenkt, nicht bloß von jener des Staates oder des Arbeitgebers, sondern auch von einer namenlosen Autorität, die befiehlt, *das muß auf diese Weise getan werden.* Arbeit und Dasein interessieren sie nicht mehr, ihr Leben liegt einförmig vor ihnen, bis sie sich ins Rentnerdasein zurückziehen, das eine andere Form des Todes ist. Aber der Tod wohnt bereits in ihnen, in ihrer verdrießlichen Langeweile, in ihrer monotonen Routinearbeit, in ihren für neue Ideen und Empfindungen verschlossenen Seelen und in ihren Körpern, die vor dem Fernsehapparat hocken und jeden Sonntag dem Fußballmatch zusehen.

Wenn jemand an diesen Worten zweifelt, dann soll er einmal die Gesichter der Amerikaner ansehen. Man braucht sich nur auf einen Bahnsteig zu stellen und all die stumpfen, ausdruckslosen, verbitterten Gesichter zu betrachten. Man braucht nur in die Kantine eines Regierungsgebäudes zu gehen und die Steifheit, die Gedankenlosigkeit, die scheue Unterwürfigkeit oder die bürokratische Sturheit der Gesichter zu betrachten; Karrierefrauen, die all ihre Schönheit verloren haben, und Männer in ihrer verdorrten Männlichkeit. Wir in Amerika schauen nicht viel in Gesichter, noch weniger als in vergiftete Flüsse und kahlgeschlagene Landschaften.

Was haben wir alles verloren? Welche Seiten der menschlichen Erfahrung fehlen uns gänzlich oder sind nur noch als eine schwache Imitation ihrer selbst vorhanden? Ich nehme meine Liste auf dem gelben Schreibblock zur Hand, die ich an einem schönen Sommermorgen rasch niedergeschrieben habe.

Abenteuer, Reisen: Der Yukon, die Hebriden, ein Habicht in den Lüften, Nebel, die untergegangenen Städte auf Kreta, Bergsteigen über Fels und Eis bei Kälte und Wind.

Sex: Erlebnisse mit vielen verschiedenen Menschen, zu verschiedenen Zeiten, unter verschiedenen Umständen und an verschiedenen Orten, in Augenblicken des Glücks, der Trauer, der Not und in warmer Vertrautheit, in der Jugend und im Alter.

Natur: Das Erlebnis, mit der Natur zu harmonisieren, mit ihr zu leben, auf dem Land, am Meer; in der Nähe eines Sees, auf einer Wiese; im Einklang mit den Elementen.

Körperliche Betätigung: Holz hacken, ein Boot tragen, laufen, wandern, klettern, heiß und kalt fühlen, schwimmen, ein Haus bauen, ein Boot rudern.
Kleidung: Kleidung als Ausdruck verschiedener Stimmungen und als Ausdruck des Körpers, seiner Kraft und seiner Form, seiner Sinnlichkeit, seiner Übereinstimmung mit der Natur, Kleidung zum Spaß, für die Arbeit, als Ausdruck der Würde.
Moral: Einen moralischen Standpunkt demgegenüber einnehmen, was einen selbst, was andere Menschen, was die Allgemeinheit betrifft; zu diesem Standpunkt stehen und ihm Ausdruck verleihen.
Tapferkeit
Verehrung
Magie und Mysterium
Ehrfurcht, Scheu, Staunen
Furcht, Entsetzen, Todesbewußtsein
Spontaneität
Romantik
Tanz
Spiel
Zeremonie und Ritual
Dienst an den anderen
Schöpferische Kraft: Bei primitiveren Kulturen gehören schöpferische Fähigkeiten und Kunst zum täglichen Leben, jeder hat Gelegenheit, seiner schöpferischen Begabung nachzugehen.
Phantasie
Bewußtseinserweiternde Drogen
Musik als Bestandteil des täglichen Lebens
Multimediaerlebnisse: Musik, Licht, Geruch, Tanz — gleichzeitig.
Zeitveränderungen: Die ganze Nacht über aufbleiben, beim Morgengrauen aufstehen, den ganzen Tag über schlafen, drei Tage durcharbeiten, die Zeit als Maß gänzlich ignorieren.
Jahreszeiten: Die Wechsel der Jahreszeiten auskosten, indem man für eine Weile alles stehen- und liegenläßt und dorthin geht, wo die Veränderung am deutlichsten sichtbar ist.
Wachsen, Lernen, Wandeln: Beständig Neues dazulernen, Wesens- und Gefühlsveränderungen erfahren, fortgesetzt an Erfahrung und Bewußtsein gewinnen.
Harmonie: Genügend Zeit zur Kontemplation haben, um verschiedenartige Erlebnisse und Änderungen in eine beziehungsvolle Einheit mit dem eigenen Wesen und früheren Erfahrungen zu bringen.

Innenleben: Introspektion, Reflektion
Eingehen auf die eigenen Bedürfnisse: Im Bett bleiben, wenn es einem paßt, eine Schale Milch an einem heißen Nachmittag trinken; mitten in der Arbeit aufhören und ein Gewitter beobachten.
Die eigenen Vorzüge: Genügend Unabhängigkeitsgefühl besitzen, um sich über die Maßstäbe der anderen hinwegzusetzen, und die eigenen Vorzüge entdecken.
Ganzheit: Für einen anderen Menschen ganz da sein, sich einem Erlebnis ganz hingeben, anstatt sich teilweise zurückzuhalten, wie das den meisten Rollen entspricht.
Sinnlichkeit: Sich der sinnlichen Reize eines Augenblicks voll bewußt sein; Geruch, Temperatur, Geräusche, Tempo des eigenen Körpers.
Neue Gefühle: Gefühle und Emotionen erfahren, die anders sind als alle früher gekannten.
Erweitertes Bewußtsein: Bewußtseinzustände, die einem früher unbekannt waren, erleben; neue Werte aufspüren und Unbekanntes verstehen lernen.
Neue Umgebung: Eine vollkommen unbekannte Umwelt lange genug kennenzulernen, um sich in ihre Bedingungen ganz einzufügen — sechs Monate in den Tropen.
Eine Umwelt schaffen: Unter Verwendung aller natürlichen menschlichen und sozialen Elemente eine einmalige Form der Umwelt als seine eigene Schöpfung bilden.
Konflikt, Durcheinander
Leid, Schmerz
Persönliche Herausforderung
Transzendenz
Fabeln ersinnen und erzählen
Literatur, Kunst, Theater, Filme
Barfüßigkeit
Ästhetischer Genuß beim Essen
Neue Form des Denkens
Nichtrationales Denken
Neue Ideen
Die Fähigkeit, anderen zuzuhören
Menschen: Sie ohne Worte verstehen
Menschen: In jedem das Einmalige sehen
Menschen: Das Schöpferische in menschlichen Beziehungen sehen
Menschen: Erfahrungen austauschen
Menschen: Empfindungen austauschen

Menschen: Ihnen zugänglich sein
Menschen: Freundschaft
Zuneigung
Gemeinschaft
Solidarität
Brüderlichkeit
Befreiung

In dem ungewöhnlichen Roman *One Flew Over the Cuckoo's Nest* von Ken Kesey befindet sich der rebellische Held in einer Klinik für Geistesgestörte, obwohl er vollkommen gesund ist, und steht unter der besonderen Aufsicht der Oberpflegerin *Big Nurse.* Sie ist fest entschlossen, McMurphy, den Helden, davon zu *heilen,* die Anstaltsordnung abzulehnen und den anderen Patienten klarzumachen, wie sie ihre Unabhängigkeit und den Sinn ihres Lebens wiederfinden könnten. Langsam zieht sich das bedrückende und erstickende Netz um McMurphy enger. Sein Widerstand wird als Beweis seiner Geisteskrankheit ausgelegt, und *zu seinem eigenen Wohl* unterzieht man ihn einer gefährlichen Schocktherapie. Als er dem Wahnsinn der Klinik weiterhin Widerstand zu leisten versucht, wird er einer Gehirnoperation unterzogen, die ihn zu einer hilflos dahinvegetierenden Kreatur macht. Ken Keseys Buch schildert das Schicksal des arbeitenden Menschen in Amerika, der durch jenes System, das wir beschrieben haben, seines Menschseins beraubt, dem die eigene Urteilskraft genommen wird. Kein Wunder, daß dieses in der Mitte der sechziger Jahre geschriebene Buch die heutige Jugend so nachhaltig beeindruckt. Schule, Büro und Fabrik bereiten unserer Jugend eine trostlose Zukunft. Am traurigsten ist es nämlich um das Schicksal der Teenager bestellt. Denn mit sechzehn und siebzehn Jahren, ganz gleich, wie beklemmend der Druck des *Corporations-Staates* auf ihnen lastet, liegt das Leben noch innerhalb ihrer Reichweite. Für einige wenige Jahre pulsiert noch Musik in ihnen, sind sie am Strand, am Meer und in den Bergen zu Hause, tragen sie Kleider, die ihre Körper zum Ausdruck bringen, laufen sie Sturm gegen die Autorität, suchen sie neue Erlebnisse, lachen sie, spielen sie, fühlen sie und hängen sie aneinander. Bald jedoch wird man ihre Sinne stumpf machen, ihnen die Kraft rauben, ihren Verstand sezieren, und ihre junggebliebenen, von ihrer Persönlichkeit abgeschnittenen Körper werden durch die endlosen, fensterlosen Korridore des *Corporations-Staates* wandern.

VII

„Es ist fast, als würde man leben“

Wenn der Mensch sein Bewußtsein von Maschinen und vom Maschinenstaat beherrschen läßt, setzt er nicht nur sein innerstes Wesen aufs Spiel, sondern auch die Welt, in der er lebt und auf die er angewiesen ist. Er läßt sich in eine Welt zwängen, die im wahrsten Sinn lebensfeindlich ist.

Langsam erkennen wir, was mit unserer Umwelt geschieht. Immer mehr Stimmen werden laut gegen die Zerstörung der Natur. Aber noch erkennen wir nicht, welch unerbittliche Logik dieser Zerstörung zugrunde liegt. Der *Corporations-Staat* amerikanischer Prägung gewinnt seine Lebenskraft nämlich aus einem Vorgang, der die Natur verarmt. Er entfaltet sich durch die Durchführung des Prinzips *Verarmung durch Ersatz*, wie wir dieses Vorgehen von nun an nennen werden. Dabei geht es nicht um falsche Prioritäten, mangelndes Bewußtsein oder Habgier. Der *Fortschritt* des Staates entwickelt sich aus der Vernichtung vorhandener Werte.

Die Umweltkrise wird meist auf Vernachlässigung oder übermäßige Ausbeutung zurückgeführt. Am häufigsten ist die Ansicht, daß uns die Dinge entglitten und die Probleme als Folge des Vietnamkriegs und der eigenen Trägheit über den Kopf gewachsen sind. Andere meinen, daß wir moralisch versagt und es in blindem Erwerbs- und Expansionsstreben versäumt haben, unser Augenmerk auf höhere Werte zu richten; wir haben unsere moralische Verantwortung für die Anwendung der neuen technischen Hilfsmittel einfach nicht erkannt. Eine dritte Gruppe meint, unsere Schwierigkeiten erwachsen aus dem Grundsatz des *laissez innover*, der die Einführung jeder Art von Technik ohne Kontrollmechanismen, Prioritäten oder Wertvorstellungen gestattet. Eine vierte Gruppe von Kritikern hebt den allgemeinen Mangel an Planung hervor, das Versäumnis, sich im voraus über die Ziele zu einigen und dann dafür zu sorgen, daß sie auch erreicht werden. Die fünfte und vielleicht pessimistischste Ansicht läuft darauf hinaus, daß unser Erfolgsstreben an sich sinnlos ist, daß Überfluß und Fortschritt Langeweile und Übersättigung mit sich bringen; daß unsere Kinder daran leiden, daß sie zuviel haben.

Alle diese Kritiker sehen die Ursache der Probleme in menschlichen Schwächen; dabei übersehen sie die unkontrollierten Kräfte, von denen der *Corporations-Staat* beherrscht wird. Welche Gesetzlichkeit regiert diese Kräfte? Wie wirken sich diese Kräfte auf die Umwelt des Menschen aus, wenn ihnen nicht Einhalt geboten wird? Wir haben ihre absolute Gleichgültigkeit menschlichen Werten gegenüber unterstrichen. Diese Gleichgültigkeit aber bedeutet nicht, daß diese Kräfte kein eigenes Ziel verfolgen. Sie versuchen Natur und Menschen für ihre eigenen Zwecke zu mißbrauchen. Sie wollen alles Bestehende durch ihre Fabrikate ersetzen. Und sie wollen verhindern, daß der Mensch erkennt, was mit ihm geschieht. Marx, der als erster die Gesetze der Ausbeutung in bezug auf den frühen Kapitalismus beschrieben hat, betrachtete sie als ein Mittel zur Schaffung eines Überschusses, den die herrschenden Klassen einstreiften. In unserem *Corporations-Staat* geht die Ausbeutung umfassender und unpersönlicher vor sich. Gemeint ist damit, daß bei uns niemand für die *verborgenen* Kosten aufkommt, die durch Fortschritt und Produktion entstehen. Durch die Betonung der Kosten an Stelle des *Wertes* der Arbeit oder des Materials wird der Begriff nämlich von der Vorstellung des Marktwertes befreit. Diesen erweiterten Begriff beschreibt E. J. Mishan in *The Cost of Economic Growth.* Er läßt sich sowohl auf die menschliche Arbeitsleistung als auch auf das physische und soziale Milieu anwenden. Indem wir beide nebeneinander betrachten, können wir auch die Ausbeutung in ihren wahren Dimensionen erkennen.

Nehmen wir an, ein Mann arbeitet in einem Bergwerk, und nach zwanzig Jahren wird er infolge seines Berufes lungenkrank. Die Kosten, die ihm selbst und seiner Familie aus der Krankheit erwachsen — direkte Ausgaben, Benachteiligung seiner Kinder, Entbehrungen und Leiden im weiteren Sinne —, gehören zu den *verborgenen* Kosten des Kohlebergbaus. Da sie nicht im Lohn des Mannes enthalten sind oder in anderer Form vom Produzenten getragen werden, gehen sie zu Lasten der betreffenden

Person und der Gesellschaft; der im Kohlebergbau erzielte Gewinn wird in Wirklichkeit von Verlusten an Gesundheit, Glück und psychischer Stabilität aufgewogen. Es mag vielleicht mehr Kohle geben, aber dafür wird die Jugendkriminalität steigen, wenn für die Kinder der Bergleute nicht ausreichend gesorgt wird; zu den wahren Kosten des Kohlebergbaus gehören also auch die Kosten, die aus Kriminalität, Polizei, Gerichten und der vergrößerten Unsicherheit erwachsen. Obschon die Kohleproduktion in gewisser Beziehung einen Reingewinn darstellen mag, wird der Gewinn in Wirklichkeit doch weit geringer sein, als man annimmt, und, nach anderen Maßstäben bemessen, sogar ein glatter Verlust sein.

Den nicht errechneten echten Kosten des Kohlebergbaus entsprechen *unsichtbare* Umweltkosten. Die Bezeichnung *unsichtbar* soll nur darauf hinweisen, daß unser Bewußtsein abgestumpft ist, denn an sich müßten sie unsere Sinne und Gefühle vergewaltigen. Und sie *Umweltkosten* zu nennen, ist ebenfalls unzureichend, denn sie sind in Wirklichkeit ja nur indirekte menschliche Kosten. Wir meinen die Verschandelung der Landschaft durch Bergbau, den Kahlschlag an Hügeln und Tälern, die Verschmutzung der Flüsse und der Luft, die Entwertung des kulturellen Lebens durch lange Arbeitszeiten, körperliche Erschöpfung, Mangel an Bildung und die Zerstörung der Gemeinschaft. Zu all diesen Kosten kommt noch die Umwandlung der Welt in einen deprimierenden Ort, und danach sollte der Gewinn eigentlich bemessen werden.

Viele *unsichtbare* Produktionskosten stehen in unmittelbarem Zusammenhang mit jenem *Paradox*, daß Armut und Ungerechtigkeit in dem reichsten Land der Welt fortbestehen und sogar anwachsen. Nehmen wir die Ausbildung als Beispiel. Im Zuge des technischen Fortschritts wird eine lange Ausbildung in steigendem Maß zu einem Erfordernis für produktive Arbeit; die Ausbildung wird daher immer teurer. Eine verteuerte Ausbildung ist also der Preis für den technischen Fortschritt. Wird sie nicht durch den Profit der Technik gedeckt, fällt sie unmittelbar zu Lasten der Individuen und der Gemeinden; somit wird die Technik von einem Teil der Bevölkerung finanziert, der verarmt ist und arm bleibt, weil er sich keine angemessene Ausbildung leisten kann. In diesem Sinne behält Marx recht; durch ihre Armut und ihre Entbehrungen tragen die Ärmsten zur Finanzierung des Fortschritts bei.

Heute wird man bereits dadurch ärmer, daß man mit den anderen nicht Schritt hält. Jährlich erleben wir einen allgemeinen

Preisanstieg und eine schleichende Inflation. Das Risiko jedes einzelnen, daß er, seine Ausbildung oder sein Beruf veralten, gehört zu den bedeutendsten Kosten einer schnell wachsenden und sich unaufhörlich wandelnden Wirtschaft. Ein derartiges Wirtschaftssystem fordert viele Opfer, ohne daß es für mehr als einen winzigen Bruchteil der Kosten aufkommt, die doch eigentlich genauso den Produktionskosten zuzuzählen sind wie Betriebsunfälle, die man früher auf die gleiche Weise ignorierte. Andere Kosten, die zu Lasten des einzelnen gehen, entstehen aus dem Anwachsen der Großstädte. Das Leben in einer Großstadt ist sehr viel teurer als das Leben in einer Kleinstadt, und zugleich muß der arbeitende Städter auf so viele Freuden des Landlebens verzichten, daß er kostspieligen Ersatz braucht, wie zum Beispiel das Fernsehen an Stelle eines echten Ballspiels mit Freunden. Da als Folge des *Wirtschaftswachstums* das einzelne Erzeugnis immer komplizierter wird, muß man immer mehr zahlen, um ein noch *besseres* Erzeugnis zu erhalten. Doch es gibt eine moralische Grenze, dort nämlich, wo der Preis für den Militärdienst und den Krieg in Form von Menschen bezahlt werden muß. Ein Mann verliert durch den Wehrdienst einige seiner besten Jahre, er versäumt Jahre der Ausbildung, er kann seine Familie nicht unterstützen; wenn er verwundet wird oder gar umkommt, ist der Verlust nicht wiedergutzumachen. Dennoch muß der einzelne — insbesondere der Arme — die Kosten der Verteidigungs- und Kriegspolitik tragen, die eine Folgeerscheinung der unkontrollierten Macht sind. Dieselbe Macht, die den Reichtum Amerikas schafft, ist auch für die Probleme, die aus Armut und Wohlstand erwachsen, verantwortlich. Die Armut und die Ungerechtigkeit sind ein Teil des Preises, den wir für unseren Wohlstand bezahlen. Sie sind weder ein Zufallsprodukt noch die Folge von Schlamperei, sie sind vielmehr ein integraler Bestandteil des Systems an sich.

Wir haben bisher eine bloße Beschreibung und keine Erklärung gegeben. Warum unterläßt es unsere Gesellschaft nun so konsequent, den Preis für ihr eigenes Wachstum zu bezahlen? Marx sieht die Erklärung dafür in der Akkumulation von Kapitalüberschuß. Nach Mishan liegt sie in verschiedenen Schwächen der Volkswirtschaft, nämlich in ihrem Versagen, die wahren Produktionskosten zu erkennen. Doch liegt dem oben beschriebenen Prozeß eine weit allgemeinere Folgerichtigkeit zugrunde. Galbraith weist in *Die moderne Industriegesellschaft* darauf hin, daß unsere Wirtschaft schon lange nicht mehr die dringlichsten Bedürfnisse der Gesellschaft befriedigt. Ein stetes Wirtschaftswachstum ist heute davon abhängig, daß neue Bedürfnisse, Verbrauchsgüter und Dienstleistungen geschaffen werden. Dies geschieht in hohem Maße durch *Ersatz.* Einem zufriedenen Menschen kann man nichts verkaufen. Also muß man ihn entweder dazu bringen, etwas Neues zu wollen, oder ihm eine Sache wegzunehmen und ihm dafür eine andere verkaufen. Man muß ihm den natürlichen Geruch seines Körpers verleiden, um ihm dann hunderterlei *geruchhemmende* Mittel und Parfüms zu verkaufen. Man muß ihm das Abenteuer des Alltags nehmen und ihm dafür fabrizierte Ersatzabenteuer im Fernsehen ins Haus liefern. Man muß einem erwachsenen Mann die Möglichkeit nehmen, Sport zu treiben, und ihm dafür eine Eintrittskarte ins Stadion geben, wo er den Profis zuschauen kann. Man darf ihm nur wenig Zeit zum Kochen lassen, dann wird er Schnellgerichte kaufen. Stets wird behauptet, das oberste Prinzip des Handels sei der Fortschritt: Stell eine bessere Mausefalle her, und jeder wird davon profitieren. Dies aber ist nur das *Resultat* des Handels in den Augen einiger Optimisten. Das *Prinzip* des Handels besteht jedoch nur darin, zu verkaufen, gleichgültig, ob das Produkt besser oder schlechter ist. Die Technik hat ihre Gründe, weshalb sie der Kultur gewisse Dinge entzieht (Herbert Marcuse hat diese Gründe in *Triebstruktur und Gesellschaft* beschrieben). Freie Liebe, Spiel, Musik und Tanz passen nicht in das Konzept eines vorbildlichen Arbeiter-Konsumenten, von dem erwartet wird, daß er stur arbeitet, wenn er arbeiten soll, und Massengüter verbraucht, wenn er verbrauchen soll. Sorgfältig ausgedachte Ersatzprodukte an Stelle von natürlichen Vergnügungen sind weniger beschwerlich und bringen mehr Gewinn.

Die Auswirkung des Phänomens *Ersatz* läßt sich am Beispiel unserer vernachlässigten öffentlichen Einrichtungen beobachten. Wir haben *kein Geld* für öffentliche Schulen, obwohl deren technische Ausrüstung veraltet ist, obwohl es an geeigneten Lehrkräften fehlt und sie alle unter zerbrochenen Fensterscheiben, ungeheizten Räumen, unter Hoffnungslosigkeit und Verzweiflung zu leiden haben. Wir haben *kein Geld* für eine Sanierung der Städte, *kein Geld* für Bibliotheken und Museen. Wir haben *kein Geld* für all diese Aufgaben, die bewältigt werden müssen, wenn unsere Gesellschaft vor der Selbstzerstörung bewahrt werden soll. Wo also steckt das Geld?

In den Stadt- und Staatskassen liegt es nicht, das steht fest. In den Villenvororten? Die Vorortegebiete verfügen tatsächlich über bessere Schulen und andere öffentliche Einrichtungen, und doch kommt das Geld dafür zum größten Teil aus den Städten. Es ist offenkundig, daß sich die Vororte auf Grund der willkürlich bestimmten Verwaltungsbezirksgrenzen die Sozialprobleme der Großstadt vom Leibe halten. Die öffentlichen Einrichtungen in einem Vorort sind im Vergleich zu jenen in der Stadt zwar erfreulicher, aber auch keineswegs ideal zu nennen; sie sind gerade ausreichend. Auf die Millionen von Stadtbewohnern könnten sie nicht ohne starken Qualitätsverlust ausgedehnt werden.

Es wird gemeinhin angenommen, daß das Geld, das den Armen und den Städten zugute kommen könnte, von der Bundesregierung in riesenhaften Ausmaßen für Krieg und Rüstung und für die nicht ganz so großen, aber immerhin noch enormen Wirtschaftssubventionen ausgegeben wird. Aber selbst wenn sich die Kosten für die Rüstung, die an die Industrie gezahlten Zuschüsse und andere überflüssige Ausgaben auf hundert Milliarden Dollar pro Jahr belaufen würden, wäre das nicht genug. Man denke nur an das öffentliche Erziehungswesen. Angenommen, es gibt 35,000.000 bedürftige Kinder, die heute eine unter dem Minimum liegende Schulausbildung bekommen und die im späteren Leben nur dann eine annähernd gleiche Chance wie die Kinder aus reicheren Häusern haben können, wenn sie eine gute Ausbildung genießen. Errechnen wir die Kosten für die Hebung ihres augenblicklichen Bildungsniveaus nach den Maßstäben der Privatschulen, könnten wir 3000 Dollar jährlich pro Kind oder 105.000,000.000 Dollar insgesamt ansetzen. Die gesamten einhundert Milliarden Dollar, die man im besten Fall aus dem Bundesbudget erhalten könnte, würden von diesen Kindern verbraucht werden. Kein einziger Cent verbliebe für Colleges, Erwachsenenbildung und die normale Schulausbildung von finanziell weniger eingeschränkten Kindern. Und weitere Milliarden, Hunderte von Milliarden, würden für baufällige Schulgebäude und Stadtwohnungen, für das Gesundheitswesen, für verarmte Erwachsene, für die Alten usw. gebraucht werden. Wir wiederholen: Das gesamte Bundesbudget würde nicht ausreichen.

Nun sollte uns klar sein, wo das Geld liegt, nämlich nicht im *staatlichen*, sondern im *privaten Sektor* — in der Konsumwirtschaft, in die wir fast unsere gesamten Mittel investieren. Das *Geld* wird jetzt für Konsumgüter ausgegeben. Es wird für all die großen und kleinen Dinge ausgegeben, die den üppigen amerikanischen Lebensstil ausmachen — Autos, Geräte, Urlaubsreisen,

Straßen, Essen und Kleidung. All diese Dinge haben sich über das Maß des Notwendigen hinaus zu einem immer größer werdenden Luxus gesteigert. Hier müßten wir den Gürtel enger schnallen. Solange es überall noch soziale Übelstände gibt, *brauchen* wir keine Autos, die rasch veralten, keine Ferienreisen nach Europa, keine elektrischen Geschirrspülmaschinen, keine Überschallflugzeuge und kein Fernsehen. Nicht nur, daß wir sie nicht *brauchen,* wir können sie uns gar nicht leisten. Man kann diese Feststellung treffen und damit eine moralische Aussage machen, nämlich die, daß wir alle an unsere armen Brüder denken sollten. Doch wenn wir die Frage der Prioritäten als ein moralisches Problem behandeln, mißverstehen wir die Art und Weise, mit der in unserer Gesellschaftsordnung Prioritäten gesetzt werden. Sie werden nämlich keinesfalls durch die moralischen Entscheidungen einzelner gesetzt. Sie werden durch die Macht entschieden, die von den massivsten Kräften unserer Gesellschaft kontrolliert wird. Eine individuelle Entscheidung spielt dabei keine Rolle. Aber wo sind diese Kräfte? Wo ist die Macht, die erklärt, daß wir unser Geld nicht für die Bedürfnisse der Gesellschaft, sondern an lauter Überflüssigkeiten verschwenden müssen? Diese Macht muß doch erkennbar sein, ist sie doch einer der wichtigsten Faktoren unserer Gesellschaft. Blicken wir jedoch um uns, nehmen wir sie nicht sofort wahr. Wo ist der Befehl, der da lautet „Ignoriere die Bedürfnisse der Gesellschaft"? Sehen wir noch einmal hin — er ist da.

Der eindringlichste, lauteste und beharrlichste Befehl, den unsere Gesellschaft kennt, ist der Befehl zu kaufen, zu verbrauchen, sich materiell zu verbessern. Die Stimme der Reklameindustrie drängt uns zum Kaufen, Kaufen, Kaufen — und sie läßt nicht locker. Dabei ist die Stimme der Werbung nur die auffälligste unter diesen Kräften; hinzu kommen die Massenmedien mit ihrer Illustration eines bestimmten Lebensstils in all ihren Programmen und Stücken. Dazu kommt die Redekunst der Geschäftsleute und der Politiker mit ihren Hymnen auf *Fortschritt* und *Wachstum* sowie der überwältigende Einfluß der amerikanischen Schulen mit ihrer Propagierung des materialistischen Lebensstils als einer für den einzelnen und für das gesamte Volk erstrebenswerten Existenzform. Was fordern diese Stimmen? Sie scheinen zu sagen: „Kaufe", „Verbrauche", „Genieße", „Mache Fortschritte". Das aber ist nur die halbe Botschaft. Die andere Hälfte — und die ist ebenso real wie eine volle Anzeigenseite in der Zeitung oder die gebieterische Stimme eines zuversichtlichen Fernsehansagers — lautet: „Gib kein Geld aus für Schulen, für Krankenhäuser, für die Armen. Ignoriere die vordringlichsten Nöte der Gesellschaft. Verschwende keinen Gedanken an die Unzulänglichkeit und die Verarmung unserer Gemeinschaft. Vergiß die Neger, vergiß die Armen, vergiß die elementarsten Gebote von Anstand und Gerechtigkeit." Würde eine derartige Werbung ausgesprochen, wären wir grenzenlos empört; und *doch* hören, sehen — und befolgen wir sie.

Wenn es also richtig ist, daß unsere Wirtschaft nach dem Prinzip *Verarmung durch Ersatz* funktioniert, dann erklärt das sehr wohl, was mit unserer Welt geschieht, aber es erklärt nicht, warum wir alle diesem Prozeß und seinen Folgen gegenüber so blind, so uneinsichtig bleiben. Nicht nur, daß wir recht deutliche Zusammenhänge, wie zum Beispiel die Beziehung zwischen dem Vorhandensein elektrischer Zahnbürsten und dem Nichtvorhandensein guter Schulen, nicht erkennen wollen, versäumen wir es auch, die Verarmung unseres Daseins durch den *Fortschritt* in der Wirtschaft wahrzunehmen. Es liegt auch in dieser Verblendung eine Methode, und sie steht mit der Folgerichtigkeit, die wir zuvor beschrieben haben, in Zusammenhang.

Zunächst muß gesagt werden, daß das Phänomen *Ersatz* unser Bewußtsein einschläfert, auch wenn das Ersatzprodukt nicht in der Lage ist, die ursprünglichen, lebendigen Funktionen auszuüben.

Nicht im Ersatz allein, sondern in der Manipulation des Bewußtseins, die den Ersatz zwangsläufig begleitet, liegt die Erklärung für unsere Unwissenheit. Offensichtlich sind uns manche Seiten unserer eigenen Kultur weit weniger bekannt als andere. Wir wissen alle, daß zwischen New York und San Franzisko ein Düsenflugzeug verkehrt; andererseits, und hier offenbart sich die Bewußtseinsdiskrepanz, sind wir *überrascht*, wenn wir hören, was für einen enormen Lärm eine solche Düsenmaschine macht. Die einfachste Erklärung dafür ist, daß wir zweckorientiert erzogen worden sind; wir denken eher an den Zweck und an das Ziel einer Tätigkeit als an die Tätigkeit selbst; wohin ein Flugzeug fliegt, was ein Rechtsanwalt erreichen will, welches Ergebnis ein Telefongespräch hat. Um ein vertrautes Beispiel zu nehmen: Ein Geschäftsmann denkt in erster Linie an den Profit und nicht an die Arbeit, die er zu dessen Erlangung einsetzen muß, oder in welcher Weise sich diese Arbeit auswirken wird. Unser Bewußtsein wird derart manipuliert, daß gewisse Bereiche der Kultur einfach ausgelassen werden. Der Anzug des Durchschnittsmenschen eliminiert praktisch seinen Körper während der Arbeitszeit; während einer Konferenz sind sich die einzelnen Teilnehmer der physischen Existenz der anderen nicht bewußt. Zögen sich die Geschäftsleute jedoch Renaissancekleider an, wie sie von den Schauspielern in einem Shakespeare-Drama getragen werden, würden ihre Körper wieder zu ihrer Kultur zurückfinden.

Auch bei der Frage, was wir denn eigentlich verloren haben, läßt uns unser Bewußtsein im Stich; die Kräfte, die unser Bewußtsein manipulieren, wollen uns überzeugen, daß die Bedürfnisse des Menschen heute besser gestillt werden als je zuvor. Infolgedessen weiß der heutige Mensch nur noch verschwommen um seine biologischen Bedürfnisse. Die Nahrung erkennen wir als ein Bedürfnis an, aber ist nicht auch die Verbindung mit der Weite der Natur ein solches grundlegendes Bedürfnis? Wir sind vielleicht gar nicht mehr imstande, die Symptome dieses Verlustes zu erkennen, mögen diese Symptome auch noch so deutlich in Erscheinung treten. Skorbut war eine Krankheit, die Seeleute auf ihren langen Reisen befiel. Jeder wußte, daß Nahrung biologisch notwendig war, aber niemand wußte, daß besonders Vitamin C biologisch notwendig war, und so sah man zwischen Skorbut und Ernährung keinerlei Zusammenhang. Heute haben wir es mit vielerlei Symptomen ohne erkennbare Ursachen zu tun, mit Geisteskrankheiten, Psychosen, Verbrechen und sozialen Verhaltensweisen. Ist dies der Skorbut unserer Zeit, die Folge des mangelnden Kontakts zu Erde und Himmel oder der fehlenden manuellen Arbeit, des Mangels an körperlicher Betätigung oder eines anderen Elements, das unsere Zivilisation als unwichtig erklärt hat? Es kann sehr wohl sein, daß wir uns der Verluste, auch der gefährlichsten, nicht bewußt sind. Es liegen zahlreiche Beweise dafür vor, daß bei der Zerstörung oder Umwandlung primitiver Kulturen, wie etwa bei der Zivilisierung der Polynesier und der Eskimo, unvorhersehbare Reaktionen eintreten; denn dabei geht nicht nur die sichtbare Kultur verloren. In unserem Dasein waren vergleichbare katastrophale Umwälzungen sogar noch schwieriger zu entdecken. Wenn menschliche Bedürfnisse unsichtbar bleiben, können menschliche Möglichkeiten, die nie offen zutage treten, unbemerkt zugrunde gehen. So kann unsere Zivilisation in einem Menschen Möglichkeiten ersticken, ohne daß er auch nur einen Schrei ausstößt.

Diese Gesetzmäßigkeit — Ausbeutung, Ersatz, Einschläferung des Bewußtseins — tritt in Disneyland unmittelbar zutage. Der wirtschaftliche Fortschritt zerstört die Natur, das Abenteuer, die Traditionen und die Gemeinsamkeit. An ihre Stelle tritt eine

Kunststoffkonstruktion, für deren Besichtigung man Eintritt zahlt. Mit Reklame und in großer Aufmachung versucht man dann, den Leuten weiszumachen, daß sie wirklich den Wilden Westen, die Geschichte und das Abenteuer Amerikas erleben. In Scharen strömen die Familien in den sauber geputzten, sonnigen Park des Frohsinns. Doch wie viele von ihnen erkennen, daß man ihnen etwas Kostbares genommen hat, daß sie Eintrittsgeld für ein Ersatzprodukt zahlen, das statt echten Erlebens nur einen sterilen Abklatsch bietet? Für wie viele liegt das Haupterlebnis Disneyland in dem Gefühl vom *Verlust* all jener Dinge, die sie da *zu Gesicht bekommen?*

Wenn das Prinzip, auf dem die Welt des *Corporations-Staates* amerikanischer Prägung errichtet worden ist, Ersatz heißt, läßt es uns vielleicht erkennen, was uns diese Welt gekostet hat. Vielleicht bringen wir es fertig, die Betäubung so weit abzuschütteln, daß wir unsere Verluste genau bemessen können. Beginnen wir mit der Armut und der Verteilung der Güter, und befassen wir uns danach mit den damit zusammenhängenden Fragen wie Umwelt, Arbeit, Kultur und Gemeinschaft.

Wenn wir uns dem Thema Armut und Verteilung der Güter zuwenden, halten wir uns am besten an ein konkretes Beispiel, denn gerade dieser Gegenstand wird nur zu oft von Statistiken verschleiert. In Manhattan gibt es in der 67. Straße eine öffentliche Bücherei, die dem umliegenden Bezirk zur Verfügung steht. Sie ist klein, schäbig und unzulänglich; die Bücher sind verschmiert, das Gestühl, die Tische und die Beleuchtung mangelhaft; das ganze Gebäude wirkt heruntergekommen und vernachlässigt. In den letzten 25 Jahren wurde dort nichts verändert. Doch in diesen 25 Jahren sind in demselben Bezirk für Millionen Dollars turmhohe Apartmenthäuser, moderne Geschäfte, Restaurants und Kinos errichtet worden. Während dieser letzten 25 Jahre hat im Verlagswesen, im Erziehungswesen, im allgemeinen Bildungswesen eine Explosion stattgefunden; eine neue Kultur, eine neue Kunst ist entstanden. Und somit ist die armselige Bibliothek, die sich in den letzten 25 Jahren (von unvermeidlichen Alterserscheinungen abgesehen) nicht verändert hat, weit hinter der Entwicklung zurückgeblieben. Sie hat für den Bezirk jetzt einen noch viel geringeren Wert als damals, und schon damals war sie erbärmlich und unzureichend gewesen.

Die Bücherei in der 67. Straße ist ein Symbol für den Preis, den wir für die benachbarten Apartmenthäuser mit all ihren technischen Finessen, den Geräten und dem ausschließlich für den Verbrauch bestimmten Luxus gezahlt haben. In diesem Falle bezahlen wir mit Bildung: Nur wenige Menschen kennen Dichter, nur wenige Menschen verstehen sich auf die Staatsgeschäfte, nur wenige Menschen können in bessere Berufe aufsteigen, nur wenige Menschen verstehen Natur, Kunst, Wissenschaft und Astronomie, nur wenige Menschen führen ein erfülltes Leben. Wie absurd und empörend ist es doch, daß wir diese Bücherei nicht auf Kosten eines Cadillac, eines Motorbootes oder eines Hotelfoyers verbessern können! Und eine derartige Verarmung ist allenthalben zu sehen. Gegenüber der Bücherei liegt eine Schule, sie ist überfüllt und häßlich, und man hat sich seit mehr als 25 Jahren nicht mehr um sie gekümmert. Zwei Straßen weiter befindet sich eine Abteilung der New Yorker Universität, der man kürzlich, ungeachtet der steigenden Anforderungen, die Zuschüsse *gekürzt* hat. Gleichfalls zwei Straßen weiter liegt ein Polizeirevier, das so alt ist, als stamme es aus dem vorigen Jahrhundert; es stinkt förmlich nach Verwahrlosung und nach Korruption, die heute fast jeder, der mit dem Gericht zu tun hat, am eigenen Leibe erfahren kann. Zwei Straßenzüge weiter liegt eine jener großstädtischen Erscheinungen, die uns bis zum Überdruß vertraut sind — die U-Bahn. Auch hier können wir, wenn wir uns einen ungetrübten Blick bewahrt haben, ungeheure Schäbigkeit, Hitze, Überfülltheit und eine üble Gesamtatmosphäre feststellen. Gehen wir noch ein Stück weiter, begegnen wir Krankenhäusern und Museen, die alle nach dem Geld schreien, das in dem Luxus um sie herum verschwendet wird.

Dieser Verfall, diese Vernachlässigung öffentlicher Institutionen, die den Armen ein gewisses Maß an Gleichheit ermöglichen könnten, stellt nur die Kehrseite der ständig wachsenden Ausgaben für private Zwecke dar, wie wir sie in jedem Mittelklassehaushalt antreffen können. Die Tendenz ist klar: Jedes Jahr wird von der privilegierten Schicht des Volkes für den Privatverbrauch mehr ausgegeben; das Bruttosozialprodukt steigt beständig; und jedes Jahr werden die Kürzungen für die oben beschriebenen Ausgaben zum Wohl der Gemeinschaft drastischer. Der Verfall greift weiter um sich; immer mehr Institutionen bekommen das zu spüren; selbst Symphonieorchester werden durch die Ausgabenspirale für neue Haus-, Küchen- oder Gartengeräte lahmgelegt. Die Leidtragenden aber sind nicht die Institutionen, sondern die Menschen; jene Menschen, die ohnehin schon am unteren Ende der sozialen Skala stehen, und vor allem die jungen Menschen, deren Hoffnungen in einer überfüllten, schmutzigen und geisttötenden Schule sterben.

Wenn wir uns nun der Umwelt zuwenden, in der wir leben, liegt die Frage wiederum in der richtigen Betrachtung. Einige vom *Corporations-Staat* geschaffene Umwelterscheinungen springen sofort ins Auge. Wir alle sind dem durch Düsenmaschinen, Überschallflugzeuge, Bulldozer oder Sägemaschinen verursachten Lärm ausgesetzt. Die Luftverpestung verursacht Husten und eine Reizung der Augen, Flug- und Autoverkehrsstauungen machen Beklemmungen. In demselben Maße sind wir uns bewußt, daß die Überbevölkerung zunimmt, die Schlangen der Wartenden länger werden und die Menschen bereits erschreckend nah aneinandergerückt sind. Wir verfügen zwar über eine weitgehende Fähigkeit, uns diesen Unannehmlichkeiten anzupassen, aber die Technik und alles, was mit ihr zusammenhängt, bezwingt uns schneller, als wir uns anpassen können. Kaum hat man sich an das Innere eines Düsenflugzeuges mit seinen hundert Passagieren gewöhnt, muß man sich bereits auf Maschinen mit fünfhundert Passagieren einstellen, in denen die Menschen in Zehnerreihen sitzen. Wir begegnen auch gewaltsamen Eingriffen in unsere Umwelt, die unsere gewohnte Lebensweise durchkreuzen. Willkürlich angelegte Autobahnen zerschneiden unsere Städte und unser Land, als eine Folge von Entwicklungsprogrammen wird die Küstenlandschaft verunstaltet und werden Hügel eingeebnet; Neonlichter trüben die Nacht, riesige Gebäude verdunkeln die Sonne. Wenn wir auf unseren Lieblingswegen im Wald spazierengehen, stoßen wir auf die von Bulldozern angerichtete Verwüstung — auf geborstene Baumstümpfe und eine zerstörte Vegetation. In diesen krassen Fällen, in denen keinerlei Ersatz geboten wird, ist es nicht verwunderlich, daß die Leute merken, wie sehr sie gestoßen, geschoben und gequält werden.

Aber es gibt auch weniger deutliche Spielarten gewaltsamer Umweltveränderung. Ein modernes Wohnhochhaus ist ein gutes Beispiel dafür. Das Leben im Innern ist in kleine, gleichgroße Rechtecke eingezwängt, in denen kein einziger Kubikmeter ungenützt ist und es keinen unregelmäßigen Winkel gibt, in dem die Gedanken Zuflucht finden könnten. Frische Luft wird nicht hereingelassen, sie wird durch eine Klimaanlage gefiltert. Die Geräusche des Wetters werden gedämpft, aber die schrillen Geräusche der Nachbarn dringen durch dünne, unisolierte Wände,

Decken und Fußböden. Lange Korridore erinnern den Bewohner daran, daß er nur eine Nummer auf einer der vielen gleichartigen Metalltüren ist. Einige Apartments liegen neben Fahrstühlen, Müllschächten oder anderen technischen Einrichtungen und werden von deren Geräuschen gestört. Man ist auf Fahrstühle angewiesen; das hindert einen daran, mehrmals nur für einen kleinen Moment vor die Tür zu gehen. Ein Wächter in der protzigen Vorhalle sorgt dafür, daß kein Bewohner vom unerwarteten Anklopfen eines Freundes überrascht werden kann. Sicher in seinem Apartment eingeschlossen, lebt der Bewohner dieses Hauses ohne Berührung mit den Nachbarn, mit dem Leben auf der Straße, mit Wind und Wetter, mit den Jahreszeiten und dem Land.

Die vielleicht tiefgreifendste und nur von den wenigsten erkannte Veränderung ist der Verlust des Landes, des Wetters, alles organisch Gewachsenen und des Gefühls für seinen eigenen Körper, das daraus entsteht. Wir wissen wenig über die ökologischen Bedürfnisse des Menschen, wir setzen einfach voraus, daß er keine ernst zu nehmenden hat. Wir bauen Bürohäuser mit Fenstern, die man nicht öffnen kann, und Schulen, die überhaupt keine Fenster haben; hin und wieder sieht man Modelle von unterirdischen Häusern, von denen manche gemalte Landschaften hinter falschen Fenstern zeigen. Der Mensch kann ja die meisten seiner Muskeln gar nicht mehr verwenden. Man füttert ihn mit Substanzen, die in keinerlei Beziehung zu etwas Gewachsenem stehen, geschweige denn zu seiner Arbeit und seiner Anstrengung. Unsere Produkte werden so rasch verbraucht, daß der Mensch nie die Eigenschaften von bestimmten Gegenständen, sei es nun Kleidung oder Nahrung, kennenlernt; alles wird weggeworfen, bevor es irgendwelche Bedeutung erlangt hat. Und der Mensch ist seines Heimatgefühls vollkommen und unwiederbringlich beraubt. Die meisten Leute müssen mehrmals im Leben umziehen, und selbst wenn sie an einem Ort verbleiben, verändert sich die Umgebung so oft und so rasch, daß man sie nicht wiedererkennt.

Wir machen uns keinen Begriff von der Bedeutung dieser Entwicklungen für den Menschen. Im Frühling, im ersten milden, sanft bewegten Tag nach einem langen Winter, fühlt er ein plötzliches, unaussprechliches Sehnen. Könnte es also nicht vielleicht doch sein, daß er nicht ganz ohne Land und Heimat auskommt? Früher verbrachten die Menschen tausend Jahre an einem Ort und schlugen tiefe Wurzeln; sie gründeten ihr Dasein auf den Rhythmus der Erde und ihre geistige Stabilität auf die Beständigkeit der Natur. Können hundert Jahre die Physiologie des Menschen derart verändern, daß sein Bedürfnis nach diesen Rhythmen verschwunden ist? Wir wissen so gut wie nichts über die Ursachen von Geisteskrankheiten und Charakterstörungen; noch weniger wissen wir über die eigentlichen Quellen von Glück, Zufriedenheit und innerer Sicherheit.

Eine Fähigkeit, die uns jedenfalls verlorengegangen ist, ist die, uns den natürlichen Gegebenheiten der Natur anzupassen. Ein Gewitter kann heute eine ganze Stadt lahmlegen; man begründet das damit, daß unsere Technik so ausgeklügelt und daher so anfällig ist. Es muß aber auch daran liegen, daß die Menschen immer weniger die Fähigkeit besitzen, mit neuen Gegebenheiten fertig zu werden; sie werden immer passiver, sie können sich nicht behelfen, sie können nicht ohne Mahlzeit auskommen, sie können nicht mehr zu Fuß gehen; viele Straßen und Brücken werden heute ohne Gehsteige angelegt. Die Fähigkeit der Bewältigung neuer und unvorhergesehener Situationen hängt in einem tieferen Sinne mit einer Art von Umweltstabilität zusammen. Man kann es lernen, mit den Launen eines alten Autos oder eines alten Kamins fertig zu werden, aber über sich andauernd verändernde, neue Produkte kann man nichts lernen.

Am Ende des großartigen Films *2001: Odyssee im Weltraum* von Kubrick finden wir eine Illustration dieses Verlustes, den der Mensch an Natur und Heimat erlitten hat. Der Weltraumfahrer befindet sich in einem kostspieligen und ganz mit Kunststoff eingerichteten Hotelzimmer. Aber in dem Zimmer gibt es nichts, womit er etwas anfangen könnte, nichts, das ihm eine Reaktion abverlangte. Es gibt dort weder Zeit noch Ort oder Wandel.

Von der Schaffung einer Umwelt, die dem Menschen nützt, bis zur Schaffung einer Umwelt, die dem Menschen schadet, ist es nur ein kleiner Schritt. Beginnt der Staat erst einmal, lenkend in die Umwelt einzugreifen, ist es nur natürlich, daß er ebenso gegen wie für sie eintritt, je nachdem, wie die Politik es verlangt. Dieselbe Macht, die Klimaanlagen erzeugt, produziert Giftgas, Napalm, Tränengas und ähnliche Ausrottungs- und Vernichtungsmittel und betreibt Forschungen auf dem Gebiet bakteriologischer Kriegführung. Denn wie wir wiederholt ausgeführt haben, wird die Macht im *Corporations-Staat* von keinerlei menschlichen Wertmaßstäben gezügelt. Sie steht diesen Werten gleichgültig gegenüber. Daher kommt es, daß wir in der Erzeugung von Vernichtungswaffen ebenso leistungsfähig sind wie in der Erzeugung von

Düsenflugzeugen und Hochhäusern; daher kommt es, daß wir im Vietnamkrieg systematisch den Lebensraum eines ganzen Volkes zerstören — das Wachstum, die Fauna, die Gemeinden —, weil die Politik es verlangt. Das bombardierte Vietnam, die Sterilität eines modernen Apartmenthauses, die *zufällige* Schädlichkeit von Düsenlärm über einem Wohngebiet — das alles sind Formen jenes Ersatzphänomens, von dem wir oben gesprochen haben: Ersatz der natürlichen Umwelt durch etwas Künstliches, ohne Rücksicht auf die Folgen für den Menschen.

Eine dritte Erscheinungsform des *Corporations-Staates* amerikanischer Prägung betrifft die Arbeit. Wir brauchen hier auf die weitreichenden Arbeitsprobleme in einer Industriegesellschaft, mit denen sich Marx und zahlreiche Soziologen nach ihm befaßt haben, nicht einzugehen. Gewiß hat der technisierte Staat in bezug auf Arbeitserleichterungen große Fortschritte erzielt; er hat die Kinderarbeit abgeschafft und für die mechanischen Arbeitsgänge Maschinen eingeführt. Das spezielle Problem des *Corporations-Staates* liegt jedoch in der Künstlichkeit vieler Arbeiten, die heute geleistet werden — einem weiteren Aspekt des Phänomens Ersatz.

Der Lehrbetrieb mag dies veranschaulichen. Ein Lehrer soll in erster Linie unterrichten und lehren; im Zusammenhang damit soll er auch seinen eigenen Interessen als Forscher nachgehen und weiterhin geistig arbeiten. Aber der *Corporations-Staat* hat viele Lehrer dazu gezwungen, einen Großteil ihrer Zeit und Kraft in künstliche Verwaltungsaufgaben zu investieren. Collegeprofessoren sitzen in endlosen Ausschuß- und Fakultätssitzungen, in denen Berufungen, Beförderungen, Lehrpläne und Zulassungen erörtert werden. Sie nehmen an Forumsdiskussionen teil, halten Vorträge und besuchen Kongresse ihrer Berufsorganisationen in vielen Teilen des Landes und auch im Ausland. Auswärtige Organisationen, von den verschiedenen Kommissionen des Präsidenten bis zu den lokalen Verbänden, suchen ihren Rat und ihre Hilfe. Vor allem aber *forschen und publizieren* sie ständig, was die Hälfte oder zumindest ein Drittel ihrer Zeit beansprucht. Doch dabei handelt es sich nicht um die Suche nach neuem Wissen, die man als Lehrer braucht, sondern um eine erzwungene, unter Zeitdruck stehende *Produktion* (wie man das so treffend nennt), die der Beförderung und der festen Anstellung dienlich sein soll. Natürlich wird nebenbei auch unterrichtet, aber in der Regel hat der Professor keine Zeit für jene Art von persönlicher Beziehung zu seinen Studenten, die das Lehren im altmodischen Sinn des Wortes ausmachte.

Es wird deutlich, daß hier ein Ersatz vorgenommen wurde: Eine Arbeit hat eine andere ersetzt. Ist dabei etwas verlorengegangen? Wir stellen diese Frage zunächst vom Standpunkt des Lehrers. Auf der einen Seite stehen das Prestige seines Berufes, sein Gehalt und der Status, den er innerhalb der Gesellschaft einnimmt. Dem McLuhan-Prinzip folgend, fragen wir nach der wirklichen Arbeit. Ausschüsse stellen wenig Gewinn dar. Sie bieten weder die Befriedigung schöpferischer Arbeit noch wissenswerte persönliche Beziehungen. Bei Forumsdiskussionen, Reisen und Kongressen lernt man neue Orte und neue Menschen kennen. Doch diese Reisen sind eine Hetze und ungemein ermüdend, die Begegnung mit Orten und Menschen ist meist oberflächlich, und man kann sich kaum vorstellen, daß solche Exkursionen, so abwechslungsreich sie auch sein mögen, einen wichtigen Platz im Berufsleben eines Menschen einnehmen können. *Forschung und Publikation* können durchaus befriedigend sein für einen Menschen, dem es um die Sache geht; davon sind die meisten Collegeprofessoren jedoch weit entfernt. Die Veröffentlichungen wirken eher wie Dissertationen, und häufig publiziert ein Lehrer, bevor er überhaupt etwas zu sagen hat. Für gewöhnlich verschwinden diese Veröffentlichungen auf den Friedhöfen langweiliger, verstaubter akademischer Vierteljahrschriften; der Autor kann von Glück sagen, wenn er ein oder zwei Zuschriften von Leuten erhält, die seine Publikation gelesen haben; von einer echten Kommunikation mit der Fachwelt oder einem sonstigen Publikum kann nicht die Rede sein. Der Artikel wird zu einer Anhäufung verschiedener Indizes und Bibliographien. Außer für jenen Lehrer, der wahrhaft schöpferische Momente hat, wird dieses Berufsleben also völlig unpersönlich, beklemmend und unbefriedigend bleiben; einzig sein Wunsch nach Prestige und Status treibt ihn voran. Verlorengeht hingegen die Lehrer-Schüler-Beziehung. Das Unterrichten könnte jedoch eine der schönsten Aufgaben sein, könnte eine echte Arbeitsgemeinschaft entstehen lassen, von der alle profitieren. Die Verlierer sind also die Studenten und die Gesellschaft.

Die Umwandlung echter Arbeit (also befriedigender und menschlicher Arbeit) in etwas Künstliches und Leeres zeigt sich in allen jenen Berufen, die unter dem Einfluß von Technik und Organisation stehen. In der Medizin finden wir einen akuten Ärztemangel vor; er ist so akut, daß viele Krankenhäuser ausländische Ärzte einsetzen und viele Gemeinden ohne ärztliche Hilfe auskommen müssen. Es ist allgemein bekannt, daß das persönliche Engagement der Ärzte ganz erheblich nachgelassen hat. Was ist geschehen? Erstens sind die vorhandenen Ärzte in den organisatorischen Strudel — Forschung, Technik, Verwaltung — hineingezogen worden und haben daher nur mehr wenig Zeit zum Praktizieren. Diese Problematik gleicht in vieler Hinsicht jener der Lehrer. Ein weiteres Problem bildet die Ausbildung, die immer teurer, zeitraubender, spezialisierter, anstrengender und zugleich immer weniger befriedigend wird. Wenn man ein von Organisation und Technik beherrschtes Leben führen will, gibt es andere Möglichkeiten dafür als den Beruf eines Mediziners. Der ungeheure Reiz der Medizin, ihre menschliche Seite, die Teilnahme an Krisensituationen des Lebens, die lebenswichtige Hilfeleistung gehen bei dieser Entwicklung verloren.

Wenden wir uns nun der Kultur zu. Es gäbe viel über Armseligkeit und Kitsch der amerikanischen Massenkultur, über Neonreklame und Hot-dogs-Stände zu sagen, aber darüber haben andere bereits genügend gesagt, und so braucht uns das nicht im besonderen zu beschäftigen. Uns geht es hier um Kultur und Bewußtsein. Die amerikanische Kultur ist ein weiterer Beweis für das Phänomen Verarmung durch Ersatz. Es gehört zu den markantesten Kennzeichen der amerikanischen Kultur, daß Gefälschtes an die Stelle von Echtem tritt. Wenn das Radio fünf Minuten lang Nachrichten sendet, hört man im Hintergrund Musik, Explosionen oder Kampfeslärm, die Erregung schaffen sollen; die Nachrichten selbst brauchen uns nicht zu erregen. Imbißstuben in den Einkaufszentren offerieren *chinesische* oder *französische* Gerichte, die in Wirklichkeit auch nur ein Ersatz der echten sind. Desodorierende Präparate beseitigen den natürlichen Körpergeruch des Menschen, und hinterher überziehen Sprays und Parfüms den Körper mit einer Schicht künstlichen Geruchs. Das Schlimme an dieser Ersatzkultur liegt darin, daß alles, was im Erlebnis bedeutend ist, im Ersatz verlorengeht. In diesem Sinn ist ein nachgemachtes chinesisches Essen schlimmer als gar keines, denn es stumpft unsere Neugier ab und vertieft unsere Unwissenheit.

Ein weiterer Aspekt der Kultur des *Corporations-Staates* liegt darin, daß sie von außen an den Menschen herangetragen und nicht von ihm selbst entwickelt wird. Sie gleicht jenen Grundstückprojekten für die neuen Vororte, die stets ein bestimmtes *Grundthema* wie einen anliegenden Golfplatz oder einen künstlichen See haben; dieses *Thema* ist ein Reklametrick, der es den Bewohnern erschwert, sich über ihre eigentlichen Interessen klarzuwerden. Ein weiteres Charakteristikum dieser Kultur besteht darin, daß sie ihrem Wesen nach nur passiv erlebt werden kann, und diese Passivität führt zu einer tiefgreifenden Verarmung des Individuums. Ein teures Zimmer in einem teuren Motel ist ein gutes Beispiel für eine solche Verarmung: ein riesenhaftes Glasfenster mit imposanten Vorhängen, ein Bodenbelag aus Kunststoff, Klimaanlage und Fernseher, aber keine Bücher, kein Feuer, das im Kamin prasselt, keine Kochnische, keine Musik, kein Plattenspieler. Man kann an einem solchen Ort nur schlafen oder sich bedienen lassen, und hinterher hat man ein schlaffes, vermindertes Selbstgefühl.

Es gehört zu den natürlichen Trieben des Menschen, daß er sich vor seinen Freunden darstellen möchte, indem er musiziert, spielt, singt, tanzt, schauspielert oder kocht. Diese Art von Kommunikation und menschlichem Kontakt, die sich von Konversation so stark unterscheidet, ist, wie man aus primitiven Gesellschaftsformen erkennen kann, mindestens so wichtig wie das Gespräch. Die passive Kultur versagt dem Individuum die Selbstdarstellung fast zur Gänze. Ein junges Paar beim Rendezvous bekommt das zu spüren; es gibt unzählige passive Vergnügungen, aber außer dem Sex gibt es nichts, was die beiden *tun* könnten; die Verabredung hilft ihnen weder, einander kennenzulernen, noch sich zu entfalten.

Es sollte Aufgabe der Kunst und der Kultur sein, ein Bewußtsein zu entwickeln, aber die vom *Corporations-Staat* geschaffene Kultur bewirkt genau das Gegenteil; sie stumpft das Bewußtsein des einzelnen ab. Ein perfektes Beispiel dafür bietet die Unterhaltungsmusik; man lernt, *nicht hinzuhören,* und muß sich wirklich abschirmen, weil man ihr überall ausgeliefert ist. Aber die Fähigkeit, nicht hinzuhören, ist auch eine Art Taubheit, die nicht ohne weiteres geheilt werden kann, und ein derart taubes Individuum muß schließlich feststellen, daß es auch dann, wenn es zuhören will, nicht mehr hören kann. Henry James hat festgestellt, daß die ständigen und rasch aufeinanderfolgenden kulturellen Veränderungen sowie die rasende Geschwindigkeit, mit der wir alle die Kultur aufnehmen, gleichermaßen eine abstumpfende Wirkung ausüben. Ein hastig verschlungenes französisches Gericht, die Errichtung eines neuen Gebäudes als Ersatz für ein altes, das erst zwanzig Jahre alt ist, Reisen von einer Küste zur anderen in wenigen Stunden, neue Modelle von Autos und Geräten, ehe man die alten richtig kennt — das alles führt zu einer Verminderung von Bedeutung,

Sensivität und Bewußtsein. Von der Dumpfheit der Unterhaltungsmusik ist es nur ein kleiner Schritt bis zu jener Armeeausstellung im Museum für Wissenschaft und Industrie in Chikago, wo man (laut *New York Times* vom 19. März 1968) Kinder dazu einlud, in einen Hubschrauber zu steigen und aus Maschinengewehrattrappen Ziele auf einem Diorama von Vietnam zu beschießen. Unter diesen Zielen befand sich auch eine vietnamesische Hütte, und eine elektrische Birne leuchtete jedesmal auf, nachdem es einen *Volltreffer* gegeben hatte. Die Ausstellung wurde nach einem Protestsitzstreik geschlossen. In seinem Buch über Hiroshima *Death in Life* hat Robert Jay Lifton die allgemeine Sinnesabstumpfung als eine Folge der Atombombe bezeichnet; die Abstumpfung ist aber auch eine Folge unserer eigenen Kultur. Wir stumpfen nicht bloß gegenüber den augenblicklichen Erlebnissen ab; erst die Verneinung eines möglichen Erlebnisses zeigt das volle Maß der von der Kultur des *Corporations-Staates* erzeugten Verarmung. Abenteuer, Herausforderung, Gefahr, Phantasie, Schrecken und Magie sind aus dieser Kultur verbannt, die alles ruhig, sicher und gleichmäßig angenehm zu gestalten versucht.

Die vielleicht stärkste und am wenigsten sichtbare Auswirkung des durch den *Corporations-Staat* erzeugten Verarmungsprozesses liegt in der Zerstörung der Gemeinschaft. Außer Brot und Wasser braucht der Mensch vor allem einen Kreis von Menschen, die Zuneigung für ihn empfinden; der Mensch ist ein Gemeinschaftswesen, das sich nach seinesgleichen sehnt. Wenn ein Bulldozer in der Landschaft einen Hügel aufreißt und planiert, können wir sehr wohl das Resultat sehen, aber das Erlebnis echter menschlicher Gemeinschaft ist heute dermaßen eingeengt, daß wir seinen Verlust kaum bemerken. Wir sind so beschäftigt mit den Ersatzprodukten, daß die entstandene Leere mit Betriebsamkeit verdeckt wird. Die Zerstörung der Gemeinschaft ist vor allem eine Folge der industriellen Revolution; wir haben über Folgeerscheinungen wie die Vernichtung von Dörfern und den harten Konkurrenzkampf bereits gesprochen. Uns geht es hier nun um die Fortsetzung dieses Prozesses in der Welt des *Corporations-Staates* und seine Wirkung auf das Phänomen Ersatz, durch das echte Gemeinschaften durch falsche ersetzt werden. Der *Corporations-Staat* setzt zum Beispiel die Zerstörung des nachbarschaftlichen Verhältnisses fort, und die Menschen in den Büros und den Apartments müssen sich nach neuen Formen des Zugehörigkeitsgefühls umsehen. Diese werden durch eine Stellung bei einer großen Firma und durch die Mitgliedschaft in einem Berufsverband geschaffen. Doch dort wird den Menschen nicht die Möglichkeit gemeinsamen Erlebens geboten; das sind, wie Kurt Vonnegut sagt, falsche Freundschaften, denn ihr Zweck liegt außerhalb des einzelnen. Ein Juwelierverband oder ein Schwimmklub kann wohl Zusammenkünfte veranstalten, eine Verbandszeitung herausbringen und seinen Mitgliedern eine Art Identität verleihen, aber die Verbindung basiert auf einer falschen Grundlage. Das kommt einem nur nicht zum Bewußtsein, da es in einer solchen Organisation immer sehr geschäftig zugeht.

Paradoxerweise hat die von der amerikanischen Gesellschaft am höchsten geschätzte Form der Gemeinschaft, die Familie, am stärksten unter dem *Corporations-Staat* gelitten. Die Technik hat die Familie fast all ihrer Funktionen beraubt. Es gibt nichts mehr, was sie gemeinsam durchführen könnte — am wenigsten eine gegenseitige Erziehung. Der Staat will aus der Familie eine Konsumeinheit machen, die dazu da ist, fernzusehen, Produkte für die Freizeitgestaltung und Dienstleistungen in Anspruch zu nehmen und ihr Leben in einer unechten Kultur zu leben. Der Staat will seine Konsumeinheiten so klein wie möglich halten; gäbe es nicht gewisse biologische Bedingungen, für die noch kein geeigneter Ersatz gefunden worden ist, wäre der alleinstehende Mensch für die Zwecke des Staates die bestmögliche Einheit. Heute hat die Herrschaft des Staates zur Folge, daß die alten Leute von der übrigen Familie getrennt, zu Nutzlosigkeit und Vereinsamung verdammt werden; Tanten und Vettern werden ebenfalls ausgeschlossen, und die Familie ist auf die *Urzelle* von Eltern und kleinen Kindern zusammengeschrumpft. Die Technik hat eine Kultur der Jugend geschaffen, in der der Mensch für seine spätere Position im System sowie als Konsument ausgebildet wird; daraus ergibt sich, daß die Kinder bei Erreichen der High-School praktisch nicht mehr Teil der Familie sind. Somit bleiben nur noch die Eltern übrig — obgleich auch sie durch den Beruf des Mannes und die zunehmend spezialisierten Funktionen der Frau bereits getrennt sind. Daraus geht eindeutig hervor, daß diese Familie als Einheit nicht groß genug ist, um die Wärme, die Sicherheit und die trauliche Atmosphäre gegenseitiger Zuneigung zu garantieren. Gewiß, zwei sind mehr als einer, aber das ist nicht genug. Auch wenn das Paar nach einer Lösung dieses Problems sucht, kann es sie nicht finden. Die Dinnerpartys am Freitag- und Samstagabend mit ihren stundenlangen fruchtlosen Unterhaltungen geben keinem Teilnehmer Wärme; wenn Wärme, Zuneigung, Zärtlichkeit und Geselligkeit Speisen wären, könnte jemand allabendlich auf Dinner- und Cocktailpartys gehen und würde trotzdem bald verhungern.

Was hat nun der Staat als Surrogat für die Zuneigung geliefert? Zunächst und vor allem *Liebe* und *Sex*, denen man von der Pubertät an wie wild und mit Hilfe unzähliger Verbrauchsgüter nachjagt, die sich jedoch als merkwürdig unpersönlich und unbefriedigend herausstellen; sodann eine ganze Reihe von *Beschäftigungen*, angefangen vom Skilaufen bis zum Sammeln von Antiquitäten, also Hobbys, die von kleineren Gruppen betrieben werden. Danach kommen die organisierten Gruppen, denen anzugehören äußerst zeitraubend ist und die die Menschen unmittelbar zusammenführen; das ist aber auch schon alles. Schließlich bietet die Gesellschaft die Theorie, wonach der Sinn des Daseins im Gebrauch von Gegenständen und nicht im Zusammenleben mit Menschen besteht. Die Surrogate — und es gibt ihrer viele — haben bewirkt, daß wir uns der eigentlichen Verluste gar nicht bewußt werden. Der Verlust der Gemeinsamkeit läßt sich eben nicht so ohne weiteres erkennen wie ein durch schwarzes Rohöl verunreinigter Strand. Die Surrogate sind aufregend, kostspielig und attraktiv, gelegentlich spürt man zwar das Frösteln der Einsamkeit, doch ihre Ursache bleibt weiterhin unbekannt.

Die Mittelklasse teilt sich in einen Bezirk der Verheirateten und einen Bezirk der Alleinstehenden. Beide sind in geistiger Hinsicht Antigemeinschaften, da sie die Menschen voneinander trennen und sich selbst überlassen. Der Bezirk der Verheirateten befindet sich größtenteils in den Vorortesiedlungen und einigen Eigentumshäusern und Apartments innerhalb der Stadt. Erkennen läßt sich diese Art des Lebens am besten in einem der modernen Einkaufszentren. Das Wesen dieser Einrichtungen besteht darin, daß die Menschen dort, außer in den Läden und den kommerziellen Unterhaltungsbetrieben, den vielen Restaurants und Kinos, nichts gemeinsam unternehmen können. Das Einkaufszentrum ist kein *Zentrum*, sondern ein leerer, öder Ort, denn nichts, was den Menschen menschlich macht — Gelegenheiten zum Spielen, zum schöpferischen Tun und Treiben —, hat dort einen Platz. Diese Treffpunkte der Antigemeinsamkeit sind nichts anderes als Parkplätze für in sich selbst eingekapselte Menschen.

Die vom modernen Staat auferlegte Isolierung zeigt sich am deutlichsten im Leben der Unverheirateten und der Alleinstehenden. Es spielt sich in den großen, oftmals neuen und großzügig angelegten Apartmenthäusern ab, deren Wohnungen Einheiten von ein oder zwei gleichartigen Zimmern bilden. Außer im Foyer, im Fahrstuhl und vielleicht noch in einem Waschraum im Keller kann man nirgends einem anderen begegnen, selbst wenn man wollte. Jeder erlebt seine Momente der Verzweiflung, der Langeweile und des Glücks in steriler Absonderung; man kocht sich jede Mahlzeit allein, liest jedes Buch allein und hört sich jede Schallplatte allein an. Selbst wenn das Gebäude eine Hotelatmosphäre hat und den Mietern gemeinsamen Swimming-pool und Sonnenterrasse bietet, ändert das nichts, denn die Antigemeinschaft drückt sich in geistiger Hinsicht noch deutlicher aus als in physischer. Für Unverheiratete in den Zwanziger- oder frühen Dreißigerjahren findet der Antigemeinschaftsgeist seinen Ausdruck in regelmäßigen *dates,* diesen Verabredungen, auf denen man nach einem Ehepartner oder nach Zuneigung vom anderen Geschlecht sucht. Die Verabredungen der Erwachsenen unterscheiden sich von jenen der Jüngeren durch eine brutal schnelle Abschätzung des Partners nach seinem Status, seinen Karriereaussichten, seiner Persönlichkeit, seinen Ansichten. Während das Zusammensein den vorgeschriebenen Ablauf nimmt, vom Restaurant über die Unterhaltung zum späten Drink in einer Bar, wägen die Parteien in Gedanken die Vor- und Nachteile ab — jemand, mit dem man gelegentlich zum Essen ausgehen kann, gegenüber der Chance, einen Besseren kennenzulernen; jemand, der an einer Ehe interessiert, aber sonst überhaupt nicht aufregend ist; jemand, mit dem man sich sehen lassen kann, zu dem man aber sonst keine Beziehung findet.

Am Sonntag ist das Gefühl der Antigemeinschaft in einer Stadt am stärksten, denn an diesem Tag gibt die Arbeit dem Leben keine Richtung, nichts hindert einen *zu tun, was man möchte,* und man kann einen schlechten Tag niemandem anderen in die Schuhe schieben. Niemals braucht man die Gesellschaft der anderen so sehr wie im Vergnügen. Deshalb ist der Sonntag der grausamste Tag von allen; die Leute sitzen auf Bänken, spazieren an geschlossenen Läden vorbei, fahren in einen Park oder einen Zoo oder bleiben ganz einfach zu Hause; am Sonntag muß jeder, ob alleinstehend oder mit Familie, die Welt allein gestalten.

In späteren Jahren geben die alleinstehenden Menschen, vor allem die Frauen, die Suche nach dem Partner auf; gelegentlich trifft man sich zum Abendessen in einem Restaurant mit den *girls,* wie man alleinstehende Frauen bis ins hohe Alter hinein nennt; langsam sammelt sich in ihrer Wohnung ein Durcheinander von altmodischem Krimskrams an; Schmerzen und Zipperlein nehmen zu und lassen das Wartezimmer des Arztes, die Apotheke und das Medikamentenschränkchen zu neuen Schwerpunkten des Lebens werden. Nun besteht die Antigemeinschaft aus folgenden Realitäten: Jeder hat die Sorgen des Lebens allein zu tragen, von den Freuden ist nichts mehr übriggeblieben, weil man sie nicht teilen kann, und die Institutionen, die einen am Ende aufnehmen werden — Pflegeheime, Krankenhäuser, Sanatorien —, rücken immer näher und überschatten das Leben, bis es dann wirklich soweit ist.

Im Rückblick auf dieses Kapitel erkennt man, daß der Mensch seine heutige Gesellschaftsform nicht allein durch die Ausbeutung der Natur — des Landes, der Wälder, der Luft — geschaffen hat, sondern auch durch die Ausbeutung aller Reichtümer seiner Kultur. Ob Liebe, Musik, Tanz, Arbeit oder Religion, alles ist durch die sich ausbreitende Technik geschändet und entehrt worden. Marx sah die Ausbeutung in bezug auf den Lohn der menschlichen Arbeit, wir aber können sie heute auf *sämtliche* Werte in unserer Gesellschaftsordnung beziehen. Die Technik und das System, das auf den Verbrauch orientiert ist, haben mehr angerichtet, als unserer sichtbaren Umwelt Schaden zuzufügen und unsere Sinne zu beleidigen, sie haben uns vieler fundamentaler und lebenserhaltender Kräfte beraubt, nämlich jener Elemente, in denen das größte Potential der menschlichen Entwicklung liegt.

Wir haben hier mit Bedacht das Phänomen Verarmung durch Ersatz so ausführlich beschrieben, um zu verdeutlichen, warum die meisten von uns, obwohl sie die Einbußen theoretisch erkennen, trotzdem überzeugt sind, daß es sich hier nicht unbedingt um Folgeerscheinungen des *Corporations-Staates,* sondern um Funktionsstörungen handelt, die sich durch eine Vervollkommnung der Staatsmaschinerie beheben lassen; und warum wir unser Bewußtsein so weit haben einschläfern lassen, daß wir die Verluste, wenn überhaupt, nur theoretisch wahrnehmen, ohne darüber besonders empört oder verzweifelt zu sein.

Hinzuzufügen ist lediglich, daß auch dieser Vorgang kumulativ ist. Wiederum ist das Ganze mehr als die Summe seiner Teile. Wir leben in einer Welt, in der Echtes systematisch durch Künstliches ersetzt worden ist. Man verlängert die Jugend durch das Studium, man nötigt junge, mit Unruhe und Energie geladene Menschen weit über jedes vernünftige Maß hinaus, in Vorlesungssälen und Bibliotheken zu hocken, Fakten auswendig zu lernen, Referate zu schreiben und für Examen zu pauken. Die Frauen fahren Kombiwagen, betreuen Organisationen und sind den ganzen Tag über rastlos tätig. Mit den Jahren haben wir uns nach und nach an einen immer rasender werdenden Lebensrhythmus gewöhnt, in dem neue Erfahrungen immer rascher auf uns einstürmen, während die Menschen immer schneller essen, reden und denken.

Eine Welt, die künstlich ist, ist auch leblos, und eine Gesellschaft, die darauf bedacht ist, eine künstliche Welt zu bauen, wird zum Baumeister des Todes. Der Inbegriff all dessen ist der Astrorasen, ein künstliches Fußballfeld mit Nylonbüscheln, die *besser als Rasen* sind, eine Polsterung haben, die Stöße auffängt und *selbst bei strömendem Regen nicht verschlammt,* so daß *die Spieler das ganze Spiel hindurch frisch und sauber bleiben;* außerdem besitzt der Astrorasen eine grasgrüne Farbe, die im Winter nicht verblaßt und für die Füße besser als Erde ist. So also gehen wir mit unseren Mitteln um, während die Armen immer ärmer werden.

Da man zuließ, daß sich Technik und Konsumgüter ohne Führung, Kontrolle und Wertmaßstäbe entwickelten, entstand eine Kultur, die zutiefst lebensfeindlich ist. Sie verursacht Platzangst, ist beengend, erstickend und erzeugt Angstgefühle, weil die Lichtblicke des Lebens — Gemeinschaft, Arbeit, schöpferisches Tun, Bewußtsein und Abenteuer — verdunkelt worden sind. In dieser künstlichen Welt kann man vielleicht an einem schönen Sonntag im Frühling nirgends mehr hingehen, weil es keine Wälder, Felder oder Küsten gibt, die nicht durch Lärm, Hochspannungsdrähte, Bauarbeiten und Zerstörung zuschanden gemacht wurden. Für den, der in diese Welt hineingeboren wird, gibt es keine offenen Wege für Körper und Geist, sondern nur die langen, harten, asphaltierten Autostraßen ins Nichts. Denn trotz aller wissenschaftlichen Prophezeiungen und Entdeckungen, bei allem Wohlstand, allen Freiheiten ist das Leben nicht reicher, sondern nur enger und erbärmlicher geworden; und Menschen, die um die Möglichkeit einer reichgedeckten Tafel wissen, müssen in Entbehrungen, Leere und Verzweiflung leben. Der amerikanische *Corporations-Staat* grinst der heutigen Jugend gespenstisch zu: *Tritt ein, es wird dir gefallen — es ist fast, als würde man leben.*

VIII

Die Maschinerie beginnt sich selbst zu zerstören

Der *Corporations-Staat* mit seinem massiven und konzentrierten Machtapparat erscheint Reformen oder Revolutionen gegenüber unangreifbar. Dennoch wurde der Staat in den letzten Jahren von heftigen Unruhen heimgesucht und von zahllosen Gruppen unzufriedener und ärgerlicher Bürger in Bedrängnis gebracht. Wie kann das geschehen, wo doch die Position des Staates so gefestigt und seine Kritiker so schwach, so uneinig sind und kein richtiges Programm besitzen? Meine Theorie besagt, daß der Staat selbst gerade dabei ist, an seinem eigenen Untergang zu wirken. Die Maschine hat die Arbeit der Revolution übernommen. Der Staat ruft Kräfte auf den Plan, die durchführen, was kein Revolutionär jemals erreichen konnte. Und es gibt nichts, was der Staat durch Unterdrückung oder Machtanwendung ausrichten könnte, um das Weiterwirken dieser inneren Kräfte zu verhindern.

Der entscheidende Glaubenssatz der politischen Theoretiker bestand darin, daß der Staat in der Lage wäre, sein Volk zufriedenzustellen. Die nachdenklicheren unter diesen Theoretikern werden jedoch zugeben, daß der Staat tiefreichende Mißstände aufweist und genug Schaden anrichtet, um einem ganzen Dutzend von Revolutionären eine Existenzberechtigung zu geben. Diese Mängel und Mißstände allein können jedoch die Staatsmaschinerie nicht zum Stillstand bringen, solange sie vom Volk hingenommen werden, solange das Volk überzeugt ist, daß es ihm trotz aller Schwierigkeiten besser geht denn je. Die Vertreter des Establishments meinen, der Staat könnte genug Reformen durchführen, um den meisten Anforderungen in ausreichendem Maß gerecht zu werden. Einige Ideologen der Linken stimmen dem zu. Herbert Marcuse schrieb in *Der eindimensionale Mensch*, der Staat wäre durchaus in der Lage, den Menschen hinreichend Glück und Befriedigung zu verschaffen, um sie dem Verlust ihrer Freiheit gegenüber in Unwissenheit und Gleichgültigkeit zu halten. Unterhaltung, Sex und billige Freizeitgestaltung, ja selbst ein paar harmlose Andersdenkende sind die Mittel, die der Staat einsetzen kann, um eine wirkliche Rebellion bereits im Keim zu ersticken. Aber viele Vertreter der neuen Linken sind der Meinung, daß der Staat nur durch eine Revolution aus den Angeln zu heben sei.

Im Jahre 1965 schien diese Ansicht allerdings gerechtfertigt und gaben ihr nahezu alle Umstände recht. Heute jedoch, aus der Perspektive weiterer fünf vergangener Jahre, ist deutlich geworden, daß der *Corporations-Staat* unmöglich erreichen kann, was man von ihm erwartet. Um zu gewährleisten, daß die Massen entweder unter dem Establishment oder nach Marcuses Theorie glücklich und friedfertig bleiben, ist eine Regierungsform erforderlich, die erstens klug, flexibel, aufgeschlossen und fähig sein muß, zu erkennen, wie man den Mißständen abhelfen kann, und die zweitens ihre Einsicht wirksam in die Praxis umsetzt. Eine solche Regierung müßte sich fest in der Hand ihrer führenden Männer befinden. Aber es liegt in der Natur des *Corporations-Staates*, daß er von keinem kontrolliert werden kann, weder im Sinne der wohlgemeinten Absicht, menschliche Werte zu erhalten, noch im Sinne der machiavellistischen Absicht, das Volk zu befrieden.

Wir haben eine ganze Reihe von Gründen gefunden, weshalb eine noch so geschickte und anpassungsfähige gesellschaftliche Kontrolle in der Realität undurchführbar ist. Das politische System ist zu starr, und die maßgebenden Interessengruppen sind zu geschickt und mächtig, um einen Umschwung zu ermöglichen; obendrein verhindert die Interpretation der Regierung als Management es ohnehin, daß neue Initiativen ergriffen werden und sich eine neue Art des Denkens durchsetzt. Die augenblickliche Regierung hat, ebenso wie die meisten großen Konzerne, offensichtlich keinen einzigen Mann in verantwortlicher Position, der genügend Einblick hätte, um zu wissen, was zu tun ist. Wenn die Befriedigungstheorie Marcuses für die Praxis zuträfe, würde der *Corporations-Staat* ja den Gebrauch von Marihuana legalisieren, das die jungen Leute glücklich macht. Allein die Tatsache, daß der Staat bis jetzt nicht imstande war, diesen Schritt zu unternehmen, ganz gleich, wieweit dies zur Erhaltung seiner Macht beitragen würde, zeigt, wie gering die Aussichten für eine gelenkte Befriedigung sind.

Aber nicht nur diese Unfähigkeit des Staates bewirkt seine Zerstörung von innen heraus, es sind auch noch andere Kräfte am Werk, die den Staat unmittelbar unterminieren und aushöhlen, Widersprüche innerhalb seiner Struktur, die das soziale Gefüge auseinanderreißen. Die wesentlichen Kräfte dieser Art, auf die wir gleich zu sprechen kommen werden, untergraben die Motivation des arbeitenden Menschen, die Befriedigung des Konsumenten und die Bereitschaft aller Bürger, *das öffentliche Interesse* vor ihre eigenen unmittelbaren Wünsche zu stellen.

Das Zentrum der staatlichen Macht liegt in der Geschicklichkeit, das Volk in einem Zustand falschen Bewußtseins zu halten. Der Staat konnte sich bislang praktisch jede Vernunftwidrigkeit und Absurdität leisten, solange dieses falsche Bewußtsein gewahrt war. Neuerdings aber zeigt es sich, daß der Staat in einer Weise vorgeht, die sich für ihn recht fatal auswirken muß: Er hat begonnen, sich in Dinge einzulassen, die Illusionen und Legende von Bewußtsein I und II zerstören. Solange diese Illusionen noch intakt waren, war die Macht des Staates unbegrenzt, aber nun wendet sich seine eigene Tollheit gegen ihn, und er beginnt sich selbst zu zerstören. Mit all den Mitteln, die er besitzt, die Menschen von der Wahrnehmung der Wahrheit abzuhalten, beginnt er nun, ihnen die Wahrheit aufzuzwingen. Die Zerstückelung von Bewußtsein I und II hat größtenteils nur Bitterkeit, Zynismus, Verzweiflung und dumpfe Wut gegen einen unsichtbaren Feind hervorgebracht. Dort jedoch, wo die Pfeile der Wahrheit jene erreichten, deren Hoffnung und Lebenskraft am stärksten war, hat dies nicht nur zu einer bloßen Ablehnung des Staates, sondern zu etwas weit Gefährlicherem geführt: zu einem neuen Bewußtsein.

Wenden wir uns vorerst der Ursache der Unzufriedenheit beim Arbeiterkonsumenten zu. Der *Corporations-Staat* ist von zwei menschlichen Grundbedingungen abhängig: von einem willigen Arbeiter und einem willigen Verbraucher. Dort sind daher auch seine verletzlichen Stellen. Bewußtsein II liefert die Motivation: Der einzelne ist für das öffentliche Interesse tätig; er arbeitet für Status und Privilegien im Rahmen des Systems; er konsumiert gemäß den Geboten des falschen Bewußtseins und muß dafür noch härter arbeiten; so dreht sich das Rad. Dadurch wird das System vom Weiterbestand eines Bewußtseins abhängig, das zu arbeiten und zu verbrauchen gewillt ist. In den vorangegangenen beiden Kapiteln haben wir aufgezeigt, daß Arbeit und Konsum in unserer Gesellschaft in Wirklichkeit künstlich aufgezwungen und unbefriedigend sind; Bewußtsein II hält die Menschen davon ab, diesen Verarmungs- und Aushöhlungsprozeß zu erkennen. Aber diese Unwissenheit wird nicht notwendigerweise für immer anhalten; der *Corporations-Staat* bewegt sich auf gefährlich dünnem Eis.

Der Staat gibt sich alle Mühe, um den Arbeiterkonsumenten weiterhin zufriedenzustellen. Aber darin liegt auch der Widerspruch: Der übersteigerte Konsument ist vielleicht nicht länger ein williger Arbeiter. Um Konsumenten für eine ständig wachsende Flut von Produkten zur Verfügung zu haben, braucht der *Corporations-Staat* Menschen, die für hedonistische Vergnügungen, für beständige Abwechslungen und für eine wachsende Freizeit leben. Um jedoch Arbeitskräfte für die Produktion zu besitzen, braucht der Staat Menschen, die immer mehr Selbstverleugnung und Selbstdisziplin aufbringen und die immer stärker eingeengt werden. Theoretisch sollen sie den Zwang ihrer Tätigkeit auf sich nehmen, um die Freuden des Konsums zu genießen. Aber diese Theorie stimmt ganz und gar nicht. Für manche Menschen stimmt sie schon deshalb nicht, weil ihnen ihre harte Arbeit für Freuden und Genuß weder Zeit noch Kraft läßt. Für manche stimmt sie deshalb nicht, weil jemand, der dazu verleitet wird, an das Prinzip der Lust und des Hedonismus zu glauben, schwerlich am Grundsatz des Dienens festhalten kann. Und den meisten Menschen macht es einfach ihre Persönlichkeit unmöglich, beständig zwischen Selbstverleugnung und Vergnügungen hin und her zu pendeln.

Sobald sich jemand erst an die diversen Genüsse, Annehmlichkeiten und Vergnügungen verkauft hat, fällt es ihm schwer, länger an seine Arbeit zu glauben. Wenn der Fabrikarbeiter an seinem Fließband an schneebedeckte Berge und ferne Küsten und der Industrieanwalt über seinen Büchern an Auslandsreisen denkt, nimmt bei beiden die Begeisterung für ihre Arbeit eher ab als zu. Es gibt also in Amerika eine subversive, revolutionäre Kraft, an der mit der Tüchtigkeit des *Corporations-Staates* geschaffen wird.

Erreicht dieser Widerspruch die Neger, erzeugt er die wütende Angriffslust einer Bevölkerungsschicht, die glaubt, man hätte sie benachteiligt. Erreicht er den einfachen Arbeiter, entsteht auch bei ihm Verärgerung, nur daß dieser ja an den *Corporations-Staat* glaubt und für seine Unzufriedenheit daher etwas anderes, zum Beispiel die Kommunisten, verantwortlich macht. Und erreicht der Widerspruch die Jugendlichen aus der breiten Mittelklasse, bringt er Hippies hervor.

Der große Verkaufsschlager Amerikas heißt *Freiheit.* Amerika ist ein *freies* Land, es gehört zur *freien Welt* im Gegensatz zur kommunistischen Welt. Aber was bedeutet diese Freiheit wirklich? Unmerklich ist es so weit gekommen, daß sie Konsumentenfreiheit bedeutet. Konsumentenfreiheit ist die Freiheit zu reisen, Ski zu laufen, ein Haus zu kaufen, eine tiefgefrorene chinesische Mahlzeit einzunehmen, ein Leben im Stil der *heutigen Generation* zu führen, die Freiheit, sich alles kaufen und überallhin fahren zu können. Für die Arbeit jedoch gibt es keinerlei Freiheit mehr. Die krasse Unterdrückung der Persönlichkeit, die wir beschrieben haben — Leistungsgesellschaft, Charaktertests, Arbeitsvorschriften —, tritt in Verbindung mit der Arbeit auf; der Arbeiter, der Werktätige lebt nicht in einem *freien Land.* Aber kann man die Freiheit des Konsumenten an der Bürotür ablegen?

Weit entfernt von der Freiheit, werden dem Konsumenten andere Wünsche suggeriert. Betrachten wir vorerst die Reklameindustrie und ihre Techniken, die die sichtbare Seite einer sehr viel tiefer reichenden Philosophie der Konsumenten darstellt und deshalb leichter untersucht werden kann. Der Großteil der Werbung ist bestrebt, einen Verbrauchsartikel unter Ausnutzung eines unbewußt vorhandenen Bedürfnisses zu verkaufen, als da sind: Sex, Status, Erregung. Kauf dir unser Automobil, und sie gehören dir alle drei — sagt die Reklame. Aber in dem Bemühen, unter Nutzung dieser Bedürfnisse mehr und mehr Verbrauchsartikel an den Mann oder die Frau, den Sohn oder die Tochter zu bringen, kann die Reklame nicht anders, als die Intensität dieser Bedürfnisse zu steigern. Ein Mann will aber dann nicht nur das Auto, sondern er will auch mehr Sex, einen höheren Status und mehr Abwechslung haben. Werbung und Reklame sind also geradezu prädestiniert, Unzufriedenheit zu schaffen. Unzufriedenheit aber ist kein Spielzeug — sie ist die Hefe der Revolution.

Im allgemeinen wird angenommen, die amerikanische Wirtschaft bringe es nicht nur fertig, Wünsche und Bedürfnisse zu wecken, sondern sie verstehe es auch recht gut, diese zu befriedigen. Schafft man aber im Menschen zuerst ein Verlangen nach Sex, Status und Erregung und verkauft man ihm dann lediglich ein Auto, bleiben die anderen Wünsche vermutlich unbefriedigt. Die geschaffenen Bedürfnisse sind echt, die Befriedigung aber ist unecht. Da bringt eine Zeitungsanzeige eine Abbildung von einer Gruppe junger Menschen an einem herrlichen Strand; sie sind schön, glücklich, gesund und fröhlich. Das weckt die Sehnsüchte des Schreibtischmenschen. Aber daß es sich dabei um eine Verkaufsanzeige für Strandbekleidung handelt, merkt er kaum.

Hinter dem Widerspruch Arbeiter—Konsument liegt ein Problem für den Staat. Die amerikanische Gesellschaft hat kein tragfähiges Konzept von der Arbeit. In einer Anzeige für Samthosen anläßlich des Vatertages steht *Für die glücklichsten Stunden* — und gemeint sind damit die Stunden, in denen Vater nicht arbeitet. Es wird also gar nicht mehr von uns erwartet, daß wir bei der Arbeit glücklich sind, daß wir in ihr Befriedigung finden. Jedenfalls gibt es keine Reklame, die den Stolz des Handwerkers oder die Disziplin des Arbeiters weckt. Ebensowenig ist irgendein Mensch davon überzeugt, daß er zum Wohl der Gemeinschaft tätig ist. Statt dessen wird der Glauben erweckt, daß man für Geld und Status arbeitet. Das bedeutet für Geld und Status eine drückende Verpflichtung, die sie nicht länger tragen können.

Geld und Status bieten Befriedigungen, die in erster Linie relativ sind; es muß einem immer relativ gutgehen im Vergleich zu den anderen. Die amerikanische Gesellschaft wird aber zunehmend im Sinn einer hierarchischen Rangordnung organisiert. Das bedeutet für den Durchschnittsarbeiter das Ende des amerikanischen Traumes von Gleichheit und Demokratie. Am Arbeitsplatz herrscht ein starres Kastensystem, und die Aufstiegsaussichten für einen älteren Mann sind gering. Die Rangstellung eines Menschen in der Hierarchie wird immer mehr zum Maßstab seiner Befähigung und darüber hinaus auch zum Maßstab für den ganzen Mann. Immer noch ist Amerika dem Verlierer gegenüber mitleidlos. Wenn eine ganze Gesellschaftsordnung hierarchisch ausgerichtet und diese Hierarchie pyramidenförmig ist, können eben nur wenige die Befriedigung genießen, höhere Stellungen zu bekleiden. Wollte jeder in seiner augenblicklichen Stellung zufrieden sein, müßte er schon ein beträchtliches Maß an Glauben an die Gerechtigkeit seines Schicksals besitzen. Natürlich war die Stellung eines Menschen innerhalb der Gesellschaft niemals eine Folge der Gerechtigkeit, im Gegenteil, je starrer die Hierarchie war, desto deutlicher wurde die Ungerechtigkeit. Unsere heutige Hierarchie gleicht jener des Mittelalters, nur daß wir heute keinen Gott mehr haben, mit dem wir sie rechtfertigen können. Dafür haben wir die verderbliche Stimme aus dem Fernsehgerät, die jedem zuruft: *Vergrößere dein Prestige!* Eine Hierarchie in einem Land, das sich als das Land der allgemeinen Chancengleichheit bezeichnet, ist von vornherein ein labiles Gebilde. Es muß noch hinzugefügt werden, daß ein Großteil der Entscheidungen, die den Status festlegen, ganz offensichtlich unfair ist und in keinem Verhältnis zu den Verdiensten einer Person steht, daß die Kriterien für Ernennung und Beförderung meist falsch, mitunter völlig absurd sind, daß jene, die Verdienste beurteilen, in zunehmendem Maße selbst fragwürdig sind und daß keinerlei Gerechtigkeit hinsichtlich der Ausgangsbasis des einzelnen Menschen herrscht. Die Folge davon ist, daß der Status eines Menschen ihn keineswegs an seine Arbeit bindet, sondern nur noch die Quelle einer hochgradigen Unzufriedenheit mit seiner Arbeit wird.

Jene, die die Neue Linke kritisieren, betonen immer wieder, daß Marx nicht recht gehabt habe: Die Menschen in Amerika sind mit ihrer Arbeit zufrieden. Nach der marxistischen Theorie brachte die Arbeit dem ausgebeuteten Industriearbeiter keine Genugtuung, er wurde einzig und allein vom Hunger und anderen unmittelbaren Bedürfnissen angetrieben. Im ökonomischen Sinn gibt es heute wohl weniger *ausgebeutete Arbeiter;* die Masse der Werktätigen sitzt in Büros, ist gewerkschaftlich geschützt und erhält einen gerechteren Lohn. Aber jede Arbeitsleistung wird in steigendem Maße um des äußeren Gewinnes willen verrichtet und bringt keine innere Befriedigung mehr. Die Tätigkeiten sind sinnlos geworden, weil sie in keiner erkennbaren Verbindung zu einem sozialen Bedürfnis stehen; hat die Ausbeutung durch die Industriearbeit abgenommen, so hat die augenscheinliche Sinnlosigkeit des Papierkrams zugenommen. Genau wie Marx es vorausgesagt hat, sind die Werktätigen heute nicht befriedigt. Durch materielle und psychologische Entschädigung und durch ein irreführendes Bewußtsein werden sie von einer offenen Rebellion abgehalten. Aber wenn diese Illusionen schwinden, wird die wahre Entfremdung der Werktätigen eindeutig zutage treten.

Macht sich nicht bereits eine Rebellion der Arbeitnehmer bemerkbar? Denken wir doch nur an die Gleichgültigkeit, mit der so viele Menschen ihren Aufgaben nachgehen. Ein junger Anwalt von heute lehnt es ab, die herkömmlichen Überstunden zu machen und seine Arbeit mit der althergebrachten Sorgfalt zu erledigen. Ein Auto muß dreimal zur Werkstatt gebracht werden, ehe man den Mechaniker überreden kann, es zu reparieren. Handwerkliches und fachliches Können lassen auf ganzer Linie nach. In den meisten Büros herrscht ein allgemeines Unbehagen; man verschwendet so viel Zeit wie möglich beim Mittagessen und für die Kaffeepausen und widmet der Arbeit nur wenig Aufmerksamkeit. Dieselbe

Erscheinung kann man in den Schulen und an den Universitäten beobachten, wo jede Arbeit auf passiven Widerstand stößt, und in den Fabriken, wo nur noch mürrische, verdrießliche Unzufriedenheit herrscht. Auf irgendeine Weise versagt plötzlich die innere Antriebskraft. Das alles ist eine bedeutsame, spontane Rebellion, und wir müssen sie als eine solche erkennen.

Am deutlichsten tritt das völlige Fehlen einer sinnvollen Einstellung zur Arbeit in den amerikanischen Filmen in Erscheinung. Manche Filme stellen die Männer lediglich in ihren Liebesaffären oder im Müßiggang dar, andere schildern den Typ des unbeholfenen, arbeitenden Ehemannes als komische Figur. Beinahe jeder Film zeigt einen Mann mit einem Beruf, der eindeutig außerhalb der modernen Industriegesellschaft liegt. Er mag ein Cowboy sein, ein Siedler aus der Pionierzeit, ein Privatdetektiv, ein Gangster, ein Abenteurer wie James Bond oder ein Starreporter. Doch kein einziger Film ist bemüht, etwas von der Bedeutung und Genugtuung zu vermitteln, die in der Arbeitsleistung eines Durchschnittsmenschen liegen können. Im Gegensatz dazu behandeln die Romane von George Eliot, Hardy, Dickens, Howells, Garland und Melville das wirkliche Leben der einfachen, arbeitenden Menschen und geben ihnen durch die künstlerische Form der Darstellung eine umfassende Bedeutsamkeit. Unsere Künstler, unsere Werbefachleute, unsere Großen haben uns jedoch nicht gelehrt, wie wir in unserer Welt arbeiten sollen.

Wenn die heutige Reklameindustrie das Bild des freien Konsumenten in einer hedonistischen Welt malt, wo die Arbeit nur als Mittel zum Zweck betrachtet wird, dann steuert die Maschine des *Corporations-Staates* auf ihren eigenen Untergang zu. Man denke nur an die Armen. Eine Verkaufswerbung, die ein Publikum ansprechen soll, das wohlhabend ist, wirkt sich auch (mit vielleicht gesteigerter Suggestivkraft) auf diejenigen aus, die sich Luxus nicht leisten können; Werbung und Reklame wecken die Sehnsüchte der Armen, ohne ihnen eine Befriedigung zu gewähren. Es ist schon möglich, daß die Armen heute *besser dran sind als je zuvor,* doch kann man kaum von ihnen erwarten, daß sie zufrieden sind, nachdem sie eine Fernsehsendung gesehen haben; denn da wird pausenlos ein *besseres Leben* zur Schau gestellt. Die reichen Leute wissen wohl, daß nicht jeder Tag Glanz und Gloria bringen kann, ja sie begreifen sogar, daß einer, der alles hat, diese Dinge möglicherweise gar nicht will. Die Armen aber können das nicht verstehen; Fernsehreklame übt auf den einfachen Mann also eine weit stärkere Wirkung aus. Kann man sich da noch wundern, daß es zu Aufruhr und Tumulten kommt? Das Fernsehen verursacht leidenschaftliche Unzufriedenheit und ist ein Hohn auf die Zuseher. Selbst der begüterte Mann in leitender Stellung mag nach den Anforderungen und Anspannungen eines gehetzten Arbeitstages von Unruhe beschlichen werden, wenn er auf dem Bildschirm eine herrliche Küstenszene mit jugendlichen Wellenreitern sieht. Arbeite härter, sagt das Fernsehen, und du kannst Urlaub in Kalifornien machen. Aber halb unbewußt muß er sich auch wieder sagen, daß diese Aussicht für ihn, je härter er arbeitet, um so weniger wahrscheinlich wird — wirkliche Wellenreiter arbeiten nämlich überhaupt nicht.

Wenn das Fernsehen also die Armen zum Aufruhr treibt, wer kann sagen, was es erst für den Normalverbraucher aus der breiten Mittelklasse bedeutet, der zwar schon viele der angebotenen Produkte in Besitz und Gebrauch hat, dem aber die Freiheit und die Empfänglichkeit fehlen, sie zu genießen? Feststeht nur, daß es Zweck aller Verkaufswerbung ist, Unzufriedenheit zu stiften; und wenn die amerikanische Mittelklasse vorerst noch verhältnismäßig zufrieden ist, wird das Fernsehen dafür sorgen, daß sich das bald ändert.

Eine spezielle Bedeutung hat die Konsumentenideologie für die Jugend. Da wir ihr, der neuen Generation, ein besonderes Kapitel widmen werden, sollen hier ein paar Worte genügen. Die amerikanische Wirtschaft hat die Zeitspanne des Jungseins in hohem Maße verlängert, teils durch die Notwendigkeit einer längeren technischen Ausbildung, teils durch die Knappheit der zur Verfügung stehenden Posten; sie hat aus der Jugend einen gesonderten, großen und florierenden Absatzmarkt gemacht, um noch mehr Produkte zu verkaufen; sie hat es verstanden, den Kaufwettbewerb bei den Jugendlichen durch ständig wechselnde modische Veränderungen und Neuheiten zu stimulieren. Hier hat es die Reklameindustrie mit einer Gruppe zu tun, die noch nicht voll in die Gesellschaft integriert ist und die deshalb der Aufforderung, *jetzt und heute* zu leben, weit empfänglicher gegenübersteht als ihre etablierten Eltern. Auf diese Weise ist die moderne Werbung imstande, gleichzeitig ein Maximum an Unzufriedenheit und ein Minimum an Bereitwilligkeit zu schaffen, die Fron und Plackerei des Lebens hinzunehmen.

So kommt es, daß der *Corporations-Staat* aus sich heraus Rebellion und Empörung erzeugt. Wir haben es dabei mit einer Rebellion zu tun, die weiterwachsen wird, ob nun die Rebellen oder die Linke etwas unternehmen werden oder nicht. Und der Staat — gleichgültig, wie viele Warnungen noch an ihn ergehen werden — kann nichts tun, um den selbstmörderischen Kurs zu ändern. Der Staat muß weiterhin Unzufriedenheit erzeugen, es bleibt ihm keine andere Wahl. Jeder Erwachsene weiß, daß die Aufforderung an die Jugend, immer schnellere Autos zu kaufen, eine Aufforderung zum Selbstmord ist. Und ein Film, *Wild in den Straßen,* forderte die Teenager auf, LSD in die Wassertanks zu geben, die Herrschaft in Amerika zu übernehmen und alle Leute über Dreißig in Lager zu transportieren und dort ihr Denken umzuformen. Diese Art von Werbung ist nun wahrhaftig subversiv, aber trotzdem brächte die größte und bestausgerüstete Sicherheitspolizei der Welt es nicht fertig, die Übeltäter dingfest zu machen beziehungsweise die revolutionäre Wirkung einzudämmen.

Wenn der bereitwillig arbeitende Mensch die eine Hälfte der Antriebskraft des *Corporations-Staates* ausmacht, stellt der bereitwillige Konsument die andere Hälfte dar. Freilich steht die Konsumzufriedenheit hinter der Arbeitsunzufriedenheit zurück. Die gesamte Wirtschaft ist darauf ausgerichtet, Konsumenten zu befriedigen, während das Arbeitsleben vernachlässigt wird. Der Gedanke an einen Aufstand der Konsumenten erscheint in dieser größten Konsumgesellschaft der Welt so undenkbar wie Unterernährung in einem Supermarkt. Nichtsdestoweniger beginnen sich die ersten Anzeichen einer Revolte der Konsumenten zu zeigen. Sie werden zunehmen; einige von ihnen, die gerade sichtbar wurden, während ich diese Zeilen niederschrieb, will ich doch festhalten. Es sind kleine, aber düstere Vorzeichen.

In den Zubringerzügen nach New York, die beständig in Verspätungen geraten, haben sich Fahrgäste geweigert, ihr Fahrgeld zu entrichten. Als die Telefongesellschaft das Fernsprechnetz auf automatischen Selbstwählbetrieb umstellte, kam es zu kleineren Rebellionen. In den Supermärkten hat es lokale Revolten gegen die Preise gegeben, und bei Fluggesellschaften war es zu zahlreichen Äußerungen des Unwillens gekommen. Als in New York eines Tage wieder einmal ein U-Bahn-Zug auf der Strecke stehenblieb, wurden die Fahrgäste aufgefordert, auszusteigen und einen anderen Zug zu nehmen. Aber die Leute blieben einfach stumm und spontan sitzen; sie weigerten sich. Das sind kleine, aber unheilverkündende Vorzeichen.

Zwei Formen von Konsumentenrevolten sind bereits allgemein

geworden: die Revolte gegen die unzulänglichen öffentlichen Einrichtungen und jene gegen die verheerenden Eingriffe in die Umwelt. Ein vielzitiertes Beispiel für die erstgenannte Form war die Revolte in der Ocean-Hill-Brownsville-Schule in New York, wo die Elternschaft Einspruch gegen die Art der Erziehung erhob, die ihre Kinder erhielten. Häufig sind Proteste und Beschwerden gegen Eingriffe in die Natur durch Autostraßen, Flugplätze, Schädlingsbekämpfungsmittel und Bulldozer. Hier mag es sich nicht im direkten Sinn um Revolten der Konsumenten handeln, denn die Einsprüche richteten sich nicht gegen ein Produkt oder eine Dienstleistung, sondern gegen deren Nebenwirkungen. Doch Autostraßen, Flugplätze und chemische Schädlingsbekämpfungsmittel sind nun einmal für die Allgemeinheit da, und wenn ihre Nebenwirkungen auf eine allgemeine Opposition stoßen, muß man daraus schließen, daß ihr Nutzen für viele Menschen unter diesen Bedingungen nicht länger sinnvoll ist.

Die eigentliche Revolte der Konsumenten ist, wie gesagt, erst im Kommen. Das Potential ist gewaltig. Unsere Gesellschaft erzeugt Produkte, die unzuverlässig und gefährlich sind, deren leicht auftretende Schäden nicht zu reparieren sind beziehungsweise die ohne den Erwerb eines zweiten Produkts unbrauchbar sind (ein Auto ohne Parkplatz). Manche Erzeugnisse lassen einen deutlichen Qualitätsschwund erkennen, andere können erschreckend gefährlich werden, wenn sie falsch gehandhabt werden. Überraschenderweise ist die Technik auf die verschiedensten Arten für Defekte anfällig. Hinzu kommt die Inflation, die Neuanschaffungen immer schwieriger macht, so daß man beobachten kann, wie man buchstäblich von Jahr zu Jahr ärmer wird.

Wir haben zuvor aufgezeigt, was für ein großer Teil unserer Verbrauchsgüter dadurch finanziert wird, daß man die Mittel dafür lebenswichtigen sozialen Einrichtungen entzieht. Das beginnt den Wert der Befriedigung des Konsumenten zu reduzieren. Was nützt eine Eigentumswohnung in einem neuen Hochhaus, die 250.000 Dollar kostet, wenn infolge des allgemeinen Verfalls von Schulen und Berufsausbildung im Vestibül oder im Fahrstuhl bereits ein Räuber lauert? Wozu ein luxuriöses Haus, wenn man in ihm wie im Gefängnis hinter verriegelten Toren — von Wächtern, Hunden und Schildern geschützt — in steter Angst vor der aufgebrachten und mißgestimmten Bevölkerung leben muß?

Die hier angeführten Fälle könnten belanglos sein, wäre der Verbraucher abgehärtet und besäße er das notwendige Selbstvertrauen, seine Ansprüche und Bedürfnisse etwas im Zaume zu halten. Aber in derselben Weise, wie wir Arbeitskräfte hervorbringen, die immer unwilliger arbeiten, erzeugt unsere Gesellschaft Verbraucher, die immer unzufriedener werden, ganz egal, was sie bekommen. Der produzierende Teil unserer Wirtschaft will einen Konsumenten, der sich passiv verhält, der wenig Talent hat, sich zu beschränken, und dessen Bedarf ständig wächst. Ein solcher Konsument besitzt auch wenig Talent, eine bestimmte Befriedigung durch eine andere zu ersetzen, falls die Umstände das erfordern. Wie ein verwöhntes Kind ist er immer schwieriger zufriedenzustellen. Verzögert sich eine Mahlzeit an Bord eines Flugzeuges, ist er nicht imstande, eine andere Zerstreuung zu genießen, bis die Dinge wieder in Ordnung gebracht sind. Er ist ein potentieller Rebell, weil die Reklameindustrie ihn gelehrt hat, einer zu sein.

Die offene Rebellion wird schon deshalb wahrscheinlich, weil die *Befriedigungen,* die der Konsument zu genießen lernte, immer weniger befriedigen. Eine Fluglinie, die sich als reines Verkehrsmittel deklariert, kann durchaus befriedigend sein; eine andere, die ihre Reklame auf Essen und Trinken und die übrige Betreuung im Flugzeug konzentriert, bietet dem Konsumenten Freuden an, die so künstlich sind, daß man ihn damit kaum lange halten kann. Ähnlich ist es mit einem Motorboot auf einem kleinen See — es befriedigt weniger als ein Kanu. Das Vergnügen *verbraucht* sich rascher. In einer Kurzgeschichte, *The Midas Plague,* schildert Frederik Pohl, ein Science-fiction-Autor, eine Zeit, in der selbst das Konsumieren der besten Erzeugnisse derartig lästig und beschwerlich wird, daß ein Mensch vom Staat um so mehr gezwungen wird zu konsumieren, je *ärmer* er ist; jedem unglücklichen einzelnen wird ein Verbrauchssoll aufgezwungen. Die Hippies haben die Befürchtungen des Autors zumindest in dem Punkt widerlegt, daß sie gegen alle Konsumgüter protestieren. Ihre Art der Rebellion erinnert nur so lange an Don Quichote, als wir uns nicht der übrigen schlimmen Vorbedeutungen, die ich erwähnt habe, bewußt sind.

Das Endprodukt der völlig übersättigten Konsumgesellschaft mag durchaus ein Wesen sein, das der Übersättigung entgegenwirkt, ein wurzelloses und wahrhaft befreites Individuum, das für den *Corporations-Staat* schließlich eine Bedrohung wird. Angenommen, ein Junge oder ein Mädchen wächst in einem modernen Haus aus Plastik auf, dessen Bodenbeläge und Möbelstücke nicht mehr Individualität besitzen als die Einrichtung eines Hotels. Ein solches Kind wird mit seiner Umgebung wenig verbunden sein. Ein Kind, das ein echtes Zuhause besitzt, entwickelt ein Gefühl der Anhänglichkeit, aber das Kind aus dem Plastikheim ist überall *zu Hause,* es kennt kein Gefühl der Verbundenheit. In diesem Zustand sklavisch-passiver Abhängigkeit von den Konsumgütern, die seine Eltern vermutlich nie abwerfen werden, kann das Kind plötzlich erkennen, daß es all diese Konsumgüter verachten kann. In diesem Augenblick ist es frei.

Die Probleme des Werktätigen und des Konsumenten, so fundamental sie auch sein mögen, sind nur Beispiele für einen Bruch im Bewußtsein, der noch tiefgreifender ist. Veranschaulichen läßt sich diese neue Skepsis am Beispiel der Einwirkung des Fernsehens auf die junge Generation. Ein junger Bursche früherer Generationen entdeckte seine Wirklichkeit draußen vor der eigenen Tür. Er begegnete der Welt der Farm oder der Großstadt, er erprobte sie und verschaffte sich seine eigenen Kenntnisse über Pferde, Kühe, Kürbisse, Geschäfte, über andere junge Menschen; das Wissen, das er sich erwarb, trog nicht. Im hohen Alter vielleicht, wenn er seine Erinnerungen und Erlebnisse wiedererzählte, verwandelte er sie in Legenden, doch diese Legenden hatte er aus seiner Wirklichkeit geformt. Beim Fernsehkind verläuft der Prozeß umgekehrt. Unsere Gesellschaft legt großen Wert darauf, daß den Kindern der vorgeschriebene Sagenstoff beigebracht wird, in der Schule, in Filmen und an erster Stelle und am gründlichsten auf dem Fernsehschirm. Die Welt des Fernsehens stellt dar, was unsere Gesellschaft zu sein behauptet und woran wir alle glauben sollen. Wenn das Fernsehkind jedoch der realen Welt begegnet, muß es erkennen, daß sie ganz anders ist. Es begegnet nicht den sauberen bürgerlichen Vororten, sondern den elenden Slums der Wirklichkeit. Es begegnet nicht dem idealistischen Staatsmann des Fernsehschirms, sondern mittelmäßigen, engstirnigen und korrupten Politikern. Es begegnet auch nicht dem ewigen Lächeln, der unbeirrt guten Laune, die ihm aus den Coca-Cola-Reklamen vertraut sind, sondern Angstgefühlen und Monotonie. Und wenn dieser Glaube des Kindes einmal zerstört ist, kann man den Bruch nicht wiedergutmachen. Gesellschaft und Fernsehen fordern bedingungslose Gläubigkeit; sobald das kindliche Weltbild zerstört ist, bleibt nur bedingungsloser Unglaube. Das Kind einer früheren Generation konnte manche seelische Schocks ertragen, ohne gleich seinen Glauben zu verlieren, aber die Religion, die heute gelehrt wird, ist so total, daß sie einen Schock nicht überlebt. So wird aus dem Kind ein Mensch, der an allem zweifelt. Er durchschaut jede Pose und jeden Vorwand; er glaubt nichts von dem, was man ihm sagt; er erlebt das charakteristische Gefühl der neuen Generation: Verrat.

Jede Gesellschaft hat ihre Schwierigkeiten, Rückschläge und ihre Rebellionen, aber sie brauchen nicht unbedingt zum Umsturz zu führen. Entscheidend ist, wie die Gesellschaft auf ihre Probleme reagiert. Obwohl wir hier Probleme aufgezeigt haben, die äußerst tief gehen, die die Verarmung der Umwelt und der Persönlichkeit und so vieles anderes Widersprüchliches mit sich bringen, könnte der Staat viel tun, um die Konsequenzen zu vermeiden, abzuschwächen oder zumindest hinauszuzögern. Wir alle wissen, welche Maßnahmen man zur Bekämpfung der Armut auf dem Land, gegen die Umweltverschmutzung und gegen die verheerenden Zustände in den Städten ergreifen könnte. Man könnte auch Schule und Beruf etwas weniger bedrückend gestalten. Aber unsere Gesellschaft scheint keinerlei Schritte für ihre Selbsterhaltung zu unternehmen; statt dessen hat sie die eigentlichen Probleme, die sie bedrängen, noch verschärft. Unsere Gesellschaft wählte Unbeweglichkeit und Unterdrückung. Der Staat unterläßt jegliche Aktion, um Unglück zu verhüten, und hinterher, wenn es zu spät ist, ergreift er die strengsten Unterdrückungsmaßnahmen gegen die Symptome; diese Unterdrückung ist natürlich Selbstverteidigung. Wie das vor sich geht, können wir am besten an einigen Beispielen aufzeigen, doch mag es ganz nützlich sein, vorerst zu erklären, wie dieses Schema entsteht.

Die eigentlichen Ursachen der Starrheit und der Unbeweglichkeit sind bereits besprochen worden. Die Struktur des Staates bietet keinerlei Handhabe, ihn zu kontrollieren; sämtliche Kontrollmechanismen sind systematisch beseitigt worden. Je umfassender und schwerfälliger die Bürokratie wird, desto weniger Möglichkeiten zur Flexibilität bleiben ihr. Je mehr politische Grundsätze in Gesetzen erstarren, desto schwieriger wird es, diese Grundsätze zu ändern. Wenn der Staat, wie das bei uns der Fall ist, von seinen Angestellten in zunehmendem Maß *Treue* verlangt, werden alle politischen Gegner entlassen oder eingeschüchtert, und so bleibt niemand übrig, der in der Lage wäre, diese Politik zu ändern.

Die augenblickliche republikanische Verwaltung (unter Präsident Nixon) bietet ein besonders drastisches Beispiel für die Ausscheidung aller Andersdenkenden aus den politischen Beratungsgremien. Der Präsident und die Mitglieder seines Kabinetts sind Vertreter der führenden Klasse der Geschäftswelt. Es gibt nicht einen einzigen Mann unter ihnen, dem es auch nur entfernt möglich wäre, die grundlegenden Bedürfnisse des Landes zu begreifen. Also ist auch kein einziger da, der jene Maßnahmen ergreifen könnte, die ergriffen werden müßten. Von Männern, die ihr ganzes Leben in der geschäftlich-politischen Welt verbracht haben, deren Freunde aus dieser Welt kommen, die sich kaum die Zeit nehmen, ein Buch zu lesen oder sich mit Leuten einzulassen, die anders denken als sie, kann man schwerlich erwarten, daß sie die Neger oder die Jugendbewegung begreifen. Wenn es in der Regierung keinen einzigen Menschen gibt, der wirklich versteht, worum es geht, gibt es auch im gesamten System keinen, der dem Staat helfen könnte, seine Probleme auf positive Weise zu erledigen. Es ist keiner da, aus dem ein Staatsmann werden, keiner, der die Initiative ergreifen, keiner, der für die Erneuerung eintreten könnte.

Vielleicht liegt der Grund für die starre Unterdrückung durch die Verwaltung in dem naheliegenden Umstand, daß diese Unterdrückung eben so viel einfacher anzuwenden ist als jedes andere Mittel, sie kostet wenig Nachdenken, scheint so wenige Fragen aufzuwerfen und schadet allem Anschein nach auch dem amerikanischen Mythos nicht. Es ist ja ein althergebrachter amerikanischer Gedanke, mit einem Übelstand fertig zu werden, indem man ihn verbietet. So hat der Senator McClellan 1965 eine Gesetzesvorlage *Zum Verbot der Mafia und ähnlich gearteter Verbrechersyndikate* eingebracht.

Wer Probleme durch Niederhaltung löst, anstatt ihrer Herr zu werden, erzeugt eine spannungsgeladene, in Angst lebende Gesellschaft. Eine typische *saubere,* mittelgroße amerikanische Stadt wird zu einem Ort der Beklemmung; jeder hat Angst — vor Verbrechern, vor Kommunisten oder vor nackt umherlaufenden Leuten. Die Polizisten liegen überall auf der Lauer, und jeder hat das Gefühl, beobachtet zu werden. Greifen die Gesetze strenger durch, verfangen sich alle möglichen Leute, auch hohe und einflußreiche Persönlichkeiten des öffentlichen Lebens, in ihrem Netz.

Die Frage, ob die städtischen Angestellten das Recht hätten zu streiken, bietet ein gutes Beispiel für den Symptomkomplex von Starrheit und Unterdrückung in seiner selbstzerstörerischen Auswirkung auf den Staat. Im Staate New York sind Streiks öffentlicher Angestellter gesetzlich verboten. Aber das fortgesetzte Versagen der Verwaltung und schließlich auch das Versagen der Bürger in der Bereitstellung der nötigen öffentlichen Mittel bedeuten, daß die Löhne der Angestellten der Stadt New York der Inflation nicht angepaßt werden und mit jenen der Privatwirtschaft nicht Schritt halten können. Wir haben es hier mit einem echten Dilemma zu tun, denn ein Streik der städtischen Angestellten kann zu einer Katastrophe führen. Doch ein Antistreikgesetz, das in keiner Weise zur Lösung der Probleme beiträgt, muß die Arbeitnehmer erzürnen. Wenn hochtrabende Leitartikel in der Presse erklären, daß Gesetz eben Gesetz ist, bewirkt dies nur eine Radikalisierung der Arbeitenden, die wieder einmal davon überzeugt worden sind, daß die Gesetze lediglich ein Werkzeug in der Hand ihrer Feinde sind. Und der Staat rückt seinem Untergang wiederum einen Schritt näher.

Betrachten wir nun die Aufstände in den Gettos der großen Städte und ihr Nachspiel. Aus den amtlich durchgeführten Untersuchungen geht eindeutig hervor, daß es zu diesen Aufständen im Grunde genommen unbewußt gekommen war; angestaute Wut und Enttäuschung kamen ohne eigentliches Ziel und ohne jeden Plan zum Ausbruch. Trotz überwältigender Beweise dafür, daß unter diesen Umständen nicht polizeiliche Verfolgung, sondern eine Verbesserung der grundlegenden Lebensbedingungen erforderlich wäre, versäumte es die Regierung nicht nur, in positiver Weise zu handeln, sondern sie verstärkte noch die bestehende Unterdrückung. Also verstärkte sich die Überzeugung der Neger, die seit unzähligen Jahren die Ungerechtigkeit des Staates zu ertragen haben, daß für sie im amerikanischen Mythos kein Platz war.

Das Problem Marihuana demonstriert in besonders eindringlicher Weise den selbstzerstörerischen Symptomkomplex Starrheit und Unterdrückung. Nach jeder sinnvollen Theorie sollte der Gebrauch von Marihuana legal sein: nach der konservativen Lehre, nach der das Individuum vom Regierungssystem unabhängig sein soll; nach der liberal-reformistischen Lehre, nach der Einschränkungen nur angebracht sind, wenn sie wissenschaftlich gerechtfertigt sind; nach der von Marcuse aufgestellten Theorie, nach der sich die moderne Regierung von der Unzufriedenheit loskaufen kann, indem sie Freuden und Genüsse zuläßt, die die Menschen besänftigen. Und bekennen wir uns einfach zu einer praktisch realistischen Einstellung, dann sind die gesetzlichen Bestimmungen gegen Marihuana in ihrer willkürlich gewaltsamen Anwendung wirkungslos und ungerecht, zerstören die Achtung vor dem Gesetz und radikalisieren gleichzeitig jene Menschen, vornehmlich die jungen, die strafrechtlich verfolgt und bedroht werden für etwas, was in ihren Augen eine angenehme, ganz persönliche Gewohnheit ist. Nichts bedroht den Bestand des Staates so unmittelbar wie die augenblicklichen Marihuanabestimmungen, und doch hält der Staat an seinem selbstmörderischen Kurs fest, da er diese Bestimmungen noch verschärfen will. Auf kurze Sicht mögen diese Gesetze viele Verhaftungen einbringen, auf lange Sicht jedoch führen sie zur Selbstauflösung des Staates.

Das Resultat all dieser Widersprüchlichkeiten und dieser Unterdrückung ist nämlich die Zerstörung des gesellschaftlichen Gefüges. Schon können wir Ansätze dazu erkennen. Seltsamerweise sind es durchaus nicht die Andersdenkenden, die diese zerstörerische Entwicklung anführen, sondern die Kräfte des Establishments. Viele Anzeichen dafür kann man in den wiederholten Streikbewegungen beobachten, in den *unabdingbaren* Forderungen und den übrigen gewaltsamen Taktiken, die vielen als die einzigen Mittel erscheinen, etwas durchzusetzen. So glauben die städtischen Gewerkschaften, sie müßten Gesetz und *öffentliche Interessen* außer acht lassen, um ihre Ansprüche durchzusetzen, auch wenn die Unterbrechung einer lebenswichtigen Dienstleistung durch ihre Streiks verursacht wird. Die Neger und andere Minoritätengruppen sind in zunehmendem Maß davon überzeugt, daß sie nur durch Gewaltanwendung etwas für sich erreichen können. Immer mehr Menschen glauben anscheinend, daß sich nur durch Zwang und rohe Gewalt etwas erreichen ließe. Und während das Vertrauen in das waltende System schwindet, bleibt nur die reine Gewalt.

Die schwerwiegendsten Schädigungen im sozialen Gefüge treten dann ein, wenn das Recht selbst rechtlos wird. Auch das geschieht heute, nicht nur auf die subtile Weise, von der wir zuvor sprachen, sondern in einer Form, die von jedem wahrgenommen wird. Die Polizei fängt an, Demonstranten zusammenzuschlagen oder auf andere Weise zu züchtigen, anstatt sie rechtmäßig zu verhaften. Die Bundesverwaltung mißachtet ihre eigenen Gesetze und Richtlinien und läßt private Gespräche belauschen und Telefongespräche nach Belieben abhören. Professoren und Studenten werden unliebsamer Ansichten wegen drangsaliert. Polizeispitzel finden immer häufiger Verwendung und verbreiten Argwohn und Mißtrauen. Immer wieder hört man von Zwischenfällen, bei denen die Polizei rücksichtslos durchgreift: Ein Polizeibeamter hält einen jungen Autofahrer an, verlangt seinen Führerschein, um ihn dann vor den Augen des Jungen zu zerreißen. Man verdächtigt die Polizei, Rauschgift in Häusern und Wohnungen zu verstecken, wenn eine Razzia erfolglos verläuft; in New Jersey begann die Polizei, nachdem sie keine Beweise gegen einen vermeintlichen Gangster finden konnte, des Nachts seine Schlafzimmerfenster mit Scheinwerfern anzustrahlen, um ihn damit aus dem Staat zu vertreiben (*New York Times*, 25. Januar 1969).

Jedesmal wenn ein Polizist einem Jungen den Führerschein zerreißt, wird ein Radikaler geboren. An einer staatlichen Universität auf Long Island (Stony Brook, eine keineswegs radikale Anstalt) radikalisierten wiederholte nächtliche Störaktionen der Polizei, die nach Rauschgiftsüchtigen suchte, die Studenten derart, daß sie Polizeiautos mit Steinen bewarfen, eine Wächterhütte in Brand steckten, zweihundert Fensterscheiben zerbrachen und bei Eintreffen der Feuerwehr auch deren Wagen mit Steinen attackierten (*New York Times*, 24. Mai 1969). So durchlöchert der in seiner eigenen Starrheit und Unterdrückung gefangene Staat in immer größer werdendem Umfang das alte Bewußtsein, während er auf der anderen Seite durch sein Versagen, mit den eigentlichen Problemen fertig zu werden, der allgemeinen Unzufriedenheit beständig neue Nahrung liefert.

Die offizielle Rechtlosigkeit, die Korruption im Verwaltungsapparat, die Heuchelei in der Öffentlichkeit und ähnliche Tendenzen, die wir hier beschrieben haben, hinterlassen Spuren im sozialen Gefüge, die auf den ersten Blick in ihrer Wirkung nicht voll ermessen werden können. Spürbar zu werden beginnt die Wirkung erst, wenn das Volk beginnt, nicht länger an den Staat zu glauben; wenn die Leute von einem Gerichtsgebäude als dem *Sitz der Ungerechtigkeit* sprechen, wenn sie zu der Ansicht kommen, daß sich Gerechtigkeit und Gleichheit nackter Gewalt beugen müssen; wenn ihr *Glaube an das öffentliche Interesse* schwindet, dann ist das gesamte Fundament, auf dem die Autorität des Staates beruht, unterhöhlt. Autorität wird durch Zwang ersetzt, und auf dieser Basis kann sich auf die Dauer keine Gesellschaft behaupten.

Ein Anzeichen für diesen Niedergang des Glaubens an den Staat ist die steigende Zahl von Schulkindern, die stehlen, wann immer sie unbemerkt davonkommen können. Sie betrachten alles, was in ihren Augen zum *System* gehört — den Supermarkt, die Fernsprecher, die Tankstellen —, als einen legitimen Tummelplatz für ihre Streiche, bleiben jedoch in ihren persönlichen Beziehungen ehrenhaft. Irgendwie wollen sie eben dem System *einen Fußtritt* versetzen.

Blieben Starrheit und Unterdrückung auf innenpolitische Bereiche beschränkt, wäre es unter Umständen möglich, den *Corporations-Staat* trotz allem zu retten, denn um ein Volk dahin zu bringen, seine eigene Gesellschaftsform in Frage zu stellen, bedarf es besonders arger Mißstände. Aber die Krankheit hat sich bereits über die Landesgrenzen hinaus verbreitet, sie schuf den Kalten Krieg mit all seinen Folgen, den Verteidigungsapparat und Vietnam. Nichts hat so sehr wie dies dazu beigetragen, Bewußtsein I und II zu zerstören. Diese Entwicklung verdient es, von unserem Gesichtspunkt aus betrachtet, noch einmal verfolgt zu werden.

Jedes Land besitzt Feinde, seien diese nun lediglich in der Phantasie der Politiker oder wirklich vorhanden; jedes Land besitzt einen militärischen Verteidigungsapparat und führt gelegentlich Krieg, sei es nun, daß dieser notwendig ist oder nicht. Illustriert wird diese Feststellung durch die beiden Weltkriege, die von einem Amerika geführt wurden, das noch nicht zum *Corporations-Staat* geworden war. Diese Feststellungen sollen nicht zynisch sein, sie sind einfach eine historische Tatsache. Sie wurden gemacht, um einen Normalzustand aufzuzeigen, an dessen Maßstäben man den Kalten Krieg und den Vietnamkrieg messen kann. Denn der Vietnamkrieg ist ein ganz und gar ungewöhnliches Phänomen; ein Ungeheuer, das aus dem Wahnsinn des Staates geboren wurde.

Der Krieg stellt eine Form des Wahnsinns dar, bei der die Fähigkeit zu denken ein negatives Extrem erreicht. Angenommen, ein Autofahrer ist gerade dabei, seinen Wagen in eine Parklücke zu stellen, da schiebt sich ein anderer Wagen dazwischen. Der erste Mann mag sich in diesem Moment berechtigt fühlen, dem zweiten Mann ein paar beleidigende Worte zuzurufen. Doch angenommen, der erste Mann greift zu einem Extrem und legt eine Zeitbombe in das Auto des zweiten Mannes, so daß dieser in die Luft gesprengt wird, sobald er auf das Gaspedal tritt. Danach geht der erste Mann zum Wohnhaus des zweiten Mannes und brennt es mitsamt der Frau und den Kindern des zweiten Mannes nieder. Danach vergiftet er noch den Hund der Familie, der dem Brand entkommen ist, und schließlich legt er sich für zukünftige Handlungen des Angriffs oder der Verteidigung noch ein ungeheuer großes Waffenlager an.

Wenn wir einer derartigen Vorgangsweise im realen Leben begegnen, erkennen wir sofort, daß es sich dabei um eine Form von Wahnsinn handelt. Es gibt in dem Film *Big Business* mit dem bekannten Komikerpaar Laurel und Hardy eine recht komische Szene, in der die beiden nach einem an sich unbedeutenden Vorfall das Haus eines anderen zertrümmern, während dieser vor der Tür ihr Auto zerschlägt; das ist lustig, aber das Gelächter klingt ein wenig gezwungen. Edgar Allan Poe nimmt in seiner berühmten Erzählung *Das Faß Amontillado* genau diese Art des Wahnsinns zum Vorwurf: Beleidigungen, die zu gräßlichen Racheakten führen. Es gibt in der Literatur und in der Geschichte vielerlei Beispiele für ähnliches Tun, doch keines ist so extrem wie der Krieg in Vietnam.

Von einem politisch-ideologischen Streit ausgehend, haben wir in einem Land, das auf der entgegengesetzten Hälfte der Erdkugel liegt, Männer, Frauen und Kinder abgeschlachtet, verbrannt und verstümmelt, haben wir ein ganzes Land verwüstet und haben wir uns mittlerweile ein Waffenarsenal von phantastischen Ausmaßen zugelegt, mit dem man die ganze Welt zerstören könnte. Und wir sind dabei, mehr und immer mehr Waffen herzustellen, bis die Nation in dieser übermäßigen Kraftanstrengung völlig verarmt ist.

Dieser Wahnsinn wird von einer eigenartigen Nebenerscheinung begleitet, er ist nämlich nur ein weiteres künstliches Produkt des *Corporations-Staates.* Dieser Krieg wird von keinen echten Gefühlen, keinen echten Notwendigkeiten, keinen echten Gefahren, nicht einmal von echten Befürchtungen begleitet. Er ist ein Spiel — eine Fortsetzung jener Kriegsspiele, die von Militärs gespielt werden, jener Strategiespiele, die von den Intellektuellen im Untergeschoß des Weißen Hauses gespielt werden, und jener Absatzförderungsspiele, die in Konzernen gespielt werden. Auch haftet ihm die Künstlichkeit eines rein geschäftlichen Unternehmens an: Er muß sich um der Profite und der riesigen Organisationen willen ausweiten.

Das *Bedürfnis* nach dem Kalten Krieg und dem Krieg in Südostasien ist ebenso geschaffen worden wie das *Bedürfnis* nach einem anderen charakteristischen Produkt des *Corporations-Staates,* etwa dem neuen hochrasanten Auto. Jeder dieser Schöpfungen liegt ein Bruchstück Wahrheit zugrunde: Es kann sein, daß wir eine Verteidigungsmacht von ungefähr 100.000 oder 200.000 Mann benötigen; und sicherlich brauchen wir Beförderungsmittel. Aber das heutige Auto, seine hohe Antriebskraft, seine Beziehung zu Status, Sex und Aggression, seine enorme Größe, sein übermäßiger Benzinverbrauch, sein rasches Veralten — dies alles ist genausowenig real wie die angebliche Bedrohung durch ein primitives Volk, das Tausende Kilometer von uns entfernt lebt.

Würde der Krieg wirklich den Bedürfnissen des Imperialismus dienen, er wäre weniger grauenvoll, als er in Wirklichkeit ist; in Wirklichkeit ist er nämlich eine intellektuelle Schöpfung, ein *neues Produkt.*

Der Krieg bringt auch all die übliche Verlogenheit der Fernsehpropaganda mit sich. Er wird ja um der *Freiheit* willen geführt, auch wenn er in Wirklichkeit nur darauf abzielt, eine Diktatur zu verewigen. Es werden *Wahlen* abgehalten, die ein offenkundiger Schwindel sind. *Agrarreformen* werden versprochen, aber nie durchgeführt. Der Krieg ist *moralisch,* er wird von einem Land geführt, das in der ganzen Welt lautstark unmoralische Regierungen unterstützt; und dieser Krieg dient der *Verteidigung* eines Landes, dessen Militärstützpunkte die Welt alarmieren.

Dieser Wahnsinn, diese Künstlichkeit und diese Verlogenheit gehören zum Allgemeingut des *Corporations-Staates.* An allen Ecken und Enden können wir ähnliche Erscheinungen beobachten: das Überschallflugzeug, das fünfzigstöckige Gebäude, die Lernmaschine im Schulraum. Keines dieser Dinge zeugt an sich Rebellion. Es ist ein Unglück für den *Corporations-Staat,* daß der Krieg Atomwaffen schuf, die alles Leben zerstören könnten. Ein noch größeres Unglück für den Staat liegt jedoch darin, daß er unsere unwilligen jungen Leute braucht, um dieses Produkt auf den Markt zu bringen. Der Krieg in Südostasien ist das einzige Produkt des *Corporations-Staates,* das sich nicht verkaufen läßt.

Der *Corporations-Staat* sitzt also in der Falle seines eigenen Produkts. Jahrelange Treibjagden nach subversiven Elementen, abverlangte Loyalitätsschwüre und zahllose parlamentarische Untersuchungskommissionen haben alle jene Persönlichkeiten aus einflußreichen Stellungen entfernt, die vielleicht imstande gewesen wären, diesen Krieg zu beenden. Dazu kommt das Unvermögen der Presse und des Fernsehens, Fakten bekanntzumachen, die es uns ermöglichen könnten, uns selbst zu befreien; ferner das übermäßige Beharren auf dem Patriotismus von Lehrern und Studenten — so wurde eine öffentliche Diskussion verhindert, die dem Staat hätte helfen können, eine Lösung zu finden.

Die Bedeutung und die Ironie des Vietnamkrieges liegen darin, daß der *Corporations-Staat* bisher alles tun konnte, ganz gleich, wie verheerend sich seine Aktionen auf das Leben des einzelnen auswirkten, solange das Bewußtsein, das das Gesamtkonzept akzeptierte, intakt blieb. Auch der Krieg schien das Bewußtsein vieler Angehöriger der breiten Mittelklasse nicht zu berühren, die ihn weiterhin, ebenso wie die Luftverpestung, die Autounfälle oder das Abholzen jahrtausendealter Rotholzbäume, stillschweigend hinnahmen. Aber man hätte den Krieg nicht unseren jungen Leuten offerieren dürfen. Sie waren nicht der geeignete Markt. Und als sie getötet wurden, waren auch ihre Eltern nicht länger der geeignete Markt. Also vermochte der Krieg, was niemand anders vermocht hatte: die Entstehung eines Bruchs im Bewußtsein. Die kleineren Sprünge, die durch den Widerspruch Arbeiter—Konsument oder durch den Symptomenkomplex Starrheit und Unterdrückung ausgelöst worden waren, wirkten sich nur langsam und unbestimmt aus. Es hätten Jahre vergehen können, ehe Marihuana und Unruhen der Katalysator für die tiefe Desillusionierung geworden wären. Der Krieg vermochte dies mit außerordentlicher Geschwindigkeit. Er zerstörte das Bewußtseinsgefüge so gründlich, daß an eine Reparatur nicht mehr zu denken ist. Und er riß eine Lücke in den Glauben an den Staat, die so groß war, daß die Menschen durch sie hindurch auch die übrigen Legenden des *Corporations-Staates* anzuzweifeln begannen. Das Gebäude des *Corporations-Staates* ist auf Beruhigungspillen und Schlaftabletten errichtet, deshalb hätte er nichts tun dürfen, was die Schlafenden wachzurütteln vermochte.

IX

Bewußtsein III: Die neue Generation

Es begann in der Mitte der sechziger Jahre mit einigen wenigen Menschen, dann breitete es sich immer schneller aus: Bewußtsein III sproß erstaunlich und wundersam aus dem steinigen Boden des amerikanischen *Corporations-Staates* empor. So spontan war sein Erscheinen, daß niemand, weder der Scharfsinnigste noch der Radikalste, das Kommende vorhersah oder seinen Beginn erkannte. Es ist nicht verwunderlich, daß viele Leute an eine Verschwörung glauben, denn die Gründe für seine Ausbreitung hier und anderswo waren nicht sichtbar. Fast niemand der älteren Generation, nicht einmal der FBI oder die Soziologen, weiß viel darüber, denn seine Sprache und sein Gedankengut sind so verschieden von Bewußtsein II, daß es buchstäblich zu einem nicht entzifferbaren Geheimcode wurde. Bewußtsein III ist bis jetzt das größte Geheimnis in Amerika, obwohl seine Anhänger, um sich Gehör zu verschaffen, so laut wie nur möglich geschrien haben.

Wir müssen bei den Ursprüngen von Bewußtsein III innehalten, sonst erscheint es zu unwahrscheinlich und zu vergänglich, um als ebenso grundlegend anerkannt zu werden wie Bewußtsein I und II. Ein Element seines Ursprungs wurde bereits beschrieben: die Verarmung des Lebens, die Irrationalität, die Gewalt und die Klaustrophobie des amerikanischen *Corporations-Staates*. Aber wie konnte diese Maschinerie, die offensichtlich dazu geschaffen war, ihre Untertanen in einer ständigen Tretmühle zu halten, plötzlich beginnen, etwas Neues und Unerwartetes hervorzubringen? Das neue Bewußtsein ist das Produkt zweier ineinanderwirkender Kräfte: der Hoffnung des Lebens, ein Versprechen, das jungen Amerikanern von unserem ganzen Wohlstand, unserer Technik, unserer Befreiung und unseren Idealen gemacht wurde, und der Bedrohung dieser Lebenserwartung, dieses Versprechens durch all die Dinge unseres Alltags, von der Neonhäßlichkeit unserer Straßen über die langweiligen Berufe bis zu Vietnam und dem Schatten nuklearer Verwüstung. Weder das Versprechen noch dessen Bedrohung sind in sich selbst der Ursprung. Aber beide zusammen haben das Entstehen bewirkt.

Das Versprechen kommt zuerst. Wir alle haben es gehört: Wohlstand, Sicherheit und Technik machen ein neues Leben möglich, eine neue offene Gesellschaft, neue Freiheit und neue Ausweitung der menschlichen Möglichkeiten. Wir alle haben es gehört, aber für die nach dem Zweiten Weltkrieg geborenen Menschen bedeutet das alles etwas ganz anderes. Ältere Leute haben in einer anderen Welt zu leben gelernt. Es geht wirklich über ihr Vorstellungsvermögen hinaus, diesem neuen Versprechen gemäß zu leben. Die grundlegendsten Beschränkungen des Lebens — der Beruf, der Arbeitstag, die Rolle, die jemand im Leben spielen kann, die Grenzen des Sex, der Liebe, der Partnerschaft, die Grenzen des Wissens und der Erfahrung —, sie alle verschwinden und geben den Weg für ein Leben frei, das ohne die Wegweiser aus der Vergangenheit gelebt werden kann. In der nun entstandenen Welt ist ein Leben des *dolce far niente* möglich, nicht als eine Flucht vor der Arbeit, als Erholung oder kurze Phase, sondern als ganzes Leben, wenn man diese Lebensform wählt. Die Tatsache, daß diese Wahl wirklich getroffen werden kann, ist jene Wahrheit, die die junge Generation kennt und die ältere nicht kennen kann.

Das Versprechen ist für die Angehörigen der jungen Generation durch das Akzeptieren ihrer Persönlichkeit Wirklichkeit geworden. Den früheren Generationen, besonders den Bewußtsein-II-Menschen, wurden ständig Entscheidungen abverlangt in ihrem Bestreben, einen äußeren Standard persönlicher Attraktivität zu erreichen, sei es Popularität, sportliche Fähigkeiten oder Anerkennung durch die Umwelt. Manche Existenzen, außerordentliche Karrieren eingeschlossen, sind unter dem Schatten solchen persönlichen Zwanges gestanden; selbst im fortgeschrittenen Alter sind die Menschen immer noch grundlegend davon beeinflußt. Natürlich ist die neue Generation nicht frei von solchen Problemen. Ob nun auf Grund der neuen Haltung der Eltern, einer weniger belasteten, weniger eingeschränkten Kindheit oder andersgearteter Erfahrungen während der Schulzeit, plagen diese Sorgen unsere Jugend nicht mehr.

Die neue Generation hat die Technik, mit der sie geboren wurde, zu gebrauchen gelernt, während die ältere Generation nicht begreift, was sie selbst erfunden hat. Es ist etwas ganz anderes, verstandesmäßig zu wissen, daß es eine Xeroxmaschine gibt, die alles kopieren kann, und daß eine Pille den sexuellen Verkehr risikolos macht, als mit diesen Tatsachen zu existieren, sie anzuwenden und dadurch zu lernen, durch sie zu leben.

Diese Erfahrungen und Lebenserwartungen werden bis zu einem gewissen Ausmaß von der Jugend jeder Industrienation geteilt. Das neue Bewußtsein ist nicht auf die Vereinigten Staaten beschränkt. Aber Bewußtsein III, die spezifisch amerikanische Form, basiert nicht auf Versprechen allein. Ein Schlüsselwort zum Verstehen seines Ursprungs ist *Verrat.*

Ältere Leute sind darauf ausgerichtet, die Arbeit, die Ungerechtigkeit, den Krieg und die bitteren Enttäuschungen des Lebens als menschliche Bestimmung hinzunehmen. Ihre Auflehnungsfähigkeit wird konsequent betäubt. Aber für jene, die einen Schimmer der wirklichen Möglichkeiten des Lebens erblickt, die Befreiung und Liebe empfunden, die das *gelobte* Land gesehen haben, ist die Aussicht auf einen öden Posten im *Corporations-Staat,* auf ein Leben als Bauer oder einen erbärmlichen Tod im Krieg völlig unerträglich. Darüber hinaus wurde die Stellung des Menschen im amerikanischen *Corporations-Staat* zusehends schlechter, mehr und mehr lebensverneinend, gerade als das Leben erst richtig anfangen sollte. Und über allem schwebt die drohende Vernichtung, realer und erschreckender für junge Leute als für irgend jemand sonst. Für sie ist die Diskrepanz zwischen dem, was ist, und dem, was sein könnte, erdrückend; vielleicht ist dies die größte einzelne Tatsache ihrer Existenz. Die Hoffnung auf Amerika, als das Land der Schönheit und Fülle, das Land der Freien, ist irgendwie verraten worden.

Sie empfinden den Verrat als unerträglichen persönlichen Schmerz. Bohrende Unsicherheit drängt sich zwischen sie und die reichen Möglichkeiten des Lebens — nicht die persönliche Unsicherheit, die ihre Eltern kannten, sondern eine kosmische Unsicherheit. Wird die Nation durch Aufruhr oder Krieg zerrissen werden? Wird ihr Leben durch Tod oder Verletzungen in Vietnam verkürzt werden? Wird die unpersönliche Maschinerie des Staates — Schulen, Berufsleben, Institutionen — sie erdrücken? Über all das hinaus — werden sie einer atomaren Katastrophe entkommen können? (Sie sind die *Generation der Bombe.)* Unsicherheit schärft ihr Bewußtsein und drängt sie zueinander.

Eltern haben unabsichtlich zur Verurteilung der bestehenden Gesellschaft durch ihre Kinder beigetragen. Nicht durch Worte, sondern durch ihre Taten, Gewohnheiten, ihre Art zu leben haben sie ihren Kindern die Botschaft übermittelt: „Lebt nicht auf unsere Art, gebt euch nicht mit der Leere unseres Lebens zufrieden, laßt euch nicht verführen von den Dingen, die wir wertschätzen, versäumt nicht wie wir das Leben und die Liebe." Mit dem unfehlbaren Empfindungsvermögen des Kindes haben die Kinder diese Botschaft des leblosen Lebens ihrer *erfolgreichen* Eltern erfaßt, haben Ehen zerbrechen sehen, weil nichts da war, um sie zusammenzuhalten, haben den Zynismus, die Entfremdung und die Hoffnungslosigkeit selbst in den intakten Familien Amerikas gespürt. Und sie wollen diese Art von Leben nicht führen.

Kenneth Keniston stellt in seinem Buch *Young Radicals* fest, eine der wirksamsten Kräfte bei der Formung der politischen Ideale der neuen Generation sei der Kontrast zwischen den akzeptierten Idealen der Eltern und dem Versagen, nach ihnen zu leben. Keniston fand, daß junge Radikale von der Kindheit her bestimmte Ideale haben und ihnen treu bleiben, während ihre Eltern scheiterten.

Dem ist hinzuzufügen, daß unsere Gesellschaft mit ihrer dogmatischen Forderung, alle Dinge aus einem einzigen Blickwinkel zu betrachten, ihrem dominierenden falschen Bewußtsein und der sich erweiternden Kluft zwischen Theorie und Praxis auf den Punkt zusteuert, wo alles unglaubwürdig wird: Die Konsequenzen für das Bewußtsein der jungen Leute müssen katastrophal sein. Denn so nachdrücklich besteht unsere Gesellschaft darauf, daß ihre *Wahrheit* auf der ganzen Linie voll und ganz akzeptiert werde, und so drastisch sind die bestehenden Diskrepanzen, daß eine einzige Bresche in diesem Damm eine totale Veränderung junger Menschen bewirken kann. Man muß nur an einer Friedensdemonstration teilnehmen und dann in der *New York Times* einen völlig falschen Bericht darüber finden; das ganze Gebäude der *Wahrheit* wird zusammenbrechen.

Die Geschichte von Bewußtsein III zeigt eine faszinierende Entwicklung. Erste Spuren waren bei Thoreau, James Joyce und Wallace Stevens zu finden. Vielleicht steckte immer schon ein wenig von Bewußtsein III in jedem Teenager, aber normalerweise verschwand es wieder rasch. Eine Subkultur des *Beat* erstand, eine Beatnik-Welt blühte kurze Zeit, aber für die meisten Leute war es nur ein neues totes Geleise. Ohne Frage leisteten die Neger einen wesentlichen Beitrag zu den Ursprüngen des neuen Bewußtseins. Sie hatten im *Corporations-Staat* keinen Platz, daher mußten ihre Kultur und ihr Lebensstil zu diesem Staat in Opposition stehen. Ihre triebhafte Musik unterschied sich von der zahmen Musik der Weißen. Ihre Lebensart schien erdhafter, sinnlicher als jene der Weißen. Sie waren die ersten, die offen das Establishment und seine Werte verachteten. Als durch Rock 'n' Roll die Negermusik zu den weißen Teenagern drang und als durch die Bürgerrechtsbewegung ihre Beurteilung Amerikas sichtbar wurde, gab dies der unterschwelligen Erkenntnis der Beatgeneration neuen Anstoß.

Die große Veränderung fand statt, als Bewußtsein III auch bei jungen Leuten auftrat, die keine besonderen emotionellen Belastungen zu ertragen gehabt hatten, sondern einfach kluge, feinfühlige Kinder der wohlhabenden Mittelklasse waren. Es ist schwierig, den Zeitpunkt, wann dies geschah, genau festzulegen. Die eine Zeitbestimmung basiert auf den Collegeabsolventen von 1969, die im Herbst 1965 das Studium begonnen hatten. Ein anderes wichtiges Datum ist der Sommer 1967, als die ganze Gewalt der kulturellen Revolution zum erstenmal sichtbar wurde. Aber auch im Herbst 1967 war die Zahl der Beteiligten noch sehr gering. Die neue Gruppe zog hauptsächlich jene an, die einen hohen Ausbildungsstandard in Dichtung, Kunst, Theater, Literatur, Philosophie und Redegewandtheit erworben hatten. Später begann die Gruppe auch *gewöhnliche* Durchschnittsstudenten anzuziehen. Aber die Kerngruppe bestand immer aus Weißen des Mittelstandes.

Das Phänomen der *Umwandlung* ist in der heutigen Jugend alltäglich geworden. Es ist überraschend, daß über diese Umwandlungen so wenig geschrieben wurde, denn sie sind ein auffallender Aspekt des gegenwärtigen Lebens. Was geschieht, ist einfach dies: In einigen wenigen Monaten ändert ein scheinbar in jeder Hinsicht konventionell eingestellter Student nicht nur seinen Haarschnitt, seine Kleidung, seine Gewohnheiten, sondern auch seine Interessen, seine politische Haltung, seine Einstellung zu anderen Mitmenschen, kurzum seine ganze Lebensweise. Er hat seine Umwandlung zu einem neuen Bewußtsein vollzogen. Der Kontrast zwischen Bildern des sauber herausgeputzten Jungstudenten und demselben Individuum ein Jahr später sagt alles. Aus dem kurzgeschorenen, hart arbeitenden, konventionellen jungen Mann, der Radikale und Hippies geringschätzt, kann ein Jahr später selbst ein Hippie oder Radikaler geworden sein.

Als das neue Bewußtsein die Jugend mehr aus der Allgemeinheit absonderte, begann die jüngere Generation sich selbst als eine Generation zu entdecken. Früher fühlten sich die jungen Leute stärker an ihre Familien, ihre Schule und ihre unmittelbare Umgebung gebunden als an eine *Generation.* Aber nun entstand eine vollständig neue Kultur, die eigene Musik, Kleidung und den Genuß von Rauschgift einschloß und die Jugend von der übrigen Welt abhob. Die Botschaft des neuen Bewußtseins ging mit dieser Entwicklung Hand in Hand. Und je mehr die ältere Generation die Jugendkultur ablehnte, desto stärker wurde die Verbrüderung der Jugend, bis sich alle Jungen von einer Küste zur anderen als Brüder und Schwestern betrachteten. Das ist die Entstehungsgeschichte; versuchen wir nun, den Inhalt von Bewußtsein III zu beschreiben.

Einige Warnungen sind nötig. Erstens unterziehen wir uns, wenn wir Bewußtsein III systematisch und analytisch beschreiben wollen, einem intellektuellen Prozeß, den Bewußtsein III ablehnt; denn es besteht eine tiefe Skepsis gegen *lineares* wie analytisches Denken. Zweitens müssen wir über ein idealisiertes Bewußtsein sprechen und nicht über etwas, das sich in allen seinen Aspekten in jedweder Person zeigt. Die Angehörigen der neuen Generation haben auch ihre Zweifel, ihre Unzulänglichkeiten und ihre Fehler; Bewußtsein III kann auch mit früheren Schablonen und Werten koexistieren. Drittens: Bewußtsein III befindet sich in einem frühen Entwicklungsstadium; seine Elemente müßten wahrscheinlich in ein bis zwei Jahren anders beschrieben werden.

Die Grundlage von Bewußtsein III ist *Befreiung.* Es entsteht in dem Moment, in dem sich das Individuum selbst von der automatischen Anerkennung der Gebote der Gesellschaft und von dem falschen Bewußtsein, das ihm diese Gesellschaft auferlegt, befreit. Zum Beispiel: Der einzelne akzeptiert nicht mehr unbedenklich die persönlichen Zielsetzungen, die die Gesellschaft ihm bietet. Eine Änderung der persönlichen Zielsetzungen ist eines der ersten und grundlegendsten Elemente von Bewußtsein III. Befreiung bedeutet die Freiheit des Individuums, neu anzufangen, sich seine eigene Philosophie, seine eigenen Werte, seinen eigenen Lebensstil und seine eigene Kultur zu erschaffen.

Bewußtsein III beginnt mit dem Ich. Im Gegensatz zu Bewußtsein II, das die Gesellschaft, die öffentlichen Interessen und Institutionen als primäre Realität akzeptiert, erklärt Bewußtsein III das individuelle Ich zur einzig wahren Realität. Das erste

Gebot lautet: Du sollst dir selbst nicht Gewalt antun. Es ist ein Verbrechen, sich dem eigenen Ich zu entfremden, ein gespaltenes, schizophrenes Wesen zu werden, den Sinn des Seins der Zukunft zu überlassen. Man muß im Augenblick voll leben; nicht mit der übersteigerten *Jetztheit* der kommerziellen Werbung, sondern mit der äußersten *Gesamtheit*, die Heidegger ausdrückt. Das Gebot ist: Sei wahrhaft zu dir selbst.

Vom Selbst auszugehen heißt nicht, selbstsüchtig zu sein. Es heißt von Grundsätzen auszugehen, deren Grundlage das menschliche Leben und die Natur sind, und nicht von Grundlagen wie Macht oder Status, die künstliche Produkte des *Corporations-Staates* sind. Es ist keine Selbstsucht, sondern eine radikale Subjektivität, um echte Werte in einer Welt zu finden, deren offizielle Werte falsch und verzerrt sind. Es ist nicht Egozentrik, sondern Ehrlichkeit, Gesamtheit, Unverfälschtheit in allen Dingen. Es geht vom Ich aus, weil das menschliche Leben auf individuellen Einheiten basiert und nicht auf Konzernen oder Institutionen; seine Absicht ist es, vom Leben auszugehen.

Bewußtsein III setzt den absoluten Wert jedes menschlichen Wesens, jeder Persönlichkeit voraus. Bewußtsein III glaubt nicht an Doktrinen, wonach das Leben Kampf oder dauernde Konkurrenz sei. Konkurrenz wird nur in den Grenzen des Sports um des Vergnügens willen akzeptiert. Aber Bewußtsein III konkurriert nicht im *wirklichen Leben.* Es mißt den anderen nicht, betrachtet ihn nicht als etwas, wogegen man kämpfen muß. Die Menschen sind Brüder, die Welt ist groß genug für alle. Anstatt darauf zu bestehen, jeden nach einem gegebenen Standard zu klassifizieren, bewertet die neue Generation das, was in jeder einzelnen Persönlichkeit einmalig und anders ist; für niemanden besteht ein Zwang, Sportler zu werden, auch wer Spinett spielt, wird als gleichwertig anerkannt. Niemand richtet über andere. Das ist ein zweites Gebot.

Bewußtsein III lehnt das ganze Konzept von Vorzügen und vergleichbaren Leistungen, die im Bewußtsein II so im Mittelpunkt stehen, ab. Es weigert sich, Menschen nach allgemeinen Maßstäben zu bewerten, es lehnt ab, Menschen zu klassifizieren oder zu analysieren. Jeder Mensch hat seine eigene Individualität, niemand ist anderen vergleichbar. Jemand mag ein brillanter Denker sein, aber er kann deshalb nicht *besser* denken als irgendein anderer, er hat einfach nur seinen eigenen Vorzug. Jemand, der sehr primitiv denkt, ist immer noch auf seine Art etwas Hervorragendes. Deshalb hat niemand es eilig, jemandes Hintergründe, Bildung, Errungenschaften herauszufinden als Mittel, um ihn zu kennen; all das gilt als zweitrangig, und man zieht es vor, den Menschen *ungeschmückt* zu kennen. Weil es keine Leitmaßstäbe gibt, wird niemand abgelehnt. Jedermann hat das Recht, auf sich stolz zu sein, niemand sollte sich unterwürfig verhalten, minderwertig fühlen oder sich behandeln lassen, als wäre er minderwertig.

Auf diesen Grundlagen beruht die Idee von der Gemeinschaft und den menschlichen Beziehungen. Anstatt die Welt als einen Dschungel zu sehen, in dem jeder für sich selbst steht (Bewußtsein I), oder als eine Leistungsgesellschaft, die zu einer großen Hierarchie führt, in der es nur engbegrenzte Beziehungen und Manöver gibt, um die Position zu festigen (Bewußtsein II), wird die Welt als eine Gemeinschaft betrachtet. Die Menschen gehören alle derselben Familie an, ob sie einander nun kennen oder nicht. So einfach ist das. Es gibt keine *harten Burschen* unter der Jugend, die zu Bewußtsein III steht. Autostopper lächeln dem herannahenden Wagen entgegen, man lächelt einander auf den Straßen zu, die Menschen haben wiederentdeckt, daß sie einander bedürfen.

„Ich habe mich einsam gefühlt, und da habe ich mich nach Gesellschaft umgesehen." Stolz oder Hemmung hätte die Bewußtsein-I- oder -II-Menschen gehindert, ihre *Schwäche* so *offen* einzugestehen. Aber Bewußtsein III will nicht über der Masse stehen. Es legt mehr Wert auf die Wärme des *Kreises der Zuneigung* als auf Ämter oder Titel. In zwischenmenschlichen Beziehungen sind Ehrlichkeit und das Fehlen gesellschaftlich auferlegter Pflichten der Grundtenor. Unehrlich in der Liebe zu sein, andere Menschen zu *benützen* ist ein schweres Verbrechen. Ein drittes Gebot lautet also: Sei mit den anderen völlig ehrlich, gebrauche niemanden als Mittel zum Zweck. Es ist aber ebenso falsch, sich um jemandes anderen willen zu ändern; indem man seiner wahren Persönlichkeit treu bleibt, bietet man anderen am meisten; man bietet ihnen etwas Ehrliches, Unverfälschtes, etwas, auf das sich reagieren läßt, von dem man sich angesprochen fühlt. Eine künstlerische Arbeit ist nicht wertvoll, weil sie sich für jede Person, die sie betrachtet, verwandelt, sie behält vielmehr ihre Integrität und bedeutet deshalb für den Betrachter etwas Einmaliges und Wunderbares. Sich selbst gegenüber wahr zu sein ist der einzige und beste Weg der Beziehung zu anderen. Bewußtsein III verabscheut das meiste, was sich zwischen den Menschen in unserer

Welt zuträgt: Die Manipulation des Nächsten, den Zwang, etwas gegen den eigenen Willen tun zu müssen, das Benützen anderer zu eigenen Zwecken, Ironie und Sarkasmus, defensive Zurückhaltung.

Bewußtsein III lehnt auch Beziehungen ab, die auf Autorität und Unterordnung aufgebaut sind. Es würde weder Anordnungen geben, noch welche befolgen; Zwang in zwischenmenschlichen Beziehungen ist völlig unannehmbar. Und es verabscheut auch Beziehungen, die auf einer Rolle aufgebaut sind, unpersönliche und an eine Funktion gebundene Beziehungen. Es gibt keine Situation, in der jemand berechtigt wäre, mit einem menschlichen Wesen unpersönlich und in stereotyper Manier zu verfahren; das Verhältnis zwischen Geschäftsmann und Angestellten, Fahrgast und Schaffner, Studenten und Pedell darf nicht unpersönlich sein.

Das Erfüllen von Pflichten, nachdem die Gefühle verschwunden sind, ist keine Tugend, es kann sogar Verbrechen sein. Loyalität ist wertvoll, nicht aber künstliche Pflichterfüllung. Daher blickt die neue Generation mit Argwohn auf *Verbindlichkeiten* und vertragliche Bindungen zwischen Menschen, sie glaubt vielmehr, daß Ehrlichkeit viel echtere Beziehungen hervorbringen kann als jene sterilen, die man bei der älteren Generation beobachtet. Für die meisten Menschen liegt etwas Erschreckendes in der Feststellung, daß kein Eid, kein Gesetz, kein Versprechen und keine Verpflichtung Menschen zusammenhalten können, wenn einmal das Gefühl verlorengegangen ist. Aber für die neue Generation bedeutet das lediglich das Erkennen der Wahrheit über das Wesen des Menschen. Darüber hinaus ist es wesentlich, sich von allem Künstlichen freizumachen, um den Weg für das Echte zu bahnen. Bewußtsein III zählt unverfälschte Beziehungen zu anderen, Freundschaft, Kameradschaft, Liebe, die menschliche Gemeinschaft zu den höchsten Werten des Lebens.

Die Voraussetzungen des Ichs und der auf das menschliche Leben gegründeten Werte führen direkt zu einer radikalen Kritik an der Gesellschaft. Viele Menschen sind vom Radikalismus von Bewußtsein III verblüfft: Sie meinen, die Jugend sei vielleicht von den Kommunisten unterwandert, von *ein paar Agitatoren der Linken* beeinflußt oder durch die Lektüre von Karl Marx radikalisiert. Es ist auch tatsächlich erstaunlich, daß naive, junge Leute, ohne politische Erfahrung, eine Art der Kritik an der Gesellschaft üben, auf die weder die Gelehrtesten noch die Scharfsinnigsten oder Erfahrensten der älteren Generation gekommen zu sein scheinen. Aber es gibt kein Geheimnis, keine Verschwörung und nur sehr wenig Kenntnis der Schriften von Marx. Die älteren Leute gehen davon aus, daß viele Strukturen des *Corporations-Staates* notwendig und wertvoll sind; aber mit dieser Denkweise können sie nie sehr weit kommen. Die jungen Leute gehen von völlig anderen Grundlagen aus, und ihnen offenbart sich alles.

Bewußtsein III sieht mit erstaunlicher Klarheit, die keine Ideologie bieten kann, daß die Gesellschaft ihren Armen und ihren Minoritäten gegenüber ungerecht ist, daß sie für den Vorteil einiger weniger Privilegierter funktioniert, daß ihr die offiziell proklamierte Demokratie und Freiheit in der Realität fehlen, daß sie häßlich und gekünstelt ist, ihre Umwelt und sich selbst zerstört und daß sie ebenso wie die Kriege, die sie hervorbringt, *für Kinder und andere Lebewesen ungesund* ist. Es sieht eine Gesellschaft, die zutiefst unwahr und heuchlerisch ist; eine der Gaben der Jugend ist es, durch Fassaden und Tarnungen hindurchzusehen. So erkennt Bewußtsein III das wahre Antlitz des Establishments unserer Gesellschaft mit zerstörender Leichtigkeit.

Bewußtsein III sieht als Fehler der Gesellschaft nicht lediglich eine Ansammlung politischer und allgemeiner Mängel, wie etwa ein Sozialdemokrat, Linksliberaler oder Sozialreformer, sondern vielmehr tiefer liegende Krankheiten, die ein Kafka, die deutschen Expressionisten oder Charles Dickens gesehen haben würden; alte Leute, die in Altersheime abgeschoben, Straßen, die durch die Neonbeleuchtung und krassen Kommerzialismus abscheulich gemacht werden, den sklavischen Konformismus, das Konkurrenzdenken und die Unfruchtbarkeit bürgerlichen Lebens, die Einsamkeit und Anonymität der Großstädte, die Zerstörung der Natur durch Bulldozer und Luftverpestung, die stupide Gedankenlosigkeit der Ausbildung an den meisten Hochschulen, den plumpen Materialismus der sogenannten bürgerlichen Ideale, die Liebesleere vieler Ehen: eine Welt aus Kunststoff, ein Plastikleben in Plastikhäusern.

Der Vietnamkrieg hat die gesamte Kritik von Bewußtsein III an der Gesellschaft wie in einem Brennpunkt konzentriert. Denn der Krieg schien alle Übelstände unserer Gesellschaft in sich zu vereinigen: Vernichtung von Menschen, Zerstörung der Umwelt, entpersönlichter Gebrauch der Technik, Krieg der Reichen und Mächtigen gegen die Armen und Hilflosen, Rechtfertigung begründet auf abstrakter Vernunft, Heuchelei und Lügen und die Forderung, das Individuum müsse sich ungeachtet seines Bewußtseins, seiner Werte, seines Ichs zu einem Teil der Kriegsmaschine, einer entpersönlichten Waffe machen, um anderen Menschen den Tod zu bringen. Die Kriegsdienstverweigerer waren überzeugt, daß Einrücken auf Grund der Wehrpflicht in einem von ihnen gehaßten Krieg eine so vollkommene Zerstörung ihrer wahren Werte bedeuten würde, daß sie selbst, wenn sie mit dem Leben davonkämen, sich nach ihrer Heimkehr nicht mehr in die Reihe der wahrhaft Lebenden eingliedern könnten.

Die Grundvoraussetzungen der Persönlichkeit führen nicht nur zu einer Kritik an der Gesellschaft, sondern auch bei vielen Anhängern von Bewußtsein III dazu, sich ganz persönlich für das Wohlergehen der Gemeinschaft verantwortlich zu fühlen. Das mag als Widerspruch erscheinen für den, der die Voraussetzung des Selbst mit Selbstsucht gleichsetzt, und es scheint auch im Widerspruch zu der Grundregel zu stehen, wonach das Individuum und nicht die Gesellschaft die Realität ist. Aber hier ist kein Widerspruch. Es ist wahr, daß das Individuum die durch die Gesellschaft festgelegten Zielsetzungen und Normen nicht akzeptiert. Aber natürlich anerkennt es den gewaltigen Einfluß der Gesellschaft auf das Wohlergehen des Menschen, seine Sehnsucht, ein unabhängiges Wesen zu sein, mitinbegriffen. Meist wird dieser Einfluß für schlecht gehalten, aber das Individuum sieht auch, um wieviel besser die Dinge sein könnten. Und deshalb, für das Wohlergehen der Individuen, ist der Mensch verpflichtet, an der Vervollkommnung der Gesellschaft mitzuwirken. Es ist die Art der Verpflichtung, die den Unterschied zu Bewußtsein II ausmacht.

Es gibt eine grundlegende Einschränkung zu dem eben Gesagten: Einsatz für die Gemeinschaft darf nichts beinhalten, das der Persönlichkeit des einzelnen Gewalt antun könnte. Ein Mensch mit Bewußtsein III wird nicht die Rechte studieren, um der Gesellschaft zu helfen, wenn er Jurisprudenz nicht als sein Lebensziel betrachtet. Er wird auch selbst, um etwas Gutes herbeizuführen, niemals anderen Schaden zufügen, noch wird er sich selbst um irgendeines Anliegen willen die Erfahrungen des Lebens versagen. Der politisch Radikale mit Bewußtsein III unterscheidet sich dadurch stark vom Radikalen der alten Linken, vom Kommunisten, Sozialisten oder bürgerlich Liberalen, die bereit sind, sich selbst und ihr Leben puritanisch, moralinsauer und selbstgerecht in den Dienst einer Sache zu stellen. Sich zu einem der Sache dienenden Objekt zu machen würde für das neue Bewußtsein bedeuten, die Sache selbst zu untergraben.

Dieser Qualifikation gemäß liegt der Schlüssel zum Einsatz für Bewußtsein III im Konzept voller persönlicher Verantwortung. Im Falle von Bewußtsein II bedeutet die Verpflichtung gegenüber der Gesellschaft Einsatz für Reformen in jener allgemeinen Richtung, die die Gesellschaft bereits eingeschlagen hat (Gleichheit, bessere Ausbildung), und der Begriff *Reform* bedeutet lediglich, daß der *Liberale* der Gesellschaft etwas voraus ist. Und die Verpflichtung hat Grenzen; der Liberale genießt seinen hohen Standard, sein elegantes Heim, seine Sicherheit und seinen Komfort und schlägt aus dieser Stellung seine Schlacht. Der Bewußtsein-III-Mensch fühlt, daß er, will er mit sich ehrlich sein, die eigene Persönlichkeit einsetzen muß. Er muß bescheiden leben, um jene Freiheit zu behalten, die sein Einsatz verlangt. Er muß Risiken eingehen. Und gleichzeitig muß er in allem, was er tut, völlig er selbst sein. Er weiß, daß er ein Vorkämpfer der Veränderung ist, ob er nun Musik spielt oder im Getto arbeitet, solange er sich nur in seiner Tätigkeit selbst bestätigt und solange seine Tätigkeit voll und ganz seinen Empfindungen entspricht.

Es ist dieser Begriff persönlicher Verantwortlichkeit, der zur Forderung der neuen Generation nach Mitspracherecht führte, als sie merkte, daß sie von dem Entscheidungsprozeß ausgeschlossen war. Den Liberalen genügt es zu sagen: „Ich bin gegen die Luftverpestung, aber in meinem Beruf habe ich damit nichts zu tun, keinerlei Verantwortung in dieser Richtung, daher ist alles, was ich tun kann, zu versuchen, die Verantwortlichen zu beeinflussen." Das bedeutet für Bewußtsein III nicht, Verantwortung zu tragen. Besitzt man keinen Anteil an der Entscheidungsgewalt, so muß man sich im Interesse der Verantwortlichkeit diese Macht verschaffen.

Es ist die gleiche persönliche Verantwortlichkeit, die den jungen Menschen dazu veranlaßt, sich erwachsen zu fühlen und nicht als eine Person, die sich auf das Leben erst vorbereitet. Durch den Versuch, bewußter zu leben, werden die jungen Leute ernster, nachdenklicher und am Weltgeschehen interessierter. Viele Erwachsene der älteren Generation haben weiche Babygesichter, die Gesichter von Menschen, die nur das sonntägliche Match interessiert, der nächste Rock oder der Kegelverein, so als wären sie ewige Jugendliche, so als wären sie nie, nicht ein einziges Mal in ihrem Leben, ihrer Welt bewußt geworden und hätten nie deren Sorgen auch auf sich genommen oder die Verantwortung des wachen Bewußtseins akzeptiert. Die Gesichter der Bewußtsein-III-Menschen erwecken dagegen den Eindruck, selbst in ihrem jungen Leben mehr gelebt zu haben.

Da es keinerlei aufgezwungenes System akzeptiert, ist die Grundeinstellung von Bewußtsein III Offenheit gegenüber jeglicher Erfahrung. Es befindet sich immer in einem Zustand des Werdens. Es ist das genaue Gegenteil von Bewußtsein II, welches jede neue Erfahrung in ein bereits existierendes System zu zwängen und jede neue Erkenntnis den bereits etablierten Erkenntnissen anzupassen versucht. Obwohl wir versuchen, den spezifischen Inhalt von Bewußtsein III in einem gegebenen Moment zu beschreiben, ist dauerndes Wesen doch die ständige Wandlung und das ständige Wachsen jedes Individuums.

Dies sind die Prämissen von Bewußtsein III und einige der daraus erwachsenden Beziehungen zur bestehenden Gesellschaft. So definiert es sich selbst gegenüber den vorherrschenden Wahrheiten und Werten. Aber um die positive Reichweite von Bewußtsein III zu sehen, müssen wir den Lebensstil und die Kultur erkennen, die im Entstehen sind. Die Kultur ist so weitreichend und reichhaltig, daß wir wählerisch sein müssen; wir werden uns mit einigen Hauptelementen im Detail befassen: Mode, Karriere, Musik, Gemeinschaft und Bewußtsein. Es gibt andere Elemente, und alles ist einem raschen Wechsel und einer raschen Entwicklung unterworfen. Aber die erwähnten Elemente werden die Natur dessen umreißen, wonach getrachtet wird.

Ein Merkmal vereinigt alle Aspekte der Bewußtsein-III-Lebensart: Energie. Es ist die Energie des Enthusiasmus, des Glücks, der Hoffnung. Manche Menschen nehmen an, daß das, was sie sehen, lediglich die Energie der Jugend ist, aber es ist mehr als das. Andere Generationen hatten solche Energien auch in ihrer Jugend nicht. Bewußtsein III bezieht seine Energie aus neuen Quellen: aus der Gruppe, der Gemeinschaft, dem Eros, aus der Freiheit von Technik, aus der ungehemmten Persönlichkeit.

Die Mode ist ein guter Anfang, denn die Kleidung der neuen Generation drückt eine Reihe der Grundzüge von Bewußtsein III in einer sehr lebhaften und unmittelbaren Form aus. Der erste Eindruck, den diese Kleidung macht, ist der der Gleichförmigkeit — so als fühlte sich jeder verpflichtet, denselben Stil zu übernehmen. Wir wollen versuchen aufzuzeigen, daß dies ein irriger Eindruck ist — daß vielmehr eine Übereinstimmung in bestimmten Prinzipien, aber ebenso große Individualität innerhalb dieser Prinzipien besteht. Ein anderer erster Eindruck ist der einer gewissen farblosen Eintönigkeit — braune, grüne, blaue Jeans. Diese Beobachtung ist richtig. Es gibt hiefür besondere Gründe. Die Neonfarben und der künstliche Plastik-*Look* der Wohlstandsgesellschaft werden rundweg abgelehnt. Solche Kleidung ist billig im Einkauf und in der Erhaltung. Weder Individualität noch Würde können in einem Kleiderladen gekauft werden. Kleider haben vor allem funktionell zu sein. Kleider sind erdhaft und sinnlich. Sie drükken die Verbundenheit mit der Natur aus. Braun, Grün und Blau sind natürliche Farben, Erdfarben, nicht Farben der Maschine, und die Stoffe sind rauh und griffig. Diese Kleidung ist wie Architektur, die sich der natürlichen Umgebung einfügt. Die Kleider haben auch funktionelle Affinität zur Natur; man sieht auf ihnen den Schmutz nicht, man kann sich mit ihnen auf die Erde legen.

Diese Kleider drücken Freiheit aus. Ein Mann in einem teuren Anzug muß auf jede seiner Bewegungen achten, darauf, wo er sich hinsetzt und wo er sich anlehnt. Eine gut angezogene Frau ist kaum imstande zu gehen oder sich zu bewegen. Die neuen Kleider geben ihrem Träger die Freiheit, alles zu tun, was er will. Er kann darin arbeiten, lesen, einen Hügel hinunterkollern, radfahren, Rugby spielen, tanzen, auf dem Boden sitzen, einen Campingausflug machen und darin schlafen.

Die Freiheit der neuen Kleidung drückt auch ein zweites Prinzip aus: die *Ganzheit* der Persönlichkeit im Gegensatz zur Schizophrenie der Bewußtsein-II-Menschen. Es gibt keine Garnitur Kleider für das Büro, eine andere für das Gesellschaftsleben und eine dritte für die Freizeit. Dieselben Kleidungsstücke können für jede denkbare Tätigkeit verwendet werden, und daher sagen sie aus: Es ist ein und dieselbe Person, die alle diese Dinge tut, nicht eine Reihe verschiedener Masken oder Puppen, sondern ein vielseitiges, ganzheitliches Individuum. Wir führen außerhalb des Büros kein anderes, heimliches Leben; so wie wir hier sind, sind wir überall. Und zugleich sagen diese Kleider: Ein einzelnes Individuum kann im Laufe eines Tages viele verschiedene Dinge tun, es ist nicht beschränkt auf eine einzige Rolle oder auf eine Beschäftigung plus Freizeit. Jedes Individuum ist wirklich veränderlich mit unbegrenzten Möglichkeiten inklusive der Möglichkeit zu allem Neuen und Zufälligen.

Ein Grund, weshalb die Kleider nicht so *uniform* sind, wie die Leute denken, ist, daß sie den menschlichen Körper besonders zur Geltung bringen. Und jeder Körper ist anders und einmalig. Jeans betonen den Wuchs der Beine, je zerknitterter Jeans werden, desto mehr passen sie sich den Beinen an. Sitzt man einem Mann in einem Geschäftsanzug gegenüber, ist es, als hätte er überhaupt keinen Körper, sondern nur ein Gesicht und eine Stimme. Jeans bringen den Körper zu Bewußtsein, nicht als etwas vom Gesicht Getrenntes, sondern als einen Teil des gesamten Individuums. Bewußtsein III glaubt, daß der Körper eines Menschen einer der grundlegendsten Teile seiner Persönlichkeit ist und nicht etwas, das man ignorieren soll, während man mit dem Gesicht und mit dem Verstand eine Konversation führt. Die neuen Kleider sind eine Deklaration der Sinnlichkeit, nicht der zur Schau gestellten Sinnlichkeit im *Madison-Avenue-Stil,* sondern der Sinnlichkeit als Teil des menschlichen Naturells. Es gibt keine Unzulänglichkeiten der Männlichkeit oder Weiblichkeit. Ein Junge glaubt nicht, sich in einer bestimmten Art kleiden zu müssen, *andernfalls er kein Mann wäre.* Er ist nicht so besorgt um seine Männlichkeit.

Wenn jemand es wünscht, kann er seiner Kleidung etwas hinzufügen, was aus ihr eine Kostümierung macht, die das ausdrückt, was er gerade fühlt. Mit der magischen Gewandtheit eines Taschenspielers kann ein Stirnband einen Indianer und ein schwarzer Hut einen Cowboy hervorzaubern. Wenn eine elegante Dame ein Kostüm, ein *Modell,* trägt, scheint es, als hätte der Modeschöpfer es ihr angelegt wie eine Maske. Sie ist ein dekoriertes Objekt. Aber die Kostüme der Jugend sind keine Masken, sie sind der Ausdruck eines inneren, momentanen Gemütszustandes. Das Individuum hat die Freiheit, erfinderisch, verspielt, humorvoll zu sein. Ein Junge kann eine über und über mit Tressen und Zierknöpfen besetzte Uniformjacke tragen, damit das Militär verspotten und gleichzeitig die Vorliebe des kleinen Buben für Uniformen und Exerzieren zum Ausdruck bringen. Gleicherweise kann er das mit dem Poncho des mexikanischen Bauern oder einem David-Copperfield-Hut, Schuhen aller Sorten und Kostümierungen aller Art. Diese Verkleidungen verbergen die wirkliche Person nicht, sie zeigen den Gemütszustand und tragen zur Heiterkeit und zum Humor der Welt bei. Kostümierungen werfen existentielle Fragen für die Person auf, die sie trägt. Denn sie konfrontieren eine Person mit Fragen, die in unserer Gesellschaft sonst nie aufgeworfen werden — Fragen der Identität und der Persönlichkeit. Sie erlauben Experimente und den Stimmungswechsel, die für die Jugend charakteristisch und wesentlich sind. Aber sie geben dem Träger Anstoß zu tieferen Fragen, denn ihre absolute Freiheit erinnert ihn daran, daß er die Wahl hat.

Glockenhosen muß man getragen haben, um sie zu verstehen. Sie betonen den Körper so wie die Jeans, aber sie sagen viel mehr. Sie lassen den Knöcheln eine gewisse Freiheit, als wollten sie dazu einladen, mitten auf der Straße zu tanzen. Sie bringen den Tanz zurück ins nüchterne Leben.

Die neuen Kleider demonstrieren eine bezeichnende neue Beziehung zwischen dem Menschen und der Technik. Diese Kleider sind maschinell hergestellt, und niemand versucht diese Tatsache zu verbergen, keiner schämt sich der Massenproduktionswaren, kein gesellschaftlicher Status geht verloren, wenn man etwas trägt, das im ganzen Land denselben Preis hat und dessen Größenzeichen auf die Außenseite gedruckt sind, so daß jeder sie lesen kann. Das ist die Freiheit und Wirtschaftlichkeit der Massenproduktion, eine Sache für wert zu befinden und nicht geringzuschätzen, wie es die nach *Qualität* Suchenden tun. Zur Massenkonfektion fügt man dann Handarbeit, etwas Persönliches, einen selbstgestanzten Gürtel oder auf Jeans aufgenähte Verzierungen hinzu. Stellen Sie sich vor, ein Bewußtsein-II-Intellektueller würde einen indifferenten, billigen Anzug kaufen und ihm eine selbstgemachte Krawatte hinzufügen! Der Bewußtsein-II-Mensch muß einen nichtmassenproduzierten, maßgefertigten Anzug aus England haben. Er schämt sich der Massenproduktion, die die Grundlage seiner eigenen Gesellschaft ist, oder fühlt sich ihr erhaben. Bewußtsein III geht von der Maschine aus, aber ist nicht in ihr gefangen; es trägt seine eigene Individualität *darüber.*

Die neuen Kleider drücken grundlegende demokratische Werte aus. Sie sind kein Kennzeichen für Wohlstand, Status oder eine Elite. Die Leute treten sich, dieser Unterscheidungen beraubt, entgegen und können miteinander so direkt, ehrlich und natürlich sein wie nur möglich. Letztlich bezeugen diese Kleider eine ganze Reihe gemeinsamer Werte und Gesinnungen. Sie drücken die neue Einheit der Jugend und die Realität des neuen Bewußtseins aus. Es gibt hier keine exklusive Gesellschaft: Das Lächeln gilt jedermann, der es erwidert. Aber die neue Generation fühlt sich belagert und findet Kraft darin, Brüder und Schwestern zu erkennen.

Um die Haltung des Bewußtsein-III-Menschen gegenüber der Berufslaufbahn zu verstehen, müssen wir uns nicht so sehr mit der von ihm angenommenen Einstellung — die noch sehr vorläufig und experimentell ist — befassen, sondern mit dem Stil und mit den Werten, die er ablehnt. Hier nimmt der Wandel der Zielsetzungen, die für Bewußtsein III so typisch sind, seine volle Bedeutung an. Der Hauptunterschied ist leicht auszudrücken, aber für ältere Leute sehr schwer zu verstehen, so tiefgreifend geht er Bewußtsein I und II wider den Strich. Die Ziele des Statusdenkens — eine Position in der Hierarchie, Sicherheit, Geld, Besitztümer, Macht, Respekt und Ehrungen — sind nämlich nicht nur falsch, sondern auch *unreal*. Jemand, dessen Leben ein langer, egoistischer Weg oder eine lange Suche nach Macht war, hat nicht eine Art der Befriedigung gewählt, sondern auch Ziele, die keine wirkliche Beziehung zur Entfaltung der Persönlichkeit, zur menschlichen Befriedigung oder zum Glück haben.

Wenn ein Bewußtsein-II-Mensch einen Bundesrichter trifft, den Chef eines Riesenkonzerns oder den Inhaber eines angesehenen Lehrstuhls, so schenkt er diesen Leuten Beachtung. Die Position selbst macht es wert, den Mann kennenzulernen. Ein Angehöriger der neuen Generation hingegen mag sich der Titel, Positionen und des Ansehens der Personen, die er kennenlernt, überhaupt nicht bewußt sein. Noch vor einigen Jahren war es für Studenten wichtig, ob der Vortragende Assistent oder Professor war. Heutzutage ist den Studenten der Rang ihrer Lehrer völlig gleichgültig; sie sehen ihn nicht, weil er nicht vorhanden ist, obgleich die Professoren doch ein ganzes Leben darauf verwendet haben, Titel zu erwerben.

Was ihr eigenes Leben betrifft, so stellen sich die Bewußtsein-III-Menschen einfach keine Laufbahn entlang der alten, vertikalen Stufenleiter vor. Es ist nicht besonders wichtig, auf eine bestimmte Universität zu kommen oder dort gute Noten für erbrachte Leistungen zu erhalten oder nachher einen guten Posten zu bekommen. Sie planen nicht alles im voraus; sie fassen das Leben als eine Serie wechselnder Ziele und Entscheidungen auf und eine Laufbahn als etwas, das ständig Änderungen unterworfen sein wird. Ob ein junger Mann auf das eine oder das andere College geht, ob er dieser Beschäftigung nachgeht oder einer anderen, ist nicht jene überaus wichtige Entscheidung, für die seine Eltern sie halten. Jede Wahl ist die *richtige* (denn jede führt nach außen), und die Karriere schließt all die verschiedenen möglichen Erfahrungen ein, manche eingeplant, manche zufällig. Anstatt ehrgeiziger, intensiver Konzentration kann man sich entspannen und warten, was geschieht. Die Welt ist unlogisch und unwahrscheinlich. Diese Welt erfordert eine andere Persönlichkeit als die alte Welt, die das aggressive, disziplinierte, vom Wettbewerbsdenken bestimmte Verfolgen definitiver Ziele verlangte. Eines der wesentlichsten Attribute des Bewußtsein III ist, daß der Mensch das Wettrennen um Titel, Geld und Position ablehnt.

Diese allgemeine Einstellung kann auf verschiedene Art in einen Lebensstil umgewandelt werden. Einer *rechtschaffenen* Karriere am nächsten käme das Beschreiten einer normalen Laufbahn als Lehrer, Anwalt oder Arzt; an Stelle der heute üblichen Ziele tritt aber eine neue Lebensaufgabe: lohnende Erfahrungen zu sammeln und der Gesellschaft nach besten Kräften zu dienen. Eine zweite Möglichkeit kombiniert die erste mit dem *In-den-Untergrund-Gehen* — das Individuum befindet sich mit der Gesellschaft im geheimen Kriegszustand und versucht, stets das Beste daraus zu machen, so wie Henry Miller in *Wendekreis des Steinbocks,* der sich ganz wild auf seine Arbeit in der *Kosmodemonic Telegraph Company* von Nordamerika stürzte. Die dritte Möglichkeit ist eine neue Art der Arbeit — als Rock-Musiker oder Artist —, die eine einträgliche *Karriere* mit einem neuen Lebensstil vereinbart. Die vierte Möglichkeit ist ein gewöhnlicher Beruf — etwa ein Posten auf dem Postamt —, kombiniert mit einem neuen Lebensstil in der Freizeit. Die fünfte Wahl ist das *Ausscheiden* (drop-out) — gewöhnlich jemand, der die Schule vorzeitig verläßt und ein Leben am Rande der konventionellen Gesellschaft führt, das heißt, in den Tag hinein lebt. Letztlich gibt es noch das totale Hippieleben, ein Versuch, so zu leben, als würde der *Corporations-Staat* nicht mehr bestehen und eine neue Form der Gemeinschaft bereits existieren. Andere Möglichkeiten werden bereits erprobt.

Übelwollende Beobachter der neuen Generation behaupten ständig, eine ihrer vorherrschenden Charakteristiken sei Abneigung gegen die Arbeit. Ihre negative Haltung hindert diese Kritiker daran, die wirkliche Bedeutung zu verstehen. Die Haltung von Bewußtsein III gegenüber dem Berufsleben basiert tatsächlich auf der Meinung, daß die meisten in unserer Gesellschaft ausgeübten Tätigkeiten sinnlos, degradierend und unvereinbar mit der Verwirklichung der Persönlichkeit sind. Die neue Generation ist nicht *faul,* sie ist bereit, große Anstrengungen in eine lohnende Arbeit zu investieren, ob man nun auf einem Musikinstrument übt, auf einer Gemeinschaftsfarm arbeitet oder dabei hilft, einen Volkspark in Berkeley zu schaffen. Aber sie sehen industrialisierte Arbeit als eines der Hauptinstrumente, mit dessen Hilfe die Gedanken und Gefühle der Menschen im *Corporations-Staat* beherrscht werden. Es ist die Arbeit, die unerbittlich, treibend und verzehrend zwischen Professor und Studenten steht, zwischen dem Anwalt und seiner Familie, dem Bankangestellten und der Schönheit der Natur. Um die Entwicklung des menschlichen Potentials eines Individuums möglich zu machen, erachtet Bewußtsein III das Freisein von solcher Arbeit unter anderem für eine der höchsten und lebenswichtigsten Formen der Befreiung.

Wenn wir uns der Musik von Bewußtsein III zuwenden, kommen wir zum Hauptmedium des Ausdrucks, zum Hauptweg, auf dem innere Gefühle mitgeteilt werden. Bewußtsein III hat bis jetzt noch keine anerkannte Dichtkunst hervorgebracht, keine Literatur, kein Theater; diese Funktionen sind von der Musik und der damit einhergehenden Lyrik übernommen worden. Die neue Musik wurde aus bereits bestehenden Grundlagen entwickelt: aus Blues, Rock 'n' Roll, Volksmusik. Aber obgleich die Formen blieben, wurde aus ihnen etwas völlig Neues, Originelles gemacht. Der Blues war der Ausdruck der *schwarzen Seele*, der Rock 'n' Roll, so wie er von Elvis Presley berühmt gemacht wurde, entsprach dem Rhythmus der jugendlichen Triebhaftigkeit; und die Volksmusik mit Interpreten wie Joan Baez drückte Antikriegsgesinnung aus und befaßte sich ebenso mit allgemeinen Themen wie Liebe und Enttäuschung. In den Jahren 1966 und 1967 fand eine spontane Umwandlung statt. In den Vereinigten Staaten begann es mit jugendlichen Rock-Gruppen, die in San Franzisko spielten. In England traten die Beatles hervor, die bereits als eine besonders gute und höchst individuelle Rock-Gruppe etabliert waren. Zunächst wurden die einzelnen musikalischen Traditionen vermengt. Bob Dylan und Jefferson Airplane spielten *Folk-Rock* — Volksmusik im Rock-Rhythmus. Weiße Rock-Gruppen begannen mit dem Blues zu experimentieren. Natürlich hatten Weiße immer schon Blues gespielt, aber vorwiegend als Nachahmer des Negerstils; nun begann er die *eigene* Musik der weißen Bands zu werden. Und alle Gruppen bewegten sich einer breiteren Auswahl und Synthese zu. Sie übernahmen Elemente der indischen Ragas, des Jazz, der amerikanischen Volksmusik, und im Laufe der Zeit schöpften sie aus immer mannigfaltigeren Quellen. Es entwickelte sich eine sich dauernd ändernde Musik mit geradezu grenzenlosen Ausdrucksmöglichkeiten.

Zweitens begannen alle musikalischen Gruppen die ganze Vielfalt der elektrischen Instrumente und die Technik der elektronischen Verstärker zu benützen. Die neuen elektronischen Effekte waren von allem Bisherigen so verschieden, daß ein Zuhörer im Jahre 1967 sehr wohl gefühlt haben mag, noch nie vorher Klänge wie diese gehört zu haben. Die hohen, durchdringenden, überirdischen Töne der Gitarre schienen aus anderen Welten zu kommen. Die Elektronik machte tatsächlich Klänge möglich, die bis dahin kein Instrument hätte hervorbringen können. Und bei Studioaufnahmen machten die Mehrspurtechnik, das Feedback und andere Vorrichtungen Effekte möglich, die nicht einmal eine elektronische Band hätte *live* produzieren können. Elektronische Verstärkung ermöglichte außerdem ein phantastisches Anwachsen des Volumens. Die Musik wurde so laut und eindringlich, wie das menschliche Ohr nur ertragen konnte, und erreichte so einen *totalen* Effekt, so daß aus einer passiven Zuhörerschaft ein Auditorium von Teilnehmern wurde, das die Musik mit allen seinen Sinnen bis ins Mark erlebte.

Drittens wurde die Musik zu einer multimedialen Erscheinung, Teil der gesamten Umwelt. In den Tanzsälen in der Umgebung von San Franzisko, im Filmore, dem Avalon oder dem Pauley Ballroom an der Universität von Kalifornien wurden die Wände mit phantastisch wechselnden Lichtmustern bedeckt; das war der Beginn der neuen Kunst der Light-Shows. Und das Publikum saß nicht, es tanzte. Zu Hause zur Plattenmusik imitierten die Zuhörer diese Lichteffekte, so gut sie konnten, und steigerten die ganze Empfindung durch den Gebrauch von Drogen. Oft wurde die Musik im Freien gespielt, wo die Natur — das Meer oder die hohen Bauriesen — die Szenerie bestimmte.

Viertens begann jede Band Eigenpersönlichkeit zu entwickeln; oft lebten sie als Kommune zusammen, und ihre Musik war der Ausdruck ihres Gruppendaseins. Die Namen der Gruppen, obwohl oft zufällig oder der Wirkung in der Öffentlichkeit wegen gewählt, drückten trotzdem die Anti-Establishment-Gesinnung und Außenseiteridentität der Gruppen aus. Bald erreichten die Bands einen hohen Grad an Individualität und wurden selbst Angehörige der Jugendkultur. Ihr klares *Außenseitertum* ermöglichte es dem jungen Publikum, sich mit den Musikern tief verbunden zu fühlen. Im Gegensatz dazu identifizieren sich Bewußtsein-II-Menschen nur sehr selten mit den Mitgliedern einer Band oder den Musikern in einem Symphonieorchester.

Fünftens wurde die Verbundenheit der Zuhörer durch zwei andere Formen der Teilnahme erhöht: Eine Menge der jungen Zuhörer besaß Instrumente oder bildete auch Bands. Nun spielten sie die neue Musik selbst. Bands und Zuhörer betrachteten Drogen als einen wesentlichen Beitrag zur musikalischen Erfahrung.

Bewußtsein-II-Menschen mögen Mozart lieben oder Jazz, aber relativ wenige von ihnen wenden viel Zeit auf, um ein Instrument zu spielen. Der Gebrauch von Rauschgift, besonders weil er verboten ist, begründet eine Blutsbrüderschaft, bevor noch die Musiker zu spielen anfangen. Und Drogen fügen, wie wir später noch aufzeigen werden, dem Schöpferischen und der Erfahrung eine gänzlich neue Dimension hinzu.

Sechstens erfaßte alle Formen der Musik eine neue, pulsierende Energie. Nicht einmal das ungestüme Rasen von Beethovens Neunter Symphonie kann sich mit der bloßen Energie der Rolling Stones messen. Verglichen mit der neuen Musik, wirken frühere populäre Lieder weich, Jazz wirkt ausgedacht, klassische Musik zart oder rührselig. Diese Beiworte sind sicherlich unverdient, aber die drängenden, schreienden, weinenden, bitter-glücklich-traurigen Höhen und Tiefen und die Bewegtheit der neuen Musik fügen Dimensionen hinzu, die in jeglicher früheren Musik der westlichen Welt unbekannt waren. Die frühere Musik war grundlegend intellektuell; sie war für den Verstand bestimmt und die dem Verstand bekannten Gefühle. Die neue Musik erschüttert den ganzen Körper und dringt in die Seele ein.

Siebtens hat die neue Musik ungeachtet ihrer scheinbar einfachen Form und ihres einfachen Rhythmus nach und nach ein bemerkenswert vielgliedriges Gefüge entwickelt. Sie hat eine Komplexheit, die der klassischen Musik unbekannt ist, sogar den für großes Orchester komponierten Symphonien. Beethoven erscheint wie eine Serie paralleler Linien, manchmal vertikal, manchmal diagonal verlaufend. Mozart als eine Flut gerundeter Formen. Dagegen konnten Rock-Musiker aus einem Gefüge von Rhythmus, Timbres, Tonsorten und Emotionen eine Welt schaffen, im Gegensatz zu der die klassischen Komponisten in einer Welt der einfachen Wahrheiten, geradlinigen Empfindungen und etablierten beruhigenden Konventionen gelebt zu haben scheinen. Es bedeutet keine Kritik an den Genies des neunzehnten und zwanzigsten Jahrhunderts, wenn wir sagen, daß die heutige Musik eine Welt entdeckt hat, die sie nicht kannten.

Achtens spielten nicht nur viele junge Leute die neue Musik in dieser oder jener Form, es begann auch eine große Zahl Amateure und Professionals zu komponieren. Fast alle heute erfolgreichen Rock-Gruppen verfassen ihre Musik und ihre Texte selbst. Der Unterschied zwischen Komponist und Interpret ist eigentlich verschwunden. Deshalb sind die Lieder für den Sänger etwas sehr

Persönliches und nicht nur eine Interpretation fremder Gedanken. Außerdem ist das, was unbestreitbar eine Massenkultur darstellt, gleichzeitig eine echte Volkskultur, denn es ist den Leuten nicht vorgeschrieben, sondern von ihnen selbst geschaffen worden. Und das Komponieren ist nicht dem Berufsmusiker vorbehalten. Amateurgruppen komponieren auch oft selbst. Und wenn eine Gruppe ein fremdes Musikstück spielt, improvisiert sie frei. So etwas wie den Musiker, der bemüht ist, einem weit entfernten Komponisten möglichst getreu zu werden, während er sich selbst ein Zurschaustellen seiner Gewandtheit, seines Geistes, seiner Subtilität und seiner Nuancen vorbehält, gibt es nicht. Die neue Musik ist die Musik uneingeschränkten Schöpfertums und Ausdruck der Persönlichkeit.

Neuntens ist es der neuen Musik durch die Poesie ihrer Lieder gelungen, ein Verstehen der Welt und menschlicher Gefühle auszudrücken, das der Ausdruckskraft anderer Medien unglaublich weit voraus ist. Journalisten, die Kommentatoren der Meinungspresse, Sozialwissenschaftler, Romanschriftsteller, sie alle haben sich darin versucht, die Tagesfragen zu erörtern. Aber sie verharrten meist an der Oberfläche, im Gegensatz zu den Verfassern der Rock-Poesie, und blieben, was noch auffallender ist, einige Jahre hinter den Musikern zurück.

Die Rock-Musik war imstande, die Gesellschaft tiefgründig zu kritisieren und gleichzeitig die Sehnsüchte und das Streben der neuen Generation zum Ausdruck zu bringen. Die neue Musik hat eine Bedeutung erreicht, ein Vermögen, in das Wesen dessen, was mit unserer Gesellschaft nicht stimmt, einzudringen, eine Kraft, zum Menschen in seiner Art zu sprechen, die vielleicht die tiefste Quelle ihrer Kraft ist.

Wenn wir alle Aspekte der Umwandlung zusammenfassen, beginnen wir zu erkennen, in welch hohem Grad die neue Musik von den älteren Formen, mit denen sie oberflächlich ähnlich zu sein scheint, verschieden ist. Der Blues bietet ein Beispiel: Sein Wesen ist radikale Subjektivität; der Sänger hält sich an eine äußere Form, aber er kann nicht umhin, seine eigene Persönlichkeit, seine eigenen Lebenserfahrungen, seinen eigenen Zusammenstoß mit seiner Welt zum Ausdruck zu bringen. Als Janice Joplin, ein weißes Mädchen, *Ball and Chain* sang, vor einem mitgehenden, gleichgesinnten Publikum der weißen Mittelklassejugend, war das nicht dasselbe wie bei einem Negersänger in der klassischen Tradition des Blues. Es war Amerikas Gegenwart, seine weiße

Seele, und sie sprach von der Bombe und dem Krieg, von Drogen und von Polizisten ebenso, wie die schwarze Seele im Blues von der starken Sexualität und Sehnsüchten und Rätseln sprach. Eine ähnliche Umformung findet statt, wenn die neuen Gruppen Jazz, frühen Rock, Volkslieder oder sogar klassische Musik spielen. Procol Harums *Salty Dog* hört sich beim erstenmal wie ein gewöhnliches Volkslied über eine Seereise an. Aber wenn man näher hinhört, ist das viel mehr — klassische Musik ist in den Volksliedstil eingefügt. Das Lied hat eine geradezu unerträgliche Spannung; Trommeln schaffen kraftvolle Höhepunkte; Möwenschreie vermitteln ein unheimliches Gefühl; nicht nur die Worte ergeben den ganzen Sinn; Tod liegt in der Luft; das Schiff bewegt sich unbekannten Orten zu; das einfache Seemannslied ist zu einer furchterregenden, rätselhaften und erschreckenden Reise nach einem Ziel jenseits der menschlichen Erfahrung geworden. Ob glücklich, traurig oder religiös, die neue Musik verwandelt die älteren Formen in einen *Trip,* der in Dimensionen eintritt, die die früheren Formen nie erreichten.

Die neue Musik ist zu einem Medium geworden, das die ganze Vielfalt der Empfindungen und Gefühle der neuen Generation zum Ausdruck bringt. Die komplexe, hastende, maschinenhafte Form des modernen Großstadtdaseins wird mit schneidenden Tönen der Qual und dunklen Tönen des Ärgers von *The Cream* dargestellt. Die mystische Überhöhung der gewöhnlichen Empfindungen, die die Hippies erreicht haben, die Drogenwelt und der spirituelle Bereich, hochfliegende Phantasie und prächtige Muster des Rhythmus und der Klangfarben beherrschen den San Francisco Acid Rock der *Jefferson Airplane* und die psychedelischen Meditationen der frühen Musik von *Country Joe* und *The Fish.* Ironie, Satire und die Spötterei über das Establishment und das rationale Denken waren die Spezialität der *Mothers of Invention.* Ein einmalig persönliches, aber universelles Weltbild ist von den Beatles erreicht worden — sanft, überirdisch, eine verwandelte Welt. Ein anderes, sehr persönliches Weltbild, das aber den Erfahrungen der jungen Zuhörer sehr nahesteht, ist jenes von Bob Dylan. Dylan hat den ganzen Kreis der Erfahrungen durchschritten, von den Volksliedern zum sozialen Protest und Kommentar, dann zum Folk-Rock bis zu dem außerordentlich persönlichen Wert der Ballade *Sad Eyed Lady of the Lowlands* und endlich zu der heiteren Unschuld der Country Music in dem Album *Nashville Skyline.* Dylan war vielleicht mehr als irgendein anderer von Anfang an auf dem Gebiet der Musik der wahre Prophet des neuen Bewußtseins.

Eine der wichtigsten Formen der neuen Musik ist der Blues, denn er bringt das zum Ausdruck, was allen bereits besprochenen Musikarten gemeinsam ist; die aus der Persönlichkeit kommende Erfahrung, tiefgreifend, ehrlich und forschend, Gefühle und Gedanken ausdrückend, die die meisten vor sich selbst und anderen verbergen. Für den Neger im Süden drückte der Blues seine Identität aus, die auf allen anderen Wegen unterdrückt, verboten und verachtet war. Solange die Weißen in Amerika nicht erkannten, daß auch ihre eigene Identität unterdrückt und verleugnet würde, solange die Weißen versäumten, nach ihrer Persönlichkeit zu suchen, konnte es keinen weißen Blues geben. Der Weiße konnte sentimental oder romantisch sein, aber er kannte sich selbst nicht und hatte daher keine eigenen Worte für den Blues. Die neue Generation hat in ihrer Entdeckung der Persönlichkeit und im Erkennen der Unterdrückung auch die weiße Seele entdeckt; und das ist es, wovon die Musik zu erzählen beginnt. Die neue Musik ist tief und einmalig persönlich und erlaubt den einzelnen Individuen oder Gruppen, ihre besondere Vision der Welt allen ihren Brüdern und Schwestern mitzuteilen; sie befaßt sich mit der ganzen Welt, wie sie von dem neuen Bewußtsein gesehen und gefühlt wird, und sie bringt die Zuhörer zu Orten, die sie früher nie gesehen haben.

Keine einzelne Form der Musik kann jedoch wirklich einen Vorrang beanspruchen. Es sind der Reichtum, die Vielfalt und die ständig wechselnde Beschaffenheit der neuen Musik, die ihr Wesen ausmachen. Sie entzieht sich der Analyse und Erklärung durch die Kritiker, weil sie nie stillsteht, sie erstreckt sich von der mystischen Ausdruckskraft von Procol Harum, der gefühlsmäßigen Intensität der Rock-Oper *Tommy,* der *The Who,* den schweren Klängen von *Led Zeppelin* bis überall dorthin, wo die Führer der neuen Generation gewesen sind. Ihr Wesen ist die totale Szenerie: eine riesige, glückliche Menge um die Mittagszeit auf der Lowe Sproul Plaza in Berkeley, stehend, tanzend; jede erdenkliche Art von Kleidung und Kostümierungen, Rucksäcke und zusammengerollte Schlafsäcke; hochgekämmtes, afrikanisches Kraushaar und schulterlanges, goldblondes Haar; ein Gefühl, daß jeder die gleichen Wirkungen und Empfindungen teilt, die Musik von den *Crabs,* einer lokalen Gruppe, meist hochfliegender, ekstatischer, erdgebundener Rock, der die Menge, die Gebäude, ja sogar den Himmel mit

Freude durchschüttelt; und darüber, gleichsam als Vorsitz, die wohlwollenden Gottheiten, Sonnengott, eine Brise vom Ozean und die braungrünen Hügel von Berkeley.

Die Idee der Bewußtsein-III-Menschen von der Gemeinschaft der Menschen ist ein anderer grundlegender Aspekt der neuen Kultur. Sie beruht auf zwei integrierten Begriffen: dem Respekt vor der Einmaligkeit des Individuums und dem Gedanken, der mit dem Wort *gemeinsam* ausgedrückt wird. Wir haben das Anerkennen jedes Individuums bereits als grundlegende Voraussetzung für Bewußtsein III beschrieben. Nun müssen wir darangehen, den Begriff *gemeinsam* zu erklären. Es bedeutet nicht das, was die Spießbürger unter *gemeinsam* verstehen, eine äußere Gleichförmigkeit, die erreicht wird, indem man die Dinge so tut, als wäre man eine Familieneinheit, indem man einander zu ähneln beginnt, sich einander anpaßt. Gleichzeitig bedeutet *gemeinsam* aber nicht notwendigerweise eine Beziehung wie Liebe, gegenseitige Abhängigkeit oder Freundschaft, obwohl sie sie alle begleiten kann. *Gemeinsamkeit* drückt die Beziehung zwischen Menschen aus, die sich als Angehörige derselben Gattung, als untereinander und mit der Natur — durch die dem Sein zugrunde liegende Ordnung — verwandt fühlen. Gemeinsam sind Menschen, die dieselben Dinge in derselben Art erleben, sie brauchen nicht verliebt, nicht einmal befreundet zu sein und sich weder materiell noch gefühlsmäßig etwas zu geben. Eine große Menge kann in einem Friedensmarsch oder bei einem Rock-Festival *Gemeinsamkeit* erleben. Eine kleine Gruppe kann dasselbe Gefühl haben, während sie einen Sonnenuntergang oder ein Gewitter beobachtet. Viele Aspekte der neuen Kultur können dazu beitragen, dieses Gefühl hervorzurufen, vielleicht am umfassendsten die Musik. Die Individuen bewahren jede Einzelheit ihrer Eigenart. Sie kommen einfach zusammen, um ein Gefühl zu teilen, einen Augenblick, eine Empfindung, und fühlen sich dadurch in einer Gemeinschaft vereint, die darauf basiert, daß ihre Gedanken zur gleichen Zeit auf dieselbe Sache gerichtet sind.

Bewußtsein III beginnt mit kleinen Gemeinschaften verschiedener Art zu experimentieren. Viele Kommunen, die in verschiedenen Teilen des Landes entstanden sind, haben ihre Grundlagen vor allem in gleichen Empfindungen, wie Liebe zu Sonnenuntergängen in der Wüste und Gebrauch von Drogen. Die Teilnehmer kommen miteinander aus, aber sie kamen nicht auf der Basis einer persönlichen Beziehung zusammen, wie etwa bei lebenslangen

Freundschaften. Sie machen gemeinsam einen *Trip*. (Im Deutschen: etwa ein Ausflug, eine kleine Reise, hier in der Bedeutung gemeinsamen Rauschgiftgenusses.) Diese *Tripkommunen* sind ein Aspekt der sogenannten Hippiekommunen mit ihrer ungewöhnlichen Mischung aus beiläufiger Gleichgültigkeit und intensivem Gemeinschaftsgefühl.

Bewußtsein-III-Menschen befinden sich auf einer ständigen Suche, um Arten und Wege der *Gemeinsamkeit* zu entdecken. Sie versuchen es mit gemeinsamen Reisen, der Erfindung von Spielen unter Gleichgesinnten, mit politischen Konfrontationen, mit der Besetzung von Gebäuden und Demonstrationen. Viele von ihnen halten gemeinsame schöpferische Arbeit, wie Musizieren, Filmen, Stückeschreiben oder das Studium der Dichtkunst, für den letztlich befriedigendsten Weg, um *Gemeinsamkeit* zu erleben. Sie glauben, daß in der *Gemeinsamkeit* höhere Motive wirksam werden und die Schaffenskraft vervielfacht sein wird, im Verhältnis zu der Summe dessen, was sie als einzelne hätten hervorbringen können.

Manche Studenten planen, nach der Promotion mit einer Gruppe von Freunden zusammenleben, zwar verschiedenen Beschäftigungen nachzugehen, aber so viel als möglich gemeinschaftlich zu tun, vielleicht sogar Obst, Gemüse, Getreide anzubauen, um sich selbst unabhängig von der Außenwelt mit Nahrung zu versorgen.

Solche Kommunen könnten Ehepaare mit Kindern genauso wie Junggesellen umfassen. Das würde dann keine zufällige *Tripkommune* sein, sondern eine ständige Lebensform, eine *erweiterte Familie,* vielleicht mit einer Anzahl verschiedener Wohnungen. Die Idee spiegelt klar die Meinung vieler Studenten wider, daß jemandem, der einmal diese *Gemeinsamkeit* erlebt hat, konventionelle gesellschaftliche Beziehungen stumpf und langweilig und die Aussichten auf ein Leben, getrennt von Freunden, zu leer erscheinen, um noch weiter akzeptiert zu werden.

Was die neue Generation erreicht hat, ist eine Art der *Gemeinsamkeit* mit anderen Menschen, die enger, wärmer, offener, gefühlvoller und teilnehmender ist als jene früherer Generationen. Es ist, als wäre eine unsichtbare Trennwand aus Glas, ein Plastiküberzug, der eine Verständigung verhinderte, weggezogen worden. Nun sind die Leute mühelos einander nähergekommen. Menschen der älteren Generation versuchten sich kennenzulernen, indem sie sich forschende oder persönliche Fragen stellten, indem sie sich über die Vergangenheit, die Interessen und Erfahrungen des anderen informierten, indem sie sich um eine geradezu psychoanalytische *Wahrheit* bemühten. Das Wissen der neuen Generation von den anderen gleicht eher dem totalen Wahrnehmungsvermögen eines Künstlers. Es ist weniger intellektuell, weniger leicht in Worte zu kleiden. Sie sind einander um so näher, als ihre *Gemeinsamkeit* nicht durch Worte vermittelt oder getrennt wird.

Von allen Charakteristiken, die der Mensch besitzt, ist das Bewußtsein sicher am höchsten zu schätzen. Wir meinen nicht die besonderen Formen des Bewußtseins, die wir in diesem Buch beschrieben haben, sondern *sich bewußt sein* — das Gewahrsein aller Wunder des Lebens. Es ist dieses *Sichbewußtsein,* das den Dichter, den Künstler, das menschliche Wesen, das für Mitmenschen empfindungsfähig ist, auszeichnet.

Von allen menschlichen Eigenschaften, die im *Corporations-Staat* verletzt, erniedrigt und unterdrückt werden, ist das Bewußtsein die kostbarste, die zerbrechlichste, diejenige, die am meisten leidet. Wie wir gesehen haben, arbeitet ein gewaltiger Apparat unablässig daran, in den Menschen ein falsches Bewußtsein zu schaffen. Ein Teil dieser Macht strebt danach, unser politisches Bewußtsein zu manipulieren, ein anderer, das Erkennen unserer eigenen Bedürfnisse zu verfälschen. Aber das Bewußtsein wird auch durch den bloßen Lärm und die Überreizung in unserer Gesellschaft stark beeinflußt. Es wird gestoßen, geschlagen, belastet, erschöpft und abgestumpft. Eine Verkehrsstauung, der Kauf einer Flugkarte, ein arbeitsreicher Tag in einem Büro kann dem Bewußtsein so gnadenlose Schläge versetzen, daß es sich einen undurchdringlichen Panzer zulegen muß, um zu überleben. Die Begegnungen mit den Menschen sind so brutal, so flüchtig, so unpersönlich und so quälend, daß das Bewußtsein gefühllos — in seiner Empfindungsfähigkeit verringert — werden muß, um die Qualen zu vermindern.

Das Schreckliche, was dem im *Corporations-Staat* lebenden Menschen geschieht, ist die beträchtliche und im Laufe der Zeit auch permanente Beeinträchtigung des Bewußtseins. Würde der Staat unser Augenlicht oder unser Gehör schädigen, wäre das schlimm genug, aber ein permanenter Schaden an unserem Bewußtsein ist ein größerer Verlust. Wir alle haben unsere Sinne verloren: Wir sind nicht imstande, unserer Mitmenschen oder der übrigen Phänomene der Welt hinreichend gewahr zu werden. Von Natur aus sollte der Mensch eine ständige Erweiterung des Bewußtseins erleben, das er mit all seiner Kraft kultiviert. Statt dessen wird es stets verringert, so daß Kindheit und Jugend die einzigen Perioden sind, in denen der Mensch sein Bewußtsein ungeschmälert besitzt. Die Gesichter in der Untergrundbahn sind Gesichter eines zerstörten Bewußtseins.

Ein letzter Aspekt der von Bewußtsein III geschaffenen Kultur ist das Bestreben, das menschliche Bewußtsein wiederherzustellen, zu schützen und zu pflegen. Das ist von äußerster Wichtigkeit, denn das Ziel ist kein geringeres, als dem Menschen das Gewahrwerden seiner selbst, der anderen Menschen, der Natur und seines eigenen Lebens wiederzugeben. Es strebt danach, die Menschen in allem, was sie tun oder erfahren, lebendiger zu machen.

Diese Aspekte der Kultur, die wir bereits besprochen haben, die Kleidung, die nicht manipulierte Karriere, die Musik und die Gemeinschaft, sind alle Hauptbestandteile des Bestrebens, das Bewußtsein zu erweitern. Hier sollten wir noch einige erwähnen. Sie bestehen aus zwei Kategorien, aus dem Bemühen, aufgezwungenem Bewußtsein Widerstand zu leisten, und aus dem Bestreben, der Trägheit und Abgestumpftheit entgegenzuwirken.

Die Suche nach dem Bewußtsein beginnt mit dem Bestreben, das *falsche*, von der Gesellschaft aufgenötigte Bewußtsein abzuschütteln. Man muß dem Einfluß der Massenmedien, der Bildung, der Werbung und all den anderen geistigen Druckmitteln entgegenwirken. Die Instrumente hiezu werden gerade erprobt: Untergrundzeitungen, Vorlesungen an *freien Universitäten*, Diskussionsgruppen, persönliche Teilnahme an Demonstrationen, persönliche Erfahrungen mit Polizei und Behörden, Arbeit in Gettos, Irrenhäusern oder im *Peace Corps*, Lesen verschiedenartiger Bücher. Ein Mittel ist besonders wichtig: Das Individuum kann nicht hoffen, ein unabhängiges Bewußtsein zu erreichen, wenn es nicht in jeder möglichen Form, inklusive Kleidung, Sprechweise, illegaler Tätigkeit und so fort, das Gefühl des Außenseitertums kultiviert. Nur ein Mensch, der sich als Außenseiter fühlt, ist wirklich frei von den Ködern und Verlockungen des *Corporations-Staates*. Nur er kann in Sicherheit in einer Bank arbeiten oder zu einer Cocktailparty gehen, weil man ihm nichts vormachen kann. Daher kämpft die neue Generation um ihr Außenseitertum und identifiziert sich mit den Negern, mit den Armen, mit Bonnie und Clyde und mit den Entrechteten in dieser Welt, die in den Volksliedern gepriesen werden. Nur durch eine asoziale Haltung kann man in einer Gesellschaft lebendig sein, die im Grunde genommen tot ist. Natürlich verstärkt jede Gewaltanwendung des

Establishments gegen die neue Generation dieses Gefühl des Außenseitertums. Aber noch wichtiger ist die Schaffung einer Gruppenidentität unter den Außenseitern. In gewisser Hinsicht ist die ganze *Welt der Jugend* der Versuch, ein unabhängiges Bewußtsein zu erreichen.

Freiheit vom aufgezwungenen Bewußtsein erfordert Freiheit von der Vorherrschaft der Technik. Die neue Kultur ist auch auf der Technik des *Corporations-Staates* aufgebaut, aber anders als die eigene Kultur dieses Staates; in der neuen Kultur wird die Technik beherrscht, nicht der Mensch. Die Musik der neuen Generation macht Gebrauch von der modernen Elektronik; ihre Kunst (etwa der Film) ist technisch hochstehend; ihre Gewohnheiten erfordern Wohlstand; ihr sexuelles Verhalten bedarf der Pille. Aber die neue Generation verwendet die Technik nicht so wie die ältere. Bewußtsein III verwendet sie weder für den Status oder den sichtbaren Verbrauch, noch für die Macht über Menschen oder für den *Erfolg*. Sie benützen sie nicht zur weiteren Rationalisierung der Gesellschaft, um das Leben noch weniger verantwortungsvoll, noch passiver zu machen. Sie verwenden sie nicht als Ersatz für Erfahrungen. Sie ignorieren keineswegs ihre Auswirkungen auf die Ästhetik, die Umwelt und den Menschen. Kurz, anstatt sich von der Technik diktieren zu lassen, anstatt zu gehetzten, getriebenen Opfern ihrer Forderungen zu werden, benützen sie sie wie intelligente Menschen, um ihr eigenes Leben annehmlich zu gestalten. Sie lassen sich durch die Technik nicht ihrer Erfahrungen berauben.

Ein anderes Bestreben richtet sich gegen das Leben in einer aufgezwungenen Rolle und das entsprechende Denken. Einer Rolle zu entkommen, ist für die meisten Menschen äußerst schwierig. Die Rolle abzuschütteln bedeutet Konflikte mit den Eltern, der Autorität der Schulen, den Sportlehrern; es ist eine Hauptquelle der Mißverständnisse, aber es ist wesentlich, um die aufgezwungene Verhaltensweise loszuwerden.

Ein letzter Aspekt des Versuches, dem aufgezwungenen Bewußtsein zu entfliehen, betrifft das sogenannte rationale Denken. Bewußtsein III steht der Logik, der Analyse, der Rationalität und den Prinzipien zutiefst argwöhnisch gegenüber. Nichts trifft den Bewußtsein-II-Intellektuellen mehr als diese scheinbare Verurteilung der Vernunft. Aber Bewußtsein III hat einige besonders böse Beispiele der Vernunft erlebt, etwa die intellektuelle Rechtfertigung des Kalten Krieges und des Vietnamkrieges. In jedem Fall hält Bewußtsein III es für grundlegend wichtig, sich von dem, was jetzt als vernünftiges Denken gilt, freizumachen. Es glaubt, daß die *Vernunft* dahin tendiert, zu viele Faktoren und Werte zu übergehen — besonders solche, die nicht sogleich in Worte und Kategorien gekleidet werden können. Es meint, daß unrichtigerweise zuviel Glaube an ein *Prinzip* verwendet wird, obwohl andere Prinzipien ständig vernachlässigt werden. Wenn das Prinzip der freien Selbstbestimmung den Vietnamkrieg rechtfertigt, wie steht es dann um das andere Prinzip: „Du sollst nicht töten?“ Es glaubt, daß das Denken spontan, zusammenhanglos und *nichtlinear* sein kann. Bewußtsein III meint, daß rationale Konversation als Mittel der Verständigung zwischen den Menschen übertrieben worden ist, und hat eine neue Form der Kommunikation erfunden, nämlich das spontane *Herausplatzen.* Vor allem aber will es neue Dimensionen.

In seiner Sehnsucht, jedem aufgezwungenen System zu entfliehen, erklärt Bewußtsein III die Erfahrung als das wertvollste Mittel. Jede Erfahrung ist wertvoll und lehrreich, keine wird abgelehnt, weil sie sich einem schon bestehenden Schema der Dinge nicht einordnen läßt. Natürlich heißt das nicht, daß ein Bewußtsein-III-Mensch sich irgendwelchen Tätigkeiten hingeben wird, die seine Grundwerte verletzen. Er wird niemals rauben oder morden, um solche Erfahrungen auszuprobieren. Aber in Grenzen ist er bereit, alles Neue zu versuchen. Im vorhinein verurteilt er weder, noch lehnt er ab.

All dies sind Beispiele für Mittel, die angewandt werden, um dem vom *Corporations-Staat* aufgezwungenen Schablonendenken zu entkommen, um den Geist zu befreien. Aber wie steht es mit der Abstumpfung des Geistes? Das ist das Problem jenes Mannes, der so lange in einer Chemikalienfabrik gearbeitet hatte, bis er seinen Geruchssinn verlor, oder das Problem jenes Mannes, dessen Sehvermögen sich verschlechtert hat. Der direkteste Weg, das Empfindungsvermögen wiederherzustellen, ist natürlich, sich einer Reihe vergessener Empfindungen auszusetzen. Der Bewußtsein-III-Mensch tut vieles in dieser Richtung. Er verbrennt zu Hause Weihrauch, um den Geruchssinn wiederherzustellen. Die Erfahrungen können vom freien Sprechen über persönliche Gefühle bis zum gegenseitigen Betasten des Körpers reichen (ein vielleicht notwendiges Gegenmittel gegen die Abstumpfung, die unweigerlich folgt, wenn die Leute in den Untergrundbahnen und Bussen gezwungen sind, aneinanderzustoßen, aber das nicht spüren). Er macht Ausflüge hinaus in die Natur und wird zwei Stunden daliegen und einfach die sich wölbenden Äste eines Baumes betrachten. Er empfindet das Motorradfahren als Wiederherstellung des Gefühls der freien Bewegung. Optische Wahrnehmung und Fähigkeit zur Meditation können verbessert werden, wenn man stundenlang auf eine Kugellampe starrt. Er entdeckt Bach und Mozart. Er sucht die Kunst, die Literatur, das Schauspiel um ihrer Werte willen, die das Bewußtsein erweitern.

Eines der wichtigsten Mittel, um abgestumpftes Bewußtsein wiederherzustellen, ist der Gebrauch von psychedelischen Drogen. Sie gehen mit allen anderen Mitteln, die wir schon erwähnt haben (zum Beispiel könnte Marihuana geraucht werden, während man das Meer beobachtet oder Musik hört), einher, aber sind an sich wichtig. Viele Leute verwechseln die bewußtseinerweiternden Drogen mit den betäubenden Rauschgiften und nehmen an, daß Vergeßlichkeit, verminderte Reaktionsfähigkeit oder Halluzinationen die Folge von psychedelischen Drogen sind. Aber träge zu werden hat nichts mit der psychedelischen Erfahrung zu tun; Marihuana zu rauchen ist eher so, als wenn jemand, der undeutlich sieht, Brillen aufsetzt. Wenn man einem bekannten Musikstück, etwa einer Bach-Fuge, zuhört, wird man sich der Baßstimmen neuerlich bewußt. Die Musik nimmt Gestalt an, verbreitet sich im Raum, wird lebhaft und greifbar. Gras ist eine subtile und feine Empfindung (eine Empfindung, die gelernt werden muß), und sie ist nicht allzu verschieden von dem erhöhten Empfindungsvermögen besonders feinfühliger und künstlerisch begabter Menschen. Bezeichnenderweise ist es eine für das Getriebe der heutigen Welt zu feine Empfindung; eine wirklich empfindsame Person könnte einfach eine Eisenbahnfahrt nach New York nicht ertragen. Andere psychedelische Drogen (besonders LSD) wirken wesentlich stärker als Marihuana, mögen für manche Menschen auch schädlich sein und tendieren eher zu einer Erweiterung des Bewußtseins als lediglich zu seiner Wiederherstellung, aber das Prinzip des verstärkten Empfindungsvermögens ist das gleiche.

Marihuana verursacht eine Konzentration all dessen, was gegenwärtig ist: der Farben, der Gerüche, der sinnlichen Empfindungen, einfach der *Gegenwärtigkeit.* Die Persönlichkeit ist isoliert, kehrt sich nach innen, fühlt sich befreit, gelöst, weich und mild. Die stramme Haltung entspannt sich und erlaubt, alle Arten von *unlogischen Zusammenhängen* völlig natürlich erscheinen zu lassen; es sind visuelle Nebeneinanderstellungen wie etwa die Vorstellung einer riesigen Cornflake-Schachtel zwischen zwei Gebäuden in einer Straße. Die Logik der äußeren Welt ist zeitweilig aufgehoben; warum nicht auf dem Gehsteig sitzen, wenn man müde ist? Warum nicht den flauschigen Teppich in einem Wohnraum beschnüffeln, wenn einem gerade danach zumute ist? In einer weniger geschlossenen Gesellschaft wäre Marihuana nur ein Spielzeug, ein harmloses Rauschmittel. Aber in einer Gesellschaft, die ihre Bürger in einem geschlossenen System der Denkweise hält, die so abhängig von systematischer Indoktrinierung und einem aufgezwungenen Bewußtsein ist, wirkt Marihuana für eine Revolution als ein Wahrheitsserum. Weil es sich auf die Gegenwärtigkeit als Realität konzentriert, führt es die Menschen aus dem abgegrenzten System heraus, befreit es sie von der Herrschaft über ihr Denken und macht das *unreal,* was die Gesellschaft besonders ernst nimmt: Zeit, Fahr- und Stundenpläne, vernünftige Zusammenhänge, Wettbewerb, Ärger, Vorzug, Autorität, privates Eigentum, Gesetz, Status, die Vorherrschaft des Staates, des Lebensstandards, die von anderen und der Gesellschaft aufgezwungen werden. Es ist ein Wahrheitsserum, daß das falsche Bewußtsein aufhebt.

Ständig und exzessiv gebraucht, stumpfen Drogen das Bewußtsein ab. Sie vermindern das Empfindungsvermögen, trennen Menschen von der Realität und von menschlichen Kontakten. Vielleicht ist ihr positivstes Merkmal, einen ersten Durchbruch herbeizuführen und die Euphorie und Mythologie des *Corporations-Staates* zu zerstören. Sie sind der Beginn einer neuen Denkungsart. Auf die Dauer genügen sie jedoch nicht, um ein neues Bewußtsein zu erhalten, und können schließlich zu einer weiteren Schranke für die Realität werden.

Die Wirkung der psychedelischen Drogen endet nicht, wenn die Droge selbst sich verflüchtigt. Sie wirkt weiter, indem der Benützer sein Bewußtsein und seine Empfindsamkeit verstärkt fühlt. Mit anderen Worten, er hat etwas gelernt. Jedoch kann ein Stadium eintreten, in dem der Benützer fühlt, daß die Drogen für ihn nicht länger notwendig oder zumindest nicht mehr von so großer Wichtigkeit sind. Er hat die Erweiterung seines Empfindungsvermögens wunschgemäß erreicht; es ist nun ein Teil seiner selbst geworden.

All die verschiedenen Bemühungen der neuen Generation, das Wahrnehmungsvermögen zu erweitern, vereinigen sich darin, ein bemerkenswertes Phänomen hervorzubringen: Der Bewußtsein-III-Mensch, ganz gleich wie jung und unerfahren er sein möge, scheint ein außerordentliches *neues Wissen* zu besitzen. Gouverneur Rockefeller macht einen Staatsbesuch in Lateinamerika und kehrt „ermutigt durch den herzlichen Empfang“ zurück; der gewöhnliche

Bürger, wenn er nicht besonders weltklug ist, mag wirklich glauben, daß der Gouverneur freundlich empfangen wurde; der Mensch mit dem *neuen Wissen* durchschaut jedoch den Schein und weiß, auch ohne die Zeitungen genau zu lesen, daß der Gouverneur praktisch aus jedem Land hinausgeworfen wurde und nur durch kräftige Unterdrückungsmaßnahmen gegen die Protestierer heil davonkam. Er kennt die Tatsachen nicht, aber er kennt die Wahrheit, die anderen verborgen zu sein scheint. Die Erklärung für dieses politische Begreifen ist in erster Linie die Ablehnung der Vorspiegelungen und des Absurden. Es ist absurd zu glauben, daß ein Mann wie Rockefeller, der die Vereinigten Staaten vom Fonds eines Luxusautos aus repräsentiert, von den lateinamerikanischen Massen *herzlich* willkommen geheißen würde, so wie es absurd ist zu glauben, daß Studenten ihre Rektoren *verehren* oder an patriotische Phrasen in offiziellen Reden glauben. In einem Land, das so wie unseres mit Heuchelei und Mythen belastet ist, wird schon die Ablehnung der Unwahrheit zu einer tiefgründigen Einsicht.

Dieses *neue Wissen* wird dadurch charakterisiert, daß es imstande ist, Kategorien zu ignorieren. Wir alle sind in unserem Denken von künstlich gesteckten Grenzen eingeengt. Wir können nicht über die Vorstellung hinauskommen, daß zwischen Prosa und Lyrik ein Unterschied besteht. Werden aber die Grenzen der Kategorien aufgehoben, sieht man *neue* Zusammenhänge. Das *neue Wissen* bedeutet jedoch mehr als das; es ist, als würde man alles, von politischen Angelegenheiten bis zum Kunstverständnis, mit anderen Augen sehen. Die jungen Bewußtsein-III-Menschen sehen mühelos, was unecht und unehrlich in der Politik oder was häßlich und falsch in der Architektur und Städteplanung ist, während ein älterer Mensch Jahre der Ausbildung durchmachen muß, ehe er sich dessen bewußt wird. Ein Bewußtsein-II-Mensch würde zwanzig Jahre lang radikale Literatur lesen müssen, um zu *wissen*, daß das Gesetz ein Werkzeug der Unterdrückung ist. Der junge Mann, der Drogen benützt, *weiß* das einfach. Nichts ist für einen älteren Menschen schwieriger, als an dieses *neue Wissen* zu glauben, aber es ist ein eindrucksvolles, ernst zu nehmendes Phänomen, das sich sogar bei den langhaarigen Teenagern in Kalifornien zeigt, die per Autostopp ans Meer fahren und nur eine sehr begrenzte Erfahrung im politischen Denken oder Zeitunglesen besitzen.

Die tiefste Quelle des Bewußtseins mag die Natur sein. Die Angehörigen der neuen Generation gehen an den Strand, in die

Wälder und Berge. Sie verunreinigen diese Orte nicht mit Bierdosen, stören die Ruhe nicht mit dem Lärm von Motorbooten und Motorrädern. Sie gehen nicht in die Natur, um Urlaub von der Realität zu machen. Sie gehen zur Natur als zu ihrem Ursprung. Das Salzwasser des Meeres ist das Salz ihres Blutes, die Freiheit des Meeres ihre Freiheit. Der Wald ist der Ort, aus dem sie kommen, wo sie sich selbst am nächsten sind, er ist die Erneuerung. Sie legen nicht viel Wert auf Wanderausrüstung, Campinggerät für den Strand oder Schwimmanzüge. Sie waten mit ihren Blue jeans in das Salzwasser. Die Natur ist kein fremdes Element, das eine Ausrüstung erfordert. Die Natur, das sind sie.

All dieses Suchen nach erweitertem Bewußtsein gipfelt in einer Haltung, die die genaue Antithese von Bewußtsein II darstellt: eine Sehnsucht nach Unschuld, nach der Fähigkeit, in einem Zustand ehrfürchtigen Staunens und des Wunders zu leben. Die Essenz des Denkens der neuen Generation lautet: Der Mensch soll ständig für neue Erfahrungen aufgeschlossen sein, bereit sein, seine alte Denkungsweise zu ändern, hoffen, empfindsam und aufnahmebereit genug zu sein, um die Wunder der Natur und der Menschheit auf sich einwirken zu lassen. Bewußtsein II betrachtet es als ein Zeichen von Schwäche, überrascht oder erstaunt zu sein. Bewußtsein III kultiviert diese Erfahrungen. Bewußtsein III sagt: „Der Vollmond hat meine Sinne angeregt", und ist stolz darauf. Bewußtsein II hat den Mond schon früher gesehen und findet ihn selbstverständlich. Dinge wie Camping, Wellenreiten, das Betrachten von Sonnenuntergängen und Sternen, das Im-Gras-Liegen, Humor und Spiel, neue Formen der Gemeinschaft, Kunst, Literatur, Wissen und Geheimnisse sind Dinge, die für Bewußtsein III alle gerade erst erschaffen worden sind. In *Am Beispiel einer Bärenjagd* befreit sich Norman Mailers Held, D. J., vom maschinellen Bewußtsein und entdeckt im entlegenen Brooks Range in Alaska eine kindhafte, atemlose Empfindung des Staunens. Das ist die Eigenschaft, der Bewußtsein III am meisten Beachtung schenkt und die Ausdruck seiner Verletzlichkeit und Unschuld ist.

X

Über die Jugend hinaus

Bewußtsein III war bis jetzt beinahe ausschließlich eine Jugendbewegung oder besser eine Bewegung, die einen Teil der Jugend erfaßt hat. Solcherart kann sie wenig Zukunft haben. Ihre gegenwärtigen Anhänger werden älter; die Freiheit des Studentenlebens geht verloren: Sie müssen in der weit härteren Welt außerhalb der Universitäten leben. Eine Jugendbewegung kann aus eigenem in bezug auf einen politischen und kulturellen Umschwung nicht viel erreichen. Und die Bewußtsein-III-Hoffnung auf eine Gemeinschaft wird vergeblich sein, wenn die Arbeiter und die ältere Generation in erbitterter Opposition verharren. Vielmehr wird eine Polarisation eintreten, die Gewalt, Unterdrückung oder vielleicht sogar eine faschistische Periode hervorrufen könnte. Bewußtsein III muß über die Jugend hinausreichen, oder es wird versagen.

Das Wesen von Bewußtsein III ist nicht von vornherein nur auf die Jugend beschränkt. Die Jugend befindet sich in einem Prozeß der Wiederherstellung der Persönlichkeit gegenüber der Welt der Eltern, dem Druck in der Schule und den auftauchenden Forderungen eines Berufs, einer Laufbahn und des Militärdienstes. Aber die Arbeiter und älteren Leute haben die Wiederherstellung der Persönlichkeit noch viel nötiger. Sie sind die Gefangenen des technischen Staates, ausgebeutet von seiner Wirtschaft, gebunden an seine Zielsetzungen, organisiert durch seine Fabriken und Ämter; man hat sie um all die Dinge im Leben gebracht, die in der Industriemaschinerie keinen funktionellen Nutzen haben.

Bis jetzt haben die Kräfte innerhalb des *Corporations-Staates*, die in einem Teil der Jugend ein neues Bewußtsein hervorgebracht haben, keine ähnliche Wirkung auf die Arbeiter und die ältere Generation gehabt. Allem Anschein nach fehlt da ein Faktor, der die neue Generation entscheidend beeinflußt hat, oder aber es hält ein Faktor, der auf die Jugend nicht einwirkt, den Geist des Mittelstandes in Bann. Wenn es uns gelingt, diese Unterschiede ans Licht zu bringen, können wir den Weg zu einem Wandel des Bewußtseins finden, das sich über die Reihen der Jugend hinaus erstreckt.

Die Grundlage für einen Wandel im Bewußtsein besteht heute im gesamten Mittelstand. Der Grad seiner Enttäuschungen ist mindestens ebenso groß wie der seiner Kinder; der Mittelstand hat das Gefühl, um den *amerikanischen Traum* betrogen worden zu sein, und ein Empfinden persönlicher Klaustrophobie, die den Gefühlen der jungen Leute sehr ähnlich sind. Was sie nicht so stark fühlen, ist die Hoffnung, die der jungen Generation ihren Optimismus, ihre Freude und ihre Befreiung ermöglicht. Aber die Hoffnung ist da und wartet, von jedermann erkannt zu werden. Der Weg der neuen Generation steht auch allen anderen offen, es muß nur jemand den Weg weisen.

Entscheidender Faktor für die Umwandlung der neuen Generation ist ein Vorbild zu haben, dem man nacheifert. Wie wir berichtet haben, hat das Bewußtsein III bei Leuten begonnen, die sich unglücklich oder schlecht an das Leben angepaßt fühlten: Künstler, Beatniks, Außenseiter, Musiker. Aber das neue Bewußtsein hat sich erst dann schnell ausgebreitet, als Jugendliche, die keine persönlichen Probleme hatten, Vorbilder fanden, denen sie nacheiferten. Für die Außenseiter und Künstler war eine andere Art zu leben eine Notwendigkeit. Für die neu Umgewandelten war das eine freie Entscheidung, und sie konnten sie nur treffen, nachdem dieser Lebensstil ihnen von anderen demonstriert worden war. Es war die *schwarze* Musik in der Gestalt des Rock 'n' Roll, die den Teenagern zuerst eine Alternative zu ihrer eigenen sentimentalen und eintönigen Musik bot. Es war der melancholische *schwarze* Lebensstil mit seiner Geringschätzung für die Werte der weißen Mittelklasse und seiner Zuneigung für die sinnlichen, urwüchsigen und aufrührerischen Elemente im Menschen, die den Studenten an Stelle der bestehenden Schablonen etwas Nachahmenswertes gab; schon in der Mitte der fünfziger Jahre kopierten rebellierende weiße Teenager den Stil der schwarzen Ausdrucksweise.

Was den Arbeitern und dem Mittelstand fehlt, ist also ein

nachzuahmendes Modell. Sie sind nicht imstande, sich mit den Schwarzen oder mit der Jugend zu identifizieren, und haben selbst keine Vorbilder. Unverkennbar ist das der gesuchte Faktor. Und wir können genauer sein: Es geht hier um ein Vorbild, das neue Werte und Zielsetzungen zeigt, eine neue Definition dessen, was *das Glücklichsein* ausmacht.

Ein wesentlicher Aspekt jeglicher Umwandlung zu Bewußtsein III ist eine Änderung der Zielsetzungen. Eine Änderung der Zielsetzungen erfolgt, wenn etwa ein Student, statt danach zu streben, *beliebt* zu sein, von seinen Lehrern gelobt zu werden und unter seinen Kollegen hervorzustechen, sich Ziele mehr persönlichen Inhalts setzt — beispielsweise Musik verstehen lernen, einen kleinen Kreis enger Freunde haben, die Natur erleben. Wenn dieser Student nun, als Folge der Änderung seiner Ziele, beginnt, radikalere politische Anschauungen zu haben, ein Gefühl der persönlichen Verantwortung und Verpflichtung gegenüber öffentlichen Fragen zu entwickeln, Werte und Maßstäbe sich zu eigen zu machen, die nicht von der Technik abgeleitet sind; wenn er wirklich vorurteilslos zu entdecken und zu erfahren anfängt, wie andere Menschen sind; und vor allem, wenn er die lebenslange Suche nach der eigenen Persönlichkeit antritt: dann hat er sein Bewußtsein verändert. Eine Änderung der Ziele ist eine Änderung der Richtung; eine Änderung des Bewußtseins bedeutet, eine Strecke in dieser Richtung zu wandern, zu entdecken, was dort ist, und zu beginnen, es zu einem Teil der eigenen Lebensweise zu machen.

Warum hat eine Änderung der Ziele eine so magische Wirkung? Das erste, was sie zustande bringt, ist eine geistige Befreiung. Sie findet statt, weil eine Änderung der Ziele einen sofort aus dem bestehenden System herausstellt und dadurch einen neuen Ausblick auf dieses System ermöglicht. Ziele tragen ihre eigene Verstärkung in sich. Wir alle wissen, wie sehr die Ansichten eines Menschen durch seine Beschäftigung oder seinen Beruf beeinflußt werden. Die simple Frage der Zeit ist wichtig: Jemand, der einer Tätigkeit nachgeht, die seine Zeit weitgehend in Anspruch nimmt, hat einfach nicht die Muße, über das System, in dem er steckt, nachzudenken. Es wird also das Phänomen der Umwandlung durch das Heraustreten aus dem System verursacht. Dann sind auf einmal Neid, Eifersucht und Wettbewerb als Beweggründe nicht mehr so wichtig; wenn die Ziele erweitert werden, dann hat die Welt jedem mehr zu bieten. Auch die Angst wird abgebaut: Angst ist meist die Folge starr begrenzter Ziele. Wenn die Promotion oder der Beruf selbst nicht mehr so viel bedeuten, wächst der Mut zum unabhängigen Handeln. Das Individuum ist befreit; es liegt in seiner Macht, Entscheidungen zu treffen.

Wir sagten, daß es dem älteren Menschen oder dem Arbeiter an einer positiven Vorstellung einer besseren Welt mangelt. Diese Vorstellung stellt sich als Folge der erweiterten Möglichkeiten einer persönlichen Entscheidung ein.

Tatsächlich ist die Änderung der Zielsetzung gleichbedeutend mit einem neuen Begriff von sich selbst. Plötzlich kann sich der einzelne völlig neue Arten der Befriedigung vorstellen. Der neue Begriff ruft eine neue Freiheit hervor: Mit einer bestimmten Vorstellung von sich selbst würde sich ein Mann lächerlich befangen vorkommen, wenn er Glockenhosen tragen würde; wäre er ein Bankmann oder ein Anwalt, würde er sich zum Narren machen. Aber wenn er Sinn für Humor hat, würde er sich in etwas unkonventionellen Kleidern wohl fühlen: Er würde im Besitz einer neuen Freiheit sein. So ist die Welt nicht länger öde, denn der einzelne hat entdeckt, daß die Macht, sie zu ändern, in seiner eigenenschöpferischen Fähigkeit liegt. Er kann eine Welt schaffen, anstatt verbittert in einer Welt zu verharren, die ihm hoffnungslos scheint. Wallace Stevens sagt das in seiner ganzen Dichtung: Der Mensch hat die Macht, nicht etwa an die Stelle der Wirklichkeit eine Traumwelt zu setzen, sondern vielmehr eine neue Erkenntnis der Realität zu finden.

Fassen wir zusammen: Das Mittelklassebewußtsein ist unverändert geblieben, weil die Mittelklassemenschen bis jetzt noch keine Vorstellung vom Selbst haben und auch nicht danach suchten. Sie sind die Gefangenen der ihnen vom *Corporations-Staat* gesetzten Ziele. Unter der neuen Generation, unter den Schwarzen hat eine Änderung der Ziele Befreiung und neue Einsicht gebracht. Aber der Mittelstand lebt ohne Hoffnung auf ein besseres Leben, weil seine Ziele an seine gegenwärtige Existenz gebunden sind. Der Schlüssel zu einer solchen Änderung der Ziele ist die Gelegenheit, sich mit Menschen zu identifizieren, die sie bereits geändert haben und nun als Vorbilder dienen. Dann kann die Identifizierung erfolgen und der Anschluß an diese Vorbilder. Für die neue Generation und für die Schwarzen waren Vorbilder verfügbar. Die Mittelklasse hat jedoch bis jetzt keinen Weg gefunden, sich mit den Triebkräften des Wandels zu identifizieren.

Unrichtigerweise wird weithin angenommen, daß die Entwicklung eines neuen Bewußtseins von einem Prozeß der Radikalisierung abhängig sei: einer wachsenden Unzufriedenheit mit dem eigenen Leben und den eigenen Verhältnissen plus der Erkenntnis, daß die Gesellschaft nach falschen und ungerechten Prinzipien gelenkt wird. Diese Annahme ist Ursache der Demonstrationen und der Bemühungen, die Menschen zu „belehren", daß Krieg unrecht ist. Hier liegt der Grund für Bewegungen, wie jene zum Schutz der Natur und unserer Umwelt. Hier nimmt das Argument seinen Ausgang, daß die Maschinerie von Verteidigung und Aufrüstung zum Stehen gebracht werden muß. Hier ist das Motiv für die Bemühungen der Radikalen zu finden, die sich im Betrieb oder bei Streikaktionen zu den Arbeitern gesellen und versuchen, mit ihnen über Imperialismus, Ausbeutung und über die Ziele der neuen Linken zu sprechen. Es wird angenommen, daß der Grund dafür, daß die Arbeiter und der Mittelstand ein von jenem der Jugend verschiedenes Bewußtsein haben, darin liegt, daß sie die *Erkenntnis* noch nicht besitzen.

Diese Theorie entspricht einfach nicht den Tatsachen. Erstens fehlt es im Mittelstand und der Arbeiterschaft keineswegs an Unzufriedenheit; sie teilen manches an Ärger und Enttäuschung mit der Jugend. Arbeiter sind verbittert und unzufrieden mit ihrer Tätigkeit, ihrem Heim und ihrer Stellung in der Gesellschaft. Streiks haben in jüngster Zeit wiederholt gezeigt, wie tief die Unzufriedenheit des Arbeiters geht, die keineswegs nur eine Frage der Löhne ist. Der Arbeiter hat keine große Hoffnung, die Erfolgsleiter erklimmen zu können. Er nimmt eine niedrige soziale Stellung ein und wird von der Gesellschaft nicht sehr hoch eingeschätzt. Alles weist darauf hin, daß er über seine untergeordnete Stellung zornig ist; ein George Wallace kann seine Stimme gewinnen, indem er ihm sagt, daß er so gut wie jeder andere ist, so gut wie die Bosse, wie die *eierköpfigen* Intellektuellen und die High Society.

Heute entsprechen die Beschwerden der Arbeiter auf der ganzen Linie jenen der Studenten. Sie denken, daß das Land von den *hohen Tieren* gelenkt wird, die kein Interesse für einfache Leute haben. Der Politiker steht nur für sich selbst ein. Inflation macht jegliche Erhöhung der Löhne zu einer Illusion. Dem arbeitenden Menschen werden die höchsten Steuern auferlegt, während der Reiche leicht davonkommt. Die Arbeiter empfinden die Zerstörung der Umwelt deutlicher als die meisten Leute. Sie spüren die wachsende Häßlichkeit, Luftverpestung, Überfüllung und Unfreundlichkeit der Umgebung, in der sie leben; der Umstand, daß es immer schwieriger wird, hinaus an die frische Luft und in die Sonne zu kommen, trifft sie am schwersten. Sie haben ihre Arbeit schon lange als sinnlos empfunden; Jahr für Jahr das gleiche zu tun für eine Firma, die ihnen gleichgültig, und für ein Produkt, das ihnen fremd ist. Immer mehr betrachten sie Amerikas Mondabenteuer, die Investitionen in die Weltraumfahrt und besonders den Aufwand an Geld und die Verluste von Menschenleben im Krieg als sinnlos und falsch. Auf all diesen Gebieten und anderen klingen die Klagen an sich so wie jene der Studenten.

Für den Akademiker ist ein wesentlicher Faktor der Unsicherheit der Wettkampf um seine Karriere. Der Wettbewerb auf der Ebene des beruflichen *Erfolges* ist in Amerika so groß, daß sogar die Teilnehmer spüren, daß er sie entkräftet und für alles andere im Leben unfähig macht. Darüber hinaus mag der Beruf trotz all seines Prestiges und der Möglichkeiten des Vorwärtskommens als dumpfe Routine erscheinen. Der Zahnarzt fühlt sich nur als Plombierer oder Mechaniker; und selbst ein Chirurg hat manchmal derartige Gefühle. Der junge Anwalt ist zu einer Maschine geworden, die Gerichtseingaben schreibt, und der Geschäftsmann findet seine Tätigkeit inhaltslos.

Eine zweite Quelle der Unzufriedenheit an der Arbeit mag der Verlust der Selbstbestimmung sein, man fühlt sich in einem riesigen System gefangen und in einer Hierarchie, die bedrückend ist, auch wenn man mehr Leute unter sich als über sich hat. Und es gibt noch andere Arten der Unzufriedenheit. Wer eine gute Ausbildung hat, möchte etwas *Besonderes* oder *sozial Nützliches* oder *Sinnvolles* tun, jedoch die wenigsten akademischen Berufe bieten die Möglichkeit dazu. Der Akademiker kann sich zwar viele der Wohlstandsgenüsse der Gesellschaft leisten, aber er ist oft viel zu beschäftigt, um sie auszukosten; er weiß auch, daß er dafür zu alt sein wird, wenn er sich einmal vom aktiven Berufsleben zurückzieht. Und zu all diesen Enttäuschungen im Beruf kommt oft noch die bittere Erkenntnis, daß seine Kinder, vielleicht auch seine Frau sich ihm entfremdet haben. Die Freuden des Familienlebens lösen sich im Ärger auf, und die Arbeit ist Selbstzweck geworden.

Die Frauen der Akademiker nehmen eine besonders bedenkliche Stellung ein; gebildet und hochintelligent, sind sie in eine Position gezwungen, in der sie keine wirkliche Arbeit leisten oder echte Unabhängigkeit erreichen können. Wenn ihre Kinder erwachsen sind, bleibt ihnen ein inhaltsloses Leben. Oft kommt es zu Scheidungen und zu den ziemlich traurigen Versuchen, in fortgeschrittenem Alter *ein neues Leben zu beginnen.* Aber die Frau hat ein starkes Verantwortungsgefühl gegenüber ihren Kindern und ihrem Heim und ein starkes Pflichtgefühl in der einmal gewählten Rolle.

Sollte sie nach einem anderen Leben streben, so wartet dort draußen keine Gemeinschaft auf sie. Die Welt besteht aus Ehepaaren, und es gibt niemanden, der ihr helfen oder sie in ihrer neuen Existenz bestärken würde. So ist sie unsicher und voller Zweifel.

Wir können aber sehen, wie viele der Enttäuschungen des Mittelstandes und der Arbeiter denen der jungen Generation gleichen. Eine Vielzahl der Erwachsenen in diesem Land haßt ihre Arbeit. Ob es die Arbeit in der Fabrik, ein Angestelltenjob oder — mit einigen Ausnahmen — ein akademischer Beruf ist oder die Rolle, Hausfrau zu sein: Sie hassen ihre Arbeit, geradeso wie die jungen Leute gegen die Aussicht auf ähnliche Arbeit rebellieren. Die Gefühle der Eltern sind tatsächlich die grundlegende Quelle für die Gefühle der Kinder. Der Mittelstand lehnt auch die Autorität ab, die das Berufsleben schafft — den Chef und das System. Er fühlt, daß er über sein eigenes Leben nicht verfügen kann. Auch wenn wir uns der Welt außerhalb des Berufs zuwenden, so gibt es dort ebenso Verärgerung; die Menschen des Mittelstandes sind enttäuscht von der Demokratie und fühlen, daß *die da oben* alle Schwindler sind. Darüber hinaus empfindet die Mittelklasse dieselbe Beengung wie die Jugend; aussichtslose Posten, ein Leben im täglichen Einerlei, eine Gesellschaft, in der der einzelne machtlos ist und die seinem Wohlergehen gleichgültig gegenübersteht. Wenn Unzufriedenheit der einzige Anlaß wäre, um eine Revolte zu verursachen, wäre es schon lange zu einer Änderung des Bewußtseins gekommen.

Gleichgültig, welche Art Unzufriedenheit Arbeiter oder ältere Leute empfinden, sie werden durch den Glauben zurückgehalten, daß *die Dinge eben so sein müssen,* daß *kein System besser ist,* daß *du mir nicht zeigen kannst, wie irgendein neues System die Dinge verbessern würde.* Die Unzufriedenheit wird empfunden, aber man akzeptiert sie und fügt sich; die *Realität* erfordert diese Anpassung. Keine Erziehung, außer einer totalen Revolutionierung der Anschauungen des Menschen von der Realität, kann daran etwas ändern.

Dies ist oft klar daraus ersichtlich, daß seitens der Arbeiter und des Mittelstandes die Schuld für die Lage der Dinge falschen Ursachen zugeschrieben wird. Man beschuldigt die Kommunisten, Atheisten, Hippies, die Schwarzen, Leute, die Arbeitslosenunterstützung erhalten, oder liberale Reformer, für die Nöte des Landes verantwortlich zu sein. In weiterem Rahmen wird die Schuld auf den Verfall der Sitten und der Religion, auf das Fehlen harter Arbeit und andere Charakterfehler geschoben. Gegenwärtiger Sündenbock ist die Studentenbewegung, obgleich Arbeiter und Mittelstand mit ihnen gemeinsame Sache machen sollten.

Diese Haltung stimmt so wenig mit den sichtbaren Tatsachen überein, daß sie offensichtlich nicht von Beobachtungen, sondern von einem inneren Bild der Realität herstammt, das keine andere Erklärung zulassen kann. Wie wesentlich dieses Bild der Realität ist, zeigt sich auch in der Tatsache, daß es Arbeitern und Mittelstand an einer positiven Vorstellung von einer besseren Lebensart fehlt. Wir sagten, daß die neue Generation das Produkt zweier Dinge darstellt: der Bedrohung, die sie fühlt, und der Hoffnung, die sie erkennt. Ältere Leute glauben nicht an die Hoffnung, aber ohne den Glauben kann es keinen Wandel im Bewußtsein geben, ganz gleich, welche anderen Erkenntnisse auch vorhanden sind. Viele hochgebildete Liberale zum Beispiel verstehen sehr gut die Gründe für die amerikanische Krise; sie beschuldigen nicht imaginäre Sündenböcke. Aber sie verharren standhaft im Bewußtsein II, weil sie an nichts glauben. Die Aussichten der Welt scheinen ihnen öde und hoffnungslos, sie glauben kaum an eine Verbesserung der *menschlichen Natur,* und sie bleiben dabei, sich mit ihrem Tagewerk zu befassen.

Aber der Hauptbeweis, daß Bildung allein nicht zu einem neuen Bewußtsein führt, ist die Tatsache, daß die Umwandlungen zu Bewußtsein III nicht durch Erziehung aufgetreten sind. Es gibt zwei ganz verschiedene Wege, die zu einem radikalen Bewußtsein führen. Der eine, den nur wenige Leute gewählt haben, ist ein langsamer Prozeß des Lesens und Studierens über viele Jahre hinweg. Das ist der Weg, den einige Mitglieder der alten und auch der neuen Linken gewählt haben. Er erfordert eine außerordentliche Neigung zu theoretischer Erkenntnis und den Willen, die Wahrheit zu verfolgen, wo immer sie auch hinführen möge. Es ist keine Formel für rasche oder Massenumwandlungen. Aber die Umwandlung, die im College oder schon früher in der High-School stattfindet, entsteht nicht aus dem Lesen, dem politischen Wissen, dem Verstehen der Wirtschaft, der Vertrautheit mit den Doktrinen der neuen Linken oder überhaupt aus irgendeinem intellektuellen Prozeß. All das scheint, wenn überhaupt, erst *nach* der Umwandlung zu kommen. Wenn das bei der Jugend die Reihenfolge ist, warum sollte es bei ihren Eltern anders sein? Das Problem des Mittelstandes wird nicht durch eine besondere Art von Ausbildung gelöst werden.

In den folgenden Absätzen werden wir darauf hinweisen, wie das neue Bewußtsein sich im Mittelstand durchsetzen könnte. Wir werden zunächst über die gutverdienende Gruppe der Akademiker sprechen und dann über Arbeiter. Zwischen diesen beiden Gruppen gibt es wichtige Unterschiede. Die ersteren haben beträchtliche wirtschaftliche Freiheit; letztere sind in ihrer Arbeit gefangen. Das falsche Bewußtsein der Akademiker hat seinen Kernpunkt in ihrer gesellschaftlichen Stellung; die Vorstellungen der Arbeiter richten sich mehr auf Symbole wie Patriotismus und Moral, die im Denken der Akademiker nicht wichtig sind. Aber der Akademiker hat einen gebundeneren Lebensstil, obwohl er weniger an *Prinzipien* glaubt; er ist weiter als der Arbeiter von seinem Selbst und seinen Gefühlen entfernt.

Der weiße Wohlstandsmittelstand könnte denselben Weg zu einem neuen Bewußtsein gehen wie die Studenten. Wie kann ein junges Ehepaar mit Bewußtsein II, dreißigjährig, mit zwei kleinen Kindern und im Stadium des sozialen Aufstiegs, dazu gebracht werden, die Suche nach der eigenen Persönlichkeit zu beginnen? Das junge Paar muß die sich weitende Kluft erkennen, die es von einer um zehn Jahre jüngeren Generation trennt. Bewußtsein II möchte *dabei* sein, aber das junge Paar entdeckt, daß es nichts über die neue Musik, Dichtung, Kunst, Literatur, den neuen Film oder das neue Theater weiß, nichts über die neuen Theorien der Politik und Philosophie, nichts von den *Undergroundzeitungen* und den *freien Universitätsklassen*, nichts über die neuen Formen der Sprache und des Denkens, nichts über das Erlebnis der Rauschgifte, nichts über die neuen Arten des Lebens und der Gemeinschaft. Wie kann man sie dazu bringen, ihr Unbehagen abzulegen und für etwas Neues bereit zu sein?

Dieses Paar ist prinzipiell für den Einfluß der neuen Generation sehr empfänglich. Tatsächlich sind die Möglichkeiten der neuen Generation so groß, ihre Stellung so mächtig, daß es mit dem Aufwerfen von Fragen vorsichtig zu sein heißt, um das junge Paar nicht zu sehr durcheinanderzubringen. Wirklich wird die erste Reaktion heftige Abwehr sein, ein sicheres Zeichen der Verletzbarkeit. Warum arbeitet der junge Anwalt nicht für die Armen oder liest gute Literatur oder findet Zeit für seine Kinder? Warum ist die Frau nicht Lehrerin am College, warum hat sie den Gedichtband nicht beendet, den sie einmal zu schreiben angefangen hat? Das sind Fragen, die das junge Paar schwer beantworten kann. Durch Beispiele, durch das Gespräch, durch Schreiben, durch das Aufwerfen von Fragen in jeder möglichen Weise hat die neue Generation die Macht, Leute von dreißig Jahren zu veranlassen, sich zu überlegen, ob sie nicht eine weiße Version von *Onkel Tom* sind; ob sie sich nicht vielleicht im Streben nach einem Selbst verausgaben, das gar nicht ihr eigenes ist.

Wenn wir recht haben, daß dieses Mittelstandsbewußtsein trotz all der negativen Aspekte des *Corporations-Staates* unverändert bleibt, weil es an Vorbildern für geänderte Zielsetzungen fehlt: Wie kann diesem Mangel abgeholfen werden? Die Antwort lautet: Man muß dem Mittelstand begreifen helfen, daß hinter den spezifischen Formen der Kultur der Jugend allgemeine Werte stehen, die für jedes Alter und alle Lebensumstände bedeutungsvoll sind. Bis heute ist der neue Lebensstil vorwiegend von der Jugend und für die Jugend entwickelt worden. Es ist wichtig, ihn auf eine Weise zu beschreiben, die auch für ältere Leute verständlich ist; keine hautengen Hosen für die, die die Schlankheit der Jugend nicht wiedergewinnen können. Was man ihnen eher geben kann, ist ein sinnvolles und befriedigendes Konzept vom Leben und der Kultur der Erwachsenen.

Das Wesen der neuen Kultur liegt in keiner der bestehenden Manifestationen. Weder muß ein älterer Mensch ein Fan der Rockmusik werden noch sich im Wellenreiten versuchen oder beginnen, Rauschgift einzunehmen. Das alles sind nur greifbare, zeitgemäße Beispiele eines tieferen Prinzips. Die einzelnen Details ändern sich ständig, selbst für die Jugend; der Stil der Musik und der Kleider ist dauernd in Fluß. Bewußtsein III kann Vivaldi genauso wie den Blues schätzen. Es ist das Grundprinzip, was zählt: eine Reihe von nichtmateriellen Werten. Für ältere Leute könnte das neue Bewußtsein darauf beruhen, einen Garten zu betreuen, Bücher zu lesen, Brot zu backen, Platten von Bach zu hören oder einen neuen Familiensinn zu entwickeln, solange all das zur echten Kenntnis des eigenen Selbst führt und nicht ein falsches Bewußtsein ist.

Wenn ein junger Mensch seine Eltern in das Strandleben der jungen Generation einführen wollte, würde er nicht notwendigerweise versuchen, sie zu Wellenreitern zu machen; Wellenreiten könnte sie körperlich überfordern. Aber das Wesen des Strandlebens liegt nicht im Wellenreiten, sondern in etwas mehr Geistigem; eine Erneuerung des Selbst in der Unberührtheit, Schönheit und Freiheit des Strandes. Ältere Leute mögen den Strand ihr Leben lang *genossen* haben, ohne ihn in dieser Weise zu empfinden; wenn man sie dazu bringen kann, werden sie den Wellenreiter ohne Neid beobachten können und seiner Welt teilhaftig sein.

Das Problem des Neides nimmt in dem Prozeß, eine neue Kultur oder einen neuen Lebensstil zu erlernen, eine zentrale Rolle ein. Eine Person, die sich ihre Neugier und ihren Neid nicht eingesteht, wird einer Änderung jede Form von Widerstand entgegensetzen. Wird ihr aber gezeigt, wie auch sie an dem teilnehmen kann, was sie beneidet, ist der Weg für die Änderung offen. Nichts macht uns ärgerlicher als die Angst, jemand anderer könnte eines Vergnügens teilhaftig werden, das uns selbst für immer versagt bleibt. Die Vergnügungen der neuen Generation, wie ihre Musik, sind scheinbar unzugänglich, stehen aber tatsächlich allen offen.

Jeder Aspekt der Bewußtsein-III-Lebensart muß vom Mittelstand auf eine für ihn verständliche Weise gesehen werden. Wellenreiten oder Wandern ist stellvertretend für die enge Beziehung zur Natur. Das Um und Auf der Rock-Musik ist nicht der besondere musikalische Stil, sondern das Vergnügen und das Glück, die aus dem Eintauchen in die Musik resultieren — „drinnen sein" zum Unterschied von gleichgültigem Zuhören. Die Kleider der Jugendkultur bringen den Grundwert der persönlichen Selbstverwirklichung zum Ausdruck und die Freiheit von aufgezwungenen äußeren Maßstäben. Das Wesen der Friedensaufmärsche und anderer Demonstrationen und Proteste liegt nicht im Verfechten irgendeines politischen Standpunktes, sondern in dem Grundwert, persönliche Verantwortung für das Geschehen in der Gemeinschaft zu übernehmen, gemeinsam gegen ein Übel zu kämpfen. Auch die Begriffe von *Karriere, persönlichen Beziehungen, Gemeinschaft, Entdeckung des eigenen Selbst,* die in der Jugendkultur so grundlegend sind, können in einer auch für ältere Leute bedeutungsvollen Weise gesehen werden.

Der Falle des Lebens- und Konkurrenzkampfes kann der Erwachsene ebenso entkommen wie der Student, der seine eigenen, gewiß weit geringeren Verantwortlichkeiten neu zu bewerten gelernt hat. Vor der Änderung der Zielsetzungen hatte der Student *keine Zeit*, er hatte *Verpflichtungen gegenüber seinen Eltern*, Aufgaben in Sportteams oder Organisationen, er hatte Angst vor schlechten Noten in der Schule. Seine Probleme scheinen winzig gegenüber denen eines Mannes, der eine Familie zu erhalten hat, aber sie bedeuteten für ihn doch echte Hindernisse für die Änderung. Auch der liberale Intellektuelle, mag er noch so geistreich sein, wird in der Falle gefangen sein, solange er noch immer Ziele wie Hochleistung, Beifall seiner Kollegen, Anerkennung und Vorwärtskommen verfolgt. Er hat weniger Illusionen, aber sein Verzweifeln an den Möglichkeiten des Lebens verriegelt ihm den Weg zu einem neuen Bewußtsein, und seine Abhängigkeit von der Anerkennung durch andere beraubt ihn des Mutes, *er selbst* zu sein.

Eine Änderung der Zielsetzung bedeutet eine Hinwendung von ausschließlich materiell ausgerichteten Zielen zu solchen, die auch nichtmaterielle Werte einschließen. Bewußtsein III bedeutet die Freiheit, nichtmaterielle Ziele zu haben; sie verkörpert die Befreiung der menschlichen Fähigkeiten, sich mit nichtmateriellen Zielen zu befassen. Ein Mann, der in einem 25.000-Dollar-pro-Jahr-Job *gefangen* ist, wird frei, indem er erkennt, daß die materiellen Güter, die er seiner Familie bieten zu müssen glaubt, sehr gut durch nichtmaterielle ersetzt werden können, etwa ein besserer Vater und Gatte zu sein.

Wo Angehörige der älteren Generation mit der Suche nach dem eigenen Selbst schon begonnen haben, ist der Weg frei, mit ihnen Fragen über die Auswirkungen des *Corporations-Staates* zu diskutieren. Die Themen solcher Gespräche sollten nicht die klassischen Schlagworte des linken Flügels wie das „Profitsystem“ und der „Imperialismus“ sein. Es ist wichtig, Themen hervorzuheben, die für die Leute, die man ansprechen will, von unmittelbarer Bedeutung sind: Luftverpestung, Verkehrsstauungen, die Langeweile im Beruf, Inflation, das Verschwinden der geistigen und ethischen Elemente im Laufe des Lebens. Das sind keine „trivialen“ Fragen im Vergleich zu Rassismus und Imperialismus. Der Kernpunkt ist, daß der *Corporations-Staat* ein nahtloses Gewebe ist, daß alle Themen zu denselben Einsichten führen, nämlich zu den bestehenden Mängeln, daß alle Probleme zusammenhängen, und daß dort begonnen werden muß, wo diese Probleme sichtbar sind.

Probleme gibt es überall; die Frage lautet, wie über sie in sinnvoller Weise diskutiert werden soll; es genügt nicht zu zeigen, wie schlecht verpestete Luft für die Lungen ist oder wie sehr der Wehrdienst die individuelle Freiheit des Menschen einschränkt. Wir alle *wissen* um die Übelstände, aber dieses Wissen führt zu nichts. Um über eine Frage so zu sprechen, daß sie das Bewußtsein anspricht, bedarf es zweierlei; erstens muß die Frage in allgemeiner Form besprochen werden, und zweitens muß sie in Zusammenhang mit dem *Corporations-Staat* erklärt werden. Angenommen wir sprechen mit einem Arbeiter über die übermäßige und *dumme* Überwachung seiner Arbeit oder mit einer Hausfrau über die neugierigen Fragen auf der neuen Volkszählungsliste oder mit einem jungen Arzt über die starren Normen, denen er sich in seiner Beziehung zu den Kollegen und zum Spital zu beugen hat, oder mit einem Bezieher einer Arbeitslosenunterstützung über die ständige Kontrolle durch die Behörden. Der Grundwert, den es in allen diesen Beispielen herauszuarbeiten gilt, ist Selbstbestimmung, Unnachgiebigkeit oder ein ungestörtes Privatleben. Man kann beweisen, daß der *Corporations-Staat* diese Werte auf unzählige Arten zerstört und daß seine Einmischung von vielen Menschen in den verschiedensten Arten von Berufen und Tätigkeiten empfunden wird. Dann kann gezeigt werden, daß der Hauptgrund dafür die Tatsache ist, daß die Einwohner des *Corporations-Staates* dazu gebracht worden sind, relativ wenig Wert auf die Selbstbestimmung zu legen, und zwar im Vergleich zu Werten wie der technischen Vervollkommnung und der Fähigkeit, leitende Stellungen auszufüllen. Wenn das einmal verstanden worden ist, ist der Weg für eine Änderung der Ansichten in dieser bestimmten Frage offen, so daß die Leute sagen können: „Das Abhören von Telefonleitungen ist ein Hilfsmittel, Verbrecher zu fangen, aber Selbstbestimmung und Privatleben sind Werte, die wir genauso beachten sollten wie den Schutz der Gesellschaft vor Kriminellen." Das stellt eine teilweise Änderung des Bewußtseins dar und bedeutet gleichzeitig, daß in die Maschinerie des Staates neue Prinzipien und eine gewisse Kontrolle eingeführt worden sind.

Die Probleme jedes einzelnen stehen mit den Problemen aller in Zusammenhang. Die Machtlosigkeit der Menschen rührt aus dem Vielerlei ihrer Überzeugungen her, aus ihrer Unfähigkeit, die Beziehung ihrer eigenen Beschwerden zu den allgemeinen Mißständen zu erkennen; würden sie sich zusammenschließen, um ihr Recht auf Selbstbestimmung durchzusetzen, so wären die Maschinerie und die Maschinenwärter, die als Führer gelten, gezwungen, dieses Prinzip anzuerkennen.

Wir können andere Grundprinzipien aufzählen, durch deren Realisierung viele strittige Fragen geregelt werden können: Demokratie und die demokratische Teilnahme an der Regierungsgewalt, die Freiheit, den persönlichen Lebensstil zu wählen, der Schutz der Natur und der Umwelt. So wie die Selbstbestimmung könnten diese Prinzipien die Kluft zwischen Lehrern, Soldaten, Geschäftsleuten, Hausfrauen, Tagelöhnern, Landwirten und Jugendlichen überbrücken, zwischen Gruppen also, die heute nur ihre eigenen Anliegen sehen. Würden diese Prinzipien verwirklicht, so wäre dies der Beginn der Zerstörung der *Corporations-Staaten.* Eine Verbindung von theoretischem und praktischem Unterricht über die vorhandenen Möglichkeiten könnte dazu führen, daß die Mittelklasse ihre Macht zu spüren beginnt.

Wie steht es aber mit den Arbeitern, diesen Erzwidersachern des neuen Bewußtseins? Könnten auch sie dazu bewegt werden, eine Suche nach der eigenen Persönlichkeit zu beginnen? Vieles von dem, was wir über den Mittelstand gesagt haben, trifft auch für den Arbeiter zu. Aber es gibt grundlegende Unterschiede. Die Arbeiter sind wirklich in der starren Disziplin ihres Berufs, den Verpflichtungen gegenüber der Familie und den steigenden Lebenshaltungskosten gefangen. Freiheit können sie nicht ohne Kampf erringen; sie müssen dabei die Richtung der Neger einschlagen.

In Amerika bestand lange Zeit eine tiefe Skepsis gegenüber der Fähigkeit des Durchschnittsbürgers, ein kultiviertes Leben zu führen. Seit Alexis de Tocqueville hat man den *Kleinbürger* für eine Bedrohung der Demokratie, der Freiheit und aller ästhetischen Dinge gehalten. Er ist der Mann, der die Neger und die Akademiker haßt. Er wird von den Intellektuellen verachtet und gefürchtet und verachtet sich selbst. Wegen ihm funktioniert die Demokratie so schlecht; er ist das, was *mit Amerika nicht stimmt.* Der Arbeiter in Amerika ist aber ein typischer Kleinbürger und kein Proletarier; er trägt die gleiche Schuld wie der Kleinbürger.

Diese Haltung übersieht, daß auch der kleine Mann mit höheren Fähigkeiten geboren wurde, daß aber das industrielle System ihn seiner Chancen systematisch beraubt hat. Marx, die großen Schriftsteller des neunzehnten Jahrhunderts, die Soziologen und Gelehrten von heute sind sich darin einig, daß die Fabrikarbeit die Fähigkeit des Menschen, sich der Natur zu erfreuen, die Kunst zu lieben und seine Beziehungen zu den Mitmenschen abtötet. Der kleine Mann hat wenig Verständnis für die Schönheit der Natur, doch seine Vorfahren in Europa besaßen diese Fähigkeit; die Europäer pflegen ihre Landschaft noch immer mit Sorgfalt und besitzen Schönheitssinn. Der Durchschnittsamerikaner ist der Nachkomme von Menschen, die ebenfalls Musik und Gesang liebten, die zutiefst religiös waren, die Feste zu feiern verstanden, die sich als Teil der Natur fühlten, geradeso wie sich die heutige Jugend den Wäldern oder dem Meer zugehörig fühlt. Die *menschliche Natur* war nicht notwendigerweise immer eigenbrötlerisch, habgierig, streberisch und materialistisch. Der *kleine Mann* stammt von Leuten ab, die noch die Interessen der Gemeinschaft über ihre eigenen unmittelbaren Wünsche stellten. Der Bauer von einst besaß eine echte Fähigkeit zu einer nichtmaterialistischen Existenz.

Es besteht eine grundlegende Parallele zwischen der zeitgenössischen Verdammung des Kleinbürgers und den Vorurteilen, die einmal dem *Nigger* galten. Der Neger wurde aller möglichen Charakterfehler und der Verstandesschwäche beschuldigt. Aber man ist nach und nach zur Einsicht gelangt, daß man die Jahrhunderte der Unterdrückung und der Entrechtung bei seiner Beurteilung mit in Betracht ziehen muß, und damit geht eine Neubewertung durch Weiße wie Schwarze Hand in Hand. Aber wenn wir über den Arbeiter sprechen, versäumen wir es völlig, seine gegenwärtige *Natur* mit der Tatsache der Unterdrückung, der er ausgesetzt war, zu konfrontieren. Wir erkennen nicht, daß sein *Charakter* das Resultat der Versklavung seiner Persönlichkeit ist.

Ganz allgemein geht unsere Ablehnung, den weißen Mann als Opfer zu sehen, auf den Bewußtsein-I-Glauben zurück, wonach die Natur des Menschen *schlecht* ist, daß die Menschen immer schon dumm und lasterhaft waren und vom *allgemeinen Geschmack* und vom Massenmenschen nichts zu erwarten ist. In nahem Zusammenhang dazu steht die Bewußtsein-I-Vorstellung, daß alle Menschen *frei* und moralisch verantwortlich für das sind, was sie aus sich machen oder was ihnen aus sich zu machen mißlingt. Dazu kommt die puritanische Doktrin von der harten Arbeit; Arbeit ist eine Tugend, und wenn Menschen nicht wohlgeraten, so nicht wegen der Arbeit, sondern trotz der Arbeit. Bewußtsein II nimmt vielfach die gleiche Haltung ein; es macht zwar einen Unterschied bei Menschen, die der Rassendiskriminierung ausgesetzt gewesen sind (und seit kurzem auch bei jenen, die unter extremer Armut leiden), aber es glaubt doch, daß für die Position des kleinen Mannes in der Leistungsgesellschaft und für seinen Charakter und Geschmack vorwiegend seine individuellen Fähigkeiten und seine Persönlichkeit verantwortlich sind.

Die Geschichte der Arbeiter und des Wohlfahrtsstaates hilft auch, unsere Blindheit gegenüber den Ursachen für die Stellung des *kleinen Mannes* zu erklären. Von Marx bis zu zeitgenössischen Gewerkschaftsführern und Liberalen ist der Schwerpunkt stets auf die materielle Lage des Arbeiters gelegt worden, zuerst auf das Problem der Ausbeutung und heute auf die wirtschaftliche und soziale Sicherheit. Die Arbeiterbewegung und der Wohlfahrtsstaat setzen materiellen Gewinn mit der Behebung aller Probleme des Arbeiters gleich. Da seit den Tagen von Marx nun tatsächlich ein materieller Fortschritt gemacht worden ist, wird angenommen, daß der amerikanische Arbeiter wenig Grund zur Klage hat; er ist der *bestbezahlte Arbeiter der Welt*, und Gewerkschaftsführer und Liberale blicken mit Spott auf die Marxisten, die immer noch von kapitalistischer Ausbeutung sprechen. Daß es Marx um die menschlichen Werte genauso wie um die materiellen ging, scheint schon lange vergessen worden zu sein.

Aber die Unfähigkeit, die Diskriminierung der Neger zu sehen, war nicht allein Resultat einer allgemeinen Philosophie. Vielmehr wird eine Art Kastensystem eingehalten, eine soziale Ordnung, in der es Übergeordnete und Untergeordnete gibt, in der die untergeordneten Weißen die Rolle von Negern spielen und ein unterwürfiges Benehmen gegenüber den ihnen beruflich oder gesellschaftlich Vorgesetzten an den Tag legen.

All das wollen wir nicht sehen, weil wir es uns nicht leisten können — die Wahrheit ist allzu explosiv. Der übergeordnete Mann kann es sich nicht leisten zu sehen, was er seinen Untergebenen durch die Art, in der er sie behandelt, antut, er kann es sich nicht leisten, sich vorzustellen, wie sie über ihn denken, er kann sich den Gedanken nicht leisten, daß seine Vorrangstellung auf der Erniedrigung anderer Menschen beruht. Noch weniger kann es sich der weiße *Nigger* leisten zu sehen, daß er weder frei noch weiß noch mündig ist, daß er vielmehr ständig zum Handlanger gemacht wird, sein Job ihm nicht nur seine Zeit, sondern auch seine Männlichkeit kostet, daß er, der seinen Stolz und seine eigene Persönlichkeit bei der Arbeit degradieren läßt, verdammt sein muß, auch zu Hause so zu leben — Vergnügungen genießend, die harmlos, kindisch und Ersatzhandlungen sind, daß er niemals seine Verantwortung als Bürger übernehmen, aber auf seinen Anspruch, auf Wachstum und Forschen, verzichten wird.

Die orthodoxe Linke sagt dem Arbeiter, daß er das Opfer eines ungerechten Systems ist. Aber der Arbeiter ist möglicherweise nicht bereit, alle überkommenen Vorstellungen von seiner Gesellschaft zugunsten abstrakter Theorien aufzugeben. Ein Demagoge wie George Wallace konnte erfolgreich mit Phrasen wie „der Arbeiter ist ebensogut wie irgendwer anderer“ an die Vorstellung des *kleinen Mannes* appellieren. Aber eine Suche nach der Persönlichkeit, ausschließlich in Wallaces Sinn geführt, würde in einer Sackgasse enden. Die wirklichen Fragen für den Arbeiter genauso wie für den Neger lauten: „Wer bin ich? Welche Art von Kultur ist die meine? Wo ist meine Erbschaft? Wo sollte mein Stolz liegen?“

Die Erlösung könnte unter anderem aus der Suche nach Ursprung, Hintergründen und Einmaligkeit kommen. Ein möglicher Beginn könnte das Forschen nach der Abstammung, der rassischen Identität sein, der Kurs, der von den militanten Negern verfolgt wurde. Die meisten Weißen haben, als sie hierher kamen, ihre Volkszugehörigkeit im Schmelztiegel Amerika verloren. Die weiße Jugend hat sich, in ihrer Suche nach einer eigenen Kultur, in groben Zügen die schwarze Kultur als Vorbild genommen. Die Weißen begannen mit nichts eigenem. Und doch besitzen die Weißen Traditionen, die sie vergessen haben; Volksmusik, Kunst und Handwerk, Mythen und Legenden, Geschichte, Kochkunst. Das alles wiederentdecken heißt, Ursprünge wiederfinden. Für ältere Leute sollte das Wichtigste die Wiederherstellung der eigenen Persönlichkeit aus der Masse der Pflichten sein, aus Verbindlichkeiten, Ängsten, äußerlichen Maßstäben, Notwendigkeiten und endloser Arbeit; eine Wiederentdeckung kindlichen Wissens, wie man glücklich ist. Die Ziele eines neuen Bewußtseins sind nichts Geringeres als das Wiedergewinnen des Lebens selbst.

Die Neger waren auf einer tieferen Ebene als die weißen Arbeiter und der Mittelstand gefangen. Aber es waren die Neger, die zuerst eine radikale, kritische Anschauung Amerikas entwickelten, eine eigene Alternative, eine eigene Kultur und einen eigenen Lebensstil. Ihre Kultur wurde ihnen teilweise durch die Tatsache aufgezwungen, daß sie vom Hauptstrom des amerikanischen Lebens isoliert worden waren. Aber in jüngster Zeit ist etwas sehr Positives daraus geworden: Organisationen für Selbsthilfe, Bürgerrechte und der Kampf für die Sache der Schwarzen; eine neue Haltung gegenüber der Berufslaufbahn, denn ein *erfolgreiches* Individuum könnte es vorziehen, zur Arbeit ins Getto zurückzukehren, um — im Sinne der Mittelschichte — *es zu schaffen;* ein Sinn für Brüderlichkeit und Gemeinschaft; und vor allem

Stolz, der zu dem Selbstgefühl des weißen Arbeiters in Kontrast steht. Gleichzeitig haben viele Neger einen militanten Radikalismus entwickelt, der die ganze bürgerlich-weiße Vorstellung von der Realität ablehnt. Weder ihre Kultur noch ihr Radikalismus sind identisch mit jenen der neuen Generation. Aber ein Mangel an Selbsterkenntnis war eines der wichtigsten Probleme der Neger. Cruse zeigt in *The Crisis of the Negro Intellectual*, daß es sogar fortschrittlichen und hochgebildeten Negern an einem Gefühl der eigenen Identität mangelte und sie eine weiße Identität und weiße Ziele anstrebten. Wie haben die Neger begonnen, eine Suche nach der Identität in ihren Reihen anzuregen? Ein Schritt bestand darin, Fragen über die bestehende *Identität des Negers* aufzuwerfen, zu zeigen, daß sie eine *Uncle Tom*-Beschaffenheit hatte, die demütigend und künstlich war, daß sie unter der dunklen Haut einen Ersatz-Weißen produzierte. Gleichzeitig wurden den Negern ihre afrikanische Herkunft, ihre eigene Kultur und ihr eigener Stolz zu Bewußtsein gebracht.

Als der schwarze Mann mit seiner Suche nach seiner Persönlichkeit begann, wurde er sich zunächst seiner Stellung als *Nigger* deutlich gewahr. Eldridge Cleaver sagt: „Natürlich hatte ich schon immer gewußt, daß ich Neger bin, aber ich hielt nie wirklich inne, um mir klarzuwerden, was das bedeutete." Und es trifft noch mehr zu, daß der weiße Arbeiter seine wirkliche Stellung in der amerikanischen Gesellschaft nie gesehen hat. Er ist auch ein *Nigger*, und seine Diskriminierung ist genauso bedacht, systematisch und in ihrer Wirkung zerstörend wie die, der sein schwarzer Bruder so lange unterworfen war.

Unser gegenwärtiges System gleicht einer Pyramide mit der Elite der Leistungsgesellschaft an der Spitze, den Angestellten und Arbeitern in der Mitte und den Hilfsarbeitern und Arbeitslosen zuunterst. Diese Leistungsgesellschaft bildet eine Klassengesellschaft, aber nicht im orthodox marxistischen Sinn. Es ist nicht vorwiegend eine Frage der Löhne, des Mehrwerts und der Ausbeutung. Es ist eine Frage der Mitbestimmung in der Gesellschaft, des Status, der Autorität, der Unterwürfigkeit und des Rechtes auf ein geistiges, schöpferisch und gefühlsmäßig erfülltes Leben. Die Pyramide der Leistungsgesellschaft erlaubt nur der Elite an der Spitze ein vernünftig erfülltes und abwechslungsreiches Leben, während alle anderen zu einem Leben in Monotonie und Nutzlosigkeit verdammt sind. Der große Fehler der Radikalen war, die Arbeiter für eine Revolte gewinnen zu wollen, die vorwiegend gegen materielle Ungerechtigkeiten gerichtet sein sollte. Wessen sie wirklich beraubt wurden, waren nicht so sehr materielle Güter, sondern ihre Geistigkeit; sie erlitten Verluste an Gefühlen. Ihr Leben schloß jede Erfahrung aus. Das ist die wahre Natur der heutigen Sklaverei. Für die Arbeiter und den Mittelstand wäre eine Bewußtsein-III-Revolution der Ausdruck der Notwendigkeit, ein Leben lang weiterzuwachsen und zu lernen. Dies begründet das Bedürfnis der Mehrheit des Volkes, die Sklaverei der Unterdrückung und des inhaltlosen Lebens abzuschütteln.

In ihrem Grundkonzept erscheint die Leistungsgesellschaft nicht ungerecht. An Stelle der erblichen Adelsgesellschaft in Europa und der selbstgeschaffenen Geldaristokratie im Amerika des neunzehnten Jahrhunderts kam in der ersten Hälfte des zwanzigsten Jahrhunderts eine Elite empor, deren Position auf Fähigkeiten und Zielstrebigkeit basierte. Diese Elite schien auf dem Prinzip gleicher Rechte für alle aufzubauen, anerkannte keine *irrationalen* Unterschiede zwischen den Menschen und schuf eine Hierarchie, die den Anforderungen einer Industriegesellschaft funktionell entsprach. Nur die *fähigsten* Leute ins College oder die Universitäten aufzunehmen, schien der einzig richtige Weg.

Die Leistungsgesellschaft wurde nach und nach ein Klassensystem, und dieser Prozeß vollzog sich unbemerkt von den Liberalen, die sie nachdrücklich unterstützten. Die rein wirtschaftliche Diskriminierung war wahrscheinlich der am wenigsten bedeutsame Aspekt des Klassensystems. Es gab große und grundlegende Unterschiede in den Einkommen von der Basis bis zur Spitze des Systems, aber diese Unterschiede waren wahrscheinlich geringer als im neunzehnten Jahrhundert, und die Sozialfürsorgeprogramme begannen, eine wenn auch unzureichende Grundlage zu schaffen.

Das erste Ziel eines neuen Bewußtseins könnte es sein, mit dem nahezu völligen Ausschluß der unteren Schichten der Bevölkerung von der Macht ein Ende zu machen. Wir haben gezeigt, wie sich der *Corporations-Staat* von der *Mitbestimmung des Volkes* allmählich wegbewegte bis zur Regierung durch *Experten* und Beamte. Es muß unterstrichen werden, daß der kleine Mann in der Leistungsgesellschaft *völlig* von der *direkten* Mitbestimmung ausgeschlossen war. Gibt es denn irgendwelche Arbeiter oder Angestellte in unseren Aufsichtsräten, Unternehmungsleitungen, in unseren Regierungskommissionen und Ausschüssen? Im besten Fall sind sie gelegentlich durch den Obmann einer Organisation *vertreten*, einer Regierungskommission könnte ein Gewerkschaftsführer angehören, aber dieser Mann ist persönlich ein Mitglied der Elite der Leistungsgesellschaft. Es gehört einfach nicht zum Konzept der Leistungsgesellschaft, daß jemand, der wenig leistet, an politischen Entscheidungen teilnehmen sollte. Sogar dort, wo es um ihr eigenes Leben geht — bei der Gestaltung der Arbeitsplätze in Fabriken und in Büros, den Arbeitsbedingungen, Regeln, Beförderungen, Anstellungen und Entlassungen —, gibt es bestenfalls Mitbestimmung durch einen der Elite angehörenden Vertreter.

Noch wichtiger mag es sein, die Verbindung zwischen beruflicher Position, Autorität und Status aufzuheben. Erstens gibt es keine unvermeidliche Beziehung zwischen Arbeitsteilung und Autorität. Es gibt keine logische Notwendigkeit dafür, daß ein Mann in höherer Position Autorität über jemanden in niedrigerer Position haben müßte — ein Arzt über die Krankenschwester, ein Anwalt über die Sekretärin, ein Betriebsleiter über den Arbeiter. Solche Arbeitsbeziehungen könnten, zumindest theoretisch, einfach auf der Anerkennung der Arbeitsteilung durch alle Beteiligten beruhen, ohne daß irgendein Zwang ausgeübt würde. Eine Gruppe kann einen Vorsitzenden wählen, ohne ihm Autorität über seine Funktion des Koordinierens hinaus zu verleihen. In keinem Fall dürfte sich seine Autorität über den Arbeitsbereich hinaus erstrecken. Hier stoßen wir auf die noch weniger vertretbaren Statusunterschiede: Warum sollten der Betriebsleiter und der Arbeiter, wenn sie ihren Arbeitsplatz verlassen, die Rangordnung von *Vorgesetzten* und *Untergebenen* mit sich ins Leben hinaus mitnehmen, Rangstufen, die sie in allen Lebenslagen trennen? Warum sollte die Gesellschaft den Manager als eine *höhere* Lebensform betrachten und den Arbeiter als *minderen* Menschen? Die berufliche Rangordnung, der Status, hat sich über die Arbeit hinaus ausgeweitet und durchdringt jeden Aspekt des Lebens; das Wohnen, die Kultur, die Kleidung, die gesellschaftlichen Beziehungen. Es ist auffallend, daß in Amerika nur Arbeit auf *höchster* Ebene Anerkennung findet. Es gibt nicht einmal Medaillen für *Helden der Arbeit,* wie etwa jenen unbeholfenen Versuch des russischen Sozialismus in dieser Richtung. Ein manueller Arbeiter zu sein, ein Techniker, eine Sekretärin, bedeutet, völlig ohne jene Anerkennung leben zu müssen, die die höheren Stände für so wichtig für die Gesundheit ihres Ego halten. Die *niedrigen* Leute existieren einfach nicht und ihre Arbeit auch nicht. Die Leistungsgesellschaft hat eine Klassengesellschaft geschaffen, indem sie es zugelassen hat, daß die ursprünglich funktionellen Unterscheidungen zu sozialen Unterscheidungen geworden sind; ein neues Bewußtsein könnte versuchen, die Gleichheit aller Menschen wiederherzustellen.

Nirgends tritt die Bedeutung des Klassensystems so kraß hervor wie im Fall der bildungsmäßigen Unterschiede. Die Leistungsgesellschaft hält es nicht für wichtig, daß *niedrigere* Leute über das funktionell Notwendige hinaus ausgebildet werden. Ein neues Bewußtsein könnte das ändern. Sind nicht Urlaubsjahre und lange Ferien für die Erholung des Arbeiters ebenso notwendig wie für den Intellektuellen? Warum sollten die Arbeiter keine Chance haben, sich weiterzubilden? Sollte es nicht den Begriff des *bildungsmäßig Entrechteten* geben, vergleichbar mit dem entrechteten Neger? Das neue Bewußtsein könnte deklarieren, daß jedermann, ungeachtet seines Alters, der *Eignung* und seiner Arbeit, das Recht auf dauerndes Wachstum seines Geistes hat. Sobald der weiße Mann entdecken wird, daß auch er versklavt ist, wird es in Amerika eine echte Explosion geben. Der Zorn der Neger, ihr Stolz und ihre militante Haltung lassen uns ahnen, was uns bevorsteht. Die Studenten beginnen ihre Sklaverei zu entdecken und sind ärgerlich. Die Arbeiter sind in der Erkenntnis weit hinter den Studenten und den Schwarzen zurück, aber wenn ihnen diese Erkenntnis letztlich kommt, werden sie ihren Verstand, ihre Persönlichkeit und ihre Männlichkeit wiedergewinnen.

Wenn also Bewußtsein III über die Jugend hinauswachsen soll, so muß dies durch einen Prozeß geschehen, der die genaue Umkehr der linksorthodoxen Theorien von der Radikalisierung ist. Man kann nicht zuerst belehren und dann die individuellen Leben ändern. Eine Änderung im Bewußtsein muß einem neuen, erweiterten Verstehen unserer Gesellschaft vorangehen, so wie im Falle der jungen Menschen, die zuerst *ihr Denken änderten* und dann neue Einsicht in das Wesen des *Corporations-Staates* gewannen. Radikalisierung kann nur nach einer Änderung des Bewußtseins eintreten. Daher ist die Strategie der Linksradikalen, der Mittelschichte die Unterdrückung durch unsere Gesellschaft vor Augen zu führen, falsch; sie beginnt dort, wo sie enden sollte. Die Strategie der radikalen Neuen Linken ist aus noch einem anderen Grund falsch: Konfrontation, Feindseligkeit und Guerillakrieg können nicht helfen, jene umzuwandeln, gegen die sie gerichtet sind. Je mehr sich Menschen bedroht fühlen, desto starrer hängen sie an ihrer bisherigen Haltung und Lebensart.

Die junge Generation hat die Aufgabe, Lehrer ihrer Mitmenschen zu sein, so daß der große Befreiungsprozeß der Wiederfindung der eigenen Persönlichkeit zum Weg der Befreiung aller Amerikaner wird. Dann kann die Herrschaft falscher Ideale und falschen Bewußtseins über die Persönlichkeit für alle Amerikaner gebrochen werden. Wenn die eigene Persönlichkeit wiederhergestellt ist, wird die Macht des *Corporations-Staates* zu Ende sein, so wie ein Kuß den bösen Zauber einer Hexe bricht.

Diese Aufgabe verlangt keine missionarische Aggressivität, keinen Eifer und keine Selbstaufopferung. Nichts könnte dem Wesen von Bewußtsein III ferner liegen. Das wichtigste Mittel der Umwandlung ist und bleibt, einfach sein eigenes Leben nach eigenen Bedürfnissen zu leben. Direkte Bemühungen, Anhänger zu werben, sind allerdings nur zu sehr geeignet, eine Entpersonalisierung und einen Verlust des Bewußtseins für beide Teile herbeizuführen. Aber ohne so weit zu gehen, schlagen wir der neuen Generation eine Haltung der Offenheit vor, um zu ersetzen, was häufig als Feindseligkeit gegen Außenseiter erscheint. Der Bewußtsein-III-Mensch wird niemanden überzeugen, indem er den eigenen Lebensstil aufgibt, um Ideologe oder Propagandist zu werden. Aber er kann die Möglichkeit der Umwandlung in anderen sehen und sein Leben in einer Weise leben, die anderen hilft, es ebenso zu tun.

Diese Art zu leben erfordert vor allem Ablehnung aller Feindseligkeiten auch gegenüber jenen, die offene Gegner der Umwandlung sind. Alle Anstrengungen der neuen Generation, in anderen Bewußtsein wachzurufen, sollen nicht von einer feindselig drohenden oder ablehnenden Haltung, sondern von dem demonstrativen Angebot der Anerkennung und Zuneigung begleitet sein. Wir wissen, daß Angst die stärkste Kraft ist, die Menschen hindert, Neues zu akzeptieren, Angst und andererseits das Fehlen einer Vorbildgruppe, der man sich anschließen könnte. Wenn die Jugend eine geschlossene Gesellschaft bildet, die ältere, konservative und weniger kultivierte Leute verächtlich behandelt, dann werden jene, die eine Änderung herbeiführen wollen, merken, daß ihnen das wichtigste Argument fehlt, nämlich bei den zu Ändernden das Gefühl hervorzurufen, daß sie mit Unterstützung und Anerkennung derer, die die Verwandlung schon vollzogen haben, rechnen können. Die neue Generation muß der Mittelklasse sichtbar helfen, nicht aber sie bedrohen. Es gibt schon Beweise dafür, daß der Beistand der jungen Menschen willkommen ist, wenn sie ein Anliegen vertreten, das die Arbeiter verstehen.

Der radikale Student von heute ist nur zu bereit, einen Polizisten *Schwein* zu nennen, konservativen und bürgerlich eingestellten Menschen seine Verachtung zu zeigen, Anhänger der rechtsstehenden politischen Gruppen und von George Wallace *Faschisten* zu nennen, harte Kritik an den Eltern und deren Altersgenossen zu üben. Damit reagieren die Studenten natürlich auf Ärger, Brutalität und Verständnislosigkeit, die man ihnen entgegenbringt, aber nichtsdestoweniger machen sie denselben Fehler wie rassistische oder religiöse Fanatiker. Sehen wir uns doch einen sogenannten *Faschisten* an — schmallippig, verkrampft, kurz geschoren, korrekt gekleidet, Kirchengeher, eine amerikanische Flagge an seinem Autofenster, argwöhnisch gegenüber Kommunisten, der Jugend und den Negern. Er kennt wenig Liebe, versteht wenig von Poesie, Musik, Natur, Freude. Angst, engstirnige Vorurteile, ein selbstvernichtender Materialismus, einsames Mißtrauen gegenüber seinen Mitmenschen beherrschen ihn. Er ist ärgerlich, mißgünstig, verbittert und haßt sich selbst. Er zerstört seine eigene Umwelt. Er ist sein Leben lang vor Bewußtsein und Verantwortung geflüchtet. Er hat sich gegen seine eigene Natur gewendet. Er ist das Produkt der Maschine.

Die neue Generation muß in allen Menschen das Menschentum sehen und für die Erneuerung, Wiedergeburt und Rückkehr zum Leben aller arbeiten. Die neue Generation muß die Kluft überbrücken, die die Eltern von den Kindern trennt, und die noch größere Kluft, die den Arbeiter vom Studenten, den Akademiker und Geschäftsmann von den Jungen und Befreiten trennt. Sie muß erkennen, daß die *Jugend* nicht eine zeitlich bestimmte Altersstufe bedeutet, sondern der Zustand des Wachsens, des Sichänderns ist, des Wissenserwerbs, und daß allen Menschen geholfen werden muß, den Zustand der Jugend wiederzugewinnen. Die neue Generation muß ihre Revolution entsprechend dem Wirken des Sauerteigs machen, sie muß ihre Art des Lebens verbreiten.

Jene, die das Glück haben, Bewußtsein III zu erreichen, müssen andere lehren, wo ihre wahren Interessen liegen — nicht darin, im Beruf weiterzukommen oder den Kommunismus zu bekämpfen, sondern bei Zielen, die ihr Leben bereichern werden. Die Studenten können einfach durch die Änderung ihres eigenen Lebens ein Beispiel geben, aber sie könnten sogar auch Posten im Establishment annehmen und von dort aus belehrend wirken. Sie könnten für bestimmte Anliegen kämpfen oder Kultur schaffen. Die Möglichkeiten sind unbegrenzt, aber das Ziel muß sein, an die Menschen heranzukommen. Bewußtsein III beginnt damit, die Verantwortung für sich selbst und für die Gemeinschaft zu übernehmen; nun müssen unsere jungen Leute einen weiteren Schritt tun und die Verantwortung für ihre Eltern, ihre Lehrer, ihre jüngeren Brüder und Schwestern übernehmen. Sie müssen nach *außen* in die Gesellschaft wirken, für all jene, die ihre Feinde zu sein scheinen, aber nur Betrogene, Gebrochene und Verlassene sind.

XI

Die Revolution durch das Bewußtsein

Auf welche Weise kann unsere Gesellschaft verändert werden? Gleichgültig wie viele Menschen zu Bewußtsein III stehen, der *Corporations-Staat* wird weitermachen wie bisher. Es gibt keinen Plan, keine politische Strategie, die Bewußtsein III in bezug auf die Gesellschaftsstruktur wirksam machen könnte. Es gibt ganz im Gegenteil Grund genug, zu befürchten, daß der Staat noch mächtiger, noch autonomer, seinen eigenen Bürgern gegenüber noch gleichgültiger wird. Liberale und Radikale befinden sich auf dem falschen Weg. Sie würden den Schlüssel zur Entlarvung des *Corporations-Staates* nicht erkennen, selbst wenn sie ihn in der Hand hätten. Der *Corporations-Staat* kann nicht mit legalen, politischen oder Gewalt-Methoden bekämpft werden, die bis jetzt von allen Sozialreformern und Revolutionären als die einzig möglichen Mittel betrachtet wurden. Diese Methoden sind, allein angewandt, zum Scheitern verurteilt. Der einzige Plan, der Erfolg haben wird, ist einer, der von den meisten mit Zweifel und Geringschätzung aufgenommen werden wird, obwohl er völlig realistisch ist — das einzig realistische Mittel, das dem Wesen des bestehenden Staates entspricht: die Revolution durch das Bewußtsein.

Jegliche Diskussion über die zu ergreifenden Maßnahmen muß mit der Erkenntnis beginnen, daß uns unser gegenwärtiger Kurs, wobei wir auf nahezu ein Jahrhundert liberaler und radikaler Bemühungen im orthodoxen Sinne zurückblicken, an den Rand eines Diktatur- und Polizeistaates gebracht hat. Liberale ebenso wie Radikale nehmen an, damit sei nur bewiesen, daß verstärkte Anstrengungen notwendig sind. Wäre es nicht möglich, daß sie irren? Trotz aller Reformbemühungen haben wir in den letzten zwanzig Jahren hilflos das Entstehen unserer heutigen Gesellschaft beobachten müssen. Ein deutliches Anzeichen dafür war die Institutionalisierung des Krieges. Der Kalte Krieg, Korea, die Dominikanische Republik, der Vietnamkrieg, all das sind Kriege ohne Anfang und ohne Ende. Einer geht in den anderen über. Vielleicht wird der Vietnamkrieg eines Tages zu *Ende gehen*, aber viel wahrscheinlicher ist, daß er sich dahinschleppen und langsam in eine andere Form, in gelegentliche Feindseligkeiten in Südostasien übergehen wird — als ein Aspekt des weltweiten Verteidigungssystems der Festung Amerika. Auch innerhalb seiner Grenzen kann unser Land zu einer Festung werden. Ein eigens dafür eingesetzter nationaler Ausschuß hat vorausgesagt, daß in den Großstädten Terror und Verbrechen herrschen werden. Arbeit und Leben werden dort nur unter starkem Polizeischutz möglich sein. Die Menschen der Mittel- und Oberschicht werden entweder in befestigten Appartmenthäusern oder in Vororten leben, unter dem Schutz von privaten Wachtruppen, Sicherheitsanlagen, elektronischen Überwachungsapparaten, und dazu noch gesichert durch motorisierte Patrouillen bewaffneter Bürgergarden.

Einer der deutlichsten Trends der letzten zwanzig Jahre ist die ständig zunehmende Einschränkung der bürgerlichen Freiheiten. Das Ausmaß der Anwendung der Bürgerrechte läßt sich an Sprüchen des Obersten Gerichtshofes keineswegs genau ermessen. Es kommt vielmehr auf die Praxis der Behörden bei Verhaftungen und polizeilicher Überwachung an, auf die Einstellung privater und öffentlicher Arbeitgeber, auf den Umfang, in dem das Recht der freien Meinungsäußerung im Fernsehen und in der Presse zum Ausdruck kommt, und auf andere Faktoren, die tief im Alltagsleben der Gesellschaft verankert sind. In diesen Bereichen ist eine ständige Zunahme der Überwachungsmaßnahmen, des Abhörens von Telephonen, der Beschattung und von Polizeiaktionen, die „politischen" Charakter haben, zu verzeichnen. Für immer mehr Posten müssen sich die Bewerber einer strengen Überprüfung ihrer „politischen" Loyalität unterwerfen. Die Monopolisierung der Massenmedien nimmt von Tag zu Tag zu. Immer weniger ist die Bill of Rights, die verfassungsmäßige Garantie der bürgerlichen Freiheiten, ein Schutz des Bürgers gegen die Übergriffe des Staates.

Ein ebenso bedeutsames Beispiel ist die wachsende Aggressivität des Staates seinen eigenen Bürgern gegenüber. Die *Verpolitisierung* der Polizei im ganzen Land ist ein Anzeichen dafür; die Polizei ist eine vorwiegend politische Macht geworden, in deren Interesse es liegt, *Gesetz und Ordnung* zu bewahren. Die Polizei, vor allem das FBI, scheint von seinen zivilen Vorgesetzten unabhängig zu sein.

Mit Unterstützung der Regierung wird die Unterdrückung in einer immer aggressiveren Form durchgeführt. Hochentwickelte „Bürgerkriegs"-Waffen werden gegen die eigene Bevölkerung eingesetzt, willkürliche Verhaftungen, Prügel und politisch motivierte Mißhandlungen in Gefängnissen sind üblich. Die Regierung, besonders unter Nixons und Reagans Führung, ist in parteiorientierter Weise immer militanter geworden und bezieht gegen einen Teil der Bevölkerung aktiv Stellung. Sie scheint eifrig eine Polarisation Amerikas zu unterstützen — eine Trennung, wobei sich die Mehrzahl der Bevölkerung an Loyalität und Patriotismus gebunden fühlen und den Staat unterstützen wird.

Die Tendenz führt zu einer Spaltung unserer Nation. Die beiden Teile der Nation werden durch die Angst voreinander und durch Unterschiede in Bewußtsein und Kultur so sehr getrennt sein, daß sogar eine Verständigung unmöglich sein wird. Kalifornien scheint bereits aus zwei Nationen zu bestehen — einer Nation der Alten und einer Nation der Jungen. Für die Jungen könnte die Regierung ebensogut ein fremdes Land vertreten, so sehr haben sie sich von ihr gelöst. Dieses Konzept der getrennten Nationen ist in unserer Welt alltäglich geworden — es gibt zwei Deutschland, zwei China, zwei Vietnam, zwei Korea und Vereinte Nationen, zu denen die größte Nation der Welt nicht gehört. Warum soll es also nicht auch in Amerika zwei Nationen geben?

An diesem Punkt stehen wir also nach mehr als drei Jahrzehnten des liberalen Wohlfahrtsstaates, nach all den erbitterten Kämpfen um die Freiheit des einzelnen, um die Bürgerrechte, um Verwaltungsreformen, um eine gerechte Gesellschaft, die auf den Gesetzen basiert. Hier stehen wir also, nachdem die Liberalen, die Radikalen, die Menschenfreunde versucht haben, eine bessere Nation durch eine bessere politische Struktur und dadurch zu erschaffen, daß sie ihr eigenes Leben diesen höheren allgemeinen Interessen gewidmet haben. Die Aktivisten haben ihre Chance gehabt. Aber sie fordern noch mehr Opfer, noch mehr Selbstaufopferung in dem Glauben, daß noch mehr von dieser schlechten Medizin vonnöten sei. Es ist Zeit zu erkennen, daß diese Form des Aktivismus lediglich dem Staat nützt. Sollen wir auf den Faschismus warten, bevor wir erkennen, daß der politische Aktivismus versagt hat?

Alle Liberalen und Radikalen glauben, daß es bei einem Wandel in der Gesellschaft oder einer Revolution zwei Wege gibt, das Bewußtsein wirkungsvoll in die Tat umzusetzen. Der eine wird vom liberalen Establishment befürwortet: die Benützung bestehender gesetzlicher, verwaltungstechnischer und demokratischer Vorgangsweisen; da gibt es die *gesetzlichen Wege*, die zu benützen Studenten und Radikale angewiesen worden sind. Das andere Verhalten wird von der Macht getragen. An dem einen Ende des Spektrums manifestiert es sich als eine Politik wie jene der Gene-McCarthy-Bewegung, deren Programm es ist, Menschen zu wählen, die den Kurs der Gesellschaft ändern wollen. Am anderen Ende des Spektrums steht das radikale Konzept der Revolution, der Straßenkämpfe, der Mobilisierung der Linken. Bei diesem Verhalten soll der Staat durch eine noch stärkere Ballung politischer oder physischer Macht als jene, die sich heute in den Händen des Establishments oder der herrschenden Klasse befindet, verändert werden.

Die Erfahrung der Bewußtsein-III-Menschen mit den Vorgangsweisen des Establishments hat deutlich gemacht, was schon vor langer Zeit hätte erkannt werden können, nämlich daß diese Verfahren soziale Änderungen nur im Rahmen des bestehenden Systems zulassen; um grundlegende Änderungen durchzusetzen, sind sie wertlos. Es bleibt also die Alternative der Gewalt — die revolutionären Praktiken der Neuen Linken. Aber wie könnte Gewalt im Kampf gegen den Staat Erfolg haben? Die Macht liegt in der zweiten Hälfte des zwanzigsten Jahrhunderts in den Organisationen, in der Technik und in der Maschine. Ob wir eine herrschende Klasse im marxistischen Sinn nun hinnehmen oder nicht, Macht bleibt die Funktion der Organisation und nicht nur der wirtschaftlichen Position. Wie können also jene, die die Organisation und die Maschine bekämpfen, erwarten, einen Kampf zu gewinnen, der auf dem Schlachtfeld der Macht ausgetragen wird? Es ist ein Kampf auf feindlichem Territorium, ein Kampf, den zu gewinnen der *Corporations-Staat* sicher sein kann. Es ist ein Kampf von Demonstranten gegen Panzer, Maschinengewehre und Hubschrauber; er kann nur zu Unglück und Niederlage führen.

Weder gesetzliches Vorgehen noch reine Gewalt können also den *Corporations-Staat* besiegen, ja sie können nicht einmal den steten Machtzuwachs der autoritären Herrschaft verhindern. Wenn das neue Bewußtsein an diesen Vorgangsweisen festhält, akzeptiert es eine Ideologie, die seiner eigenen Macht nicht Rechnung trägt.

Diese Macht besteht nicht in der Manipulation von Vorgangsweisen, in der Politik oder in Straßenkämpfen, sondern in neuen Werten und in einer neuen Lebensweise.

Es gibt nämlich sehr wohl einen Weg in eine neue Gesellschaft. Das Bewußtsein ist in der Lage, den *Corporations-Staat* zu verändern und zu zerstören, ohne Gewalt, ohne politische Machtergreifung, ohne die Unterwerfung einer Gruppe von Menschen. Die neue Generation hat mit Experimenten auf dem Gebiet des Bewußtseins den Weg zu der einzigen Vorgangsweise aufgezeigt, die in der heutigen nachindustriellen Gesellschaft wirksam sein wird: die Änderung des Bewußtseins. Nur durch eine Änderung des individuellen Lebens können wir uns der Macht des Staates bemächtigen.

Wird das möglich sein? Haben wir nicht gesagt, daß der *Corporations-Staat* keiner wie immer gearteten Lenkung unterworfen ist? Und ist die Fortführung des Vietnamkrieges nicht Beweis genug? Darüber hinaus sind sich alle Theoretiker der Neuen Linken, angefangen mit Marcuse, darüber einig, daß in Amerika im gegenwärtigen Zeitpunkt eine Revolution nicht möglich ist. Viele glauben, daß eine Aktion, falls es überhaupt dazu kommen sollte, rechtsgerichtet sein und die Neue Linke zerschmettern wird. Was kann man also von einem neuen Bewußtsein erwarten? Wie kann nach allem, was wir über die unangreifbare Position des *Corporations-Staates* gesagt haben, ein Wandel derart einfach sein?

Vom Beginn dieses Buches an haben wir behauptet, daß dem Bewußtsein die Schlüsselposition bei der Gestaltung der Gesellschaft zukommt. Der *Corporations-Staat* ist die Schöpfung des kapitalistischen Wirtschaftssystems und der Macht von Wissenschaft und Technik. Dieses System und diese Macht bestehen zwar schon lange Zeit, aber sie sind dennoch eine Entscheidung und eine Schöpfung des Menschen. Im Mittelalter, in dem die Menschen ein ganz anderes Bewußtsein besaßen, vermochten weder die Technik noch der Markt die übrigen gesellschaftlichen Werte zu beherrschen. Die wirksamste oder wirtschaftlichste Vorgangsweise wurde oft aus religiösen oder sozialen Beweggründen außer acht gelassen. Der technische Fortschritt gibt daher auf weite Sicht die Möglichkeit zu einer freien Wahl. Daher können wir eine neue Entscheidung treffen, wann immer wir dazu bereit sind. Wir können das Zeitalter der Wirtschaft beenden oder verändern und uns von der protestantischen Geisteshaltung lossagen. So gesehen ist eine sehr lange Zeit vergangen, ohne daß wir irgendwelche echten Entscheidungen getroffen haben. Seit dem Ende des Mittelalters haben Technik und Marktwirtschaft die Entscheidungen für uns gefällt. Vielleicht ist die Kultur, die heute von der neuen Generation entwickelt wird — der Wert, der auf Phantasie, Denken, Gemeinschaft und Persönlichkeit gelegt wird —, die erste wahre Entscheidung, die von einem westlichen Volk seit dem Ende des Mittelalters getroffen wurde.

Die wichtigste Tatsache, die man von der mächtigen Maschinerie des *Corporations-Staates* — von seiner Gesetzlichkeit, seiner Struktur und seinem politischen System — wissen muß, ist, daß sie keinen Geist besitzt. Um den Staat zu verwandeln, muß man seine Steuerung in Besitz nehmen — aber niemand hat sie inne. Hier ist keine Revolution am Platz. Hier muß man eine Leere füllen und Geist dort einsetzen, wo es keinen gibt. In den Vereinigten Staaten ist derzeit keine politische Revolution möglich, aber es ist auch keine notwendig.

Wir haben gezeigt, daß der *Corporations-Staat* durch einen willigen Produzenten in Gang gehalten wird, der Status begehrt, und durch einen willigen Konsumenten, der das begehrt, was der Staat ihn zu begehren veranlaßt. Alles, was wir nun zu tun haben, ist, die Augen zu schließen und uns vorzustellen, daß jeder Mensch Bewußtsein III erlangt hat: Damit verschwindet der *Corporations-Staat.* Er kann den Menschen nicht länger andere Dinge verkaufen als jene, die echte Bedürfnisse befriedigen; das bedeutet, daß der Konsument die Macht über die Produktion zurückgewinnt. Und er kann einen Menschen nicht länger zu einer Arbeit zwingen, die keine echte Befriedigung verschafft; das bedeutet das Ende des Statussystems und die Rückeroberung der Macht über die Organisation und die Gesellschaftsstruktur durch den Menschen. Der *Corporations-Staat* wird von einem Staat abgelöst, der der menschlichen Kontrolle unterliegt.

Die Revolution muß eine kulturelle Revolution sein. Denn die Kultur kontrolliert die wirtschaftliche und politische Maschinerie und umgekehrt. Betrachten wir die Produktion. Heute produziert die Maschinerie, was ihr gefällt, und zwingt die Menschen zu kaufen. Aber wenn sich die Kultur ändert, hat die Maschine keine andere Wahl, als sich zu fügen. Denn der willige Konsument, der kauft, was die Maschine produziert, wird durch einen Konsumenten ersetzt, der nur das kauft, was er möchte. Die Maschine wird damit gezwungen, zu gehorchen, und die Gewalt des Käufers über den Markt wird wiederhergestellt. Aber um diese Macht zu erlangen, muß sich der Käufer von der Macht der Werbung befreien, indem er ein neues Bewußtsein entwickelt. Hat er das einmal vollbracht, wird die Maschine zu seinem Sklaven. Auf ähnliche Weise befreit sich der Angestellte, indem er dem Streben nach Beförderung innerhalb der Hierarchie, nach Status und Sicherheit den Rücken kehrt. Er macht sich von der Organisation durch einen Wandel seiner Wertbegriffe unabhängig, und die Organisation verliert dadurch die Macht über seine Individualität. So kann man der Maschine Herr werden.

Das Wesentliche liegt darin, daß die politische Struktur, das Recht und die herkömmlichen Institutionen der Gesellschaft nicht den schöpferischen Teil des *Corporations-Staates* ausmachen. Sie sind lediglich der administrative Teil, und sie verwalten, was auch immer zu verwalten ist. Sie haben nicht die Macht, Werte zu ändern. Für jene, die an einem grundlegenden Wandel interessiert sind, bedeuten Recht und politische Institutionen gar nichts (außer solche wie das Theater, in denen exemplarische Bewußtseinsschlachten dargestellt werden). Sogar ein derart bedeutender politischer Umschwung, wie der New Deal einer gewesen ist, kann nichts erreichen, wenn er nicht von einer Änderung im Bewußtsein begleitet wird. Andererseits hat sich die Regierung des *Corporations-Staates* als unfähig erwiesen, etwas zu unternehmen, um die bedeutenden kulturellen Umwälzungen, die durch das Auftreten von Bewußtsein III entstanden sind, einzudämmen. Das Marihuanaproblem veranschaulicht die völlige Machtlosigkeit der Regierung der Kultur gegenüber, *sobald sie die Fähigkeit verloren hat, ein falsches Bewußtsein zu schaffen.* Daher ist die Regierung nur ein Management. (Es ist bezeichnend, daß Präsident Nixon sie ebenfalls als ein solches gesehen hat.) Die Kultur ist die Grundlage der Gesellschaft. Daher kommt der Wandel in der Gesellschaft von unten und nicht aus den Residenzen. Gesetz und Ordnung sind nicht die ersten Dinge, die geändert werden müssen, sondern die letzten. Sollte sich Bewußtsein III im ganzen Land verbreiten, könnte man die Bundesregierung so lange ignorieren, bis sie von der Bevölkerung in einem Maß isoliert wäre, daß ihr keine andere Wahl als eine Umwandlung bliebe. Dann müßte der Präsident Glockenhosen und ein schmutziges Hemd anziehen und seine Wähler suchen gehen.

Trotzdem ist Amerika immer noch eine Demokratie. Macht wird in diesem Land nicht durch Waffengewalt ausgeübt wie in einer

Diktatur. Die Macht beschränkt sich auf die Kontrolle über das Bewußtsein. Sobald die Menschen vom falschen Bewußtsein befreit sein werden, kann es keine Macht mehr geben, die sie an der Übernahme der Führung hindern könnte.

Unsere Regierungsform mag in vieler Hinsicht veraltet sein, sie besitzt jedoch immer noch genügend Flexibilität, um entschlossenen Menschen zu gestatten, die notwendigen Änderungen durchzuführen. Die Regierungsmaschinerie ist, ebenso wie ihre Beamten, fähig, sich zu ändern, sobald sich die politische Macht verschoben hat. Ein Wandel in der öffentlichen Meinung reicht allerdings nur aus, oberflächliche liberale Reformen durchzuführen. Aber eine Änderung im Bewußtsein geht tiefer; das neue Bewußtsein braucht den Staat nicht zu vernichten, es kann ihn beherrschen und ihm neue Wertmaßstäbe und neue Vorstellungen geben.

Die Theorie von der Revolution durch das Bewußtsein scheint der marxistischen Lehre zu widersprechen, die besagt, daß die Struktur der Gesellschaft von den privilegierten, regierenden Klassen zu ihrem eigenen Nutzen aufrechterhalten wird und daher nicht anders als durch eine Revolution gestürzt werden kann. Unsere Theorie mag wie eine schwächliche Form des Revisionismus erscheinen, die den Kampf scheut und ihn durch Überredung ersetzt — kaum eine Doktrin, die ein Revolutionär gutheißen kann. Aber wir werden zu beweisen versuchen, daß unsere Theorie mit Marx keineswegs unvereinbar ist.

Nach Marx gibt es in der kapitalistischen Gesellschaft eine herrschende Klasse, deren wirtschaftliche Interessen sich mit der Aufrechterhaltung des Status quo decken. Das Bewußtsein der herrschenden Klasse wird von ihren wirtschaftlichen Interessen geprägt, und sie wird daher die Macht nicht ohne Kampf abgeben — nur Klassenkampf und Revolution können daher eine Änderung bringen. Diesem Gedanken liegt die Theorie des historischen Materialismus zugrunde, die besagt, daß das Bewußtsein auf wirtschaftliche Interessen beschränkt ist. Sicher haben alle Fakten, die für Marx greifbar waren, in diese Richtung gewiesen. In den späten sechziger Jahren aber kam es zu Erscheinungen, die mit dieser Theorie nicht so einfach zu erklären sind. Die neue Generation, die sich brennend nach einer Änderung sehnte, gehörte weitestgehend der wohlhabenden, herrschenden Klasse an. Und die heftigsten Gegner einer gesellschaftlichen Änderung, die Arbeiter der unteren Mittelschicht, waren Angehörige der ausgebeuteten Klasse. Dies erfordert eine neuerliche Prüfung der Theorie.

Wir brauchen nicht zu erörtern, daß das Bewußtsein eines Menschen durch seine Arbeitsbedingungen und seine Grundinteressen festgelegt wird. Aber die Interessen eines Menschen sollten nicht nur im engen wirtschaftlichen Sinn definiert werden; sie könnten die Bedürfnisse eines Menschen über das Wirtschaftliche hinaus beinhalten, sobald das letztere befriedigt worden ist. Zu fast allen Zeiten war die wirtschaftliche Situation eines Menschen mit seinen Interessen weitgehend identisch. Aber in einer Wohlstandsgesellschaft, in der die wirtschaftlichen Interessen jedes Menschen befriedigt sind oder befriedigt werden können, scheinen andere Maßstäbe für die Bewußtseinsbildung ausschlaggebend zu sein — nämlich solche wie Status oder persönliche Befreiung. Marx war durch die historischen Gegebenheiten seiner Zeit eingeschränkt. Es ist keinesfalls mit Marx unvereinbar, wenn man annimmt, daß neue Interessen dominierend sein werden und vielleicht zum erstenmal in der Geschichte die Wirtschaft aufhören wird, die größte Bedeutung im Leben des Menschen zu haben.

Bewußtsein I scheint dem klassischen marxistischen Schema zu entsprechen: Es basiert auf den materiellen Interessen des Individuums; Bewußtsein II scheint mehr auf administrativen Interessen begründet zu sein — auf Status, Prestige und Macht. Bewußtsein III beruht auf Interessen, die Wirtschaft und Administration nicht befriedigen konnten. Heute mag ein Angehöriger der herrschenden Klasse Amerikas herausfinden, daß es ein Bewußtsein gibt, das von rein wirtschaftlichen Interessen beherrscht wird, aber in steigendem Maß ein anderes Bewußtsein mit diesem konkurriert. Wenn das neue Bewußtsein in einem Individuum die Oberhand gewinnt, bedeutet das, daß es nicht länger daran interessiert ist, einen Wandel in der Gesellschaft zu verhindern. Natürlich konnten auch im neunzehnten Jahrhundert Umformungen stattfinden (und einige haben auch stattgefunden), aber Marx würde sie (obwohl er selbst eine herbeiführte) als gefühlsmäßige oder intellektuelle Irrwege bezeichnet haben. Heute besteht eine weitaus solidere Grundlage für eine Umformung zu Bewußtsein III, sogar für ein Mitglied der herrschenden Klasse. Heute sind wir alle auf die verschiedensten Arten Angestellte des *Corporations-Staates,* ausgebeutete Angestellte, die sich selbst, ihre Umwelt und ihre Gemeinschaft für eine irrationale Produktion opfern. Es gibt keinen Klassenkampf, denn heute gibt es nur eine einzige Klasse. Im Sinne von Marx sind wir alle Proletariat, und es gibt keine herrschende Klasse mehr außer der Maschine.

Daher ist es zumindest möglich, einen sozialen Wandel ohne Klassenkampf zu erreichen. Die Tatsache, daß der ausgebeutete Arbeiter ein Hauptgegner der Veränderung ist, kann als ein positives Zeichen gewertet werden, denn sein Bewußtsein basiert bestimmt nicht auf wirtschaftlichen Interessen und ist daher ebenso bestimmt einer Änderung unterworfen. Keine unserer Ausführungen bestreitet jedoch, daß es in Amerika eine privilegierte Elite und eine ausgebeutete Masse gibt. In diesem Sinne gibt es noch Klassen; natürlich gibt es immer noch Menschen, die von der Arbeit anderer fett werden; natürlich gibt es immer noch Herrensitze und Elendsviertel — aber das ist ein anderer Kampf als jener, den wir zum Thema dieses Buches gemacht haben. Unsere Theorie besagt, daß zumindest in Amerika das Bedürfnis nach dem wirtschaftlichen Klassenkampf vom Interesse aller Menschen, ihre Menschlichkeit wiederzuerlangen, übertroffen wird; das ist mit der Ablehnung der Klassen und der wirtschaftlichen Interessen durch die Kinder der Privilegierten, durch die neue Generation, gemeint.

Wenn sich unsere Theorie auch gegen die Einwände des Marxismus behaupten kann, wie ist es dann um die Gefahr der Einverleibung, der Abstumpfung des Radikalismus durch stufenweise Reformen bestellt, die Gefahr, daß die neue Kultur vom *Corporations-Staat* übernommen und dazu verwendet wird, die Menschen zu besänftigen, wie Marcuse es in seinem *Eindimensionalen Menschen* beschrieben hat? Es stimmt, daß das Establishment die Kleidung, die Musik, die Drogen von Bewußtsein III übernehmen kann; im Zeitalter der Technik kann das Establishment sogar den Stil der Hippies nachahmen. Aber das Wesen von Bewußtsein III liegt nicht in äußeren Dingen, sondern in der Befreiung, der Änderung der Zielsetzungen, der Suche nach der Persönlichkeit, nach den Idealen von Ehrenhaftigkeit und Verantwortungsgefühl. Dies alles kann das Establishment nicht ungestraft sich aneignen.

Was nun die *Einverleibung* betrifft, so gibt uns die neue Generation die Antwort: Sind die Jungen nicht die am meisten einverleibten, am meisten reformierten Menschen? Wenn Bestechung wirklich die große Gefahr wäre, für die sie gehalten wird, ist sicherlich niemand so sehr bestochen worden wie die verwöhnten jungen Leute von heute. Nur die, die in unserer Gesellschaft alles haben, sind in der Lage, über sie hinauszuwachsen. Die neue Generation kann nicht befriedet und bestochen werden, denn sie lehnt das falsche Bewußtsein und die falschen Befriedigungen ab, und der *Corporations-Staat* ist unfähig, echte Bedürfnisse zufriedenzustellen. Sobald die Gesellschaft beginnen wird, echte Bedürfnisse zu stillen, wird das nicht Befriedung, sondern Revolution sein.

Diese Theorie vom Bewußtsein nimmt uns die Furcht vor einer Bestechung der Revolution. Liegt die echte Gefahr für den Wandel in der Gesellschaft nicht vielmehr in der Herrschaft des Bewußtseins? Das Mittelklasse-Amerika mit seinem Bewußtsein II leidet unter unerträglichen Lebensbedingungen, aber es revoltiert nicht, weil sein Geist vom gelenkten Bewußtsein des *Corporations-Staates* völlig beherrscht wird. Das Streben der Mittelklasse nach Sicherheit ist deutlich in der Angst begründet — der Angst vor der Atombombe, vor der Anonymität und der Einsamkeit, die für Bewußtsein I und II charakteristisch sind. Diese Sicherheit hat ihre Kinder, die neue Generation, nicht bestochen; sie hat niemanden bestochen. Der Mittelklasse-Amerikaner der dreißiger, vierziger und fünfziger Jahre hat es versäumt, eine Revolution zu machen, denn er lebte ohne Hoffnung. Es sind Angst und Unsicherheit, nicht Bequemlichkeit, die die arbeitenden Menschen heute bei der Stange halten. Sogar die Bürgerrechtsbewegung, die im Grunde genommen ein Kampf gegen die Privilegierten — also die ältere Form der Revolution — ist, zeigt, daß Befriedung wenig machtvoll ist, wenn die Menschen noch Hoffnung auf eine bessere Lösung ihrer Probleme haben. Die bisherigen Reformen — mehr Rechte und mehr wirtschaftliche Möglichkeiten — haben Hoffnungen geweckt, und diese Hoffnungen spielten eine wesentliche Rolle bei der darauffolgenden Entstehung des Kampfgeistes. Die Reformen haben die Neger nicht berücksichtigt, sie haben ihnen lediglich ermöglicht zu sehen, wie schlecht ihre Lebensbedingungen waren und was für ein weiter Weg noch vor ihnen lag.

Wie ist es nun um die von so vielen liberalen Mitgliedern der älteren Generation befürchtete Möglichkeit bestellt, daß die Bewußtseinsrevolte der Studenten nicht die gewünschte Änderung hervorrufen wird, sondern eine autoritäre Reaktion der Rechten, die von der Unterdrückung jeglicher Freiheit begleitet sein wird? Es wäre verrückt, die Berechtigung dieser Befürchtung abzustreiten, denn den Beweis dieser drohenden Gefahr kann man jeden Tag in den Zeitungen lesen. Viele unserer bedeutendsten Geister warnen und meinen, daß die Nation jetzt für eine Revolution noch nicht reif ist. Die Vorfälle von 1969 haben viele junge Leute mutlos und deprimiert gemacht. Trotzdem müssen wir uns fragen, ob eine solche Unterdrückung, falls es dazu käme, das Streben nach einem neuen Bewußtsein aufhalten könnte.

Wir glauben, daß Repression gegen den völlig neuen Typ des Umsturzes, der nun sichtbar wird, nichts ausrichten kann, das heißt, daß sie gegen eine Änderung des Bewußtseins erfolglos bleiben muß. Es ist möglich, wirtschaftliche Forderungen zu unterdrücken, weil es eine Klasse gibt, die an dieser Unterdrückung interessiert ist. Aber es kann geschehen, daß auch die Unterdrücker gegen den Zaubertrank des Bewußtseins nicht immun sind. Die Unterdrückung müßte sich also gegen unsere wohlhabenden, gebildeten jungen Leute richten — gegen die wahre Elite unserer Gesellschaft, gegen jene, die Geschmack und Meinung bilden.

Heute müßte noch dazu eine Altersgruppe eine andere unterdrücken. Gibt es irgendeinen modernen Präzedenzfall für eine derartige Unterdrückung? Kann man von Eltern erwarten, daß sie sich gegen ihre eigenen Kinder wenden? Langsam mehren sich die Beispiele für das Gegenteil, nämlich dafür, daß die Kinder ihre Eltern radikalisieren; wenn Kinder konservativer Eltern mit der Schule oder öffentlichen Autoritäten Schwierigkeiten haben oder von der Polizei geschlagen werden, erweisen sich die Bande des Blutes stärker als die Ideologie, und die Eltern stellen sich oft auf die Seite ihrer Kinder und wenden sich gegen die Autorität. Wir sollten auch nicht vergessen, daß in unserem Land mehr als die Hälfte der Bevölkerung unter fünfundzwanzig ist. Die Macht liegt zum überwiegenden Teil in den Händen der älteren Hälfte; aber könnte sie sich in einem Kampf behaupten?

Die oben zur Diskussion gestellte Frage führt uns zu einem anderen Aspekt des Problems der Unterdrückung: Kann Repression die Menschen zwingen, etwas gegen ihren Willen zu tun? Unterdrückung, die ein bestimmtes Verhalten verbietet, ist eine Sache, eine andere Sache jedoch ist, daß unsere Gesellschaft ihre jungen Leute und besonders die gut ausgebildeten jungen Leute und ihre Arbeitskraft braucht; sie ist vom willigen Arbeiter ebenso abhängig wie vom willigen Konsumenten.

Noch etwas kommt hinzu: Bewußtsein III wurde von der Maschine geschaffen. Es ist das Produkt des Erfolges der Maschine, nicht ihres Versagens, und die Maschine kann es nicht unterdrükken, ohne ihre eigenen Ziele aufzugeben. Sie kann die Menschen nicht knechten und gleichzeitig mehr Produkte, mehr Konsumfreiheit anbieten. Sie kann die Menschen nicht unterdrücken, während ihre gesamte Produktions- und Werbemaschinerie eine neue und noch freiere Lebensart propagiert und das auch tun muß, um ihre Produkte abzusetzen. Sie kann den willigen Konsumenten, der für ihre eigene Existenz so lebenswichtig ist, nicht gleichzeitig unterdrücken und unterstützen.

Wir wollen mit diesen Ausführungen über die Unterdrückung nicht die echte Gefahr, die sie darstellt, leugnen, besonders da ein Knopfdruck genügt, um unsere gesamte Gesellschaft und die übrige Welt in die Luft zu jagen. Wir haben unschöne und gewalttätige Zeiten zu erwarten. Es wird gewiß zu einem Anwachsen aller Formen von Brutalität und Gewalt kommen, die immer weitere Kreise der Bevölkerung mit einbeziehen und eine wachsende Einschränkung der Freiheit, Ungerechtigkeit und Tod mit sich bringen werden. Wir glauben jedoch, daß das alles erfolglos sein wird. Die Macht des Bewußtseins, diese große Entdeckung der neuen Generation, wird nicht so leicht aufzuhalten sein wie die Forderungen nach Wahlen oder Brot.

Wir glauben, daß sowohl die Theorien der Liberalen wie jene der extremen Linken über einen möglichen Wandel in Amerika falsch sind. Die Liberalen (das heißt die echten Liberalen und nicht die Establishment-Liberalen) sehen eine Änderung nur als Folge gewaltiger organisierter Anstrengungen, die sich auf Politik und Recht konzentrieren. Wir glauben, daß derartige Bemühungen, selbst wenn die Liberalen einen Präsidenten und den Kongreß stellen und eine Majorität im Obersten Gerichtshof erlangen könnten, so wie der New Deal mit Reformen enden müßten, die sich als illusionistisch erweisen. Die extreme Linke und andere, die an den Klassenkampf glauben, würden nur einen hoffnungslosen Frontalkampf gegen die Maschine führen, statt sie für sich arbeiten zu lassen, und gegen Menschen, die ihre Verbündeten sein könnten.

Die radikalen Aktivisten der Neuen Linken haben in vieler Hinsicht unrecht. Ihr Weltbild ist falsch. Sie sehen Amerika als ein Land, in dem die Reichen und Mächtigen ihren Besitz behalten und dazu noch die Armen im In- und Ausland ausbeuten wollen. Sie haben nicht erkannt, daß die Bürokratie des Sozialismus oder des Kommunismus vielfach dieselben Mißstände wie die Amerikas aufweist und daß der Kapitalismus in den USA heute nur ein weniger bedeutender Aspekt des größeren Übels, des unkontrollierten technischen Staates, ist. Sie greifen Institutionen an, denen man ebensogut andere Werte und eine geänderte Richtung geben könnte. Sie glauben an eine strukturelle Änderung vor einer Änderung des Bewußtseins, daher machen sie denselben Fehler, den die Liberalen des New Deal machten, und verbünden sich mit Bewußtsein II. Sie suchen Änderungen durch Selbstaufopferung herbeizuführen, sie gehen zu endlosen, langweiligen Versammlungen, verrichten unsinnige Arbeiten, lassen sich verhaften, verbüßen Gefängnisstrafen und nehmen sogar schreckliche Straßenkämpfe in Kauf. Dadurch gaben sie trotz all ihres Mutes kein gutes Beispiel. Bob Dylan tat, was er wollte, lebte sein eigenes Leben und änderte ganz zufällig die Welt; diesen Punkt haben die Radikalen übersehen. Letztlich erschrecken sie nämlich jene, die ihre Verbündeten hätten sein können, nämlich die Arbeiter und die Mittelklasse, und machen Feinde aus ihnen. Die Mitglieder der Neuen Linken haben ihren eigenen bedeutenden Beitrag zum neuen Bewußtsein geleistet. Einige ihrer Taktiken haben sich als außerordentlich wirksam erwiesen, Menschen zu radikalisieren, und ihr Lebensstil ruft Begeisterung hervor, wenn nicht eine Vision des Glücks. Aber sie müssen erkennen, daß ihr wirkliches Angriffsziel nicht eine feindliche Struktur, sondern das falsche Bewußtsein der Menschen ist. Man kämpft nicht gegen eine Maschine, man stellt sie ab.

Um eine Revolution des Bewußtseins praktisch durchzuführen, müssen wir zu unserer Analyse der Arbeitsweise des *Corporations-Staates* zurückkehren. Wie wir gesagt haben, wird er durch den willigen Produzenten und den willigen Konsumenten vorwärtsgetrieben. *Also ist die Motivation der Maschine in jedem von uns.* Genauer gesagt, die treibende Kraft ist jener Teil des Lebens eines Individuums, in dem es sich als ein Teil der Maschine, als motivierter Produzent oder Konsument betätigt. Eine Revolution durch das Bewußtsein kann dann erreicht werden, wenn eine genügend große Anzahl von Individuen diesen Teil ihres Lebens ändert.

Betrachten wir zunächst den Wandel in der Motivation des Konsumenten. Wesentlich ist die Erkenntnis, daß weder eine bloße Meinungsänderung noch ein Wandel in der Politik genügen. Nehmen wir an, daß wir, da die Umwelt in unserem Land durch den Menschen unaufhaltsam zerstört wird, die Natur schützen wollen. Wenn wir jedoch gleichzeitig fortfahren, an die Werte des wirtschaftlichen und technischen *Fortschritts* zu glauben, kann kein Naturschutzprogramm wirksam werden; der Naturschutz wird immer zu *teuer* oder gegen das öffentliche Interesse gerichtet sein. Die Wertsetzungen der Technik und des Fortschritts, die nicht in Frage gestellt werden, sind — viel mehr als die Sorglosigkeit und die Leichtfertigkeit der Menschen — die wahren Zerstörer der Umwelt. Nehmen wir nun an, daß wir den Wert des *Fortschritts* jenem der Natur unterordnen, was gerade jetzt in unserem Land zu geschehen beginnt. Es wird zu echten Siegen für den Naturschutz kommen. Denn dann hat eine grundlegende Verschiebung der Werte stattgefunden, nicht lediglich eine Änderung an der Oberfläche.

Andere Beispiele lassen denselben Schluß zu. Wenn wir Sicherheit im Auto wollen, jedoch fortfahren, an Profit und Verkauf des Autos, das alljährlich durch neue Typen ersetzt werden muß, zu denken, werden wir nicht viel erreichen. In dem Augenblick jedoch, in dem wir die Sicherheit diesen anderen Werten voranstellen, wird etwas geschehen. Wenn wir bessere Krankenhäuser wollen, aber nicht gewillt sind, die Höhe der Ausgaben für die Verteidigung, für den Straßenbau und für Haushaltsgeräte einzuschränken, wird es keine Unterstützung für die Spitäler geben. Wenn wir den Frieden wollen, aber fortfahren zu glauben, daß Länder, deren Ideologie wir ablehnen, eine Bedrohung darstellen, werden wir keinen Frieden haben. Wir haben versucht, Naturschutz, Sicherheit im Auto, gute Spitäler und Frieden ohne eine Änderung im Bewußtsein herbeizuführen, das heißt, wir fuhren fort, weiterhin Werte zu akzeptieren, die unseren Wünschen im Wege stehen. Die Maschine müßte von Menschen kontrolliert werden, die das gesamte System ihrer Werte, ihre gesamte Weltanschauung, ihre gesamte Lebensweise ändern. Man kann nicht das Leben unseres Wildes schützen wollen und gleichzeitig einen Pelzmantel tragen.

Innerhalb der Organisationen und Institutionen wirkt das Produktionsmotiv als treibende Kraft. Um dieses Motiv zu ändern, muß der einzelne Mensch die Art ändern, in der er seine Rolle ausfüllt. Jene, die nach Beförderung, nach einer Vergrößerung der Organisation, nach steigendem Lohn und beruflichem Erfolg und Beifall streben, bringen das Rad in Schwung. Der Berufstätige, der die gerechte Sache unabhängig von seiner Rolle verficht, aber seine Funktion während des Werktages pflichtgemäß erfüllt, vereitelt seine eigenen Bemühungen. Er mag mehr finanzielle Unterstützung für Spitäler fordern, aber als Mitglied seiner Organisation wird er, wenn nötig auch auf Kosten der Spitäler, dieser zum Wachstum verhelfen. Er sollte im Rahmen seiner beruflichen Möglichkeiten den Standpunkt vertreten, daß ein weiteres Wachstum seiner Organisation im Vergleich zu den sozialen Notständen nicht gerechtfertigt ist. Gehört er einem Unternehmen an, das Autos oder Düsenflugzeuge produziert, so sollte er den Standpunkt vertreten, daß weiteres Wachstum des Betriebes ungerechtfertigt ist, sofern dadurch Luftverschmutzung und Lärmbelästigung gefördert werden. Er braucht nicht unbedingt an der Spitze der Hierarchie zu stehen, um seinen Ansichten Nachdruck zu verleihen. Galbraith hat in *Die moderne Industriegesellschaft* gezeigt, daß die Macht nicht an der Spitze der Organisation liegt. Die Entscheidungen kommen von unten. Jemand, der in dieser Weise vorgeht, wird zwar nicht befördert, aber wahrscheinlich auch nicht entlassen werden. Und er wird viel dazu beigetragen haben, die Macht des *Corporations-Staates* zu schwächen.

Wir betonen eine grundlegende Unterscheidung zwischen den Bemühungen, den Staat von *innen,* und jenen, ihn von *außen* zu ändern. Unter *innen* verstehen wir jede Aktion, die die Motivation des Staates betrifft — Produzent oder Konsument. Unter *außen* verstehen wir die Bemühungen, den Staat zu wandeln, ohne seine Motivation zu verändern. Eine Kampagne zur Erhaltung der Redwoodwälder oder zur Verbesserung der öffentlichen Fürsorge ist eine Bemühung von *außen,* außer sie betrifft die Menschen in ihrem Leben als Konsumenten oder sie beeinflußt ihr Leben als Produzenten, als Berufstätige oder als Mitglieder einer Organisation. Äußere Bemühungen sind wenig wirksam. Die Maschine arbeitet weiter. Bemühungen von *innen* her — durch *Produzenten* oder *Konsumenten* — *sind* wirksam. Die Devise heißt: Handle dort, wo du die Macht hast. Wenn die Amerikaner sich weigern, das zu kaufen, was der Staat — wirtschaftlich oder politisch — an den Mann bringen möchte, und ablehnen, für die von staatlichen Organisationen gesteckten Ziele zu produzieren, wird die Maschine keine Motivation mehr haben, und die Revolution wird durch das Bewußtsein Wirklichkeit geworden sein. Eine Änderung in der eigenen Lebensart ist eine Änderung von *innen* her.

Der Prozeß der Umwandlung, den wir soeben theoretisch beschrieben haben, wurde bereits erprobt, und zwar von der Studentenbewegung. Den Studenten ist es nicht gelungen, die Maschine aufzuhalten, obwohl sie vereinzelte Siege verzeichnen konnten. Aber ihre Aktionen waren von weit größerem, weniger unmittelbarem Wert. Sie waren Versuche in den Methoden der sozialen Umwälzungen, wobei alle Theorien, von denen des Establishments bis zu denen der Guerillas, getestet wurden. Dieses Experiment hat Resultate gezeitigt. Die Studentenbewegung hat gezeigt — vielleicht sogar den Studenten selbst unbewußt —, wie die Maschine gestoppt werden *kann.* Sie lieferte die Grundlage für eine Theorie der revolutionären Umwandlungen in einer postindustriellen Gesellschaft wie dem amerikanischen *Corporations-Staat.* Denn die Studenten entdeckten, daß die einzig wirksamen Mittel jene sind, die die Menschen in ihrem *Bewußtsein* erreichen. Und deshalb begannen sie damit, Formen der Rede und der Handlungen zu entwickeln, die für Amerika neu waren und die das eigene Bewußtsein und das des anderen beeinflußten. Um das zu erkennen, müssen wir uns die Schritte der jungen Protestierer vor Augen führen und sie analysieren.

Was hat die Konfrontation ausgelöst? Wenn wir nur die politischen Probleme betrachten, müssen wir erkennen, daß die Forderungen, um die sich die Bewegung kristallisierte, anstatt radikal oder revolutionär zu sein, aus den erklärten Zielen unserer Gesellschaft, besonders den reformistischen Zielen der Liberalen, sich ableiteten. Es hat Konflikte über die Zulassung schwarzer Studenten an die Universitäten gegeben; darin spiegeln sich die Ungerechtigkeiten der Vergangenheit wider, und eines der bewußten Ziele unserer Gesellschaft ist es, diese Ungerechtigkeiten zu tilgen. Es hat Streitigkeiten wegen der Teilnahme der Studenten an den Entscheidungen der Universität gegeben, aber Demokratie, individuelle Selbstbestimmung und Unabhängigkeit sind Ziele, die so alt sind wie das Land selbst. Wenn wir den gesamten Fragenkomplex von der Teilnahme der Universitäten an der Entwicklung der Städte bis zur Redefreiheit auf Universitätsboden, von der Benützung der Straßen als Fußgängerwege bis zur Bewahrung unverbauter Gebiete als öffentlicher Park überdenken, werden wir tatsächlich nur wenige Probleme finden, die vom Gesichtspunkt des gemäßigten amerikanischen Liberalismus und der Reformer aus nicht in Ordnung sind, und nur wenige Fragen, die von Lehrern oder vom Präsidenten selbst nicht bereits aufgeworfen worden sind.

Die kulturelle Problematik wurde radikaler gesehen: uneingeschränkter Gebrauch von Drogen, das Ende der gesetzlichen Kontrolle über das private sexuelle Verhalten, das Recht, Haartracht und Kleidung frei zu wählen, das Leben in der Kommune. Diese Forderungen sind zwar radikal, aber bis jetzt waren die kulturellen Probleme nicht die Quelle der heftigsten Kontroversen. Es machte sich ein steter Trend zu einer radikaleren Kultur, aber keine rechte politische Bewegung bemerkbar. Die Kämpfe haben sich dann an konventionellen Fragen entzündet. Was also ungewöhnlich und unkonventionell war, was soviel Ärger und Konflikt verursacht hat, war nicht die Zielsetzung der Studenten, sondern die neue Form ihrer Mitteilung.

Es wird allgemein angenommen, daß die Zusammenstöße vom Aktivismus und der Kampflust der Studenten herrühren, die nach dem Muster vorzugehen scheinen, zuerst Forderungen zu stellen und dann erst eine Strategie zu entwickeln, die der Erreichung des Zieles entspricht. Aber trifft diese Beschreibung für die vergangenen Ereignisse zu? Die meisten Bewußtsein-III-Menschen sind bemerkenswert friedlich, gewaltlos, am politischen Leben desinteressiert, mit ihrer neuen Kultur beschäftigt und verlangen vorwiegend danach, allein gelassen zu werden. Musik, Natur und Drogen fördern nicht politischen Kampfgeist. Wer also ist der Aggressor?

Im Falle der Wehrdienstverweigerung war es eindeutig der Staat, der unannehmbare Forderungen gestellt hat. Von jungen Männern, die nichts anderes wollten, als allein gelassen zu werden, um ihr eigenes Leben zu führen, forderte der Staat, sie sollten einrücken, sich einer drückenden Disziplin, einem harten Drill unterziehen und dann am Massenmord an einer anderen Rasse teilnehmen aus Beweggründen, an die sie nicht glaubten. Die Studenten haben nicht gehandelt, es wurde über sie hinweg gehandelt; und alles, was einige von ihnen getan haben, war *nein* zu sagen.

Auch an anderen Fällen können wir sehen, daß der Staat die aggressive Rolle spielte. Erstens, wie wir schon mehrmals in diesem Buch festgestellt haben, hat der Staat aktiv die Ideale Amerikas untergraben und den Lebensraum zerstört; er hat die Universitäten zu unpersönlichen Einrichtungen gemacht und das Privatleben seiner Bürger vergewaltigt. Wenn man die Welt eines Menschen zerstört und er endlich beginnt, sich dagegen zu wehren, macht ihn das zum Aggressor? Darüber hinaus sollte man erkennen, daß es der Staat ist, der die Richtlinien für Bildung, Wirtschaft und Arbeit im Produktionssystem aufstellt, und daß es das Individuum ist, das sie auszuführen aufgefordert wird. Die Forderung ergeht nicht in Form eines Befehles. Sie kann die Gestalt eines starren Lehrplanes oder eines veralteten Statussystems annehmen. Und die Aggression des Staates ist von Gewalt begleitet.

Es ist also offenkundig, daß die Studentenbewegung nicht die Folge eines konventionellen Aktivismus war. Verschiedene Faktoren waren dafür verantwortlich. Wie wir schon sagten, besitzt

Bewußtsein III ein Bedürfnis nach Verantwortung und Engagement, das durch die Beobachtung der üblichen Vorgangsweisen, die in die übliche Sackgasse führen, nicht befriedigt wird. Und es bestand ein fundamentales psychologisches Bedürfnis, das System herauszufordern und zu einer Reaktion zu bringen. Es ist ungemein enttäuschend für die Jugend, zu erkennen, daß das System in keiner Weise zu reagieren braucht — und für gewöhnlich nicht einmal zur Kenntnis nimmt. Als daher der Staat zum Angriff gegen das neugebildete Bewußtsein der Jugend überging, gab er damit der Studentenbewegung ihre Haupttriebkraft. Um ihr Bewußtsein erhalten und entwickeln zu können, ließen sich die Studenten in das Abenteuer einer Änderung der Gesellschaft ein.

Da sie keine Führung und keine Organisation besaßen und Theorien und Doktrinen ablehnten, begannen die jungen Menschen, den Traditionen amerikanischer Erfindungsgabe und Findigkeit folgend, zu experimentieren. Sie versuchten sich in der Taktik der Sitzstreiks, die von der Arbeiterbewegung der dreißiger Jahre angewendet worden war, und besetzten Verwaltungsgebäude an Stelle von Fabriken. Sie versuchten sich in Aufmärschen, Gesängen und den Sit-ins der Bürgerrechtsbewegung. Sie griffen Bulldozer an, wie es manchmal erzürnte Bürger getan hatten, wenn ein historisches Gebäude oder ein Baum durch den Bau einer Straße bedroht war. Sie verbrannten die Einberufungsbefehle, verpflichteten sich zum Widerstand gegen den Wehrdienst und verweigerten die Einrückung. Sie hielten Vorträge. Sie begannen Zeitungen herauszugeben. Sie forderten Teilnahme an allen Arten von Entscheidungen. Sie schufen eine neue Kunstform — die Plakate. Sie lasen Marcuse, Malcolm X und Karl Marx. Sie diskutierten und hielten endlose Versammlungen ab.

Das vordringlichste Ziel der Studenten bestand darin, Aufmerksamkeit zu erregen. Ihre Kritik an der Gesellschaft, ihre Einwände gegen den Krieg oder gegen Ungerechtigkeiten im Inneren, ihr Zorn und ihre Gedanken wurden von den Massenmedien und den Politikern ignoriert. Sie suchten nach Mitteln, die die anderen nötigen könnten, ihre Sache zur Kenntnis zu nehmen. Ungewöhnliche Handlungen, große Aufmärsche oder das Verbrennen von Einberufungsbefehlen waren solche Mittel. Eine wirksame Art, Aufmerksamkeit zu erregen, ist beispielsweise das Besetzen eines Gebäudes. Die Grundbedingung war, daß die Handlung unkonventionell, neu war, denn das Fernsehen und die Zeitungen würden andernfalls nicht über sie berichten.

Das zweite Ziel der Aktion bestand darin, die Probleme zu erklären. Öffentliche und kulturelle Fragen können nicht in der bekannten Manier des Fernsehens, das Zeit für die Werbung sparen muß, zusammengefaßt werden. Aber es nimmt sogar noch mehr Zeit in Anspruch, die Beziehung eines bestimmten Problems zur allgemeinen Struktur des *Corporations-Staates* aufzuzeigen. Ein *Teach-in* erfüllt diese erklärende Funktion; genau wie ein Sitzstreik von Negern in einem Restaurant: Er zeigt den Leuten, daß das Restaurant die Neger diskriminiert, und macht das Problem persönlich und lebendig, es stellt eher dar, als daß es beschreibt. Eine Darstellung aber ist in der Lage, komplexe Probleme aufzuzeigen. Ein Sitzstreik gegen die Anwerbung von Studenten durch die *Dow Chemical Company* besagt: Die Vereinigten Staaten verwenden Napalm, eine grausame und entsetzliche Waffe, gegen Zivilisten; *Dow* hat Napalm hergestellt und mit Profit verkauft; *Dow* wirbt Studenten an, ihren Verstand gegen Geld dafür einzusetzen, solche und ähnliche grauenvolle Mittel zu entwickeln, und versichert ihnen, daß sie sich für die Anwendung dieser Produkte nicht verantwortlich zu fühlen brauchen. Von der Forschung bis zur Anwerbung von Arbeitskräften arbeitet die Universität mit dem System zusammen, um das Bewußtsein einzuschläfern. Die Ansichten der Studenten und ihre Teilnahme an Entscheidungen sind unerwünscht; sie sollen ohne zu denken ihre Arbeit tun. Die Verbindung zwischen Universität, Behörden und Regierung wird deutlich, sobald die Polizei auf den Plan gerufen wird; die Unterdrückung, die sie ausübt, dient ihnen allen dreien. Natürlich erkennen nicht alle diese Zusammenhänge. Aber auf Grund der einheitlichen Struktur des *Corporations-Staates* besitzt jedes Problem die Fähigkeit, Einblick in das Wesen des Staates zu gewähren; er ist ein nahtloses Gewebe, und obzwar es anfänglich schwierig ist, ihn zu durchschauen, führt jeder Einblick schließlich zur Wahrheit.

Denken jeder Art muß den Glauben an den *Corporations-Staat* zerstören und das Bewußtsein steigern. Nehmen wir an, die Studenten fordern, daß ihre Vertreter, darunter etwa auch einige Neger, im Aufsichtsrat der Universität sitzen. Im Zuge der Auseinandersetzung werden sie zur Sprache bringen, daß sich die Aufsichtsräte wie üblich aus Geschäftsleuten und Anwälten zusammensetzen und daß sich kein einziges Mitglied der Minorität unter ihnen befindet. Wenn bekannt wird, daß in all den Jahren seit Bestehen des Aufsichtsrates noch niemals ein Neger zu den Aufsichtsräten gehört hatte, wird die Glaubwürdigkeit dieser Institution ernstlich gefährdet oder ganz zerstört werden, da die Öffentlichkeit immer der Meinung war, daß die Interessen aller und nicht nur jene einer kleinen Managementelite im Aufsichtsrat vertreten sind. Nehmen wir an, daß ein strammer Collegesportler, der sich nie für Politik interessierte, einmal Marihuana raucht. Das wird ihn unweigerlich zu politischen oder ideologischen Problemen führen. Wenn er herausfindet, daß die Droge relativ harmlos, aber trotzdem verboten ist, wird das seinen Glauben an die Gesetze erschüttern. Wenn er erfährt, daß wesentlich schädlichere Substanzen, wie Tabak, Alkohol und andere nicht rezeptpflichtige Drogen, gesetzlich erlaubt sind, wird er zu erkennen beginnen, daß ein Verbot, das sich nur auf Marihuana bezieht, mehr eine ideologische als eine wissenschaftliche Frage ist. Wenn er sieht, daß Alkohol und Tabak der Industrie riesige Gewinne einbringen und daß sie den Leuten mit übermächtiger Werbung aufgezwungen werden, wird er einige allgemeine Schlußfolgerungen über Profit, Moral und Macht des *Corporations-Staates* ziehen.

Ein anderes Ziel besteht darin, die Botschaft in eine — visuelle, gefühlsmäßige und symbolische — Sprache zu kleiden, die ihr dazu verhelfen soll, gehört und verstanden zu werden. Dichter und Schriftsteller kennen den Wert der Symbolik schon lange und wissen, daß es wirksamer ist, etwas zu zeigen, als es zu erklären, und daß die Menschen für manche Ideen gefühlsmäßig vorbereitet werden müssen, bevor sie sie aufnehmen können. So dringt etwa eine Gruppe von jungen Leuten in ein Musterungsbüro ein und schmiert Blut auf die Einberufungslisten; damit zwingen sie die Massenmedien, von dieser Aktion Notiz zu nehmen. Sie drükken sich symbolhaft aus, damit sie mit einer einzigen Schlagzeile oder mit einem einzigen Bild verstanden werden können. Indem sie also die Gefühle der Menschen ansprechen und nicht in einer abstrakten intellektuellen Weise vorgehen, bereiten sie die Öffentlichkeit gefühlsmäßig auf die Erkenntnis vor, daß unsere Nation, die doch angeblich immer nur das *Gute* tut, ihre jungen Männer zwingt, in einen blutigen Krieg gegen eine kleine, ferne Nation zu ziehen. Das Verbrennen der Einberufungsbefehle ist ein wirksamer Kommentar zum Krieg.

Normalerweise soll die Vorgangsweise der Jugendlichen andere anwerben. *Gesell dich zu uns,* sagen die Demonstranten. *Stell dich auf unsere Seite,* sagen jene, die ein Gebäude besetzen. Wenn diese Methoden eine ganze Folge von offiziellen Reaktionen auslösen, werden andere vielleicht einfach mitgerissen. An der Universität von San Franzisko kam es durch einen Studentenstreik zu einer Intervention der Fakultät, die Fakultät wurde das Opfer einer Gegenmaßnahme der Administration, und so kam es zu einem Fakultätsstreik. Die Collegeuntergrundzeitungen veranlaßten die Studenten der High Schools, ihre eigenen Untergrundzeitungen herauszugeben; diese beginnen nun ihren eigenen Feldzug gegen ihre Autoritäten. In beiden Fällen haben zwei bedeutsame Prozesse stattgefunden. Den ersten können wir einen Spaltungsprozeß nennen: eine Handlung von A hat zu einer Unterdrückung von B geführt, und ein Konflikt hat einen anderen verursacht. Oft haben die Aktionen der Neger zu einer allgemeinen Unterdrückung und zu einer Ausweitung der ursprünglichen Auseinandersetzung geführt. Wichtig ist jedoch, daß vielleicht anderen die eigene Sklaverei, in der sie lebten, klar wurde. Collegelehrer entdecken, daß auch sie von der Regierung und der Polizei manipuliert werden. Hochschulstudenten erkennen, daß sie weniger Rechte haben als die Neger, mit deren Demonstrationen sie sympathisiert haben. Die berufstätigen Menschen erkennen, daß sie ähnlich willkürlichen Maßnahmen unterworfen sind wie die Studenten.

Eine bestimmte Taktik kann all diese eben beschriebenen Wirkungen besitzen: Es geht dabei um Marihuana. Einfach dadurch, daß die jungen Leute dem Gesetz zum Trotz Marihuana rauchen, manifestieren sie erstens ihre Gemeinschaft und ihr radikales Bewußtsein, geben sie zweitens eine Illustration der Scheinheiligkeit und der Heuchelei der Gesellschaft, machen sie drittens diese Demonstration wirksam, indem sie die allgemeine Aufmerksamkeit auf etwas lenken, was eigentlich bürgerlicher Ungehorsam ist, demonstrieren sie viertens dem Rest der Gesellschaft die kulturelle Befreiung und fordern sie fünftens eine Gegenmaßnahme heraus, die die anderen vielleicht dazu bringen wird, ihren Mangel an Freiheit zu erkennen.

Alle diese Methoden haben ihre Wirkung ebenso auf die Demonstranten wie auf ihr Publikum; ihr Ziel sind Solidarität und die Erhaltung des Bewußtseins. Da es sich gewöhnlich um Gruppenaktionen handelt, schaffen oder fördern sie den Gemeinschaftssinn der Teilnehmer. Ein großer Friedensmarsch schafft ein Gefühl für die gemeinsame Sache unter den Demonstranten und wird für sie zu einer unvergeßlichen Erfahrung. Jeder Akt des gemeinsamen Ungehorsams schafft ein intensives Gefühl der Zusammengehörigkeit. Studenten, die während der Ereignisse von 1968 in den besetzten Gebäuden der Universität von Columbia gelebt haben, berichten, daß ein vollkommen neues Gemeinschaftsempfinden entstanden war und sie nur mit Bedauern zu ihrer gewohnten Lebensweise zurückkehrten. Aber diese Taktiken gestatten den Teilnehmern auch in einer nicht entfremdenden Weise zu demonstrieren. Sie behalten ihr eigenes Selbst. Es ist von grundlegender Wichtigkeit, das eigene Bewußtsein und die Persönlichkeit im Verlauf der Arbeit für eine Sache nicht zu verlieren. Alle diese Methoden helfen den Demonstranten, sich selbst und die Stärke ihrer eigenen Gefühle und ihrer Überzeugungen zu erkennen, ebenso wie die Gefühle Ähnlichdenkender.

Dort, wo die Studenten lediglich die öffentliche Meinung beeinflußten, kam es zu keiner grundlegenden Änderung. Die Kampagnen gegen den Vietnamkrieg und gegen die Einberufung zum Militär sind Beispiele dafür. Der Frieden war das Hauptthema der Wahlen des Jahres 1968, es kam zu Friedensverhandlungen, ein großer Teil der Bevölkerung wurde zu *Tauben*. Aber die Studenten gewannen keine wie immer geartete politische Macht, es gelang ihnen nicht, die Einberufungsgesetze zu reformieren, sie konnten die neue Administration weder beeinflussen noch den Krieg beenden. Die Studenten waren zwar erfolgreich darin, die Meinung der Leute über die Notwendigkeit des Krieges und über die Übel, die er hervorbrachte, zu ändern, aber das Denken der Menschen als Produzenten und Konsumenten erfuhr keine vergleichbare Änderung; sie arbeiteten weiterhin für die Verteidigungsindustrie, für das Pentagon oder als Verwaltungsbeamte. Viele Menschen begannen zwar den Frieden zu wünschen, aber der Krieg ging weiter. Viele, die an Friedensmärschen teilgenommen hatten, mußten erkennen, daß es einfach kein *Publikum* gab, nur stumme Gebäude in Boston, New York oder Washington; das eigentliche Publikum waren die Demonstranten selbst. Ihre Sache wird siegen, sobald sie die Majorität bilden.

Auf den Universitäten begegnen wir einer ganzen Reihe von bezeichnenden Gegensätzen. Die Forderung nach einer *Beteiligung der Studenten* an den Entscheidungen brachte nur wenige Studentenvertreter in die Aufsichtsräte und Verwaltungsausschüsse. Aber Lehrgänge und Lehrstühle für Negerfragen sind an einer Universität nach der anderen entstanden. Die Anregungen der Studenten, den Lehrplan betreffend, haben plötzlich Gehör gefunden. Eine Zahl von Universitätspräsidenten mußte zurücktreten. Weit wichtiger jedoch ist, daß sich das System, nach welchem die Universität geführt wurde, geändert hat. Ob sie ihre Überzeugung nun in Aktionen manifestieren oder nicht, jedenfalls teilen immer mehr Studenten die grundsätzliche Kritik an den Einrichtungen der Universitäten, die autoritär, ungerecht und vom Establishment abhängig sind. Immer mehr Fakultätsmitglieder und Verwaltungsorgane haben begonnen, die Ansichten der Studenten bei ihren Entscheidungen zu berücksichtigen. Vom rechtlichen Standpunkt aus gesehen, hat sich die Struktur der Universitäten kaum verändert; soziologisch jedoch wurden viele Universitäten umgeformt.

Die Studenten haben dies einfach dadurch erreicht, daß sie ihre eigenen veränderten Wertmaßstäbe dem Universitätssystem hinzufügten. Wenn ein Junge seine Familie verläßt, um ein Jahr ins Ausland zu gehen, und sich dort ein besonderes Interesse für Astronomie aneignet, muß seine Familie, sobald er zurückkommt, ob sie Astrologie nun schätzt oder nicht, ebenfalls ihr Denken ändern; sie wird mit ihrem Sohn auskommen müssen. Als die Studenten aus Menschen, die vorwiegend mit Vorlesungen, Zensuren, mit ihrer Karriere und ihrem Privatleben beschäftigt waren, zu Menschen wurden, die sich mit der Führung der Universität beschäftigten, mußte die Universität diese Tatsache zur Kenntnis nehmen und ihre Haltung ändern. Sie hatte nun die Wahl, ob sie für eine Verstärkung der Polizei sorgen oder einen neuen Universitätsrat einberufen wollte; beides mußte die bestehende Struktur der Universität ändern. Die Universitäten sind ein Beispiel dafür, wie die Studenten, also Teile der Organisation, durch eine Änderung der eigenen Rolle innerhalb der Organisation die Macht besessen hatten, deren Strukturen zu ändern; das war dadurch geschehen, daß sie ihr Denken gewandelt hatten.

In den Fällen, in denen die Studenten imstande waren, direkten Einfluß auf den Lebensstil zu nehmen, hatten sie großen Erfolg, obwohl sie keinerlei Wirkung auf die Struktur als solche erzielen konnten. Am Fall von Marihuana wird das deutlich. Die Bemühungen für eine Legalisierung haben wenig Erfolg gehabt, aber im Gegensatz dazu hat sich der Gebrauch von Marihuana ohne die geringste Werbung und nicht nur gegen den Widerstand der Behörden, sondern auch gegen jenen der Massenmedien unaufhaltsam verbreitet.

Auf den Gebieten der Kultur, die nicht durch Gesetze reglementiert werden, wie Musik, Haartracht, Kleidung und bis zu einem gewissen Grad auch Lebensstil, haben die Studenten mit allem Althergebrachten aufgeräumt. Das Tragen von langen Haaren hat sich über alle Grenzen hinweg verbreitet. Niemand konnte erfolgreich dagegen ankämpfen, weder Sporttrainer noch Lehrer oder Geschäftsleute. Kann man daran zweifeln, daß innerhalb einiger Jahre alle Männer in unserer Gesellschaft lange Haare tragen werden?

Besonders bemerkenswert an den Methoden der Studenten ist, daß sie sich, obwohl ihr Erfolg unterschiedlich ist, als ungeheuer ansteckend erwiesen haben. Genauso, wie die neue Generation manche Methoden der Bürgerrechtsbewegung nachahmt, unternehmen nun immer mehr Interessengruppen alle Arten von Demonstrationen, Protestmärsche und Sitzstreiks, um ihre besonderen Ziele zu erreichen. Konservative halten Bulldozer mit dem bloßen Körper auf. Taxifahrer umkreisen das Rathaus, um eine Lohnerhöhung zu erreichen. Sogar die Polizei, die Recht und Ordnung aufrechterhält, demonstriert unter anderem durch eine übereifrige Durchführung der Verkehrsvorschriften, um eine Gehaltserhöhung durchzusetzen. Die neue Generation hat unserem Land zwar nicht ihre Ziele verkaufen können, aber sie hat einem großen Teil der Bürger ihre Methoden verkauft.

Wie der Problemkreis *Marihuana* und *lange Haare* bewies, haben die Studenten zwar auf das Konsumdenken in Angelegenheiten der Lebensformen, nicht jedoch auf Recht und Struktur der staatlichen Institutionen Einfluß ausgeübt. Das Recht blieb das gleiche, obwohl sich Kultur und Gewohnheiten änderten. Durch ihre Methoden änderten die Studenten wohl das Denken der Menschen als Bürger und Wähler im Hinblick darauf, wie ein Bürger seine Regierung beeinflussen kann. Sie veränderten jedoch nicht die Haltung zur Gesellschaft im allgemeinen, so daß die Menschen in der Folge die Vorgangsweise der Studenten zwar anwandten, wenn sie selbst betroffen waren, sie aber ablehnten, wenn diese von anderen gebraucht wurde.

Aus allem bisher Gesagten wird deutlich, daß der sich ständig verändernde Stil der Studentenbewegung nicht einfach in eine Reihe mit den alten Methoden gestellt werden kann, die da sind: wirtschaftlicher Druck, Gewalt, freie Rede, Gewaltlosigkeit, bürgerlicher Ungehorsam. Die alten Kategorien haben wenig Bedeutung. Die Studenten haben diese Formen in etwas anderes umgewandelt: in Handlungen, die auf dem Bewußtsein basieren. Sie drücken ein Bewußtsein aus, sie zeigen anderen dieses Bewußtsein, sie versuchen, das Bewußtsein in anderen zu wecken, sie bewahren das Bewußtsein der Demonstranten. Sie sind eine physische Verkörperung, haben etwas nicht Faßbarem Fleisch und Blut gegeben, eine geistige Haltung wirklich und sichtbar gemacht. Die Studenten haben die Gesellschaft mit all ihren Werten konfrontiert.

Den Demonstranten ermöglichen diese Methoden persönliches Engagement, im Gegensatz zu der Gleichgültigkeit, mit der liberale Reformer jedes persönliche Risiko scheuen und sich in ihr gepflegtes Privatleben zurückziehen. Die Studenten setzen ihren eigenen Körper ein. Sie demonstrieren durch Hingabe und persönlichen Mut wahre Existenz im existentiellen Sinne und riskieren eher eine Verhaftung, als daß sie bereit sind, im Vietnamkrieg zu kämpfen. Sie haben gezeigt, was die Suche nach der eigenen Kultur und der eigenen kulturellen Identität bedeutet. Jeder Erwachsene in Amerika besitzt auch die Fähigkeit zu einer kulturellen Identität, die aus der Vergangenheit in der *alten Heimat*, die wiederentdeckt werden kann, und seinen eigenen Erfahrungen gebildet wird. Der neue Lebensstil fordert die Erwachsenen heraus, und die Auswirkungen davon werden bereits sichtbar.

Wir haben also die Entwicklung einer neuen Freiheit — nicht der Freiheit der Rede, sondern der Freiheit des Bewußtseins — beobachtet. Die Aufgabe der Studenten besteht darin, das Bewußtsein der anderen zu beeinflussen, und wenn ihnen das gelingt, erreichen sie ihre Ziele; wenn ihnen das mißlingt, ist ihre Vorgangsweise vergebens. Wenn Redefreiheit das Recht bedeutet, andere Menschen in einem vernünftigen Gespräch zu erreichen und sich auf dieser Basis mitzuteilen, dann ist die Freiheit des Bewußtseins das Recht, Menschen mit dem Bewußtsein zu erreichen und sich auf dieser Basis mitzuteilen. Eine Rede, die für eine neue Form der Regierung eintritt, fällt in den Bereich der Redefreiheit; *revolutionäres Theater*, das für dasselbe Ziel eintritt, ist Freiheit des Bewußtseins. Die Weigerung, in der Armee zu dienen, ist ebenso wie das Tragen von langem Haar oder das Besetzen eines Gebäudes Freiheit des Bewußtseins. Jene, die den Studenten vorwerfen, über bloße Reden hinauszugehen, haben ganz recht; die Studenten haben sich eine größere Freiheit genommen, eine Freiheit, die die Gesellschaft noch nicht anerkannt hat.

Sobald wir das erkannt haben, beginnen wir, die Methoden der Studenten von einer höheren Warte aus zu betrachten. Sie sind nur die Spitze eines Eisberges, die durch Propaganda, die Konflikte mit der Polizei und die Tatsache, daß die Leute von Protestierern solche Taktiken erwarten, sichtbar gemacht wurde.

Aber Untergrundzeitungen, die im ganzen Land aus dem Boden gestampft werden, sind auch ein Teil der Methode, sie bilden eine immer effektvollere Reaktion auf die Tageszeitungen, die im ganzen Land gleichgeschaltet sind. Die Methoden der Studenten schließen im weitesten Sinne die gesamte Kultur der neuen Generation ein. Wenn wir einmal erkennen, daß ein Sitzstreik oder ein Protestmarsch lediglich die Verwandten einer Untergrundzeitung oder eines radikalen Theaterstückes sind, können wir sogar die ganz konventionellen politischen Methoden in dem neuen Zusammenhang mit dem Bewußtsein sehen.

Was haben die Studenten uns also gezeigt? Daß die Struktur und die etablierten gesetzmäßigen Vorgangsweisen ohne Bewußtsein nicht zielführend sind. Wenn es zu einer sozialen Änderung kommt, erweist sich das Bewußtsein als die treibende Kraft. Die Struktur ist wohl von Bedeutung, und sie kann unser Denken beeinflussen. Aber es ist sinnlos, Änderungen in einer Gesellschaft ohne Änderungen im Bewußtsein anzustreben. Das Bewußtsein ist wichtiger als die Struktur. Ein gesetzestreuer Liberaler, der damit einverstanden ist, jedwede Entscheidung der Struktur anzuerkennen, hat sein eigenes Bewußtsein nicht geändert und zwingt daher die Struktur nicht, neuen Faktoren Rechnung zu tragen. Ein Liberaler kann daher ignoriert werden; er wird eine Niederlage akzeptieren, ohne das System in Frage zu stellen; der Student jedoch wird das System bekämpfen und kann daher nicht ignoriert werden. Reden und Aufrufe sind vielleicht die geeigneten Methoden für die Änderung einer Gesellschaft, die von den Menschen und von der Vernunft regiert wird; im unkontrollierten und irrationalen *Corporations-Staat* sind sie jedoch zumeist ungeeignet. Die Lenkung des *Corporations-Staates* erfolgt durch das Bewußtsein.

Zu derselben Schlußfolgerung kommt man, wenn man die *etablierten Verfahrensweisen* des *Corporations-Staates* betrachtet. Die Studentenbewegung hat sich von diesen *etablierten Verfahrensweisen* nicht abgewendet, ohne zunächst einen Versuch gemacht zu haben, sich ihrer zu bedienen. Sie verwarf sie jedoch, weil es ungezählte Fälle gibt, auf die sich *etablierte Verfahrensweisen* einfach nicht anwenden lassen. Der Gebrauch von Mace-Gas soll noch einmal als Beispiel dienen; keine der Öffentlichkeit bekannten Verfahrensweisen wurden bei der Entscheidung, ob diese Chemikalie gegen Menschen eingesetzt werden darf, angewendet, und es gibt kein Verfahren, um gegen den Entschluß Einspruch zu erheben oder ihn zu ändern. Die Studenten stießen auch auf Fälle, bei denen wohl Verfahrensweisen existierten, die sich jedoch für das Individuum negativ auswirken mußten. Was geschah nun in Fällen, für die es Verfahrensweisen gab, die zumindest theoretisch ein günstiges Resultat hätten haben können? Die Prozedur war oft außerordentlich mangelhaft. Typische und häufige Fehler sind: das Versäumnis, eine beabsichtigte Aktion anzukündigen, ehe sie bereits in vollem Gange ist; das Versäumnis, Zugang zu notwendigen Informationen zu gewähren, Fehlen von Zeugeneinvernahmen; das Versäumnis, den Beschwerdeführern Gelegenheit zu geben, sich mit den Autoritäten, die die Entscheidungsgewalt innehaben, auseinanderzusetzen.

Das wirkliche Problem bei der Durchführung administrativer Maßnahmen haben wir bis jetzt noch nicht erwähnt, nämlich die Tatsache, daß die Erkenntnisfähigkeit und Einsicht jener, die die Entscheidungsgewalt besitzen, zu einseitig und eng begrenzt ist, um eine Änderung zu ermöglichen. Nehmen wir an, eine staatliche Straßenbaubehörde besitzt tatsächlich die Verfügungsgewalt, Einwänden gegen den vorgeschlagenen Bau von Straßen Raum zu geben, und nehmen wir an, daß einige Bürger vorstellig werden, weil diese Straßen historische oder landschaftliche Werte zerstören würden. Wer trifft nun die Entscheidung? Die staatliche Straßenbaubehörde! Und die staatliche Straßenbaubehörde denkt — es ist sicher nicht ungerecht, das anzunehmen — in den Kategorien von Straßen und Geld. Sie ist verständlicherweise für den Bau von Straßen. Kann man von dieser Behörde erwarten, gerecht über die Wichtigkeit der Erhaltung eines Waldes oder alter Monumente zu urteilen? Das Verfahren endet also mit einer Entscheidung gerade jener Leute, die von vornherein ein Interesse am Ausgang der Sache hatten. So wurden die Sicherheitsvorschriften für Atombombenversuche von der Atomenergiekommission festgesetzt, deren Mitglieder von vornherein davon überzeugt waren, daß die atomare Entwicklung von Vorteil sei. Jene, die die Entscheidungsgewalt innehaben, sollen Möglichkeiten in Betracht ziehen, die über ihren Verstand und ihr Vorstellungsvermögen hinausgehen. Das State Department kann sich beispielsweise nicht im entferntesten vorstellen, daß die Kommunisten auch Freunde sein könnten und nicht nur Feinde.

Ganz abgesehen von der Engstirnigkeit der Verfahrensweisen haben die Studenten die Prozedur als undemokratisch, unpersönlich und erniedrigend empfunden. Sie hatten keinerlei Möglichkeit, an Entscheidungen teilzunehmen; diese wurden von fernen *Autoritäten* getroffen. Diskussionen oder Gespräche mit denen, die die Entscheidungen treffen, waren unmöglich. Studenten, die ein Bittgesuch einreichten oder einen Antrag stellten, erfuhren, daß man diesen *größte Aufmerksamkeit* schenken würde; das Resultat war meist negativ. Das entsprach nun in keiner Weise der Vorstellung der Studenten von einer Regierung durch das Volk.

Der Grund dafür, warum diese *etablierten Verfahren* derartige Hindernisse darstellten, führt zu den grundlegenden Problemen des liberalen Wohlfahrtsstaates — des *Corporations-Staates,* wie wir ihn genannt haben. Wie wir gezeigt haben, neigt der Staat dazu, *Konfliktsituationen* administrativ zu bewältigen. Er definiert nur ein eng begrenztes Gebiet als *politisch,* alles außerhalb davon ist „Abweichung", die verwaltet, kontrolliert, behandelt, und, wenn nötig, einer Strafe unterzogen werden muß. Der Gebrauch von Marihuana, der Sitzstreik in einem Universitätsgebäude, die Forderung nach Lehrern, die nicht Fakultätsmitglieder sind, das Tragen von langem Haar oder die Forderung nach einer individuellen, nicht religionsgebundenen Entscheidung des einzelnen über den Wehrdienst konnten innerhalb der *etablierten Verfahren* keinen angemessenen Ausdruck finden; in diesen Verfahren war kein Platz um die Haltung und die Tätigkeit des neuen Bewußtseins anzuerkennen.

Im Bereich der Politik finden wir dieselbe Eingeschränktheit wie bei den *etablierten Verfahrensweisen.* Der Vietnamkrieg und die Wahl des Jahres 1968 sind das beste Beispiel dafür, denn nicht nur die jüngere Generation, sondern auch ein überwiegender Teil der Bevölkerung wollte Frieden. Aber die Politiker stellten nur Kandidaten auf, die dieser Forderung gegenüber gleichermaßen unempfänglich waren. Ein noch eindringlicheres Beispiel gibt die Ungerechtigkeit der Einberufungsgesetze; eine Kommission des Präsidenten machte dem Kongreß einige recht bescheidene Vorschläge für eine Reform, die bestimmt von einer Mehrheit der Wähler unterstützt worden wäre, aber nichts geschah. Selbst wenn also die Studenten in einer bestimmten Angelegenheit die *öffentliche Meinung* für sich gewinnen könnten, würde das keinen wesentlichen Unterschied ausmachen. Die Studenten haben entdeckt, daß Amerikas politisches System — angeblich am stärksten unter der Kontrolle des Volkes — das vielleicht starrste und am wenigsten *demokratische* von allen ist. Sie begannen zu fühlen, daß das Volk keineswegs souverän war und daß es eine Machtstruktur gab, die die Demokratie blockierte; ihre eigene Unterjochung begann ihnen bewußt zu werden.

Aber dieselben *etablierten Verfahrensweisen,* die so unbrauchbar erscheinen, könnten zu einem Weg für eine Änderung werden, wenn sie von einer wenn auch nur teilweisen Änderung des Bewußtseins begleitet würden. Manchmal *haben* die Liberalen Erfolge verzeichnen können, indem sie mit der Struktur arbeiteten. Ein Beispiel dafür ist der Naturschutz. Lange Zeit schien es, als könnten keinerlei legale Schutzbestimmungen etwas ausrichten. Die Kräfte des *Fortschritts* waren zu mächtig; die *gesetzlichen Verfahrensweisen* beugten sich diesen übermächtigen Gewalten. Im Zuge eines Kraftwerkbaues am Hudson River in der Nähe des Storm King Mountain klagten die Anhänger des Naturschutzgedankens die Baufirma. Allen Präzedenzfällen zum Trotz hat das Berufungsgericht die Firma verurteilt. Es stellte fest, daß die Bundesbehörde, die den Bau genehmigt hatte, auf die Werte des Naturschutzes größeres Gewicht hätte legen müssen. Die Struktur des *Corporations-Staates* gab also bis zu einem gewissen Grad den Weg in eine neue Ära einer gesteigerten gesetzlichen Rücksichtnahme auf die Natur frei.

Wir könnten eine ganze Liste solcher Änderungen anführen, die ohne irgendwelche Demonstrationen oder Proteste möglich waren. Auf der anderen Seite könnten wir jedoch auch eine ganze Menge struktureller Änderungen anführen, die im Grunde keinerlei Erfolg hatten; der New Deal bot eine Reihe solcher Beispiele. Die Liberalen haben also äußerst verschiedenartige Resultate verzeichnen können: Manchmal kam es zu keiner Änderung in der Struktur, manchmal kam es zu einer, die sinnlos war, manchmal kam es zu einer Änderung, die von Grund auf sinnvoll war und den Anstoß zu einer günstigeren Tendenz gab.

Es müßte durch unsere Ausführungen klargeworden sein, daß das Bewußtsein der lenkende Faktor ist. Die Liberalen hatten Erfolg, wenn sie das Bewußtsein beeinflussen konnten oder wenn das Bewußtsein zur Zeit ihres Erfolges gerade in einer Änderung begriffen war. Der Fall Storm King Mountain ereignete sich zu einer Zeit, in der das Bewußtsein hinsichtlich der Werte des natürlichen Lebensraumes in einer Änderung begriffen war. Beim Berufungsgericht der Vereinigten Staaten argumentierten die Anhänger des Naturschutzgedankens, daß auf die Werte der Natur mehr Gewicht gelegt werden sollte; sie begründeten das mit ihrer Interpretation des Regierungskonzepts vom *öffentlichen Interesse.*

Daher war ihr Argument ein deutliches Zeichen für eine Änderung im Bewußtsein in bezug auf das *öffentliche Interesse.*

Die gesamte gesetzliche Struktur, die wir als das Rückgrat des *Corporations-Staates* beschrieben haben, kann sich wandeln, sobald sich das Bewußtsein ändert. Die Fürsorgebeamten betrachten unangemeldete, nächtliche Haussuchungen bei den Fürsorgeempfängern als notwendig, um die Fürsorgegesetze wirkungsvoll durchzuführen; daher hielten sie dieses Vorgehen nicht für eine Vergewaltigung des verfassungsmäßigen Verbotes *unbegründeter Haussuchungen.* Aber Argumenten, die die Wichtigkeit des Privatlebens und der Würde des einzelnen hervorhoben, gelang es, das Bewußtsein erfolgreich zu ändern, und die Gerichte begannen die nächtlichen Haussuchungen als illegal zu bezeichnen. Wir stehen auf dem Standpunkt, daß *legale* Änderungen auf genau dieselbe Weise zustande kommen wie *illegale* Änderungen. Die gegenwärtige Beunruhigung wegen im Inland stationierter Atomraketen zeigt einen deutlichen Wandel im Bewußtsein der Menschen; sie nehmen nicht länger alles das hin, was vom Militär als für das *öffentliche Interesse* notwendig erklärt wird. Bis jetzt haben sich weder die Gerichte noch Gesetze damit beschäftigt. Aber die Argumentation ist bemerkenswert wegen ihrer Ähnlichkeit im Fall Storm King Mountain. Derselbe Prozeß kann bei den Debatten über Geldmittel für die Bedürfnisse im Inneren gegenüber dem Verteidigungsbudget und dem Raketensystem beobachtet werden. Die Konzeption von *Bedürfnis* und *öffentlichem Interesse* hat einen neuen Sinn bekommen, da sich Erkenntnis und Werte ändern.

Die Änderungen in der Haltung in bezug auf den Naturschutz oder auf das Privatleben der Fürsorgeempfänger oder auf die Ausgaben für die Verteidigung stellen einen teilweisen Wandel im Bewußtsein dar, manchmal einen Wandel von Bewußtsein I zu II, manchmal von II zu III. Daher geben sie uns wertvolle Angaben darüber, in welch hohem Maß Änderungen des Bewußtseins die Struktur beeinflussen können. Die Änderungen sind meist gering und unwirksam, aber der Vorgang als solcher wird sichtbar. Wenn ein Bundesrichter entscheidet, daß die Einberufungsgesetze nicht zu ungunsten von Kriegsdienstverweigerern aus nichtreligiösen Motiven angewendet werden dürfen; wenn man beginnt, die unterirdischen Atombombenversuche in Frage zu stellen; wenn die Notwendigkeit des Vietnamkrieges in Frage gestellt wird, können wir an diesen Tatsachen die Macht der Änderungen durch das Bewußtsein ermessen.

Mit etablierten Verfahrensweisen zu arbeiten, kann daher nur dann Erfolg haben, wenn sie eine Änderung des Bewußtseins zur Folge haben oder sie von einer solchen begleitet werden. Dieser harten Prüfung müssen sich jene unterziehen, die diese Methode im Gegensatz zu einer direkten Beeinflussung der Lebensweise der Menschen gewählt haben. Es kommt dabei leicht zu einer Selbsttäuschung. Durch etablierte Verfahrensweisen zu wirken, ohne das Bewußtsein zu ändern, bestätigt lediglich das System. Die Revolution durch das Bewußtsein jedoch kann im Gerichtssaal stattfinden, im Senatsausschuß, in den Komiteeversammlungen, in den Privatwohnungen, auf der Straße.

Eine der wirksamsten Methoden der Revolution in den siebziger Jahren ist die Subversion durch die Kultur. Es gibt zwei Möglichkeiten, diesen Umsturz durchzuführen, und sie werden beide bereits in den Massenmedien erkennbar. Die erste Möglichkeit liegt auf der Hand: Jene, die die Massenkultur schaffen, beginnen radikale Ideen vorzubringen. Durch Theater, Musik und die bildende Kunst kann die Kritik an unserer Gesellschaft am wirkungsvollsten zum Ausdruck gebracht werden, und der Staat scheint nicht in der Lage zu sein, das zu verhindern. Zumindest im Fall der Popmusik erreicht der Radikalismus von Bob Dylan, Jefferson Airplane und der Rolling Stones ein riesiges Publikum. Sogar das Fernsehen kann gewonnen werden, wenn die schöpferischen Menschen, die Fernsehshows herausbringen, radikal werden. Neue Sendungen beginnen unsere Außenpolitik in Frage zu stellen, Theaterstücke und Werbung führen einen neuen, radikalen Lebensstil vor. Die Fernsehzensoren können zwar mit Erfolg politische Streitgespräche verhindern, aber sie können kaum etwas gegen eine Änderung der Kultur unternehmen, die sich in allen Zellen jedes kulturellen Mediums festsetzt, sogar in Medien, die die wichtigsten Wegbereiter der falschen Kultur sind.

Der zweite Aspekt des kulturellen Umsturzes folgt dem Trend der Pop-art und beginnt die bestehende Massenkultur auf eine neue Art zu verwenden. Das muß nicht unbedingt auf satirische Weise geschehen. Es ist nicht notwendig, sich über Comic-strip-Helden lustig zu machen. Notwendig ist nur, aufzuhören, sie ernst zu nehmen und zu beginnen, sich auf eine neue Art ihrer zu erfreuen. Man kann Fernsehen, Nachrichten, Kommentare, Schauspiele anhören und lachen, lachen, lachen; die gesamte Macht des Fernsehens wird solcherart gebrochen.

Daher können die Menschen, die eine Änderung anstreben, auf

verschiedene Art vorgehen. Sie mögen sich nur um ihr eigenes Leben kümmern. Sie mögen aber vielleicht auch versuchen, den Lebensstil und die Wertmaßstäbe des Konsumenten zu beeinflussen. Sie mögen in ihrem Beruf in dieser Richtung wirken. Jedes Individuum muß seine Wahl treffen und experimentieren. Allen diesen Möglichkeiten ist gemeinsam, daß sie keine Angriffe auf die Staatsmaschinerie von außen her darstellen. Alle hängen von der Änderung des Bewußtseins ab, alle erfordern als einzigen unvermeidlichen Faktor eine Änderung des eigenen Lebens.

Im Gegensatz zu den Bemühungen der Radikalen, die Struktur anzugreifen und neu zu bilden und ihrem völligen Versagen steht der Erfolg derer, die einfach ihr Leben geändert haben. Diese Menschen haben begonnen, ihr eigenes Leben zu führen, ohne darauf zu warten, bis die Struktur, die Politik und die Ideologie in Ordnung sind. Und während sie das getan haben, begannen Politik und Struktur völlig belanglos und absurd zu erscheinen. Die Zeitungen fabrizieren ihre Schlagzeilen Tag für Tag aus den Reden und Taten einiger weniger Männer in Washington, deren Gedanken lächerlich, stereotyp, banal und noch dazu langweilig sind und die die Verbindung zur amerikanischen Gesellschaft völlig verloren haben. Jene, die einfach ihr Leben geändert haben, haben ein herrliches Gefühl des Losgelöstseins und der inneren Freiheit.

Den überzeugten Liberalen und Radikalen, die viele Jahre oder vielleicht ihr ganzes Leben mit dem Kampf für die Freiheit und gegen den Staat zugebracht haben, muß die Vorstellung, daß massive autoritäre Gewalt am wirkungsvollsten mit einer Änderung des eigenen Lebens bekämpft werden kann, kümmerlich und absurd erscheinen. Aber auch der mutigste Kampf ist sinnlos, wenn er die Quelle des Übels verfehlt. Wir müssen den Zweiflern sagen, daß ihre Methoden immer wieder versagt haben und daß nur eine Änderung des eigenen Lebens dem wahren Feind die Stirn bietet.

Norman Mailers großer, erschütternder Roman *Die Nackten und die Toten,* der im Zweiten Weltkrieg spielt, wirft die unausgesprochene Frage nach den Ursachen dieses sinnlosen, schrecklichen Krieges auf. In einer Serie von Rückblendungen zeigt uns Mailer die Leben derer, die nun im Kampf stehen. Diese Leben waren dunkel und leer und schon lange vor dem Krieg sinnlos geworden — Leben, die nach Liebe, Gemeinsamkeit, Sinn und all den anderen Dingen, die glücklich machen, hungerten. Nicht einmal in der Spannung des größten Ereignisses und des größten Grauens ihres Lebens konnten sie einander lieben oder zumindest einander vertrauen. Sie haben den ganzen Weg nach Anopopei zurückgelegt und waren allein geblieben. Und so zeigt uns Mailer, daß die Quelle des Krieges in dem leeren, enttäuschenden Leben liegt, das man in Amerika führt, das zu Aggression, Gewalt und Machtanwendung treibt; ein Leben, das so geknechtet ist, daß es nur Zorn, Bitterkeit und Übel hervorbringen kann, ein Leben, das selbst die Möglichkeit einer menschlichen Gemeinschaft ablehnt. Marcuse kam in *Triebstruktur und Gesellschaft* zu demselben Schluß und erkannte, daß die ungeheure Unterdrückung der Menschen das Hauptübel war und daß sie unvermeidlich zu einem Staat führen mußte, der versuchte, sowohl jene Menschen zu beherrschen, die innerhalb, als auch jene, die außerhalb seiner Grenzen lebten.

Zwanzig Jahre nach *Die Nackten und die Toten* kehrte Mailer noch einmal zur Problematik dieses Buches zurück. In *Am Beispiel einer Bärenjagd* schildert Mailer die Jagd eines Geschäftsmannes auf Grislybären in Alaska, eine Jagd, die schließlich zu einem Paradigma auf den Vietnamkrieg wird. In diesem zweiten Buch bewegt sich Mailer auf den Spuren von *Die Nackten und die Toten.* Man kann die alten Charaktere in den neuen erkennen, aus der Invasion ist eine Jagd geworden. Und wieder ist die Antwort dieselbe: Wir sind in Vietnam, weil die Lebensweise der Amerikaner so gelenkt, so unterdrückt und künstlich ist, daß sie die guten Eigenschaften der Amerikaner in Mächte der Zerstörung verwandelt hat. Der Unterschied zwischen den beiden Büchern liegt aber darin, daß *Die Nackten und die Toten* ohne Hoffnung endet, während in *Am Beispiel einer Bärenjagd* ein neuer Charakter aufscheint: D. J., dem jugendlichen Sohn des Jägers D. J., wird es vielleicht gelingen, anders zu leben und der Erlösung und der Erneuerung einen Weg zu bahnen.

In welcher Weise unterscheidet sich dieser Wandel der Lebensform vom Christentum, das zweitausend Jahre lang immer wieder versagt hat? Es gibt einen grundlegenden Unterschied. Das Christentum verlangt von den Menschen die Aufgabe von Macht, Aggression und Materialismus und verspricht dafür den Lohn in einer anderen Welt, in einer Welt nach dem Tode. Aber die Menschen haben immer das *Hier und Heute* gewählt. Zum Unterschied dazu bietet uns die neue Lebensweise *heute* ein besseres, ein befriedigenderes Leben — die sinnliche Schönheit eines schöpferischen, liebenden und freien Lebens. Das Christentum ist einfach eine andere Form der Aufgabe der Gegenwart für irgendein Ziel — eine religiöse Form derselben Unterdrückung, die der technisierte Mensch des *Corporations-Staates* erleiden muß. Der Staat fordert von den Menschen, ihr Glück aufzugeben, um dem Staat in dieser oder jener Form zu dienen; die Kirche verlangt von ihm, seine gegenwärtigen Interessen für etwas aufzugeben, das *der gesamten Menschheit* dienen wird.

Der Weg, die Macht des *Corporations-Staates* zu zerstören, ist die Entscheidung, ein anderes Leben zu führen. Der Plan, das Programm, die Strategie heißt: Widersetze dich dem Staat, wenn du mußt; vermeide das, wenn du kannst; aber höre auf die Musik, den Tanz, suche die Natur, lache, sei glücklich, sei schön, hilf anderen, wann immer du kannst, arbeite für sie, so gut du kannst, nimm sie auf, die Alten und die Verbitterten ebenso wie die Jungen, lebe jeden Moment, liebt euch und schätzt einander, liebt und schätzt euch selbst, steht füreinander ein. Vielleicht stehen uns schlechte Zeiten bevor. Vielleicht wird es notwendig sein, Schutz zu suchen, zu kämpfen, kleine Kommunen oder Gemeinschaften zu bilden oder Berufe innerhalb des Establishments anzunehmen und trotzdem zu versuchen, die eigene Freiheit zu bewahren. Aber der gesamte *Corporations-Staat* ruht nur auf dem Bewußtsein. Wenn sich das Bewußtsein ändert, werden die Soldaten den Kampf verweigern, wird die Polizei rebellieren, werden die Beamten aufhören zu arbeiten, werden die Gefängniswärter die Tore öffnen und wird nichts mehr die Macht des Bewußtseins aufhalten können.

Den Realisten, den Liberalen, den Radikalen und den Aktivisten, die nach einem Programm und einem Plan suchen, sagen wir: Hier sind sie!

Eine große Entdeckung erwartet jene, die neue Wertmaßstäbe wählen: Es steht niemand auf der anderen Seite. Niemand will den Krieg, ausgenommen die Maschine. Sogar die Geschäftsleute würden sich, wären sie einmal befreit, gerne ins Gras legen und von der Sonne bescheinen lassen. Man braucht also niemanden zu bekämpfen. Wir alle sind Leidtragende. Es gibt auch keinen Grund, die Maschine zu bekämpfen, denn sie kann zum Diener des Menschen gemacht werden. Bewußtsein III kann eine neue Gesellschaft erschaffen.

XII

Die Welt wird jung

Die wichtigsten Probleme, die durch Bewußtsein III aufgeworfen wurden, haben wir noch nicht erörtert. Wie dauerhaft ist es? Fügt es sich in die größeren Zusammenhänge der Geschichte und der Philosophie ein? Kann durch seine Lebensform tatsächlich die erforderliche Arbeit geleistet werden? Welche Pläne hat es in bezug auf eine neue Gesellschaftsordnung?

Wir beginnen erst die ungeheure Tragweite der Änderungen, die auf uns zukommen werden, zu begreifen. Die meisten Stellungnahmen zu den gegenwärtigen Ereignissen sind beklagenswert unzureichend. Die Liberalen können sich nur ein anderes Stadium der Reform vorstellen, eine Neuordnung der Prioritäten. Viele Neger und viele Wortführer der Armen können sich kaum etwas vorstellen, was über die soziale Gerechtigkeit und das Ende ihrer Unterjochung hinausgeht. Die Neue Linke kämpft immer noch gegen den Kapitalismus und den Imperialismus. Sogar Marcuse spricht hauptsächlich von einer Beendigung der unnötigen Unterdrückung und einer Befreiung der Instinkte. Aber wenn wir bedenken, was heute alles in Frage gestellt wird — die Art der Bildung, der Institutionalismus, das Rechtssystem, die Art und das Ziel der Arbeit, die Haltung des Menschen zu seinem Lebensraum, die Beziehung der Persönlichkeit zu Technik und Gesellschaft —, können wir sehen, daß die gegenwärtige Umformung über alles in der modernen Geschichte jemals Dagewesene hinausgeht. Im Vergleich dazu erscheint eine bloße Revolution wie jene in Frankreich oder Rußland inkonsequent, als eine bloße Verschiebung der Machtbasis. Die Wahl eines neuen Lebensstils ist das Herz der neuen Erweckung. Eine neue Art des Lebens ist im Kommen, ein neuer Mensch, mit neuen Energien und neuen Vorstellungen; ein Mensch, der ein Teil der lebendigen Welt ist.

Um Bewußtsein III in die großen Zusammenhänge einordnen zu können, müssen wir uns unsere Geschichte vor Augen halten. Was ist mit uns geschehen? Wir sind machtlos. Wir haben die Fähigkeit verloren, unser Leben und unsere Gesellschaft zu kontrollieren, weil wir uns der Herrschaft des Marktes und der Technik unterworfen haben. Zuletzt haben wir uns selbst dem *Corporations-Staat* völlig ausgeliefert und uns von unserem Bewußtsein in einem solchen Maß abtrennen lassen, daß wir in unserer Existenz als Spezies bedroht sind. Dadurch wird deutlich, daß das große und dringende Erfordernis dieser Zeit *Überlegenheit* ist. Um zu überleben und die Macht über unser eigenes Leben wiederzugewinnen, müssen wir der Maschine überlegen sein. Wir müssen das Recht zurückerobern, unsere Werte selbst zu wählen. Viele Philosophen und Dichter haben in den letzten hundert Jahren zu einer Rückkehr zu den nichttechnischen Werten aufgerufen. Aber da sie eine Rückkehr zur Vergangenheit zu predigen schienen, haben wir das Wesentliche nicht erkannt. Der Realität ist nicht mit dem Versuch gedient, die Maschine zu ignorieren. Unsere Geschichte zeigt, daß wir die Herrschaft über die Maschine erlangen und sie so lenken müssen, daß sie für Werte, die wir ihr vorschreiben, arbeitet. In den letzten zweihundert Jahren haben sich die Formen der menschlichen Existenz grundlegend und unwiderruflich geändert. Der Preis des Überlebens ist ein angepaßtes Bewußtsein und eine Gesellschaftsordnung, die der Revolution von Wissenschaft und Technik, die sich bereits ereignet hat, entspricht. Das Chaos, das wir heute erleben, ist die unvermeidliche Konsequenz unseres Versagens, dieser Notwendigkeit zu gehorchen. Bewußtsein I und II haben sich als unfähig erwiesen, unsere Gesellschaft länger zu lenken. Die Schaffung eines neuen Bewußtseins ist für Amerika von dringender Notwendigkeit.

Sobald wir diese Notwendigkeit einmal erkannt haben, können wir sehen, was diese Haltung, die wir Bewußtsein III genannt haben, ausmacht. Bewußtsein III ist ein Versuch, Überlegenheit zu erlangen; das wird deutlich, wenn wir es mit Bewußtsein I und II vergleichen. I und II sind einander recht ähnlich. Sie stellen beide eine Form des Bewußtseins dar, die dem Zeitalter des industriellen Fortschritts und der Marktwirtschaft, das im achtzehnten Jahrhundert begann, angepaßt ist. Beide ordnen die Natur des Menschen seiner Rolle im Wirtschaftssystem unter: Bewußtsein I auf der Basis des wirtschaftlichen Individualismus; Bewußtsein II auf der Basis der Teilnahme an der Organisation. Beide billigen die Beherrschung der Umwelt durch die Technik. Beide ordnen den Menschen dem Staat unter; Bewußtsein I mit der Theorie von der unsichtbaren Hand und Bewußtsein II mit der Doktrin vom öffentlichen Interesse. Beide halten den Menschen seinen Mitmenschen gegenüber für prinzipiell feindlich gesinnt, keines von beiden besitzt eine andere Theorie von der menschlichen Gemeinschaft als jene des Rechts, der Regierung und der Macht. Beide lehnen die Verantwortung des einzelnen für die Taten der Gesellschaft ab. Beide definieren die menschliche Existenz ebenso wie den Fortschritt im materialistischen Sinn. Bewußtsein I unterscheidet sich von II vorwiegend dadurch, daß Bewußtsein II auf eine andere Größenordnung von Organisationen, wissenschaftlicher Planung und politischer Administration eingestellt ist.

Das neue Bewußtsein ist ganz anders. Es wünscht die Wiederherstellung der nichtmateriellen Elemente der menschlichen Existenz, also der natürlichen Umwelt und der geistigen Elemente, die im Strom der materiellen Entwicklung untergegangen sind. Es versucht, der Wissenschaft und der Technik überlegen zu sein, um sie auf den ihnen zukommenden Platz als Werkzeug des Menschen zu verweisen, anstatt in ihnen die Gebieter der menschlichen Existenz zu sehen. Es ist keineswegs antitechnisch, es will die Maschine nicht zerstören, aber es will nicht, daß die Maschine der Motor des Menschen ist. Es ist der Meinung, daß die Maschinen die Befehle des Menschen ausführen sollten, der seine eigene Natur und die Naturgesetze, deren Teil er ist, kennt und respektiert. Das neue Bewußtsein sucht eine neue Lebensform unter Berücksichtigung dessen, was die Technik möglich und wünschenswert gemacht hat. Warum sollten die Menschen, da die Maschine doch heute Essen und Obdach für alle gewährleistet, nicht die Feindschaft beenden, die aus der Knappheit der Mittel entstanden war, und ihre Gesellschaft auf der Liebe zu ihren Mitmenschen begründen? Wenn die Maschine unsere materiellen Bedürfnisse befriedigen kann, warum sollten die Menschen da nicht die ästhetischen und geistigen Regungen ihrer Natur entwickeln? Propheten und Philosophen haben diese Lebensform schon früher vorgeschlagen, aber erst die heutige Technik macht sie möglich. *Bewußtsein III konnte nur aus der heutigen Technik entstehen, und nur Bewußtsein III kann weiterhin das Überleben des Menschen als Spezies in diesem Zeitalter der Technik gewährleisten.*

Jedes Charakteristikum von Bewußtsein III, das wir beschrieben haben, ist eine Illustration seiner Folgerichtigkeit. Diese Folgerichtigkeit ist unverständlich, wenn wir die Voraussetzungen, auf der sie begründet ist, nicht sehen, und diese Voraussetzungen sind nur selten deutlich artikuliert. Aber wenn sie erkannt werden, verschwindet der scheinbare Irrationalismus und wird eine realistische Folgerichtigkeit erkennbar. Es bedarf eines Gedankenganges, der der Persönlichkeit entspringt, denn das frühere Bewußtsein in seiner quälenden Bindung an den Staat und an die Organisationen vergaß die Persönlichkeit. Die Persönlichkeit und ihre Wurzeln in der Natur sind echt. Maschinen allein können keine echten Werte schaffen. Der Schutz der Persönlichkeit vor dem Staat ist nicht asozial, sondern von überragender Wichtigkeit für die menschliche Gemeinschaft. Der Schutz des Menschen und der Natur vor der Maschine ist logisch, weil die Maschine die Macht besitzt, die Natur zu beherrschen. Ein persönlicher Moralkodex, der dem Gesetz überlegen ist, ist dort notwendig, wo das Gesetz aufgehört hat, ein ausgewogenes System von Werten zu repräsentieren. Ein demokratisches Mitspracherecht ist notwendig, weil die umfassende Planung, die die Technik erfordert, nicht alle wichtigen Faktoren in Rechnung stellen kann, wenn nicht viele Menschen an diesem Prozeß teilnehmen. Eine machtvolle neue Musik ist notwendig, um den Geist der Menschen von der Ideologie der Maschine wegzureißen, damit sie weiter als nur bis zur Maschine blicken und ihrer Herrschaft entfliehen können. Autorität und Hierarchie werden abgelehnt, weil sie die Unterordnung menschlicher Werte unter die Bedürfnisse der Organisation darstellen. Ein intensives Gefühl der Gemeinschaft ist notwendig, weil die Technik alle Menschen voneinander abhängig gemacht hat. Wettbewerb, Rivalität oder Höhenflüge des Egoismus und der Macht sind für die Gesellschaft destruktiv geworden. Durch eine Fülle von materiellen Gütern sind die Möglichkeiten einer menschlichen Gemeinschaft endlich real geworden, denn nun ist es möglich, an das Gute im Menschen zu glauben.

In Anbetracht dessen, was wir gesagt haben, können wir nun die wahre Bedeutung von Bewußtsein III erkennen — nämlich die Macht, eine Lebensform zu wählen. Die Menschen, die in dieses Land kamen, haben ihre Lebensform frei gewählt; um dieser Freiheit der Wahl willen haben sie ihre Heimat verlassen. Aber als die Maschine die Macht übernahm, haben die Menschen diese Fähigkeit zu wählen verloren, und ihr Leben wurde eingeengt, um der Herrschaft der Maschine zu dienen. Die Versklavung durch die Maschine wurde zur existentiellen Wahrheit des zwanzigsten Jahrhunderts. Diese Fähigkeit zu wählen und diese Überlegenheit waren es, die Amerika so lange Zeit gefehlt hatten. Dadurch ist der neue Lebensstil imstande, den *Corporations-Staat* zu entlarven, während liberale Reformen und radikale Taktiken machtlos sind. Die Bausteine dieses Lebens mögen unterschiedlich sein und sich ändern, seine wesentliche Handlung ist jedoch die Wahl. Denn die Wahl eines Lebensstils ist ein Akt der Überlegenheit über die Maschine, eine Unabhängigkeitserklärung. Wir beginnen ein neues Zeitalter der Menschheit.

In der vorindustriellen Zeit war das Leben des Menschen in die Gemeinschaft und in die Natur integriert. Gott wohnte in allen Menschen, allen Lebewesen und im Himmel. Das Leben in der Gemeinschaft wurde von Stammesautoritäten und von der Tradition bestimmt. Das Leben war hart, eintönig, begrenzt und wandelte sich nur wenig von einer Generation zur anderen. Religion und Ethik waren die Realitäten, die die Menschen kannten.

Das Industriezeitalter stellte den ungemein erfolgreichen Versuch des Menschen dar, das Niveau seiner Existenz zu heben, indem er sein Leben von Vernunft und Wissenschaft beherrschen ließ. Der Mensch trieb sich selbst zu immer größeren Errungenschaften, während er jedes Individuum isolierte und zu einem immer schärferen Wettbewerb zwang. Arbeit und Kultur wurden aus dem gemeinsamen Zusammenhang gerissen und dazu verwendet, der Industriemaschinerie zu dienen. Das Leben wurde von einem politischen System regiert, das dazu geschaffen war, den Krieg des Menschen gegen seine Mitmenschen zu kontrollieren und zu lenken. Die wirtschaftliche Macht war konzentriert, obwohl Marx und andere eine Bewegung schufen, die für Gleichheit wie für den gemeinsamen Besitz der Produktionsmittel eintrat. Die Religion, fern den Realitäten des Lebens, bot ein ethisches System an, das den Schaden der konkurrenzierenden und funktionalen Basis des Lebens verringern sollte, ohne die Basis selbst in Frage zu stellen. Der Mensch spannte sich selbst vor die Maschine.

Jenseits des industriellen Zeitalters liegt eine neue Epoche des Menschen. Sie bringt das Ende der Unterjochung des Menschen; das Ende seiner Unterordnung durch die Maschine und den Beginn der Unterjochung der Maschine — die Benützung der Maschine zur Erreichung eines noch höheren Lebensstandards, der jedoch auf Werten beruht, die jenseits maschineller Maßstäbe liegen. Die

Kontrolle über Maschine und Organisation wird zur neuen Aufgabe der Regierung. Wirtschaftliche Gerechtigkeit wird vorausgesetzt, ist aber nur Mittel zu einem Ziel, das darüber hinausgeht. Die Religion und die ethischen Begriffe des Menschen werden wieder die Realität seiner Lebensform ausdrücken: Zusammengehörigkeitsgefühl unter den Menschen, eine echte Gemeinschaft, die eine ausgewogene moralisch-ästhetische Ordnung widerspiegelt, und eine Steigerung der inneren Fähigkeiten.

Dieses neue Zeitalter ist nicht die Negation, sondern eine Erfüllung des amerikanischen Traums. Wozu dienten die Maschinen, wenn nicht dazu, den Menschen eine neue Freiheit, die Möglichkeit, nach ihrer Wahl zu leben, zu schenken? Wozu dienten sie, wenn nicht der Erweiterung der individuellen Freiheit und der menschlichen Möglichkeiten? Die Erfüllung des amerikanischen Traums wurde viele Generationen lang aufgeschoben. Sie braucht und sie darf nicht länger aufgeschoben werden.

Nun können wir uns also der Frage zuwenden, ob Bewußtsein III praktisch durchführbar und realistisch ist, ob die Lebensform, die es wünscht, wirklich funktionieren kann. Diese Frage sollte sich in erster Linie an unsere heutige Lebensform richten. Unsere gegenwärtige Gesellschaft funktioniert jedenfalls nicht. Die von der Maschine beherrschte Welt ist eine phantastische Verzerrung der Realität. Da Bewußtsein III unsere Gesellschaft ohne die Verzerrungen eines falschen Bewußtseins sieht und da es erklärt, daß die Wahl der Wertvorstellungen von größter Wichtigkeit ist, ist es realistischer als irgendeine andere Geisteshaltung des letzten Jahrhunderts. Es hat nicht die Absicht, etwas zu zerstören, was für unser Leben wichtig ist. Es will weder die Arbeit noch die außergewöhnliche Leistung abschaffen, es will nur irrationale und unfreiwillige Knechtschaft abschaffen. Es beabsichtigt nicht, die Gesetze, die Organisationen und die Regierung abzuschaffen, sondern es verlangt, daß sie vernünftigen, menschlichen Zielen dienen. Bewußtsein III ist weder faul noch hilflos oder dumm. Es lehnt nicht die Technik als solche, sondern die Beherrschung durch die Technik ab.

Welche Gesellschaftsordnung fordert Bewußtsein III? Diese Frage zu stellen bedeutet, den wichtigsten Fehler des *Corporations-Staates* zu übersehen. Der größte Irrtum unserer Zeit bestand darin, zu glauben, daß es Lösungen durch Strukturen und Institutionen gäbe. Der Feind ist in jedem von uns; solange das so ist, ist eine Struktur so schlecht wie die andere. Bewußtsein I und II glaubten, daß es lediglich notwendig wäre, die Struktur und die Institutionen einer Gesellschaft zu beschreiben, um sie entsprechend charakterisieren zu können. Bewußtsein III meint hingegen, daß die neue Gesellschaft charakterisieren bedeutet, die neue Lebensart zu beschreiben. Denn der Schwerpunkt dieser Gesellschaft liegt nicht in der Wirtschaft oder in der Politik, sondern in den Zielen, mit denen und für die wir leben.

Wenn das stimmt, dann muß eine neue Lebensform nicht auf eine neue Welt warten, sondern kann aus den heute verfügbaren Elementen gebildet werden. Die Pop-art veranschaulicht diesen Prozeß. Die Artefakte des modernen Lebens wie Neonreklamen oder Musikbox zwingen das menschliche Leben in sterile Schablonen. Aber dem Pop-Künstler gelingt es, wiederum die Macht über seine Umgebung zurückzugewinnen, indem er diese Elemente in seinen eigenen Werken verwendet und dabei die Verantwortung für ihre endgültige Form übernimmt. Auf ähnliche Weise hat sich die neue Musik zahlreiche Elemente der früheren Musik und verschiedene Formen der Technik angeeignet, um zu einer neuen Form zu gelangen.

Das vordringlichste Problem dieser neuen Lebensform ist die Bildung — Bildung nicht im begrenzten Sinn der Schule, sondern in seiner weitesten und menschlichsten Bedeutung. Das Hauptproblem Amerikas könnte als ein Bankrott der Bildung definiert werden. Wir haben den Beitrag von Bildung und Bewußtsein unterschätzt, der nötig ist, um die Forderungen der Technik und der Organisationen zu erfüllen; der Großteil unserer Bildung hat uns gelehrt, wie man die Technik handhabt, wie man als menschlicher Teil einer Organisation funktioniert. Was wir jedoch wirklich brauchen, ist Bildung, die uns befähigt, von der Technik Gebrauch zu machen, sie zu kontrollieren, ihr die Richtung zu weisen und sie zu veranlassen, Werten zu dienen, die wir ausgewählt haben.

Wir haben bei der Schilderung der Industrialisierung Amerikas und des New Deal bereits darauf hingewiesen, daß die Amerikaner sich nie mit der Frage auseinandergesetzt haben, welch hohes Maß an Bildung und Verständnis notwendig wäre, damit die Demokratie in einer technischen Gesellschaft wirklich wirksam werden könnte. Sogar vor dem Zeitalter der Technik haben Theoretiker wie Alexis de Tocqueville und andere ihren berechtigten Skeptizismus über eine Regierung durch ungebildete Massen zum Ausdruck gebracht. Der New Deal versuchte, sich auf Experten und Spezialisten zu verlassen, aber ganz abgesehen von ihren eigenen Fehlern konnten sie nicht eine Wählerschaft anführen, die sie nicht verstand. Unsere Unfähigkeit in der Demokratie wurde nur von unserer Unfähigkeit, die Dinge, die wir geschaffen haben, zu kontrollieren, und unserer sogar noch größeren Unfähigkeit, die positiven Möglichkeiten der Technik zu erkennen, übertroffen. Wir wissen, wie man einen Wagen lenkt, aber wir wissen nicht, wie man diesen Wagen daran hindert, unsere Umwelt zu verpesten.

Wir neigen dazu, die Fähigkeit, von den Neuerungen auf positive Weise Gebrauch zu machen, für eine moralische und eine Charaktereigenschaft zu halten. Einem Mann, der zum Picknick aufs Land fährt, der die Geräusche der Natur mit einem plärrenden Transistorradio übertönt und der bei seiner Abfahrt leere Bierdosen zurückläßt, sagt man einen Mangel an Charakter nach. Das ist derselbe Trugschluß, der uns so viele Probleme der Regierung und der Technik als moralische Fragestellungen hat sehen lassen. Die Fähigkeit, die Natur zu schätzen und sich von ihr inspirieren zu lassen, ist Sache der Bildung. Die Schönheit und die Faszination der Natur ist ebenso wie die Schönheit der Malerei oder der Dichtkunst für das ungebildete Auge nicht wahrnehmbar. Die Bereitschaft, neue Erfahrungen in einer bestimmten Weise aufzunehmen, ist jedoch auch eine Frage des Bewußtseins. Wir haben den Anteil der Bildung unterschätzt, der notwendig ist, damit sich ein Individuum einer Änderung anpassen kann. Unsere gegenwärtigen Vorstellungen von der Bildung sind ungemein beschränkt und primitiv im Vergleich zu den Aufgaben, die von den Menschen gemeistert werden sollen. Bildung ist heute wenig mehr als eine Ausbildung für die industrielle Armee. Gebraucht würde jedoch das Gegenteil davon. Ein Mensch sollte das, was er hört und was er liest, in Frage stellen. Er sollte seine eigenen Lehrer anzweifeln. Er sollte daran glauben, daß seine eigenen subjektiven Gefühle wertvoll sind. Er sollte dort Verbindungen aufnehmen und Beziehungen schaffen, wo man versucht, ihn fernzuhalten. Er sollte gelehrt werden, die Mannigfaltigkeit der Dinge und Ideen zu schätzen, und man sollte ihn wissen lassen, daß nicht nur ein einziger bestimmter Weg der richtige ist. Er sollte immer wieder einer größtmöglichen Vielfalt von Erfahrungen und Kontakten ausgesetzt werden, und er sollte lernen, nach seinen eigenen Fähigkeiten und seiner eigenen Individualität zu suchen. Das ist der ursprüngliche Sinn des Wortes Bildung. Was wir dringend brauchen, ist nicht Ausbildung, sondern Bildung, nicht Indoktrinierung, sondern die Expansion des Individuums — ein Prozeß, der sich ein Leben lang fortsetzt; mit einem Wort, Bildung des Bewußtseins.

Eine solche Bildung kann nicht im Alter von 21 Jahren abgeschlossen sein. Dr. Kenneth Keniston hat gesagt, daß die Jugend ein neues und eigenes Stadium des Lebens ist — eine Zeit der Erfahrungen, der Schaffung des Bewußtseins würden wir sagen. Es ist ein Lebensstadium, in dem man Bildung erwirbt. Jugend in diesem Sinne muß daher notwendigerweise das ganze Leben hindurch beibehalten werden.

In Anbetracht dieser Notwendigkeit können wir die Kultur und die Haltung der neuen Generation in einer anderen Perspektive sehen; wir erkennen, daß sich die neue Generation bemüht hat, ihre eigene Form der Bildung in der Richtung, die wir beschrieben haben, zu entwickeln. Vieles, was Außenstehenden ziellos und zügellos erscheint, erweist sich nach neuerlicher Prüfung als den wahren Erfordernissen der heutigen Bildung entsprechend. Tätigkeiten, die unlogisch erscheinen, ergeben als Teil eines höheren Motivs einen Sinn; sie nützten dem Individuum und sie nützen der Gesellschaft.

Die neue Generation will allen Erfahrungen gegenüber aufgeschlossen sein. Wenn ein Bewußtsein-I- oder ein Bewußtsein-II-Mensch gefragt wird, ob er eine neue Droge ausprobieren oder eine Woche in einer Kommune verbringen möchte, wird er ablehnen, das Experiment liegt außerhalb seines bereits etablierten Charakters. Das neue Bewußtsein jedoch ist immer flexibel, neugierig und bereit, seinem Charakter etwas Neues hinzuzufügen. Gleichzeitig versucht die neue Generation, sich von den älteren etablierten Formen frei zu machen, die in einer sich ändernden Gesellschaft veraltet sein müssen. Autorität, Schemata, Zeit, anerkannte Gebräuche müssen in Frage gestellt werden. Die festgefahrenen Denkschablonen müssen aufgegeben werden; was für *rationales Denken* gehalten wird, muß durch *irrationales Denken* — Drogen-Denken, Mystizismus und Impuls — bekämpft werden. Natürlich sind diese Formen des Denkens nicht völlig irrational, sie fügen lediglich neue Elemente der sterilen, starren, verbrauchten *Rationalität* hinzu, die heute regiert.

Die jungen Menschen von heute bestehen darauf, die Zeitspanne der Jugend, der Bildung und des Wachstums auszudehnen. Der Nachdruck, den sie der Gegenwart verleihen, macht ihre Aufgeschlossenheit für die Zukunft möglich. Persönliche Beziehungen werden ohne Vorsätze für die Zukunft eingegangen; eine Heirat, die ein Paar gesetzlich für das ganze Leben bindet, ist unvereinbar mit der Neigung zu wachsen und sich zu ändern; wenn das Paar natürlich zusammenwächst, ist das schön, aber Veränderung, nicht unwandelbare Liebe, ist die Regel des Lebens.

Die neue Generation lehnt die Vorstellung ab, daß Schule und College die einzig möglichen Institutionen sind, die Bildung verschaffen. Das neue Bewußtsein kennt noch zahlreiche andere Institutionen. Es gründete *freie Schulen* als Alternativen zu den üblichen Schulen. Ein Bewußtsein-III-Mensch sucht die Erfahrungen der Arbeit, wie etwa im *Peace Corps*, er nimmt an politischen Aktivitäten und an radikalen politischen Kundgebungen teil, um sich zu bilden. Man sieht in Untergrundzeitschriften, in der Arbeit beim Film oder beim Theater, in einem Sommer in der freien Natur oder einem Rock-Festival Bildungsinstitutionen.

Eigentlich ist es irreführend, dem neuen Bewußtsein den Namen *Bewußtsein III* zu geben, denn das neue Bewußtsein wird wachsen und sich ändern. Sobald es stehenbleibt, wird es ebenso veralten wie Bewußtsein I und II, sogar noch viel schneller. So gesehen müssen wir ein Bewußtsein IV, V und so weiter erwarten; oder aber wir sagen, daß der Wandel ein Charakteristikum von Bewußtsein III ist, daß es eben verschiedene Phasen beinhaltet. Die Bildung weist den Weg zu dieser beständigen und lebenspendenden Wandlung. Ein fundamentaler Gegenstand der Bildung ist Transzendenz oder Befreiung des Ich. Das Individuum muß nicht die Lebensform wählen, die ihm die Gesellschaft vorschreiben möchte, es kann frei wählen. Wenn das Leben kreativ gelebt werden soll, so muß die Kraft hiezu in einem nie endenden Streben nach Bildung gefunden werden.

Wenn wir uns nun einem zweiten Hauptthema, nämlich der Arbeit, zuwenden, können wir ein ähnliches Streben nach einer gesteigerten Vernünftigkeit erkennen. Im Gegensatz zu den Vorurteilen vieler Menschen betrachtet die neue Generation die Arbeit nicht als ein Übel. Die Jugend lehnt lediglich die gegenwärtige Beziehung zur Arbeit ab. Sie lehnt es ab, einer willkürlichen Autorität unterworfen zu sein; sie will nicht versklavt werden. Sie lehnt es ab, während der Arbeitszeit eine Rolle zu spielen, die sie eine andere Persönlichkeit anzunehmen zwingt als ihre eigene. Sie verurteilt die Verbindung, die die Gesellschaft zwischen Arbeit und Status schafft und durch die willkürlich einige Berufe niedrig und andere hoch bewertet werden. Sie besteht auf der Verantwortung für das, was sie tut, und weigert sich, willenloser Diener des *öffentlichen Interesses* oder einer Institution zu sein. Vor allem aber lehnt sie es ab, geschoben, reglementiert und eingesperrt zu werden; die jungen Menschen wollen keine Roboter für die Maschine sein, sondern menschliche Wesen, deren Menschlichkeit wichtiger ist als ihre Arbeit. Bis zum heutigen Tag hat sich das neue Bewußtsein nur auf die Jugend konzentriert, und neue Formen der Arbeit sind noch nicht geschaffen worden; trotzdem können wir versuchen, uns vorzustellen, in welcher Weise sie sich entwickeln könnten.

Die meisten Bewußtsein-III-Menschen befinden sich zur Zeit im Stadium der Befreiung. Sie versuchen den Zwang der Gesellschaft zu entfremdeter Arbeit abzuschütteln. Daher scheinen sich viele Bewußtsein-III-Menschen in einem Stadium der Unsicherheit und der Untätigkeit zu befinden, keinerlei Konzept einer ernsthaften Arbeit und keine Fähigkeiten zu besitzen, Intelligenz und Disziplin zu entwickeln, keinerlei Gewähr dafür zu geben, die Arbeit zu leisten, die eine komplexe Gesellschaft erfordert. Sie scheinen sich nur nach einem einfachen und anspruchslosen Leben zu sehnen; sie scheinen weder gewillt noch imstande zu sein, etwa ein neues System der öffentlichen Verkehrsmittel auszuarbeiten, medizinische Forschungen anzustellen oder Meeresbiologie zu studieren. Aber das alles ist nur ein Übergangsstadium.

Wenn der Bewußtsein-III-Mensch die Befreiung von jener Art der Arbeit, die ihn sich selbst entfremdet, erlangt haben wird, wird er sich betätigen wollen und müssen. Er wird sich in einer Weise betätigen wollen, die seine gesamten Fähigkeiten zur Erreichung eines gesellschaftlich sinnvollen Zieles erfordern wird. Arbeit ist für den Menschen von grundlegender Bedeutung. Sie erfüllt ihn, sie gibt ihm seine Identität, sie weist ihm seinen Platz in der menschlichen Gemeinschaft zu. Leben ohne sinnvolle Arbeit ist ein Alptraum und nicht der Traum von einer humaneren Existenz.

Der Begriff der *Anti-Karriere*, der *Berufung*, beginnt zu entstehen. Die alte Art, eine Berufslaufbahn zu wählen, bestand darin, herauszufinden, wofür man *am besten geeignet* war. Das bedeutete, daß das Individuum die Liste aller jener Berufe durchging, die die Gesellschaft bot und für die sie bereit war, zu zahlen; danach prüfte es seine eigenen Fähigkeiten und paßte schließlich beides, so gut es eben ging, aneinander. Um eine *Anti-Karriere* zu wählen, ist eine gründlichere Kenntnis der eigenen Persönlichkeit notwendig, nämlich die Entscheidung, was man als befriedigend und erfüllend empfinden würde. Diese Entscheidung kann man natürlich nicht ganz ohne Berücksichtigung der Bedürfnisse der Gesellschaft treffen, denn ein grundlegender Bestandteil der Befriedigung besteht ja darin, anderen Menschen zu helfen. Aber Ausgangspunkt ist die Frage, welche Tätigkeit das eigene Ich bestätigen würde, und darin liegt auch die Antwort, wie das Individuum seinen Mitmenschen am besten dienlich sein könnte.

Sobald das Individuum seine Berufung entdeckt hat, erfordert das Konzept der *Anti-Karriere,* daß das Individuum die Frage, ob seine Wahl von der Gesellschaft anerkannt wird oder nicht und ob sie einen etablierten Beruf darstellt, unbeachtet läßt. Selbst im positiven Fall wird der konventionelle Rahmen wahrscheinlich zu starr und zu allgemein sein, um einer persönlichen Berufung gerecht zu werden. Daher muß das Individuum seine Karriere und seine Bedingungen definieren. Es muß diese Definition unausgesetzt umgestalten, sobald es mehr über sich selbst und über seine Welt lernt. Das bedeutet jedoch nicht, daß diese persönliche Definition nicht sorgfältige Schulung mit einschließt. Der persönliche Leistungsanspruch sollte bei einem Menschen, der sich seine Arbeit selbst auswählt, weit höher sein als bei einem Menschen, der den ausgefahrenen Geleisen der Gesellschaft folgt.

Schließlich ergibt sich die Notwendigkeit, Mittel und Wege zu finden, diese *Anti-Karriere* innerhalb der bestehenden Gesellschaft zu verfolgen. Die Gesellschaft wird hoffentlich immer flexibler, immer bereiter werden, eine individuelle Berufung zu unterstützen. Aber der Bewußtsein-III-Mensch kann nicht darauf warten, daß sich die Gesellschaft reformiert. Er muß sich seine *Anti-Karriere* aus den verfügbaren Elementen zurechtzimmern, sogar aus den heutigen Strukturen der Unterdrückung. Ein gesteigertes Bewußtsein von seiner Arbeit verschafft ihm eine unerwartete Freiheit. Die negativsten Institutionen sind nicht so starr, wie sie scheinen, wenn das Individuum entschlossen ist, seiner eigenen Berufung zu folgen.

Den ersten Schritt zur Umformung der Arbeit können wir *Entinstitutionalisierung* nennen. Wenn ein Mensch in einer Institution arbeitet, aber die Zielsetzungen der Institution nicht teilt, nicht wünscht, innerhalb der Hierarchie aufzusteigen, wenn sein Interesse nicht den Angelegenheiten der Institution, sondern der eigenen Arbeit gilt, gewinnt er unversehens an Freiheit. Viele indirekte Kontrollmechanismen, denen eine Institution ihre Angestellten unterwerfen kann, entstammen der Sehnsucht des Individuums, zu gefallen und vorwärtszukommen. So kann zum Beispiel ein Hochschullehrer ungeachtet aller Vorschriften, die Lehrplan, Berichte und andere Starrheiten des Systems zum Inhalt haben, seinen Studenten eine aufgeschlossene Geisteshaltung vermitteln. Auch wenn man von ihm verlangt, ein bestimmtes Buch zu benützen, kann er dessen Zuverlässigkeit in Frage stellen. Wenn man von ihm verlangt, über die Mißstände des Kommunismus vorzutragen, kann er doch Parallelen zwischen sozialistischer Bürokratie und anderen näherliegenden Formen der Bürokratie aufzeigen. Das Individuum, das frei von konventionellen Zielen ist, kann in jeder Organisation ein beträchtliches Maß an Unabhängigkeit erlangen, weil Organisationen so schwerfällig, so unzulänglich und so unfähig sind, den Anforderungen gerecht zu werden. Die Organisation hat, wie wir bereits gesagt haben, keine *Ideen,* und obwohl eine Änderung der Organisation selbst äußerst schwierig ist, kann man sicherlich innerhalb einer Organisation neuartige Handlungen setzen, solange man dafür nicht Belohnung, Beförderung und offizielle Zustimmung erwartet. Auf diese Weise ist es möglich, in jedem Beruf für eine Verbesserung oder eine Umwandlung der Gesellschaft zu arbeiten, selbst wenn dieser Beruf innerhalb des Establishments liegt.

Der zweite Schritt ist die Abkehr von der Entfremdung; dadurch soll die Arbeit für den Arbeitenden sinnvoll und befriedigend werden. Selbst wenn die Arbeit anderen hilft und einem sozialen Zweck dient, ist sie dem Arbeitenden entfremdet, solange sie nicht zu seiner Entwicklung beiträgt und auf befriedigende Weise seinen Fähigkeiten Ausdruck verleiht. Kann nur der schöpferische Künstler in seiner Arbeit Beglückung finden? Oder können *gewöhnliche* Arbeiten neue Eigenschaften annehmen? Das Bewußtsein kann jeden Beruf als eine Möglichkeit zum Ausdruck der Persönlichkeit, zum Spiel, zur schöpferischen Tätigkeit, zur Förderung sozialer Ziele betrachten.

Von all den Neuerungen, die innerhalb einer Organisation durchgesetzt werden können, ist die Rückkehr zu den wahren Zielen der Arbeit die wichtigste. Der Hochschullehrer wird nicht Verwaltung und Beförderung, sondern wieder das Lehren zu seiner Hauptaufgabe machen. Tut er das, beginnt die Entfremdung zwischen ihm und seinen Studenten ebenso wie die Entfremdung von seiner Arbeit zu schwinden.

Die Frage ist nun, ob man jede Art von Pflicht in Spiel, Kunst,

Gefühl verwandeln kann. Es stimmt nämlich nicht, daß die Arbeit unbedingt schöpferisch sein muß, um zu befriedigen. Menschen, die intellektuelle Arbeit leisten, wissen, wie gut das Gefühl ist, einen Wagen zu waschen, ein Haus zu putzen, ein Boot anzustreichen oder Holz zu hacken. Sie wissen, daß auch *schöpferische* und *intellektuelle* Arbeit eine Plackerei sein kann, wenn sie zu rasch vorangetrieben und wenn sie ohne Unterbrechung geleistet wird.

Der nächste Schritt könnte *Entspezialisierung* genannt werden. Wir haben gezeigt, daß Berufe zu einer Quelle der Befriedigung werden können; trotzdem bleibt das Problem der Spezialisierung, das Arbeit notwendigerweise mit sich bringt, und die daraus resultierende Begrenzung der Persönlichkeit. Denn wir nehmen an, daß die meisten Menschen mehr als nur eine Fähigkeit, mehr als nur ein Interessengebiet besitzen. Die Lösung dieses Problems liegt darin, daß jeder Mensch in seinem Leben verschiedene Laufbahnen entweder gleichzeitig oder nacheinander verfolgen sollte. Das ist heute nicht nur durchführbar, sondern auch notwendig und wichtig. Es ist notwendig, damit die Menschen nicht auf technischem Gebiet hinter dem Fortschritt nachhinken; der ständige Wandel in der Technik bedeutet, daß eine vielgestaltige Laufbahn unerläßlich ist, sogar wenn viele es vorzögen, bei einer einzigen Beschäftigung und in einer einzigen Institution zu bleiben. Es gibt heutzutage genügend Beispiele für Menschen, die mehr als einen Beruf ausüben; manche große Gesellschaften lassen ihre Leute ganz verschiedenartige Abteilungen durchlaufen. Der Mensch der Zukunft wird mehrere verschiedene Leben leben und eine Vielfalt von Arbeitserfahrungen haben. Aber es besteht ein großer Unterschied zwischen ihm und dem Menschen von heute, der Rollen spielt, die von seiner Persönlichkeit losgelöst sind wie Masken, die ein Schauspieler bewußt aufsetzt und abnimmt. Das Bewußtsein muß dem neuen vielgestaltigen Menschen helfen, seine zahlreichen Erfahrungen in ein Ganzes einzuordnen, in ein einzelnes, sinnvolles Leben.

Angenommen, ein junger Mann hat verschiedene Interessen und Fähigkeiten. Getrennt verfolgt werden sie ein geteiltes Individuum hervorbringen. Aber Muße, fortgesetzte Bildung und Reflexion ermöglichen es einem Menschen, einen Weg zu finden, seine Tätigkeiten zu integrieren. Das Resultat werden Mannigfaltigkeit und Ganzheit sein; die verschiedenen Seiten des Lebens werden miteinander in Einklang stehen. Es gibt jedoch noch eine andere

Möglichkeit der *Entspezialisierung*, nämlich das Spezialgebiet mit anderen zu teilen. Jeder Lehrer erlebt die Wirkung gemeinsamen Lernens, das gefühlsmäßige Beziehungen schafft. Können auch gewöhnliche Arbeiten Gegenstand des Lernens werden? Maschinenbau und Technik beispielsweise sind sehr interessant. Viele Menschen würden gerne wissen, wie es ist, Düsenpilot, Polizist, Feuerwehrmann oder Automechaniker zu sein. Darüber werden Bücher geschrieben, warum sollte es also nicht auch im realen Leben interessant sein, wenn erst einmal die Barrieren gefallen sind, die die arbeitenden Menschen daran hindern, mit jenen darüber zu sprechen und jene zu belehren, denen sie dienen.

Wir haben davon gesprochen, wie die Arbeit zu einer freien, befriedigenden, unabhängigen und bildenden Lebenstätigkeit wird. Aber eine der lautesten Klagen der Amerikaner ist die, daß es heute keine Herausforderungen mehr gibt, keine Gelegenheiten, die ein Individuum ansporneen könnten, über sich hinauszuwachsen. Es gibt *nichts zu tun*. Arbeit kann eine Freude, kann befriedigend und frei sein, ohne jedoch dem Menschen das Gefühl zu geben, daß er in seinem Leben etwas getan hat, was lohnend war. Und so lautet unsere letzte Frage: Wie kann Arbeit heroisch sein? Was bedeutet es, heroisch zu sein, und was bedeutet es in unserer heutigen Zeit?

Im traditionellen Sinn bedeutet Heroismus Tapferkeit im Kampf, Mut in jeder Form, Beteiligung an einer großen Sache, ein besonderer Beitrag zur Menschlichkeit oder die Hingabe an Grundsätze. Bedeutet das, daß es ohne Schlachten, Gefahren oder eine große Sache keinen Heroismus gibt? Diese Annahme, die heute allgemein ist, beruht auf einem falschen Verständnis von heroischem Leben. Homer, Vergil oder Milton wußten besser, was Heroismus wirklich ist. Die Art des Lebens, das sie in ihren Epen schildern, ist auch heute noch durchführbar; es ist sogar in noch größerem Umfang durchführbar als je zuvor. Das Wesentliche an der Odyssee, der Ilias und der Äneis ist die Entwicklung des Helden, sein inneres Wachstum. Wenn die Geschichte des Helden die Geschichte eines Strebens ist, dann gilt dieses Streben dem Abenteuer des Wachsens der Persönlichkeit, manchmal einer Wandlung, aber immer einer Art von Bildung und Umformung. In unserer Sprache bedeutet heroisches Leben ein Streben nach Bewußtsein.

Der nächste Aspekt der Bewußtsein-III-Philosophie betrifft die Kultur — die Art und Weise, in der die Menschen leben. Wir haben bereits betont, daß die neue Kultur keine Rückkehr zu einem primitiven Zeitalter sein, sondern auf der Technik basieren soll. Bewußtsein III muß eine Kultur schaffen, die weiß, wann und wie sie die Technik einzusetzen hat, eine Kultur, die nicht aus Kunststoff ist, sondern die die Technik im Streben nach Werten, die aus menschlichen Quellen kommen, lenkt und gebraucht.

Die Tatsache, daß es jetzt billiges Brot als Massenprodukt gibt, heißt nicht, daß wir seine Sklaven werden müssen. Es verschafft Freude, Befriedigung und Entspannung, Brot selbst zu backen und zu essen. Die Erkenntnis der neuen Generation ist einfach: Kauf Brot im Geschäft, wenn du deine Zeit anders nützen willst als zum Brotbacken; back dein Brot selbst, wenn du das Bedürfnis fühlst, mit Teig und Hefe umzugehen.

Überlegenheit über die Technik ist eine Kultur, die das Phänomen Ersatz, das wir an früherer Stelle beschrieben haben, ablehnt. Die Kultur muß nicht eine Verarmung des Menschen bedeuten, sie kann seine Welt erweitern. Tiefgekühlte Speisen und leichte weiche Schlafsäcke können das Vergnügen des Wanderers steigern, der sich mit dem leichter gewordenen Rucksack freier fühlt. Es ist ein Unterschied, ob man einer Sache, die man gern tut, etwas hinzufügt oder sie durch eine andere ersetzt.

Der Unterschied zwischen der falschen Kultur, die mit dem falschen Bewußtsein einhergeht, und einer echten Kultur, die die Technik benützt, wann es ihr notwendig erscheint, beruht weitestgehend auf der Haltung, die wir eben beschrieben haben. Bei der Schilderung des *Corporations-Staates* haben wir das Skifahren als ein Beispiel für eine falsche Kultur angeführt. Wie kann Skifahren zu einer nützlichen Tätigkeit, zu einem Teil einer echten Kultur gemacht werden? Die Bedingung dafür ist, daß das Individuum diese Betätigung freiwillig und nicht unter dem Druck der Werbung, des gesellschaftlichen Prestigedenkens und der Verpflichtung seinem Image gegenüber, sondern aus einer inneren Verwandtschaft wählt. Wenn sich ein Mensch entschlossen hat, Ski zu fahren, muß er beginnen, es *auf seine Weise* zu tun. Er wird beginnen, die Technik des Skifahrens zu erlernen und sich die erforderliche physische Kondition zuzulegen. Anders als in den Kursen von heute, deren Ziel es ist, *möglichst rasche* Fortschritte zu machen, wird er langsam seinen eigenen Stil, seine eigene Art, Ski zu fahren, entwickeln, die seine Persönlichkeit und seine Fähigkeiten ausdrücken wird.

Der Skiläufer ist bis zu einem gewissen Grad vom Wetter

abhängig, und er kann sein Wissen und sein Bewußtsein vom Wetter entwickeln. Er kann etwas über den Wind, über Luftschichten, über das Entstehen von Stürmen, ihre Anzeichen erkennen lernen. Gleichzeitig kann er lernen, sich mit ihnen zu messen und bei allen möglichen Witterungen Ski zu laufen. Der Skiläufer, der auf das *richtige* Wetter wartet, ist ein Konsument.

Hinzu kommt das Studium der winterlichen Natur, dieser unendlichen, faszinierenden Welt, die der Skiläufer in einmaliger Weise zu erleben vermag. Das Studium der Naturgeschichte verschmilzt leicht mit einer künstlerischen Bewunderung für die Schönheiten des Winters, seine Farben, Schatten und Gerüche. Der Skifahrer ist mit den winterlichen Bergen vertraut, sieht sie in ihrem schönsten Glanz. Geographie und Reisen sind ein anderer Aspekt des Skifahrens; die Geographie des Skifahrens ist eine ganz besondere, denn er kommt vorwiegend in kleine Orte im Norden, er lernt die Winterbräuche der Menschen in allen Teilen der Welt kennen.

Natürlich ergibt sich beim Skilauf auch eine Kameradschaftlichkeit, die auf der einmaligen Kombination von Ort, Wetter, physischer Anstrengung und einer Vielfalt von Erfahrungen, die geteilt werden, beruht.

Viele Menschen beklagen unsere Neonkultur. Aber in Wahrheit sind die Möglichkeiten, eine echte Kultur zu entwickeln, heute größer als je zuvor. Die Kunst kennt so viele neue Medien, wie Licht, Metall, Stahl oder bewegliche Plastiken. Die alte Kunst des Kochens kann von der größeren Vielfalt nie gekannter Zutaten profitieren. Motorräder, Supermärkte, Swimming-pools können Teile einer echten Kultur sein, wenn wir erkennen, wieviel Gedankengut wir diesen leblosen Produkten hinzufügen müssen.

Eines der wichtigsten Mittel, die von der neuen Generation in ihrem Versuch, der Maschine überlegen zu sein, angewendet werden, ist das Bemühen, den nichtmaschinellen Elementen, die immer um uns sind, Aufmerksamkeit zu schenken — den Körper zu respektieren und ihm zu gehorchen, auf die Instinkte zu hören, sich dem Rhythmus der Natur und der Musik zu unterwerfen, sich vom Irrationalismus, von der Phantasie leiten zu lassen. Das ist einer der Gründe dafür, weshalb die jungen Leute nach den *Urquellen,* nach dem Wald und dem Meer suchen; sie begreifen das lebenswichtige Bedürfnis des Menschen, mit diesen Urquellen der eigenen Natur in Kontakt zu bleiben. Ein Mensch, der auf diese Stimmen hören kann, wird in der Lage sein, die Maschine zu benützen, aber, wenn er will, auch ohne sie auskommen. Er kann, wenn sein Körper es verlangt, das Telefon abstellen und im Bett bleiben.

In einer erfolgreichen Kultur müssen Bildung, Arbeit und Leben miteinander integriert sein. Die Erholung eines Menschen sollte Teil seiner Arbeit sein und umgekehrt, so wie es vor den Tagen des Industrialismus war, so wie Kunst und Arbeit bei der Herstellung eines Speers, eines Kanus oder bunter Glasfenster nicht getrennt waren. Für einen Lehrer ist die Betrachtung seiner Schüler beim Basketballspiel Bildung, Beruf und Erholung zugleich; für einen Anwalt bedeutet das Lesen von Büchern, neue Perspektiven der menschlichen Natur zu erkennen, und das gehört zu seinem täglichen Geschäft. Für die, die ihrer Arbeit entfremdet sind, ist die Erholung eine Flucht. Jene, deren Arbeit ihre Persönlichkeit ausdrückt, empfinden diese Integration der verschiedenen Aspekte des Lebens als ein Wiedergewinnen seines Sinnes.

Eines der fundamentalsten Themen des neuen Bewußtseins befaßt sich mit der Art der Gemeinschaft, die unsere technische Gesellschaft möglich macht. Auf der einen Seite lehnt Bewußtsein III viele Gesetze, Autoritäten und Voraussetzungen ab, die unserem gegenwärtigen politischen Staat zugrunde liegen. Auf der anderen Seite jedoch entsteht eine Gemeinschaft ganz anderer Art, die auf die Liebe und das Vertrauen baut. Beide Ansichten sind Resultat einer höheren Vernunft.

Wesentlich ist, daß die Technik diesen *Wandel in der menschlichen Natur* ermöglicht hat, der so lange Zeit gesucht worden war, aber nicht gefunden werden konnte, weil die Knappheit der Mittel es verhinderte. So einfach ist das: Wenn es genug Essen und Obdach für alle gibt, braucht der Mensch seine Gesellschaft nicht länger auf der Annahme zu gründen, daß alle Menschen einander feindlich gesinnt sind. Das, was wir *menschliche Natur* genannt haben, war das Werk der Notwendigkeit — der Notwendigkeit, die sich aus der Knappheit und dem Marktsystem ergeben hatte. Die neue menschliche Natur — Liebe und Achtung — gehorcht auch dem Gesetz der Notwendigkeit. Sie ist notwendig, denn wir können nur gemeinsam die Früchte des technischen Zeitalters ernten. Und sie ist notwendig, weil nur Liebe und menschliches Zusammengehörigkeitsgefühl uns die Stärke des Bewußtseins verleihen können, die erforderlich ist, um den überwältigenden Verführungen und Forderungen der Maschine widerstehen zu können.

Unser gegenwärtiges Regierungssystem basiert auf der alten

Weisheit, daß der Mensch des Menschen ärgster Feind ist und daß nur *das Gesetz uns frei* macht. Es setzt voraus, daß alle Menschen einen unbändigen Machthunger besitzen, und hat deshalb konstitutionelle Kontrollmechanismen und ausgleichende Einrichtungen ausgearbeitet, um jede Art von Macht in Grenzen zu halten. Es setzt voraus, daß alle Menschen vorwiegend von ihren eigenen materiellen Interessen getrieben werden, und daher tritt es für ein System des Pluralismus ein, um diese widerstrebenden Interessen auszugleichen. Es setzt voraus, daß die Menschen die Rechte des anderen verletzen, wenn ihnen nicht Schranken gesetzt werden, und daher stellt es das Gesetz über alle Menschen. Es setzt voraus, daß der Mensch sich nur um sich selbst kümmert, und daher etabliert es die Verehrung der Regierungsmaschinerie als Staatsreligion. Vielleicht werden Demokratie, Gesetz und Verfassung auch in einer neuen Gesellschaft gebraucht werden, aber sie können nicht länger auf derartigen Annahmen beruhen.

Die Meinung, die wir so lange von der menschlichen Natur gehabt haben, kommt aus dem Materialismus. Nicht den *Menschen* kannten wir, sondern den *Wirtschaftsmenschen*. Eigensüchtige Interessen wurden in *materiellem* Sinn definiert. Es ist der *Wirtschaftsmensch*, der aggressiv ist, neidig, eifrig bemüht, beim Sport oder im Leben zu gewinnen, der danach strebt, Status und Macht zu erringen, der eifersüchtig, egoistisch und nicht gewillt ist, seinen persönlichen Besitz zu teilen, und der mit anderen nur auf der Basis seiner *Interessen* verkehrt. Sogar die Psychiatrie hat diese Definition von der Natur des Menschen als richtig übernommen. Aber alles verändert sich, sobald sich eine Gesellschaft von rein materiellen Zielen abwendet.

In der neuen Gesellschaft bedeutet die Existenz der Technik, daß das höchste Ziel des Menschen aus all den Gründen, die wir bereits angegeben haben, im Bewußtsein liegen muß. Bewußtsein ist etwas ganz anderes als materielle Güter, als Ehre und Status. Diese sind naturgemäß begrenzt. Das Bewußtsein aber, oder, um einen alten Ausdruck zu verwenden, die Weisheit ist keine Substanz, hat keine Grenze nach oben. Bei der Suche nach Weisheit bekämpfen die Interessen der Menschen einander nicht. Die Weisheit eines Menschen wird durch die Weisheit eines anderen nicht vermindert. Weisheit ist das einzige Gut, das unbegrenzt beschaffbar ist.

Jeder Mensch, seine Erfahrungen, seine Persönlichkeit, seine Einmaligkeit werden für andere Menschen, deren Ziel es ist, Wissen zu erlangen, wertvoll. Jeder Mensch wird durch die Ausübung seiner Kenntnisse, durch das Verfolgen seiner eigenen Interessen, durch seine persönlichen Erfahrungen für die anderen von zunehmendem Wert. In einer Gesellschaft, deren Zielsetzung Status und Ehren sind, wird jedes Abweichen eines Menschen von der *Norm* verspottet, mißbilligt. Aber dort, wo die Menschen nach Weisheit suchen, wird jede *Abweichung* und *Absurdität* respektiert, denn jeder Mensch ist wie ein Schriftsteller, der Weisheit aus der Vielfalt seines ganzen Lebens zieht, oder wie ein Pilger, der allem Ehrfurcht erweist, dem er begegnet. Je einmaliger ein Mensch ist, desto mehr trägt er zur Weisheit der anderen bei. Eine solche Gemeinschaft ermöglicht und begünstigt das höchste Streben nach Weisheit, die Suche nach der eigenen Persönlichkeit. Jeder Mensch wird um seines eigenen, absoluten, menschlichen Wertes willen akzeptiert. Nahezu die ganze Menschheitsgeschichte hindurch war ein derartiger Luxus nicht möglich. Es sind Reichtum und Technik, die heute Gemeinschaft und Persönlichkeit möglich machen.

In einer Gesellschaft, die sich dem Streben nach Weisheit verschrieben hat, sind die Beziehungen zwischen den Menschen wie die Beziehungen zwischen Schülern und Lehrern. Das Lehren, das hier gemeint ist, besteht darin, jedem Menschen bei seiner Suche nach persönlicher Erfahrung und nach seinen persönlichen Zielen zu helfen. Obwohl diese Ziele individuell sind, kann die Suche nach der eigenen Persönlichkeit nicht in der Isolation stattfinden, muß die eigene Persönlichkeit in der Gemeinschaft erkannt werden; daher fördert die Gemeinschaft jeden Menschen, ungeachtet dessen, was er im besonderen erstrebt.

Bewußtsein III lehnt also die Idee ab, daß die zwischenmenschlichen Beziehungen vorwiegend durch Recht und Politik gelenkt werden müssen, und setzt an ihre Stelle eine erweiterte Familie im Geiste des Woodstock-Festivals. Aber es heißt die geistige Haltung, die dahintersteckt, völlig mißzuverstehen, wenn man annimmt, daß diese Gemeinschaft nicht dem Recht unterworfen ist oder daß sie Individualität nicht toleriert und ein Aufgehen in der Gruppe fordert. Im Gegenteil, die Gemeinschaft, die Bewußtsein III besitzt, hat weitaus echtere Vorstellungen vom Recht als der *Corporations-Staat* und einen unendlich größeren Respekt vor der Individualität.

Die Basis einer solchen auf Bewußtsein III gegründeten Gemeinschaft bildet die Übereinstimmung in den grundsätzlichen

Wertvorstellungen. Den Druck des *Corporations-Staates* trifft die Hauptschuld für das Fehlen solcher Werte; Zerstörung der Umwelt, Ungerechtigkeit, Ausbeutung, ja sogar Massenmord sind erlaubt, solange sie dem *öffentlichen Interesse* dienen, das heißt dem Interesse des Staates. Das Leben ist ein Ringen um Macht und Vorteil, denn es gibt keinerlei Vereinbarungen, irgendwelche Werte oder Personen, die respektiert werden müssen. Darin liegt der wesentliche Unterschied zu Bewußtsein III.

Wir haben die wichtigsten Gesetze, auf denen eine Gemeinschaft von Bewußtsein-III-Menschen beruht, bereits beschrieben; es sind das der Respekt vor dem Individuum, vor seiner Einmaligkeit, vor seinem Privatleben, der Verzicht auf Zwang oder Gewalt, der Verzicht auf Mord und Krieg, die Achtung vor der Natur, Ehrlichkeit in allen persönlichen Beziehungen, Gleichheit des Status, so daß niemand sozial *niedriger* oder *höher* eingestuft wird, echte demokratische Entscheidungen, Freiheit der Rede und des Gewissens. Das ist Recht im wahren Sinn; das ist eine Gemeinschaft, die durch moralisch-ästhetische Maßstäbe zusammengehalten wird, wie es vor der industriellen Revolution üblich war.

Die geschilderten Werte müssen vom ganzen Volk auf demokratischem Wege anerkannt werden, so wie unsere *Bill of Rights* einst anerkannt wurde. Der *Corporations-Staat* trampelt auf allen Werten herum und mißachtet alle Gesetze; der Vietnamkrieg bietet ein anschauliches Beispiel dafür; eine wahre Gemeinschaft basiert auf einer ausgewogenen Ordnung, die das Land, die Persönlichkeit des Menschen, Gleichheit, Schönheit und Aufgeschlossenheit für Änderungen beinhaltet und damit Freiheit möglich macht.

Die Gemeinschaft der Bewußtsein-III-Menschen beruht auf einem Gefühl der Solidarität, die in dem Wort *gemeinsam* zum Ausdruck kommt. Liebe wird einem Menschen nicht von einem anderen in einer selbständigen Handlung geschenkt; Liebe wird entdeckt, wird erzeugt, entsteht in der Gemeinschaft und nicht lediglich als das Produkt des Willens eines einzelnen. Die Menschen gewinnen Stärke, Wärme und Energie in dieser Gemeinschaft; sie vervielfacht, was sich in jedem von ihnen an Gefühlen und Fähigkeiten befindet, sie stellt eine gemeinsame Aufgabe — die Aufgabe, ein Leben zu führen, das aus der Art der Bildung, der Arbeit und der Kultur besteht, die wir beschrieben haben, die Aufgabe, die Technik zu meistern und sie zu benützen, die Aufgabe, ein philosophisches, künstlerisches, heroisches Leben zu führen.

Es scheint, daß die neue Gemeinschaft und insbesondere der

Begriff *gemeinsam* eine Bemühung darstellen, eines der wesentlichsten menschlichen Bedürfnisse zu befriedigen. Die Menschen sind zwar vielleicht keine Herdentiere, aber sie sind gesellige Wesen, und vor der industriellen Revolution lebten sie in einer *Umgebung der Zuneigung*, in einer erweiterten Familie, und die Arbeit auf den Feldern und im Handel wurde gemeinsam und Seite an Seite verrichtet. Die Bauern auf einem mittelalterlichen Gut oder die anonymen Handwerker, die an einer großen Kathedrale arbeiteten, müssen dieses Gefühl der Gemeinsamkeit gehabt haben. Es ist unwahrscheinlich, daß sie das Bedürfnis des Menschen unserer Gesellschaft nach persönlicher Anerkennung, nach der Betonung der Arbeit des einzelnen gehabt haben. Kunst und Handwerk entstanden aus einer kulturellen Tradition heraus und nicht aus einem Akt des Geistes eines einzelnen. Die Gemeinschaft der Bewußtsein-III-Menschen ist dem technischen Staat dadurch überlegen, daß sie etwas von der Sicherheit und der Gemeinsamkeit des Lebens innerhalb eines Stammes wiederherstellt. Es ist kein Zufall, daß Marihuana immer von Hand zu Hand und von Mund zu Mund weitergereicht und niemals allein geraucht wird, sobald mehrere Menschen in demselben Raum sind; oder daß eine Pizza oder ein Coca-Cola immer von einem zum anderen weitergegeben werden; die Gruppe teilt Brot und Wein.

Der Geist der Bewußtsein-III-Gemeinschaft, das Empfinden der Gemeinsamkeit, organisch gewachsene Beziehungen zu den Mitmenschen, gemeinsame Vorstellungen von Gesetzen und Werten und die gemeinsame Suche nach Erfahrung und Weisheit beginnen gerade jetzt sichtbar zu werden. Einer der ganz wenigen Orte, an denen man Menschen begegnet, die zumindest teilweise von Konkurrenzgeist und Feindseligkeit, diesen Normen unseres Gesellschaftssystems, unberührt sind, ist der Speisesaal eines College, denn viele Studenten sind Bewußtsein-III-Menschen. Ein solcher Speisesaal unterscheidet sich grundlegend von einem Restaurant, wo die Leute steif, formell und auf ihre Rollen bedacht sind, oder vom Buffet eines großen Betriebes, wo hemdärmelige Angestellte in all ihrer Verdrießlichkeit und Unterwürfigkeit sitzen, oder von einer Bewußtsein-II-Dinner-Party, wo jeder isoliert ist und keiner den anderen erreichen kann. Ein Speisesaal in einem College hatte immer schon seine eigene Musik, das Summen der verschiedenen Gespräche, von denen manche fachlich und ernst, manche heiter, manche betont intellektuell waren. Aber heute findet man dort noch mehr: offenes Lächeln und unerwartete Gesten der Aufgeschlossenheit, eine Atmosphäre, die von Zuneigung erfüllt ist. Das ist die Atmosphäre, in der man Brot bricht — die Atmosphäre der *Kommunion.* In den Speisesälen wurde früher vorsichtig gelächelt, nachdem man abgewogen hatte, ob das Lächeln auch erwidert würde; die Menschen hatten Angst, verletzt zu werden. Aber mit dem Schwinden dieser Angst, mit dem Schwinden des Konkurrenzgeistes, dadurch, daß sich viele Menschen nicht länger an ihre Stellungen in der äußeren Hierarchie gebunden fühlen, können die Studenten die Natürlichkeit aufbringen, sich umeinander zu kümmern.

Im Sommer 1967, als Bewußtsein III gerade im Entstehen war und die Kräfte der Unterdrückung noch nicht eine Atmosphäre der Spannung und des Hasses geschaffen hatten, konnte man diese neue Gemeinschaft auf den Straßen und in den Geschäften von Berkeley in der Nähe der University of California erkennen. Nur ein paar Monate lang, ganz zu Beginn von Bewußtsein III, konnte man die Freude an der Musik, an Hippiegewändern, bemalten Autos und die Freude, sich der Natur anzupassen, beobachten. Es schien überall zu sein, aber am besten konnte man es vielleicht in einem modernen Supermarkt in Berkeley erkennen, der auch spätnachts geöffnet und der mit Waschautomaten, einer Snackbar mit frischen süßen Pfannkuchen und anspruchsvollen Büchern ausgestattet war. Dort gab es eine unglaubliche Vielfalt an Waren — tiefgekühlte Speisen aus Polynesien, lokale Untergrundzeitungen, Führer durch die Sierras, gedörrte italienische Wurst, kalifornisches Obst, tiefgekühltes chinesisches Gemüse. Drückte die Vielfalt der Speisen Überfluß und Reichtum aus, so drückten die Leute Gemeinschaftsgeist aus. Da gab es Hippies, die mit ihren Stirnbändern wie Indianer aussahen; gewöhnliche Mittelstandsfamilien, die spätnachts ihre Einkäufe machten; junge Paare, die erst ihren Hausstand gegründet hatten, Gruppen von drei, vier, fünf Menschen, die gemeinsam lebten, junge Leute, die im Begriff waren, auf Fahrt zu gehen, und welche, die heimkehrten, und dazwischen das Bedienungspersonal, das sich mit einem Lächeln an der Szene beteiligte. Das war eine Atmosphäre gegenseitigen Respekts und gegenseitiger Zuneigung. Auf irgendeine Weise waren all diese Menschen zusammen. Die Schlangen an den Kassen erinnerten an einen Friedensmarsch, an dem ganz verschiedenartige Menschen teilnahmen, alte Damen, Mütter mit Kinderwagen und Hippies, deren Einkauf in einer einzigen Karotte oder einer Rübe bestand.

Was wir über Bildung, Arbeit, Kultur und Gemeinschaft gesagt haben, zeigt, auf welche Weise die Technik eine neue Basis zu schaffen vermöchte, durch die die Energien der Menschen zutage treten könnten. Anstatt die Energien der Menschen im Konkurrenzneid und in fortgesetzter Unzufriedenheit zu vergeuden, könnte der Mensch in der Vielfalt und der Hoffnung, die die Technik bietet, Energiequellen finden. Zufriedenheit kann ein stärkeres Stimulans sein als Entbehrung. Die Technik untergräbt nicht notwendigerweise unsere Energie; sie kann sie erweitern und vervielfachen, wie sie es bereits auf dem Gebiet der Musik getan hat.

Das neue Zeitalter des Menschen kann sich das Beste aus den vorhergegangenen Epochen nehmen. Aus dem vorindustriellen Zeitalter kann es sich die Ausgewogenheit des Lebens, das Bewußtsein der Gegenwart Gottes in allen Dingen aneignen. Aus dem industriellen Zeitalter kann es sich die Technik und das ständige Ansteigen des Lebensstandards aneignen. Aus seinem eigenen Zeitalter kann es sich die Kontrolle und die Benützung der Technik, ein Leben in Zufriedenheit, Gemeinschaft und Liebe aneignen, das immer höher strebt, ohne jedoch seinen menschlichen Ursprung zu vergessen. In *Triebstruktur und Gesellschaft* spricht Marcuse von der Befreiung der menschlichen Instinkte, aber das neue Zeitalter wird darüber hinausgehen; es wird nicht nur befreien, sondern auch inspirieren und diese Inspiration zum höchsten Ziel der Gesellschaft machen. Es wird das in einer Gesellschaft tun, die die jüdisch-christliche Philosophie nicht zu einer unbeachteten Forderung, sondern zu einer realistischen Form des Lebens machen wird.

Das also ist das Konzept einer neuen Gesellschaft, einer durchführbaren Lebensform, eines realistischen Weges in die siebziger Jahre und weiter. Viele werden leugnen, daß dies überhaupt ein Konzept ist, aber sie suchen nach einem Konzept, dort, wo es nicht mehr gefunden werden kann. Vielleicht wird es utopisch genannt werden, da es etwas erhofft, was nie eintreffen kann. Aber der Mensch konnte die Maschinen bauen, konnte lernen, für sie zu leben, und kann also sicher auch lernen, mit ihnen zu leben. Wenn die menschliche Natur sich selbst lehren kann, ein Leben lang in einer Fabrik oder einem Büro zu dienen, dann kann sie sich auch den weit lohnenderen Dienst am eigenen Ich und an der Gemeinschaft lehren. Manche werden sagen, daß wir übertrieben optimistisch sind; die einzige Antwort, die wir darauf geben können, lautet, daß die neue Lebensform für den Menschen besser ist — für besser befunden wurde von denen, die sie erprobt haben, und für besser befunden werden wird von denen, die sie noch erproben werden.

Wir haben über das Bewußtsein, die Technik, die Suche nach Weisheit und Gemeinschaft gesagt, daß der Mensch seine eigenen Vorstellungen schaffen und mit ihnen leben muß. Das Bewußtsein nimmt Besitz von den Elementen, die es vorfindet, und stellt sie in eine Ordnung, um aus ihnen ein Leben und eine Gesellschaft zu bauen, die den Bedürfnissen und Hoffnungen des Menschen Rechnung trägt.

Diese Ordnung eine Fiktion zu nennen bedeutet zu behaupten, daß die einzige Realität für den Menschen jene ist, die er selbst schafft. Der *Corporations-Staat* trennt den Menschen von seinem ursprünglichen Sein und versucht, ihn einer Ordnung zu unterwerfen, die vom Staat geschaffen wurde. Aber diese Ordnung ist ebenfalls eine Fiktion, und sie ist schlecht für den Menschen. Das Auffassen der Arbeit als Spiel und des Lebens als einer Suche nach Weisheit hingegen sind Fiktionen, die für die Menschen gut sind.

Denn der Bedeutung von Bewußtsein III, seiner Suche nach dem Sinn des Lebens, nach der Gemeinschaft, nach der Befreiung liegt eine erhabene Vorstellung vom Menschen zugrunde. Der Mensch ist nicht der Teil einer Maschine, nicht ein Roboter, nicht ein Wesen, das dazu bestimmt ist zu verhungern, im Krieg zu sterben oder wie ein Tier behandelt zu werden, nicht Feind seiner eigenen Art, nicht Kreatur, die man lenken, leiten, verwalten, ausbilden, niederhalten, ersticken, betäuben kann. Seiner wahren Natur entspricht es, seinesgleichen zu lieben und zu vertrauen, ein Teil der Natur zu sein, sich zu entwickeln, zu wachsen, aus vollen Zügen zu leben, dieses einzigartige Geschenk eines bewußten Lebens voll zu genießen.

Von allen Lebensformen, die aus der Geschichte bekannt sind, scheint Bewußtsein III jene zu sein, die das Leben am meisten um seiner selbst willen schätzt. Fast immer haben die Menschen einer starren Sitte, einer Religion, einer wirtschaftlichen Theorie oder einer politischen Ideologie entsprechend gelebt. Bewußtsein III sucht Befreiung von ihnen allen. Es erklärt, daß das Leben wichtiger ist als sie. Es versucht nicht, die Vielgestaltigkeit der Menschen oder der Natur zu verringern oder zu vereinfachen. Es liebt die Gegenwart, nicht die Vergangenheit, nicht die Zukunft, nicht irgendeine Doktrin oder einen mythischen Himmel. Es glaubt, daß das einzige, das Sinn hat und das dauert, nicht mehr und nicht weniger als die vollkommene Erfahrung des Lebens ist.

Es ist kaum mehr als zwanzig Jahre her, seit die ersten Angehörigen der neuen Generation geboren wurden. Wie lange ist es her, seit wir zum erstenmal von Hippies hörten, daß wir die erste Studentendemonstration und den ersten Friedensmarsch sahen? An den Maßstäben der Geschichte gemessen ging die Umwandlung in Amerika unwahrscheinlich, unglaublich schnell vor sich. Die Entwicklung zu Bewußtsein III kann nicht rückgängig gemacht werden. Sobald ein Mensch einmal Bewußtsein III erreicht hat, gibt es kein Zurück mehr zu einer alten Bewußtseinsform. Und die Ablöse der Generationen kann auch nicht rückgängig gemacht werden. Wir können an allen Orten feststellen, daß die ganz Jungen in den Schulen radikaler, der neuen Lebensart noch mehr verschworen sind als die etwas älteren an den Universitäten.

Der Wandel erreicht auch mit erstaunlicher Geschwindigkeit den Rest des Volkes. Die Zeitungen sind täglich voll davon. Immer mehr Leute sind unzufrieden, protestieren gegen irgend etwas, kommen in Konflikt mit dem Staat. Immer mehr Gruppen werden militant, weil sie unterdrückt werden und darauf mit Radikalismus reagieren. Wenn junge Menschen mit dem Staat in Konflikt kommen, nehmen ihre Eltern Anteil daran; Kriegsdienstverweigerer haben Eltern; Jugendliche, die von der Polizei geschlagen werden, haben Eltern, ebenso wie die, die verhaftet werden, weil sie Drogen besitzen. Es häufen sich die Fälle, daß Kinder ihre Eltern dazu bewegen, ihren Lebensstil und ihre Politik anzunehmen. Alle Soldaten in Vietnam hatten die Gelegenheit, Drogen kennenzulernen, und viele haben sie mit nach Hause gebracht. Vielleicht können wir uns auf eine Million junger Männer oder mehr freuen, die den gleichen Lebensstil wie die Studenten und die Schüler haben werden. Der neue Lebensstil ist nicht mehr auf einige Universitäten beschränkt, er tritt in allen Teilen des Landes auf; er überschwemmt auch die Provinz.

1968 war das Jahr von Chikago. 1969 war das Jahr von Woodstock. Das versinnbildlicht die Strecke, die wir zurückgelegt haben, und die Geschwindigkeit, mit der es vorwärts geht. Das neue Bewußtsein überschwemmt die Schulen, es ist am Lächeln, das man in den Straßen sieht, zu erkennen. Es hat begonnen, die Landschaft zu verwandeln und menschlicher zu gestalten.

All die Anzeichen müßten nicht viel bedeuten, wenn der Wandel durch den Kampf einer Minorität gegen die Macht des Staates errungen werden müßte. Aber der Staat selbst hat diese Änderungen produziert, und seine Selbstzerstörung hat erst begonnen. Die Menschen könnten müde und mutlos werden, aber die Zeit und die Maschine stehen auf ihrer Seite. Und auf der anderen Seite steht nichts. Es gibt keine Feinde. Es gibt niemanden, der in der Tiefe seines Wesens nicht auch das wollte, wonach Bewußtsein III strebt.

Wir alle kennen die Leere, die Einsamkeit, die künstliche Isolation des heutigen Amerika. Unsere Vorfahren sind um der Hoffnung auf ein besseres Leben willen Tausende von Meilen gereist. Heute gibt es neue Hoffnung. Warum sollten wir nicht nach ihr greifen? Warum sollten wir nicht noch einmal zu Pionieren werden, da wir eine glückliche Vision der Zukunft vor Augen haben?

Das Außerordentliche an diesem Bewußtsein ist, daß es aus der Einöde des *Corporations-Staates* entstanden ist, so wie Blumen, die aus Asphalt sprießen. Was immer es berührt, verschönt und erneuert es. Vor ihm fällt jede Barriere. Wir sind gegen die Ungerechtigkeit und Häßlichkeit von Slums stumpf und blind gewesen, aber das Bewußtsein sieht sie als das, was sie sind, als Ungerechtigkeit und Häßlichkeit. Man hat uns alle zu überzeugen versucht, daß riesige Organisationen notwendig sind, aber das neue Bewußtsein erkennt, daß sie absurd sind. Wir alle wurden dazu verleitet, unsere Träume von Abenteuer und Romantik für die Stufenleiter des Erfolges aufzugeben, aber das neue Bewußtsein weiß, daß der Erfolg nur Trug und daß die Träume Realität sind. Und diese Dinge, die in so vielen von uns begraben, verborgen und verbannt sind, werden laut hinausgerufen, sie werden von einer wachsenden Zahl junger Menschen geglaubt, die zu gesund, zu intelligent und zu lebendig sind, um völlig wahnsinnig zu sein, die mit ihrer gemeinsamen Kraft imstande sind, das neue Bewußtsein Wirklichkeit werden zu lassen. Einer, der überzeugt war, daß es notwendig wäre, sich mit der Häßlichkeit und dem Übel abzufinden und mit Träumen zu geizen, muß darüber weinen oder lachen. Einem, der dachte, daß die Welt auf immer in Metall, Plastik und leblosem Stein ersticken müßte, erscheint dies als eine wahrhaftige Wiedergeburt Amerikas.

Nachwort

In diesem Buch kam so viel verschiedenartiges Quellenmaterial zur Verwendung, daß es nur sinnvoll erscheint, das wichtigste davon zu nennen:

Karl Marx, *Nationalökonomie und Philosophie (1844) in Frühschriften,* Stuttgart 1964; Herbert Marcuse, *Triebstruktur und Gesellschaft,* Frankfurt 1965, *Der eindimensionale Mensch,* Neuwied-Berlin 1967, *Versuch über die Befreiung,* Frankfurt 1969; Karl Polanyi, *The Great Transformation,* Boston 1957; Jacques Ellul, *The Technological Society,* New York 1964; Kenneth Keniston, *The Uncommitted,* New York 1965, *Young Radicals,* New York 1968; John Kenneth Galbraith, *Die moderne Industriegesellschaft,* München-Zürich 1968; E. J. Mishan, *The Costs of Economic Growth,* New York 1967; R. W. B. Lewis, *The American Adam,* Chikago 1955; Stanley M. Elkins, *Slavery,* Chikago 1959; Frederich A. Hayek, *Der Weg zur Knechtschaft,* Erlenbach-Zürich 1945; Arthur J. Vidich und Joseph Bensman, *Small Town in Mass Society,* Princeton 1958; Peter Laslett, *The World We Have Lost,* New York 1965, *The Autobiography of Malcolm X,* New York 1965; Norman Mailer, *Am Beispiel einer Bärenjagd,* München-Zürich 1970; Ken Kesey, *One Flew over the Cuckoo's Nest,* New York 1962, *Sometimes a Great Nation,* New York 1964; Tom Wolfe, *Das bonbonfarbene tangerinrotgespritzte Stromlinienbaby,* New York 1965, *The Electric Kool-Aid Acid Test,* New York 1968.

Das Manuskript tippte vorwiegend Mrs. Susan Bruce unter Assistenz von Mrs. Isabel Malone und von Mrs. Dorothy Egan.

Zu größtem persönlichem Dank bin ich Thomas I. Emerson verpflichtet.

Der verstorbene Mike Entin war der erste, den ich kannte, der an das Bewußtsein der neuen Generation glaubte, und sein unbezähmbarer Enthusiasmus und seine Gastfreundschaft in Berkeley waren für die Entstehung dieses Buches von überragender Bedeutung. Wichtig für die Gestaltung dieses Buches waren die langen Gespräche mit guten und großmütigen Freunden, wie Hugo L. Black, James A. Brogan, Fred Buell, William O. Douglas, Joan Emerson, Karl Pavlovic, Robert P. Sedgwick, Philip Turner.

Zu den vielen Freunden, die das Buch beeinflußt haben, gehören unter anderen: James Amoss, Doug Caroll, Michel C. Davidson, Richard Ekfeld, Michael Gecan, John Griffiths, Brian Heancy, Derek U. Huntington, Hugh Jenkins, Friedrich Kessler, William Kiernan, Chris Legg, Eugene Linden, Isabelle Lynn, Alice Mayhew, Bill McGovern, Peter Munks, Jeff Pollok, John J. Simon, Alice Stewart und Mike Wollan.

Drei Männern bin ich zu ganz besonderem Dank verpflichtet: Leon Ferber, Donald D. Matson und Richard Sewall. Ein Großteil des Buches wurde in den Stiles-More-Speisehallen der Yale-Universität geschrieben, und die Anteilnahme, der Kaffee, die Wärme all der Menschen im Speisesaal sind ein Teil davon.

Ich empfinde dieses Buch weniger als mein eigenes als ein Gemeinschaftsbuch, als das Produkt vieler Menschen. Ich habe versucht, für die Gefühle, Ideen und Hoffnungen jener Studenten zu sprechen, die meine Freunde sind. Dieses Buch zeigt die Fehler und die Grenzen seines Autors, aber im eigentlichen Sinne ist es ihr Buch.